迪安鉴定科学研究院系列丛书

《人体损伤致残程度分级》
解 读
——与《道标》比较

周晓蓉　郭兆明　朱广友◎主编

吴　军◎主审

INTERPRETATION
FOR
THE DISABILITY RATING
OF INJURY
and Comparison With the Disability Rating
in Traffic Accident

中国政法大学出版社

2018·北京

图书在版编目（ＣＩＰ）数据

《人体损伤致残程度分级》解读:与《道标》比较/周晓蓉, 郭兆明, 朱广友主编. —北京:中国政法大学出版社, 2017.11
ISBN 978-7-5620-7901-9

Ⅰ.①人⋯　Ⅱ.①周⋯　②郭⋯　③朱⋯　Ⅲ.①伤残－伤害鉴定－基本知识－中国　Ⅳ.①D923.8

中国版本图书馆CIP数据核字 (2017) 第283307号

出　版　者	中国政法大学出版社
地　　　址	北京市海淀区西土城路25号
邮寄地址	北京 100088 信箱 8034 分箱　邮编 100088
网　　　址	http://www.cuplpress.com (网络实名：中国政法大学出版社)
电　　　话	010-58908437(编辑室) 58908334(邮购部)
承　　　印	北京中科印刷有限公司
开　　　本	880mm×1230mm　1/32
印　　　张	15.375
字　　　数	360 千字
版　　　次	2018 年 1 月第 1 版
印　　　次	2018 年 1 月第 1 次印刷
定　　　价	59.00 元

2005 年《全国人民代表大会常务委员会关于司法鉴定管理问题的决定》出台，对"司法鉴定"的理解与应用在国内达成基本共识。司法鉴定，对应英文为 Forensic Sciences，在国内也被译为"刑事科学""法庭科学""法科学"等，准确理解应为"司法鉴定科学"。考虑"司法"一词具有专属含义，我们认为"鉴定科学"更本土化、更具中国特色。

迪安鉴定科学研究院（Dian Institute of Forensic Sciences, DIFS）成立于 2016 年，是浙江省民政厅批准成立的鉴定科学研究与第三方智库型咨询机构。自 2017 年初，组建以常林等专家为团队的迪安鉴定事业部，DIFS 开始以全新的面貌和姿态致力于整个鉴定科学事业的发展，以鉴定理论的创新者，鉴定技术的引领者，鉴定能力的拓展者为己任，倾力打造权威、高效、科学、严谨的鉴定科学体系，"迪安鉴定科学研究院丛书"就是在这样背景下产生的系列作品。

习近平总书记在十九大报告中的"加快建设创新型国家"部分指出："创新是引领发展的第一动力，是建设现代化经济体系的战略支撑。要瞄准世界科技前沿，强化基础研究，实现前瞻性基础研究、引领性原创成果重大突破。……倡导创新文化，强化知识产权创造、保护、运用。培养造就一大批具有国际水平的战略科技人才、科技领军人才、青年科技人才和高水平创新团队。"

丛书的出版，正是对鉴定科学创新发展的最佳诠释。

丛书的作者由 DIFS 精心遴选，均属业内一线知名专家学者，这些专家学者集多年实践经验积累和理论总结，本着理论有创新、技术有引领，能力有拓展的基本理念精心组稿，使得"原创性""引领性""拓展性"成为该套丛书的最大特点。

中国政法大学出版社对丛书的出版给予鼎力支持，深表谢忱。

迪安鉴定科学研究院丛书

编委会

　　《人体损伤致残程度分级》已于 2016 年 4 月 18 日由最高人民法院、最高人民检察院、公安部、国家安全部和司法部联合发布，并于 2017 年 1 月 1 日起正式实施。

　　为了准确理解和适用，司法部司法鉴定管理局和最高人民法院司法行政装备管理局组织编写了《〈人体损伤致残程度分级〉适用指南》（以下简称《适用指南》），对标准中的重点和难点问题进行了详细的阐述，对司法鉴定实践中可能遇到的复杂、疑难问题提出了指导性的处理意见。

　　自《人体损伤致残程度分级》实施以来，一些省（市）司法鉴定协会要求在对道路交通事故受伤人员进行伤残评定时，不再适用《道路交通事故受伤人员伤残评定》（本书简称《道标》），而是适用《人体损伤致残程度分级》（本书简称《分级标准》）。正因如此，《分级标准》的理解与适用也受到了保险从业人员、道路交通事故受伤人员、法律工作者的广泛关注。

　　本书的特点在于：通过《分级标准》与《道标》相关条款的比较分析，突出《分级标准》的特点，并对标准起草过程中专家组就有关问题的思考和处理原则进行了必要的说明，旨在使读者对《分级标准》具有更深入和全面的理解；在严格遵循对标准条款的解释与《适用指南》保持一致的前提下，对可能遇到的新问题进行必要的研究和探讨，旨在为读者提供可借鉴的解决问题的思路和办法；适当地引用了一些图示、图例和检验方法，旨在增加本书的可操作性和受众面。

需要特别说明的是，凡在《适用指南》一书中讨论过的问题，本书原则上不再另行讨论。如果本书对相关问题的主张与《适用指南》存在不一致的地方，请以《适用指南》为导向。

最后，限于作者的能力和水平，错误之处在所难免，真诚地欢迎读者朋友批评指正，同时也希望得到读者朋友的支持和理解。

编　者
2017 年 7 月

CONTENTS 目 录

第一章

总论与附则

本章内容包括总论和附则两节。在总论部分重点说明医疗终结判断的主要依据、鉴定时机的判断方法、损伤与残疾后果之间的因果关系及损伤参与度评定的原则；附则部分重点说明本标准未列入的致残情形如何依据附则 6.1 的规定进行致残等级鉴定，同一部位和性质的残疾及移植、再植、再造成活组织损伤致残程度的鉴定，以及新型永久性植入式人工假体损坏致残程度的鉴定。

第一节　总　论

本节要点

1. 医疗终结与鉴定时机判断依据
2. 并发症与合并症区别及其意义
3. 因果关系分析及损伤参与度评定

一、标准条款（总论与总则）

1　范围

本标准规定了人体损伤致残程度分级的原则、方法、内容和等级划分。

本标准适用于人身损害致残程度等级鉴定。

2　规范性引用文件

下列文件对本标准的应用是必不可少的。凡是注日期的引用文件，仅注日期的版本适用于本标准；凡是不注日期的引用文件，其最新版本（包括所有的修改单）适用于本标准。

最高人民法院、最高人民检察院、公安部、国家安全部、司法部发布 人体损伤程度鉴定标准

GB/T 16180-2014 劳动能力鉴定 职工工伤与职业病致残等级

GB/T 31147 人身损害护理依赖程度评定

3 术语和定义

3.1 损伤

各种因素造成的人体组织器官结构破坏和/或功能障碍。

3.2 残疾

人体组织器官结构破坏或者功能障碍，以及个体在现代临床医疗条件下难以恢复的生活、工作、社会活动能力不同程度的降低或者丧失。

4 总则

4.1 鉴定原则

应以损伤治疗后果或者结局为依据，客观评价组织器官缺失和/或功能障碍程度，科学分析损伤与残疾之间的因果关系，实事求是地进行鉴定。

受伤人员符合两处以上致残程度等级者，鉴定意见中应该分别写明各处的致残程度等级。

4.2 鉴定时机

应在原发性损伤及其与之确有关联的并发症治疗终结或者临床治疗效果稳定后进行鉴定。

4.3 伤病关系处理

当损伤与原有伤、病共存时，应分析损伤与残疾后果之间的因果关系。根据损伤在残疾后果中的作用力大小确定因果关系的不同形式，可依次分别表为：完全作用、主要作用、同等作用、次要作用、轻微作用、没有作用。

除损伤"没有作用"以外，均应按照实际残情鉴定致残程度等级，同时说明损伤与残疾后果之间的因果关系；判定损伤"没有作用"的，不应进行致残程度鉴定。

4.4 致残等级划分

本标准将人体损伤致残程度划分为 10 个等级，从一级（人体致残率 100%）到十级（人体致残率 10%），每级致残率相差 10%。致残程度等级划分依据见附录 A。

4.5　判断依据

依据人体组织器官结构破坏、功能障碍及其对医疗、护理的依赖程度，适当考虑由于残疾引起的社会交往和心理因素影响，综合判定致残程度等级。

二、编写说明

（一）关于标准适用范围

本条旨在说明《人体损伤致残程度分级》（以下简称《新残标》）的基本框架和具体内容以及适用范围。与《道标》比较，其特点在于适用范围并没有特定的限制。其目的是希望在条件成熟时能够取代现行的其他人身损害致残程度鉴定标准，实现各类损伤致残等级鉴定标准的统一。但何时能够取代其他标准，应由权威部门正式行文。

（二）关于规范性引用文件

《新残标》在规范性引用文件中具体列出了三个标准，但实际上除了三个标准外，还有附录 C 中涉及的两个标准和一个技术规范：GA/T 914《听力障碍的法医学评定》、GA/T 1188《男性性功能障碍法医学鉴定》和 SF/Z JD 0103004《视觉功能障碍法医鉴定指南》。

除了《劳动能力鉴定　职工工伤与职业病致残等级》（以下简称《工伤标准》）标准外，所引用的其他标准的最新版本（包括所有修改单）均有可能影响到本标准的适用。因此，在司法鉴定实践中要密切关注这些标准或规范的任何修订版本或修改意见。

（三）关于定义

《新残标》对损伤的定义主要涉及两个方面的内容，一是致伤因素，为"各种因素"，即不仅包括一般意义上的机械性暴力，而且包括物理、化学、生物等各种外界致伤因素，从而确保标准适用于各种致伤因素所致的人体损伤致残等级的评定。二是损害后果，包括了组织器官结构的破坏和功能障碍。其中功能障碍又包括了躯体功能障碍和精神功能障碍，从而确保标准适用于精神障碍的致残等级评定。

（四）关于鉴定原则

本标准鉴定原则规定了：①人体损伤致残程度鉴定的依据，即以损伤治疗后果或者结局为依据。②鉴定的方法，即客观评价组织器官缺失和/或功能障碍程度，而对于那些缺乏客观检测技术或方法的不良感知或体验，不能作为致残等级鉴定的依据。③因果关系分析，即各种致伤因素与残疾后果之间的因果关系，需排除伤者自身疾病或组织器官退行性改变等对致残等级的影响。④多处残疾分别鉴定，受伤人员符合两处以上致残等级，鉴定意见中应该分别写明各处的致残等级。

上述鉴定原则与《道路交通事故受伤人员伤残评定》（以下简称《道标》）比较并无明显的不同。

（五）关于鉴定时机

伤残程度鉴定时机对鉴定结果会产生一定的影响，鉴定时间过早则人体损伤的器官组织结构尚未完全修复，功能也未完全恢复，此时若进行伤残等级鉴定，其鉴定的等级往往偏高，会增加加害方的责任程度；而鉴定时间过晚则不利于事件的尽快处理，致使伤者得不到及时的赔偿。因此，如何科学地确定鉴定时机就成为致残程度鉴定中需要解决的问题。

本标准规定人体损伤致残程度"应在原发性损伤及其与之确有关联的并发症治疗终结或者临床治疗效果稳定后进行鉴定"，就是要求鉴定人科学、准确地把握鉴定时机。如何才能科学、准确地把握鉴定时机？首先必须要明确什么是"原发性损伤"、什么是"与损伤确有关联的并发症"、什么是"治疗终结"。

所谓"原发性损伤"，是指外界致伤因素直接作用于人体所造成的组织器官形态结构的破坏或功能障碍，如头部受到外力作用后立即发生的脑震荡、脑挫裂伤、脑血管破裂等。严格来说，还应该包括继发性损伤，如颅内血肿、脑水肿、颅内高压等，因为这些病症是在原发性损伤的基础上发生的，其发生、发展和演变与原发性损伤有直接因果关系。

所谓"并发症"，是指在原发性损伤基础上发生的与原发性损伤有间接关系的损伤或病症，如创伤后感染、创伤后静脉血栓形成、创伤性骨化性肌炎、外伤性颈内动脉海绵窦瘘、外伤性脑脓肿、外伤性脑脊液漏、外伤性脑积水、外伤性癫痫等。实践中，应注意并发症与合并症之间的区别。所谓"合并症"是指机体同时或先后患有两种以上无确切因果关系的疾病时，这些疾病互称为合并症。如外伤性癫痫伤者可能同时患有原发性癫痫，外伤性脑脓肿可能合并感染性肺炎等。并发症与致残等级鉴定有关，而合并症则不然。例如，外伤合并高血压、心绞痛等，不能以高血压、心绞痛等合并症之医疗未终结为由拒绝接受致残等级鉴定，也不能以高血压、心绞痛等需治疗为由主张治疗、误工、护理、营养等费用。

所谓"治疗终结"，是指各种致伤因素所致的人体组织结构或功能障碍经治疗后，其组织结构和功能状态达到某种稳定状态。例如长骨骨折后经过血肿机化演进期、原始骨痂形成期和骨痂改造塑形期骨髓腔再通，恢复骨之原形。组织学和放射学上的骨折痕迹完全消失，此过程一般需2~3个月时间。但是由于骨折制动的原因会引起关节周围肌肉的挛缩、僵硬，使关节活动受限，通常需要2~3个月康复锻炼后才能完全恢复临床功能并逐步达到最好的稳定状态，所以四肢长骨骨折固定术后一般建议在4~6个月左右进行鉴定。再如，皮肤创口经过止血和炎症阶段进入胶原纤维增生阶段，胶原纤维增生在2~3周达到高峰，临床表现为淡红色瘢痕，稍隆起，触之质硬韧。第4周进入塑形阶段，胶原纤维逐渐成为排列整齐有序的束状，毛细血管闭塞，数量减少，瘢痕渐渐退化，临床表现为瘢痕呈淡褐色或淡白色，表面平坦，触之质柔韧。此过程视损伤和治疗等具体情况，持续的时间有长有短。致伤后3个月左右抗拉力强度达到顶点，达到正常皮肤强度的70%~80%，且不再增加。所以，对于面部瘢痕是否属于毁容，一般建议在受损伤3个月后鉴定。

在法医临床实际鉴定中，判定是否符合鉴定时机，首先应以临床治愈或者好转标准作为依据（参见《道路交通事故受伤人员医疗终结时间标准》），其次应达到各种损伤的治疗（康复）经过时间。

以下为几种常见损伤的临床治愈或者好转标准以及推荐的鉴定时机[1]：

（1）体表损伤的治愈标准：创口愈合，缝线拆除，局部肿胀及皮下血肿消退，症状基本消失，无感染。推荐的鉴定时间：3个月。

（2）头颅损伤的治愈好转标准：局部肿胀消退，伴随的皮肤损伤已经愈合，无感染；合并骨折的碎骨片去除或局部已经整复；出血吸收；神经系统症状、体征好转或消失，遗留后遗症趋于稳定。推荐的鉴定时间：6至8个月，残情严重者可延至12个月以上。

（3）眼、耳、口腔损伤治愈好转标准：局部肿胀和出血消失，刺激症状好转或消失，视、听及其他相应功能得到有效恢复或趋于稳定。推荐的鉴定时间：3至6个月。

（4）骨折的治愈标准：骨折复位良好，骨性愈合，功能基本得到有效恢复，局部症状消失。骨折的好转标准：骨性愈合，功能部分恢复，症状和体征趋于稳定。推荐的鉴定时间：4至8个月。

（5）血、气胸及肺挫伤的治愈好转标准：局部出血消失，胸部症状好转或消失，X线或CT等检查显示胸腔无异常影像或趋于稳定。推荐的鉴定时间：3至6个月。

---

〔1〕（集体作者）司法部司法鉴定管理局、最高人民法院司法行政装备管理局组织编写：《〈人体损伤致残程度分级〉适用指南》，法律出版社2016年版，第54页。

（6）腹腔、盆部器官损伤的治愈好转标准：局部症状好转或消失，部分难以恢复的后遗症趋于稳定。推荐的鉴定时间：3 至 6 个月，残情严重者 6 至 8 个月。

（7）脊髓损伤的治愈好转标准：肢体功能恢复或症状、体征趋于稳定。推荐的鉴定时间：6 至 8 个月，残情严重者可延至 12 个月以上。

（8）肌腱损伤、周围神经损伤的治愈好转标准：肢体功能恢复或症状、体征趋于稳定。推荐的鉴定时间：6 至 8 个月。

（9）肢体离断伤的治愈好转标准：损伤痊愈，残肢功能趋于稳定。推荐的鉴定时间：3 至 6 个月。

（六）损伤与残疾后果之因果关系处理原则

《道标》对于伤病关系的处理也有原则性的要求，但在实际鉴定中如何处理没有具体规定。考虑到司法审判中，往往需要从技术角度对损伤在后果中的作用力大小（或"参与度"）进行评定，并以此作为划分责任程度的一个依据，《新残标》对于外界致伤因素在残疾后果中的因果关系鉴定提出了具体的要求：根据外界致伤因素与残疾后果之间的因果关系的不同形式，分析外界致伤因素在残疾后果中的原因力大小，并将这种原因力规定为完全作用、主要作用、同等作用、次要作用、轻微作用、没有作用等六种不同的形式。

《新残标》将损伤在残疾后果中的原因力大小分以上六种形式，其目的是为损伤在残疾后果中的参与度评定服务。按照目前参与度评定的通行方法：①没有作用，即外界致伤因素与残疾后果之间不存在因果关系，参与度为 0%。②轻微作用，即外界致伤因素与残疾后果之间存在间接因果关系（诱因形式），参与度为 12.5%。③次要作用，即外界致伤因素与残疾后果之间存在间接因果关系（辅因形式），参与度为 25%。④同等作用，即外界致伤因素与残疾后果之间存在"临界型"因果关系，参与度为 50%。⑤主要作用，即外界致伤因素与残疾后果之间存在直接因果关系（主因形式），参与度为75%。⑥完全作用，即外界致伤因素与残疾后果之间存在直接因果关系（完全形式），参与度为100%。

在参与度评定中经常会遇到以下特殊情形，即对称性器官或组织原有一侧功能障碍或残疾，健侧损伤后如何评残？例如，伤者伤前即是一眼盲目5级，又因交通事故致健眼损伤、盲目5级，如何评残？在实际鉴定中曾出现过三种不同的鉴定意见（以《道标》为鉴定依据）：一是以交通事故致一眼盲鉴定为八级伤残；二是以最终结局双眼盲鉴定为二级伤残；三是对伤前、伤后的残情分别进行评定，即交通事故前伤者即为一眼盲，属八级伤残，交通事故后为双眼盲，属二级伤残。显然，第一种情形对伤者不利，虽然伤者伤前为一眼盲，但由于健眼的代偿功能，伤者正常的工作、学习和生活不会受到明显的影响。而伤后变为双眼盲，其日常活动和生活自理能力都会受到严重影响。第二种情况对加害方不利，毕竟伤者双眼盲的最终后果不是完全由加害方所致。所以无论是鉴定为八级伤残还是二级伤残都不尽合理，而且也会受到来自双方的质疑。而第三种情形则相对客观、真实地反映了伤者伤前伤后的实际伤残等级。从损害赔偿的角度理解，以二级伤残应得的赔偿作为基数减去八级伤残可获得的赔偿作为伤者应得的赔偿也许是双方都能接受的一个合理方案。当然，到底如何赔偿则需要双方协调或由法庭裁判，而不是鉴定人的任务。

（七）关于致残等级划分

本条是有关致残等级分级的说明，与其他伤残评定标准并无明显不同。

（八）关于致残等级判断依据

本条说明了致残等级的判断依据，即对于每一种具体的残情在划分等级的过程中已经考虑到该残情对医疗、护理的依赖程度，适当考虑由于残疾引起的社会交往和心理因素的影响。例如，同样长度和性质的瘢痕在面部的致残等级比在其他部位的要高，就是考虑到面部瘢痕对伤者的社会交往和心理影响更为明显。所以，在实际鉴定中不应再考虑具体的损伤可能对伤者产生不利的精神或心理影响而提高致残等级鉴定。

第二节　附　则

一、标准条款（附则）

6　附则

6.1　遇有本标准致残程度分级系列中未列入的致残情形，可根据残疾的实际情况，依据本标准附录 A 的规定，并比照最相似等级的条款，确定其致残程度等级。

6.2　同一部位和性质的残疾，不应采用本标准条款两条以上或者同一条款两次以上进行鉴定。

6.3　本标准中四肢大关节是指肩、肘、腕、髋、膝、踝等六大关节。

6.4　本标准中牙齿折断是指冠折 1/2 以上，或者牙齿部分缺失致牙髓腔暴露。

6.5　移植、再植或者再造成活组织器官的损伤应根据实际后遗功能障碍程度参照相应分级条款进行致残程度等级鉴定。

6.6　永久性植入式假体（如颅骨修补材料、种植牙、人工支架等）损坏引起的功能障碍可参照相应分级条款进行致残程度等级鉴定。

6.7　本标准中四肢重要神经是指臂丛及其分支神经（包括正中神经、尺神经、桡神经和肌皮神经等）和腰骶丛及其分支神经（包括坐骨神经、腓总神经和胫神经等）。

6.8　本标准中四肢重要血管是指与四肢重要神经伴行的同名动、静脉。

6.9　精神分裂症或者心境障碍等内源性疾病不是外界致伤因素直接作用所致，不宜作为致残程度等级鉴定的依据，但应对外界致伤因素与疾病之间的因果关系进行说明。

6.10　本标准所指未成年人是指年龄未满 18 周岁者。

6.11　本标准中涉及面部瘢痕致残程度需测量长度或者面积的数值时，0~6 周岁者按标准规定值 50% 计，7~14 周岁者按 80% 计。

6.12　本标准中凡涉及数量、部位规定时，注明"以上""以下"者，均包含本数（有特别说明的除外）。

二、编写说明

（一）关于"类比原则"的使用

《新残标》与《道标》《劳动能力鉴定　职工工伤与职业病致残等级》标准一样，主要采用罗列的方式对常见的组织器官损伤及功能障碍规定了具体致残等级（即具体条款）。但难以穷尽可能出现的所有致残情形，特别是一些比较少见的或者尚未发现的情形。此外，随着医学的发展，新型人工植入式假体的种类会越来越多，这些人工假体的损坏是否评残、如何评残，都是需要考虑的问题。为此，标准附则 6.1 规定，"遇有本标准致残程度分级系列中未列入的致残情形，可根据残疾的实际情况，依据本标准附录 A 的规定，并比照最相似等级的条款，确定其致残程度等级"，为解决此类损伤致残程度鉴定规定了如何处理的具体途径。

为了防止附则 6.1 条被误用或者滥用，在援引 6.1 条时应注意以下问题：

（1）只有在遇有本标准没有列入的致残情形时才能援引本条款，例如，可能出现的新型人工植入性假体损坏，放射性损害、有毒动植物、化学物质等造成的致残情形。凡本标准已列入的致残情形，均不得援引本条款进行致残等级评定。需要特别强调的是，不能将多处损伤均不符合相应条款具体规定的情形通过援引本条款再行致残等级鉴定。例如，一上肢肘关节丧失功能 20%、腕关节丧失功能 15%，按照标准肘关节或腕关节功能丧失的规定均不构成伤残，不能依据附则 6.1 条之规定，通过比照相近的条款综合评定为十级伤残。

（2）在援引附则 6.1 条时，须同时援引附录 A 并比照相近的具体条款，二者不可割裂。换言之，不能单独依据附录 A 的规定进行致残等级鉴定。因为附录 A 只是致残等级划分的依据，但这些依据都是无法量化的。例如，九级中"工作与学习能力下降""社会交往能力部分受限"与十级中的"工作与学习能力受到一定影响""社会交往能力轻度受限"等，在实际操作中是无法准确界定的。如上所述，一上肢肘关节或者腕关节功能均丧失 10%，但依据相关条款规定均不构成本标准规定的伤残等级，也不得以关节功能障碍致"工作与学习能力下降"或"工作与学习能力受到一定影响"单独依据附录 A 中九级残疾或十级残疾的划分依据鉴定为九级伤残或十级伤残。

（3）在实际"比照"时，应注意"相近原则"[1]，即尽量比照最相似的致残情形评定伤残等级，包括：①残情相仿。例如，某种残情与标准分级系列致残程度等级具体条款所规定的日常鉴定实践中经常遇见的残情，其严重程度大致相仿，适用更高等级条款存在明显不足，适用更低等级条款也显失公平，但因损伤基础不同，若简单适用具体分级条款确定残级可能会产生一定的疑问，此时可考虑说明该残情所符合的附录 A 致残程度等级划分依据中的相关条款，并说明所比照的具体致残程度等级条款，最终确定为相应致残等级。②等级相当。本标准分级系列中将致残等级具体条款划分为不同的部位，若某种伤残的严重程度在实际损伤部位的致残程度等级具体分级条款中未见列举，但在其他部位的具体分级条款中可以找到与之严重程度基本相当的规定，此时可比照相应分级条款确定残级。

（二）关于同一部位和性质残疾的鉴定

有关"同一部位和性质的残疾，不应采用本标准条款两条以上或者同一条款两次以上进行鉴定"，这在《道标》中就有明确规定，《新残标》未作修改。该条款的设置主要是避免在对"同一部位和性质"的残疾进行致残等级鉴定时出现重复评残的情形。但在

---

[1] （集体作者）司法部司法鉴定管理局、最高人民法院司法行政装备管理局组织编写：《〈人体损伤致残程度分级〉适用指南》，法律出版社 2016 年版，第 57 页。

实践中如何准确理解和适用该条款，可能会遇到一些困难。例如，颅脑损伤遗留语言功能障碍、精神障碍、智能缺损等如何鉴定伤残？脊髓损伤遗留肢体瘫痪、大小便失禁、性功能障碍等如何鉴定伤残？胃、肠管多处损伤修补术或切除术后如何鉴定伤残等。

如何正确理解和适用标准条款，关键是如何理解不同的"部位"和"性质"。所谓"部位"，主要是以器官组织或功能系统来加以区分；而"性质"则以组织结构或功能障碍来加以区分，功能障碍又可以躯体功能障碍和精神功能障碍来加以区分，而躯体功能障碍又可以不同系统功能来加以区分。

实际鉴定中应注意以下问题：

（1）"同一部位和性质的残疾"：是指损伤的部位和对器官功能的影响完全相同，例如，对于肺叶切除来说，既可以根据肺叶切除鉴定致残等级，也可以根据是否存在呼吸困难鉴定致残等级。但考虑到标准在对不同范围的肺叶切除规定具体的致残等级时，也是基于肺叶切除对呼吸功能的影响，所以对于肺叶切除而言，不能同时依据"肺叶切除"和"呼吸困难"重复评定致残等级，而应遵循"就高不就低"的原则，以高等级作为鉴定结果。

再如，脑损伤遗留单瘫，应该根据有关脑、脊髓及周围神经损伤所致单瘫的专门性条款确定致残等级，而不能再根据单肢肌力减退、关节功能障碍重复致残等级鉴定。

（2）"同一部位和不同性质的残疾"：例如，脑损伤可遗留肢体瘫痪，也可遗留精神障碍和智能减退，此时应同时依据脑损伤致肢体瘫痪和脑损伤致精神障碍、智能减退分别进行致残程度鉴定。同样，脑器质性损伤遗留肢体瘫痪，同时伴有大小便和性功能障碍，则应分别依据脑损伤所致肢体瘫痪、大小便功能障碍及性功能障碍等专门性条款进行致残等级鉴定。

（三）关于移植、再植、再造组织器官损伤致残等级鉴定

本标准附则6.5"移植、再植或者再造成活组织器官的损伤应

根据实际后遗功能障碍程度参照相应条款进行致残等级鉴定"。本条规定在《道标》中是没有的，但在《人体损伤程度鉴定标准》中有关联条款。

该条款所谓的"移植、再植或者再造成活组织器官"是指伤者伤前自身业已存在的移植、再植或者再造并且成活的组织器官。所谓的"后遗功能障碍程度"是指伤者移植、再植或者再造并且成活的组织器官因再次损伤经治疗后所遗留的功能障碍程度。

对于移植、再植或者再造成活组织器官的致残等级鉴定，同样要遵守标准总则中的相关规定。既要依据最终的后果或者结局，又要分析其移植、再植或者再造成活组织受伤前的功能状态，认真分析本次损伤与其最终后果之间的因果关系。必要时，应该进行参与度评定。

（四）关于永久性植入式假体损坏致残等级鉴定

本标准附则6.6"永久性植入式假体（如颅骨修补材料、种植牙、人工支架等）损坏引起的功能障碍可参照相应条款进行致残等级鉴定"。与《道标》相比，本条也是新增加的条款，且与《人体损伤程度鉴定标准》相关联。由于临床应用的人工假体较多，随着临床医学的不断发展，新的人工假体还会不断出现，但究竟哪些人工假体损坏可以构成伤残，目前尚未达成一致意见。为了防止本条款被滥用，附则6.6列举了三种假体，即颅骨修补材料、种植牙和人工支架等，原则上不扩大适用范围。但随着新型人工假体的出现，哪些假体损坏可以考虑鉴定致残等级，可以从以下几个方面加以考虑：

（1）损坏的植入式假体应该是"永久性"的。何谓"永久性"？即原则上不需要定期更换。由此可以理解，人工关节是在使用一定的年限后需要更换的，所以其损坏引起的关节功能障碍不应依据本条规定鉴定致残等级。再者，从医疗的角度来看，人工关节损坏所引起的功能障碍可以通过临床治疗（更换人工关节）予以恢复。当然，如果人工关节损坏的同时伴有骨组织的损伤而无法通过更换新的人工关节来恢复功能，则应该依据实际功能损失情形评定致残等级。

（2）损坏的假体是"植入式"的。可脱卸式的人工义眼、假牙、假肢等，都不是本条规定的适用范围。

（3）损坏的假体是会引起人体"功能障碍"的。这种"功能障碍"应该是经过治疗后仍然遗留的。

（4）致残等级鉴定应该具有"相应条款"参照。所谓"参照相应条款"，就是要把永久性植入式假体看作正常人体组织器官，其损坏后是否构成伤残，取决于正常组织器官功能障碍所规定的具体条款。例如，种植牙脱落是否构成伤残要看牙齿（包括种植牙）的数量，只有达到7枚才构成十级伤残。再如，颅骨修补材料损坏后是否构成伤残，要看是否经过开颅手术治疗，只有经过开颅手术治疗才构成十级伤残。

（五）关于内源性疾病

本标准附则6.9规定："精神分裂症或者心境障碍等内源性疾病不是外界致伤因素直接作用所致，不宜作为致残程度等级鉴定的依据，但应对外界致伤因素与疾病之间的因果关系进行说明。""内源性疾病"目前尚无明确的定义，有人认为内源性疾病是人体自身的机能失调或功能下降所致的一系列疾病，包括过敏、内分泌紊乱、各种肿瘤、癌症、心血管疾病、糖尿病等等，这些疾病的共同特征是它们与人体外部的细菌、病毒没有关系。也有人认为内源性疾病是人体在外界各种致病因素的作用下导致人体自身内稳态平衡失调所致的一系列疾病，其发病的机制多不明确。

在司法鉴定实践中，常见的内源性疾病包括精神分裂症、反应性精神病、心境障碍、癔症、心理性阴茎勃起障碍等。凡遇外伤后出现的此类疾病，不进行致残程度鉴定，但应分析外界致伤因素在此类疾病的发生、发展过程中的作用。

第二章

颅脑、脊髓与周围神经损伤

本章内容主要包括颅脑损伤遗留的精神障碍与智能减退、植物生存状态、外伤性癫痫、语言障碍、颅骨骨折、颅内出血、脑挫裂伤，以及颅脑、脊髓及周围神经损伤所引起的肢体瘫痪、大小便失禁、性功能障碍等致残等级鉴定。

第一节 精神障碍与智能减退

本节要点

1. 精神障碍与智能减退致残程度分级
2. 日常生活自理能力评定的特别规定
3. 日常生活有关的活动能力判定细则

一、标准条款

	《道标》		《新残标》
4.1.1.b)	极度智力缺损（智商20以下）或精神障碍，日常生活完全不能自理。	5.1.1.2)	精神障碍或者极重度智能减退，日常生活完全不能自理。
4.2.1.a)	重度智力缺损（智商34以下）或精神障碍，日常生活需随时有人帮助才能完成。	5.2.1.1)	精神障碍或者重度智能减退，日常生活随时需有人帮助。

《道标》		《新残标》	
4.3.1.a)	重度智力缺损或精神障碍，不能完全独立生活，需经常有人监护。	5.3.1.1)	精神障碍或者重度智能减退，不能完全独立生活，需经常有人监护。
4.4.1.a)	中度智力缺损（智商49以下）或精神障碍，日常生活能力严重受限，间或需要帮助。	5.4.1.1)	精神障碍或者中度智能减退，日常生活能力严重受限，间或需要帮助。
4.5.1.a)	中度智力缺损或精神障碍，日常生活能力明显受限，需要指导。	5.5.1.1)	精神障碍或者中度智能减退，日常生活能力明显受限，需要指导。
4.6.1.a)	中度智力缺损或精神障碍，日常生活能力部分受限，但能部分代偿，部分日常生活需要帮助。	5.6.1.1)	精神障碍或者中度智能减退，日常生活能力部分受限，但能部分代偿，部分日常生活需要帮助。
4.7.1.a)	轻度智力缺损（智商70以下）或精神障碍，日常生活有关的活动能力严重受限。	5.7.1.1)	精神障碍或者轻度智能减退，日常生活有关的活动能力极重度受限。
4.8.1.a)	轻度智力缺损或精神障碍，日常生活有关的活动能力部分受限。	5.8.1.1)	精神障碍或者轻度智能减退，日常生活有关的活动能力重度受限。
4.9.1.a)	轻度智力缺损或精神障碍，日常活动能力部分受限。	5.9.1.1)	精神障碍或者轻度智能减退，日常生活有关的活动能力中度受限。

《道标》		《新残标》	
4.10.1.a)	神经功能障碍，日常活动能力部分受限。	5.10.1.1)	精神障碍或者轻度智能减退，日常生活有关的活动能力轻度受限。

二、编制说明

《新残标》有关智力缺损或精神障碍的等级划分基本上沿袭了《道标》的相关规定，但针对《道标》实施过程中所遇到的问题，《新残标》做了以下调整。

（一）取消了以"智力商数"分级的规定

《道标》在致残等级的具体条款中规定了智能减退严重程度及相应的智力商数，但在实践中对于智力商数的测定及结果评价往往存在相当的随意性和不确定性，有些鉴定机构片面地根据智商测定结果确定致残等级，故《新残标》在具体条款中不再规定具体的智力商数，其目的在于最大限度地避免片面依据智力商数测定结果进行伤残等级鉴定的不规范行为。

（二）明确了"日常生活能力"和"日常生活有关的活动能力"判定细则

《道标》一至六级致残程度是依据伤者"日常生活（自理）能力"受限程度来划分的，七至八级是依据伤者"日常生活有关的活动能力"受限程度来划分的，而九级则是按照"日常活动能力"受限程度来划分的。但由于对日常活动能力的范围难以界定，对于九级伤残的鉴定存在相当的随意性。《新残标》一至六级沿用了《道标》以"日常生活（自理）能力"作为划分等级的依据，而七至十级均采用"日常生活有关的活动能力"作为划分等级的依据，弃用"日常活动能力"的概念。

需要注意的是，按照《新残标》的组织结构，凡标准正文涉及组织器官功能障碍分度、分级或者分期的，在附录 B 中都有相应的判定细则。但精神障碍或者智能减退所致"日常生活能力"和"日常生活有关的活动能力"在附录 B 中均未给出相应的判定细则。只是在附录 B4 中做出原则性规定，即生活自理能力具体评价方法参考《人身损害护理依赖程度评定》（GB/T 31147）。但在编写《适用指南》的过程中，笔者发现《人身损害护理依赖程度评定》中关于护理依赖的分级与本标准要求并不完全一致，前者将日常生活能力按护理依赖程度分为全部、大部分和部分三个不同的等级，而《新残标》要求将日常生活能力分为六种不同的情形，并依次规定为一至六级致残等级。故在《适用指南》中，专家对"日常生活能力"和"日常生活有关的活动能力"均给出了具体的判定细则（见下文）。

（三）关于"神经功能障碍，日常活动能力受限"

《道标》"4.10.1a）神经功能障碍，日常活动能力轻度受限"本不适用于精神障碍或者智能减退致残程度鉴定，但在《道标》实施过程中被广泛滥用。《新残标》没有沿用该条款，也是为了避免此种情况再次发生。

三、应用指南

（一）精神障碍与智能减退

1. 精神障碍

精神障碍，又称为精神疾病，是指在包括生物学因素、社会心理因素等各种致病因素的作用下发生大脑功能失调而出现的感知、思维、情感、行为、意志以及智力等精神运动方面异常，需要用医学方法进行治疗的一类疾病。

精神障碍是多种致病因素综合作用的结果，损伤对精神障碍发生的作用可以分三个层次描述：①第一层次是存在脑"器质性"损害，实验室检验与各种辅助检查能确证损伤的存在并评估其严重程度，因损伤直接导致精神障碍的发生，损伤与精神障碍之间存在直接因果关系，可直接依据相应条款评定致残程度及等级的情形，如器质性精神障碍、非成瘾物质所致精神障碍等；②第二层次是无证据确证"器质性"损害的存在，损伤仅作为强烈的精神创伤，对精神障碍的发生起直接或主要作用（直接因果关系或间接因果关系），如应激相关障碍；③第三层次，损伤对精神障碍的发生仅起诱发、促发作用，甚至起不明显作用的情形，如精神分裂症、偏执型精神病、心境障碍、神经症性障碍、分离（转换）性障碍等。

对于应激相关障碍、精神分裂症、情感性精神障碍等后两个层次的精神障碍，即使对被鉴定人的日常生活、学习或工作存在严重影响，一般仍不宜进行致残等级的鉴定。当委托人在此情形下委托鉴定致残等级时，可按照"根据现行有效的鉴定标准，不宜对被鉴定人致残程度的等级进行鉴定"出具结论性意见或者说明。

（1）器质性（症状性）精神障碍。器质性精神障碍是指由脑部器质性损害所致认知、情感、行为、意识和/或人格等各方面障碍构成的一大组综合征，通常分为以下情形：①原发性，系脑部病变所致，包括脑变性疾病、脑血管病、颅内感染、脑外伤、脑瘤等所致的精神障碍；②继发性，由脑部以外疾病、中毒、感染、代谢或系统性疾病可引起脑功能障碍的躯体疾病等所致，也称为症状性精神病障碍。可出现下列临床表现：

a）智能损害综合征；

b）遗忘综合征；

c）人格改变；

d）意识障碍；

e）精神病性症状（如幻觉、妄想、紧张综合征等）；

f）情感障碍综合征（如躁狂综合征、抑郁综合征等）；

g）解离（转换）综合征；

h）神经症样综合征（如焦虑综合征、情感脆弱综合征等）。

需要说明的是，根据诊断标准，脑震荡后综合征是器质性精神障碍的一种类型，即指脑震荡后出现的一组症状，根据出现的频度次序，可表现为头痛、头晕、疲乏、焦虑、失眠、对声光敏感、集中困难、易激惹、主观感觉不良、心情抑郁等，约有55%的患者在恢复期出现这些症状，20%～30%的患者可迁延呈慢性状态。必须注意，脑震荡后综合征的诊断必须审慎，应首先在排除脑实质性损害后确证存在脑震荡，即存在短暂意识丧失和逆行性遗忘；鉴定实践中，逆行性遗忘在急诊病史中少有记录，但必须有原始病历资料明确证明意识丧失的存在。如果脑震荡后综合征明显影响日常生活、工作等，根据其对日常生活有关的活动能力的影响，建议最高可评定为十级伤残。

（2）非成瘾物质所致精神障碍。非成瘾物质所致精神障碍，是指来自体外的某些有害物质，虽不产生心理或躯体性成瘾，但可影响个人精神状态。大量有害物质一次性进入体内，可引起急性中毒性精神障碍；有害物质多次连续进入体内，可引起慢性中毒性精神障碍。种类包括一氧化碳所致精神障碍、非成瘾药物所致精神障碍、有机化合物所致精神障碍、重金属所致精神障碍、食物所致精神障碍等多种亚型。症状表现为同器质性（症状性）精神障碍。

（3）应激相关障碍。应激相关障碍是指一组由心理、社会（因素）引起的异常心理反应导致的精神障碍，也称为反应性精神病，包括急性应激障碍、创伤后应激障碍、适应障碍等三个主要亚型。

①急性应激障碍：主要以急剧、严重的精神打击为直接原因，在受刺激后立刻（通常在1小时以内）发病。表现有强烈恐惧体验的精神运动性兴奋，行为有一定的盲目性；或者为精神运动性抑制，甚至木僵。症状往往历时短暂，如果应激源被消除，预后良

好，缓解完全。

②创伤后应激障碍：由异乎寻常的威胁性或灾难性心理创伤，导致延迟出现和长期持续的精神障碍。主要表现为：i）反复发生闯入性的创伤性体验、梦境，或因面临与刺激相似或有关的境遇，而感到痛苦和不由自主地反复回想；ii）持续的警觉性增高；iii）持续的回避；iv）对创伤性经历的选择性遗忘；v）对未来失去信心。少数患者会有人格改变或有神经症病史等附加因素，从而降低了对应激源的应对能力或加重疾病。精神障碍延迟发生，在遭受刺激后数日甚至数月后才出现，病程可长达数年。

③适应障碍：因长期存在应激源或困难处境，加上患者有一定的人格缺陷，产生以烦恼、抑郁等情感障碍为主，同时有适应不良的行为障碍或生理功能障碍，并使社会功能受损。病程往往较长，但一般不超过 6 个月。通常在应激性事件或生活改变发生后 1 个月内起病。随着事过境迁，刺激的消除或经过调整形成新的适应，精神障碍随之缓解。

（4）其他精神障碍。精神分裂症是一组病因未明的精神障碍，常缓慢起病，具有思维、情感、行为等多方面障碍，及精神活动不协调。通常意识清晰，智能正常，自然病程多迁延，呈反复加重或恶化，但部分患者可保持痊愈或基本痊愈状态。

心境障碍，又称情感性精神障碍，是各种原因引起的以明显而持久的心境高涨或低落为主的一组精神障碍，并有相应的思维和行为改变。多有反复发作的倾向，每次发作多可缓解，部分可能有残留症状甚至转为慢性。

解离（转换）综合征，过去也称为"癔症"，指一种以部分或完全丧失对自我身份识别和对过去的记忆的解离症状以及将在遭遇无法解决的问题和冲突时产生的不快心情转化成躯体症状的以转换症状为主的精神障碍。症状没有可证实的器质性病理基础，有癔症人格基础，起病常受心理社会（环境）因素的影响，除癔症性精神病或癔症性意识障碍有自知力障碍外，自知力基本完整，病程多迁延。

神经症是一组主要表现为焦虑、抑郁、恐惧、强迫、疑病症状，或神经衰弱症状的精神障碍，有一定的人格基础，起病常受心理社会（环境）因素影响，症状没有可证实的器质性病变作基础，与被鉴定人的现实处境不相称，但被鉴定人对存在的症状感到痛苦和无能为力，自知力完整或基本完整，病程多迁延。各种神经症性症状或其组合可见于感染、中毒、内脏、内分泌或代谢异常和脑器质性疾病中，称神经症样综合征。

2. 智能减退

智能减退是精神障碍的一种表现形式，指由于器质性损害（诸如脑外伤、一氧化碳中毒等）导致的智能损害，至少持续 6 个月以上。

（1）智能减退的主要表现：

①记忆减退，最明显的是学习新事物的能力受损。

②以思维和信息处理过程减退为特征的智能损害，如抽象概括能力减退，难以解释成语、谚语，掌握词汇量减少，不能理解抽象意义的语汇，难以概括同类事物的共同特征，或判断力减退。

③情感障碍，如抑郁、淡漠，或敌意增加等。

④意志减退，如懒散、主动性降低。

⑤其他高级皮层功能受损，如失语、失认、失用或者人格改变等。

⑥无意识障碍。

（2）智能减退的分度：

①极重度智能减退。智商（IQ）<20；语言功能丧失；社会功能完全丧失，不会逃避危险；生活完全不能自理。

②重度智能减退。IQ：20～34；语言功能严重受损，不能进行有效的交流；不能学习和劳动；生活大部分不能自理。

③中度智能减退。IQ：35～49；能掌握日常生活用语，但词汇

贫乏；对周围环境辨别能力差，只能以简单的方式与人交往；生活部分不能自理；能做简单劳动，但质量差、效率低。

④轻度智能减退。IQ：50～69；无明显语言障碍；对周围环境有较好的辨别能力，能比较恰当的与人交往；生活能自理，能做一般非技术性工作。

⑤边缘智能状态。IQ：70～84；抽象思维能力或者思维广度、深度及机敏性显示不良；不能完成高级或者复杂的脑力劳动。

（二）致残程度鉴定的基本问题

1. 概述

当前在精神科致残程度等级的鉴定主要有两种趋势，一种是根据精神障碍诊断标准予以明确诊断，另一种则是不做明确诊断，直接套用伤残鉴定标准相应条款，如"被鉴定人因××损伤致精神障碍或××度智能减退"。从法医精神病专业角度出发，建议在进行精神科致残程度的等级鉴定时，首先应评定被鉴定人的精神状态，根据 ICD-10 或 CCMD-3 等诊断标准进行医学诊断；在确认被鉴定人患有相应精神障碍的基础上，考察精神症状对其日常生活、工作和社会活动能力等的影响，根据受损程度确定相应的致残等级。

精神障碍的诊断包括两步，第一步是确定有无精神症状，第二步是确定属于精神障碍中的何种疾病。在鉴定时应重点确定精神障碍的真实性，即是否真实存在精神障碍。精神障碍的诊断需要系统收集详细病史和进行全面检查，包括系统收集被鉴定人的病史资料、精神检查、特殊检查及资料的整理、核实和分析等。在评定时应遵循 2 中的原则。

2. 精神障碍的鉴定原则

（1）损伤确证：明确被鉴定人是否存在脑器质性损害、一氧化碳中毒、食源性中毒等可查证器质性损害。

（2）精神异常调查：明确被鉴定人在人身损伤后是否出现精神行为异常，是否到精神专科医院就诊，应明确其精神异常的主要表现。

（3）旁证调查及旁证材料审查：对未成年或年轻被鉴定人，了解其母孕期、生产期情况以及其生长发育情况，特别是幼年时是否有脑炎、高热惊厥等疾病发作情况；了解被鉴定人的学习情况；了解被鉴定人损伤前的生活、工作情况。了解被鉴定人伤后是否出现记忆下降、智能下降、人格改变、情绪病理性改变、幻觉、妄想等精神异常，如有，明确其具体表现，尤其对被鉴定人的日常生活、学习或工作的影响。

需要特别注意的是，鉴定中的资料来源一般是被鉴定人家属、陪护人员或同事，无论与被鉴定人亲疏远近，都应对调查资料的可信度进行评估。

（4）精神检查：应当注意被鉴定人的一般表现，明确被鉴定人是否存在认知、情感、意志行为等方面的障碍。需要特别注意的是，该类被鉴定人可能存在索赔心理，在精神检查中有装坏的可能，或者故意不合作。也有因存在情绪不稳定或严重的人格改变，客观上不能配合检查，使检查结果欠理想的情况。对器质性精神障碍者，在精神检查中应当重点注意其是否存在智能、记忆及人格等方面的改变。

3. 鉴定要点

（1）智力减退。智力鉴定可以从以下几个方面入手：

①一般常识。可让被鉴定人回答一些常识性的问题，包括历史、天文、地理、文学、自然等方面，以检查被鉴定人的知识广度、兴趣范围、长时记忆等能力。

②领悟力。通过询问一些有关社会价值观念、词语的解释和表达等的问题了解被鉴定人对社会的适应程度和理解判断能力。

③分析综合和抽象概括能力。通过对事物的共性、差异和命题的判断分析来反映该方面的能力。

④计算力。通过一些心算题，了解被鉴定人对数的概念和运算

能力。

（2）记忆功能。记忆功能按时间段来划分，常分为瞬间记忆、短时记忆和长时记忆（远记忆）等三种。对损伤所致记忆损害者，一般据此进行检查。

①瞬间记忆。可以通过数字广度实验来检查，或者让被鉴定人在很短的时间内重复词组（言语记忆）或图画（视觉记忆）等来进行评估。

②短时记忆。可以通过提一些简单问题的方法来进行，看被鉴定人是否保存有对近期发生事情的记忆，也可以先告知其鉴定人的姓氏，在临近检查结束时要求被鉴定人讲述出来。另外一个简单的方法是让被鉴定人讲述前一晚的饮食情况，或者让被鉴定人重复数分钟前已告知的三个在发音和词义上都不相关的词语。

③远记忆。远记忆的检查方法是让被鉴定人讲出生活中的特定事件，或者询问被鉴定人一些众所周知的历史事件和有影响力的历史人物，也可以询问当今国家政府要员和当地城市政府官员的名字等。

（3）损伤致人格改变。对损伤所致人格改变者，应从以下几个心理机能方面展开检查：

①意志、欲望的改变。注意被鉴定人有无意志减退或缺乏，对周围事物是否关心，生活工作有无主动性、积极性。另一方面要注意被鉴定人有无欲望增强、活动增多、多言好辩、纠缠不休、食欲或性欲亢进，以及只满足个人需要，不考虑别人利益的情况。

②情感、心境的改变。一方面要检查被鉴定人有无欣快、情绪高昂、小事大笑不止、自我感觉良好、精神饱满等症状，另一方面要注意被鉴定人是否有不满、委屈感、易激惹、暴怒或情感淡漠等症状。

③行为幼稚。观察被鉴定人有无幼稚行为，如同小孩，说话不经思考，行为不计后果，情绪反应单纯而易表露或行为放荡等。

4. 心理测验

目前对智力、记忆及人格改变均有成型的心理测验工作，其中智力、记忆测验工具具有全国常模，得到普遍运用，而人格改变的评定工具主要是一些小规模的研究，可在鉴定实践中参考使用。

（1）智力测验。可通过智力测验和社会适应能力评定量表来评估患者的智力水平，常用的有韦氏智力量表和成人智残评定量表。智商与智残评分是反映个体智力水平的两个方面。

韦克斯勒氏智力量表简称为韦氏量表，主要包括三套量表，分别用于成人、儿童和幼儿。这个量表是目前世界范围内最为公认的反映智力水平的测量工具。成人韦氏智力量表由 11 个分测验组成，其中语言量表有 6 个分测验，操作量表有 5 个分测验。鉴定实践中，有时会采用简式韦氏智力测验，通过计算估计智商。值得注意的是，根据智力测验的原理，简式估计智商的准确率比全量表评定的智商值稍差一些，尤其是对智商损伤较重的被试，简式估计值会高估被试的智商。同时必须注意，颅脑损伤患者在检查时容易发生疲劳，影响智力检查结果，因此必要时检查可以分阶段进行。

对于有严重的智能障碍，难以实施韦氏智力测验的被鉴定人，可以根据《成人智残评定量表》来评估其日常生活能力，包括语言、人际交流、日常生活自理情况、学习或参加劳动的情况，对时间、地点和人物的定向力等。智残评分一般是通过对反映个体社会功能状况的参数来间接推断智力缺陷的程度。由于智残评定量表的内容主要是反映个体的社会功能状况，因而，智残评定实际上是评定个体与社会活动有关的能力。

（2）记忆测验。检查记忆最为理想和系统的方法是利用韦氏记忆量表，能获得较为准确的记忆商数，以判断被鉴定人的记忆水平。

中国修订版的韦氏记忆测验内容包括长时记忆、短时记忆和瞬间记忆三个部分，计分方法是将测验的原始分换算成量表分，再将各年龄组的总分换算成标准分，即离差记忆商数（MQ）。

5. 实验室检验与辅助检查

条件许可时，可以进行脑电图、事件相关电位等脑电生理检查，进一步明确被鉴定人的脑功能状况。必要时可以要求被鉴定人再次进行头颅 CT 平扫、MRI、fMRI 等颅脑影像学检查，明确其目前脑部后遗损害情况。

（三）伤病关系

存在原有伤、病时，可首先确定被鉴定人与目前精神状况相当的伤残程度；然后根据原有伤、病对目前造成伤残程度的影响进行相应扣除，最终给出本次人身损害所致的精神伤残程度；如不能区分原有伤、病对目前伤残程度的影响，则说明不能评定原有伤、病的影响。

（四）日常生活能力评定

日常生活能力是个体作为正常健康的成年人能够在离开他人帮助的情况下独立生存、维持生命的最基本能力。

1. 评价指标

精神伤残评定中，日常生活能力的评价指标（或考察项目）包括以下两组主要项目。

（1）与日常生活密切相关的项目。

①进食：是指适时、适量、在适当地点完成进食。一般无需他人提醒、引领、督促、控制或喂食，无厌食、拒食、绝食、暴饮暴食、不知饥饱等行为。

②便溺：到规定地方，解系裤带完成大小便过程并清理。

③穿衣、洗漱：穿衣是指能穿脱衣服，定时更换衣服，按季节、天气、温度变化适时增减衣服；洗漱包括洗脸、刷牙、梳头、剃须4项。

④自主行走：指能自主走动，自行外出。

（2）安全问题：指由于精神障碍有造成自身、他人或公众的安全危险，即可能发生自杀、自伤、伤人、毁物及其他危害公共安全的行为等，经系统治疗满一年仍无明显改善者。

2. 分级标准

依据本标准规定，建议按照如下原则，全面分析、综合鉴定精神障碍与智能减退的致残程度等级。

（1）日常生活完全不能自理：上述4项活动即使有适当设备或他人帮助也不能完成，全部功能活动均由他人代做。

（2）日常生活随时需有人帮助：上述3项活动大部分需要他人帮助才能完成，或存在极其严重的危险性。

（3）不能完全独立生活，需经常有人监护：上述2项活动部分需要他人帮助才能完成，或存在明显的危险性。

（4）日常生活能力严重受限，经常需要帮助：上述1项活动部分需要他人帮助才能完成。

（5）日常生活能力明显受限，经常需要指导：上述4项活动均未达到需要他人帮助才能完成的程度，但3~4项明显受限，需要给予一定指导；或者在完成过程中存在部分潜在危险。

（6）日常生活能力部分受限，但能部分代偿，条件性需要帮助：上述4项活动均未达到需要他人帮助才能完成的程度，但1~2项明显受限，或存在危险性。

（五）日常生活有关的活动能力评定

日常生活有关的活动能力是指健康的成年人员无需他人协助，能在日常生活中独自完成一定的有特定意义的活动，具体可包括：①自行料理简单的家务，例如保持与维护室内清洁、完成简单的烹饪等；②参与一般的室外活动，如散步等；③独自外出乘坐各种（公共）交通工具；④独自外出购买一般常用物品，处理购买中可能遇到的问题；⑤参与社交，结识朋友，交流经验与感情；⑥参与学习各种生活或者工作技能，学习所需要的理论与知识；⑦从事一般的工作劳动，主要是指轻微的体力劳动与简单的办公室工作；⑧参与其他日常社会活动，如各种与被鉴定人性别、年龄、性格与社会背景相当的文艺、体育及其他娱乐活动。

1. 评价指标

可参阅《工具性日常生活活动能力（IADL）》项目，共8项：

打电话、购物、备餐、做家务、洗衣、使用交通工具、服药和自理经济，每个项目均为4级评分，单项分为1～4分，总分为8～32分。

单项评分标准：①1分，自己完全可以做；②2分，有些困难；③3分，需要帮助；④4分，根本无法做。

2. 分级标准

（1）日常生活有关的活动能力极重度受限：有5项或5项以上单项分为4分，或总分＞25分；

（2）日常生活有关的活动能力重度受限：有3～4项单项分为4分，或总分为20～24分；

（3）日常生活有关的活动能力中度受限：有1～2项单项分为4分，或总分为15～19分；

（4）日常生活有关的活动能力轻度受限：有3项或3项以上为3分，或总分为10～14分。

（六）鉴定时机

精神科致残程度等级的鉴定应当在临床医疗终结后进行，结合器质性精神障碍等诊断上对病程的要求以及以往鉴定实践经验，建议一般应在损伤6个月以后方可实施鉴定；如果伤情严重或者估计致残等级较高者，可视情况延长至受伤9～12个月后进行。

如果被鉴定人后遗精神异常主要表现为明显的精神病性症状等较严重情形的，应在进行系统精神专科治疗后进行鉴定。此处的精神病性症状，主要是指被鉴定人由于丧失了现实检验能力而明显地不能处理某些现实问题的表现，通常为出现下列表现之一者：①突出的妄想；②持久或反复出现的幻觉；③紧张症行为，包括紧张性兴奋与紧张性木僵；④广泛的兴奋和活动过多；⑤显著的精神运动性迟滞。

第二节　植物生存状态

本节要点

1. 植物性生存状态临床分型及诊断标准
2. 植物性生存状态的临床疗效评价标准
3. 植物性生存状态的病理及影像学特征
4. 植物性生存状态的临床诊断
5. 植物性生存状态的辅助检查
6. 植物性生存状态的鉴别诊断

一、条款比较

《道标》	《新残标》
4.1.1.a)　植物状态。	5.1.1.1)　持续性植物生存状态。

二、编制说明

《道标》关于植物状态既没有分型，也没有具体判定细则，在实际操作中存在一定的难度。为此，《新残标》将"植物状态"修改为"持续性植物生存状态"，在附录 B.1 条中给出了持续性植物生存状态的诊断标准，并且对持续性植物生存状态的鉴定提出了严格要求：持续性植物生存状态指脑损伤后出现上述表现至少持续 6 个月以上，且难以恢复。

三、应用指南

（一）植物生存状态诊断标准

关于植物生存状态的诊断标准，《新残标》所采用的诊断依据是中华医学会急诊医学学会于 2001 年 11 月在南京进行修订的标准，亦称为"南京标准 2001"：

（1）植物状态诊断标准：①认知功能丧失，无意识活动，不能执行指令。②能自动睁眼或在刺激下睁眼。③有睡眠—觉醒周期。④可有无目的性眼球跟踪运动。⑤不能理解和表达语言。⑥保持自主呼吸和血压。⑦丘脑下部及脑干功能基本保存。

（2）持续性植物状态诊断标准：植物状态持续一个月以上者才能定为持续植物状态。

国际上把"植物生存状态"分为三型：时间在一个月之内的称为"暂时性植物生存状态"；持续时间在一个月至一年的称为"持续性植物生存状态"；超过一年的称为"永久性植物生存状态"。考虑到植物生存状态临床误诊率较高，《新残标》强调的是"永久性植物生存状态"，但在附录 B 中又规定植物状态须"持续 6 个月以上"，且"难以恢复"，才能认定为持续性植物生存状态。

（二）植物生存状态的病理及影像学特征

1. 弥漫性轴索损伤（如图 2-2-1[1]）

往往是急性颅脑外伤的后果。由于外伤后皮层下白质存在广泛的轴索损伤，使皮层与脑的各部分联系中断，来自周围神经的冲动无法传导到皮层。严重的弥漫性轴索损伤也可累及脑干，导致脑干的损害。如合并急性呼吸、循环衰竭，则可并发弥漫性皮层层样坏死。弥漫性轴索损伤或剪力性损伤是一种间接性脑损伤，主要影响脑白质。最可能的发病机制是头部受到突然的旋转加速。

---

〔1〕　陈祥民、刘增胜主编：《颜面部损伤影像诊断与司法鉴定》，人民卫生出版社 2012 年版，第 124 页。

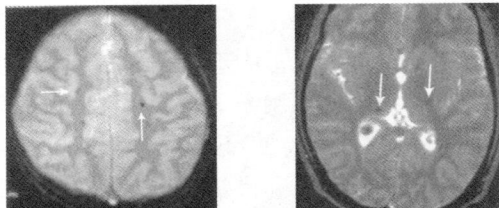

图 2-2-1 示：GRE T2 左图示双侧额叶皮髓质交界区多发点状低信号（箭头）；右图示双侧基底节区斑点状低信号（箭头）

2. 弥漫性脑皮质层样坏死（图 2-2-2）

多见于缺氧缺血脑病造成的植物状态。这种病理变化多位于缺氧缺血部位的动脉周围，往往矢状窦旁的顶-枕皮层、海马的损害最为突出，下丘脑、脑干等则相对较轻。这种病理改变反映了脑的各部分对缺氧、缺血的敏感程度不同，敏感区损伤严重。最敏感区包括大脑皮层、海马和小脑皮层；次敏感区为脑干和下丘脑。

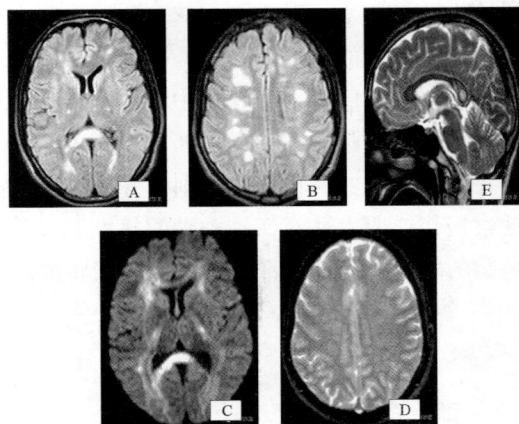

图 2-2-2 示：横断位 T2-FLAIR（A，B）示皮层下白质区及放射冠多发高信号，胼胝体压部水肿，呈弥漫性高信号。横断位 DWI（C）示脑室周围白质及胼胝体弥散受限。横断位 T2-GRE 序列（D）未见明显出血成分。矢状位 T2WI（E）示胼胝体压部信号异常。

3. 丘脑坏死（图 2-2-3，图 2-2-4）

有研究通过持续性植物生存状态病人的脑病理检查发现，丘脑是最主要的病变所在，认为丘脑对意识和感知的作用是非常主要的，而对觉醒的意义则属次要。另有报道认为，植物状态可能与尾状核灰质的损害有关，并认为除弥漫性轴索损伤外，某些局灶性缺血改变也非常重要。植物状态下，脑干、小脑等一般没有明显的病理改变。

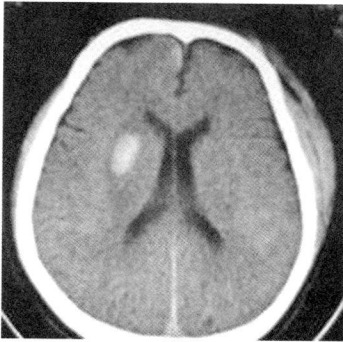

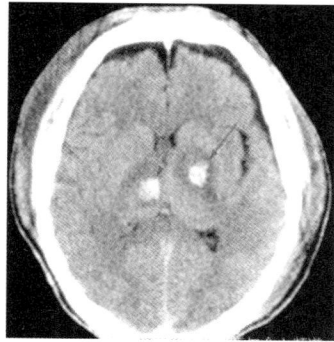

图 2-2-3 示：丘脑出血　　图 2-2-4 示：长线箭头示丘脑出血坏死

外伤性患者 71% 有弥漫性轴索损伤，丘脑异常者有 80%，生存期大于 3 月者丘脑异常达 96%，其它损伤包括新皮层缺血性损害和颅内血肿。非外伤性患者有 64% 存在新皮层的弥漫性缺血性损伤，29% 局灶性损伤；而丘脑异常则存在于所有非外伤患者中。然而两类患者中也有大脑皮层、小脑和脑干结构都正常的患者。两类患者受损最严重的是皮层下白质和/或丘脑的主要中继核。

（三）植物生存状态辅助检查

1. 意识量表

目前国际常用的量表为昏迷恢复量表（Coma Recovery Scale - Revised，CRS-R）。

2. EEG

植物状态患者觉醒 EEG 表现为灶性或弥漫性持续 θ 或 δ 慢波，间歇性 δ 节律；振幅降低，有时可降至等电位线；也可出现灶性尖波等癫痫样放电，还可有 α-θ 昏迷波 spindle 昏迷波。睡眠 EEG 为弥漫性低电压慢波。

3. fMRI

植物状态患者 fMRI 检查可有初级感觉皮层的激活，也可有高级皮层激活，但高级与低级皮层之间的连接失去，尤其额顶叶神经网络的失联最为重要。

4. PET

植物状态患者全脑代谢率降至正常人的 40%~50%，而脑干和其它一些结构如脚桥网状结构、下丘脑和基底前脑的代谢保留。而与高级认知功能相关的结构如双侧前额皮层、颞顶皮联合区、顶叶后部和楔前叶等代谢受损。

其它检查有 ERPs，TMS-EEG 等。

（四）植物生存状态鉴别诊断

1. 昏迷

昏迷是由于脑功能受到抑制而意识丧失和随意运动消失，并对刺激无反应或出现异常反射活动的病理状态。它是意识障碍的严重阶段，表现为意识持续的中断或完全丧失，对内外环境不能够认识。昏迷可分为①浅昏迷：意识大部分丧失，无自主运动，对声光刺激无反应，对疼痛刺激有反应。角膜反射，瞳孔对光反射存在。②深昏迷：全身肌肉松弛，对各种刺激无反应，深浅反射均消失。

2. 癔病性不反应状态

主要表现为：①患者常伴有眼睑眨动，对突然较强的刺激可有瞬目反应甚至开眼反应，拉开其眼睑有明显抵抗感，并见眼球向上翻动，放开后双眼迅速紧闭。②感觉障碍与神经分布区域不符，如暴露部位的感觉消失，而隐蔽部位的感觉存在。③脑干反射如瞳孔对光反射等存在，亦无病理反射。④脑电图呈觉醒反应。⑤暗示治疗可恢复常态。

3. 木僵状态

主要表现为：①开眼存在。②可伴有蜡样屈曲、违拗症等，或谈及患者有关忧伤事件时，可见眼角噙泪等情感反应。③夜深人静时可稍有活动或自进饮食，询问时可低声回答。④脑干反射存在。⑤脑电图正常。

4. 闭锁综合征

主要表现为：①开眼反应存在，能以开眼或闭眼表示"是"或"否"和周围人交流。②第Ⅴ脑神经以上的脑干反射存在，如垂直性眼球运动、瞳孔对光反射存在。③脑电图多数正常。

5. 去皮质状态

主要表现为：①意识内容完全丧失，患者对自身及外界环境毫不理解，对言语刺激无任何意识性反应。②常伴有去皮质强直、大小便失禁。但睡眠—觉醒周期保存或紊乱，觉醒时患者睁眼若视，视线固定有瞬目，或眼球无目的转动，茫无所知。③皮质下植物功能的无意识活动存在。咀嚼、吞咽动作、呼吸、循环功能正常，角膜反射、瞳孔对光反射不受影响，可伴有不自主哭叫。④对疼痛刺激有痛苦表情及逃避反应。

6. 无动性缄默症

主要表现为：缄默不语，四肢运动不能，对疼痛刺激多无逃避反应，貌似四肢瘫痪。可有无目的睁眼或眼球运动，睡眠—觉醒周期可保留或有改变，如呈睡眠过度状态。伴有自主神经功能紊乱，如体温高、心跳或呼吸节律不规则、多汗、皮脂腺分泌旺盛、尿便潴留或失禁等，无锥体束征。一般肢体并无瘫痪及感觉障碍，缄默、不动均由意识内容丧失所致。

7. 脑死亡

主要表现为：①自动呼吸停止，并在施行人工呼吸15分钟以上、停止人工呼吸 3~5 分钟后仍无自主呼吸。②深度昏迷。对各种外界刺激如疼痛、呼吸均完全失去反应，亦无任何自主运动。③脑干及各种反射（如角膜反射、吞咽反射、光反射）消失。④脑生物电活动消失，脑电图波平坦。⑤脑血管造影显示脑血液循环停止。

（五）植物生存状态治疗

目前对植物生存状态患者尚缺乏有效的治疗方法，主要是针对病因治疗。为保持病情稳定，促进大脑功能恢复，同时做一些非特异性治疗，如维持呼吸循环功能；保证水、电解质平衡；保证充分的营养；使用脑代谢促进药物（如脑活素、胞磷胆碱、ATP、细胞色素 C 等）；声、光、电刺激；高压氧舱及脑室分流术。

（六）法医学鉴定要点

（1）鉴定时伤者符合上述持续性植物生存状态诊断标准，且持续 6 个月以上；

（2）鉴定前伤者已接受针对植物状态的系统性治疗，且持续 6 个月以上；

（3）伤后伤者影像学检查结果证实存在严重的器质性脑损伤改变；

（4）伤后伤者神经诱发电位、脑电图等检查提示其脑功能障碍；

（5）有条件时，可对伤者实施 fMRI 和 PET 检查，以获取脑代谢功能损伤的相关证据；

（6）须与昏迷、癔病性不反应状态、闭锁综合征、无动性缄默症等相鉴别。

第三节 外伤性癫痫

本节要点

1. 外伤性癫痫的鉴定时机

2. 外伤性癫痫鉴定要点

3. 外伤性癫痫辅助诊断

4. 外伤性癫痫系统性治疗

一、条款比较

《道标》		《新残标》	
4.3.1.b)	严重外伤性癫痫，药物不能控制，大发作平均每月一次以上或局限性发作平均每月四次以上或小发作平均每周七次以上或精神运动性发作平均每月三次以上。	5.4.1.2)	外伤性癫痫（重度）。
4.5.1.b)	外伤性癫痫，药物不能完全控制，大发作平均每三月一次以上或局限性发作平均每月二次以上或小发作平均每周四次以上或精神运动性发作平均每月一次以上。	5.6.1.2)	外伤性癫痫（中度）。
4.7.1.b)	外伤性癫痫，药物不能完全控制，大发作平均每六月一次以上或局限性发作平均每二月二次以上或小发作平均每周二次以上或精神运动性发作平均每二月一次以上。	5.9.1.2)	外伤性癫痫（轻度）。

续表

《道标》		《新残标》
4.9.1.b)	外伤性癫痫,药物不能完全控制,大发作一年一次以上或局限性发作平均每六月三次以上或小发作平均每月四次以上或精神运动性发作平均每六月二次以上。	
4.10.1.b)	外伤性癫痫,药物能够控制,但遗留脑电图中度以上改变。	

二、编制说明

《道标》依据癫痫发作的形式、频率以及对药物的依赖程度将其致残程度分为五个等级,《新残标》基本上沿袭了《道标》的分级方法,不同的是根据癫痫发作的形式、频率及对药物的依赖程度将癫痫简化为重度癫痫、中度癫痫和轻度癫痫三个级别,并依据癫痫程度的不同规定具体的致残等级。

此外,在附录 B.6 中规定了癫痫致残程度鉴定时应根据以下信息综合判断:①应有脑器质性损伤或中毒性脑病的病史;②应有一年来系统治疗的临床病史资料;③可能时,应提供其他有效资料,如脑电图检查、血药浓度测定结果等。其中,前两项是癫痫致残程度鉴定的必要条件,以避免鉴定活动中的不规范性和随意性。

三、应用指南

(一) 外伤性癫痫分期
临床上将外伤性癫痫分为早期癫痫、中期癫痫和晚期癫痫。

1. 早期癫痫

早期癫痫又称即刻发作癫痫，是指伤后 24 小时内发生癫痫，约占 30%，可能与脑实质损伤、颅内出血、凹陷骨折压迫或局部脑组织缺血、水肿及生化改变有关。其中，30% 发生在伤后 1 小时之内，尤以儿童多见，常为部分性癫痫发作，有人认为早期癫痫，常预示有引起晚期习惯性癫痫的可能。

2. 中期癫痫

中期癫痫又称延期或晚期发作癫痫，是指伤后 24 小时至 4 周内发生的癫痫，约占 13%，多与脑组织挫裂伤、颅内出血、脑水肿等病理改变有关，特别是大脑皮层额-顶中央区的损伤尤易出现癫痫，其次，颞叶内侧的损伤，包括海马、杏仁核等癫痫的易发区，可因损伤而引起神经细胞的微小化学改变、代谢紊乱和电生理变化而导致癫痫发作。上述早期和中期的癫痫主要源于急性脑实质损伤、颅内血肿特别是急性硬脑膜下血肿，或源于脑损伤后继发性组织反应及创伤的愈合过程。这类病理生理变化可以在一定的期间内逐步缓解和恢复，故不一定都导致反复发作性癫痫，且常属部分性发作，若对药物治疗反应较好或能自行缓解，则无需手术治疗，给予适量的抗癫痫药物加以预防或控制发作即可。

3. 晚期癫痫

晚期癫痫又称远期或习惯性发作癫痫，是指伤后 4 周至数年乃至十几年始出现的外伤性癫痫，约占 63%，往往呈重复性、习惯性发作。有研究者指出，急性颅内血肿病人出现晚期癫痫者占 31%，颅脑外伤后早期抽搐者为 25%，有凹陷性骨折者为 15%。开放性颅脑损伤特别是火器伤，由于硬脑膜破裂、脑实质挫碎及异物存留机会较多，更易导致癫痫。半数以上的晚期癫痫都出现在伤后 1 年内，约有1/5 的病人是在伤后 4 年始有发作，后者常较顽固。晚期外伤性癫痫的发作类型大多为局部性发作，约占 40%，颞叶癫痫约占 25%。其原因常与脑膜脑瘢痕、脑内囊肿、脑穿通畸形、脑脓肿及颅内血肿、异物、骨折片有关，由于这些病变压迫、牵拉和刺激邻近的正常或部分损伤的脑组织，引起神经细胞痫性放电，导致癫痫发作。

（二）外伤性癫痫分型

按照《中国癫痫诊疗指南》（2015），癫痫发作有以下几种形式：

1. 全面性发作

全面性发作，亦称大发作，有以下几种表现形式：

（1）全面性强直阵挛发作：是一种表现最明显的发作形式，以意识丧失，双侧对称强直后紧跟有阵挛动作并通常伴有植物神经受累症状为主要临床特征。

（2）失神发作：①典型失神：发作突发突止，表现为动作突然终止或明显变慢，意识障碍，不伴有或伴有轻微的运动症状（如阵挛/肌阵挛/强直/自动症等），发作通常持续5秒~20秒（<30秒）。发作时EEG呈双侧对称同步、3Hz（2.5Hz~4Hz）的棘慢波爆发。约90%的典型失神患者可被过度换气诱发。主要见于儿童和青少年，如儿童失神癫痫和青少年失神癫痫，罕见于成人。②不典型失神：发作起始和结束均较典型失神缓慢，意识障碍程度较轻，伴随的运动症状（如自动症）也较复杂，肌张力通常减低，发作持续可能超过20秒。发作时EEG表现为慢的（<2.5Hz）棘慢波综合节律。主要见于严重神经精神障碍的患者，如Lennox-Gastaut综合征。③肌阵挛失神：表现为失神发作的同时，出现肢体节律性2.5Hz~4.5Hz阵挛性动作，并伴有强直成分。发作时EEG与典型失神类似。④失神伴眼睑肌阵挛：表现为失神发作的同时，眼睑和/或前额部肌肉出现5Hz~6Hz肌阵挛动作。发作时EEG显示全面性3Hz~6Hz多棘慢波综合。

（3）强直发作：表现为躯体中轴、双侧肢体近端或全身肌肉持续性的收缩，肌肉僵直，没有阵挛成分。通常持续2秒~10秒，偶尔可达数分钟。发作时EEG显示双侧性波幅渐增的棘波节律

（20Hz±5Hz）或低波幅约10Hz节律生放电活动。强直发作主要见于Lennox-Gastaut综合征。

（4）阵挛发作：表现为双侧肢体节律性（1Hz~3Hz）的抽动，伴有或不伴有意识障碍，多持续数分钟。发作时EEG为全面性（多）棘波或（多）棘-慢波综合。

（5）肌阵挛发作：表现为不自主、快速短暂、电击样肌肉抽动，每次抽动历时10毫秒~50毫秒，很少超过100毫秒。可累及全身，也可限于某局部肌肉或肌群。可非节律性反复出现。发作期典型的EEG表现为爆发性出现的全面性多棘慢波综合。肌阵挛发作既可见于一些预后较好的特发性癫痫患者（如青少年肌阵挛性癫痫），也可见于一些预后较差的、有弥漫性脑损害的癫痫性脑病患者（如Dravet综合征、Lennox-Gastaut综合征）。

2. 部分性发作

部分性发作又分为以下三种形式[1]：

（1）简单部分性发作：发作时无意识障碍。根据放电起源和累及的部位不同，简单部分性发作可表现为运动性、感觉性、自主神经性和精神性发作四类，后两者较少单独出现，常发展为复杂部分性发作。

（2）复杂部分性发作：发作时有不同程度的意识障碍，可伴有一种或多种简单部分性发作的内容。

（3）继发全面性发作：简单或复杂部分性发作均可继发全面性发作，可继发为全面强直-阵挛发作。本质上仍为部分性发作。

3. 癫痫性痉挛

2010年LLAE分类工作报告中，明确把癫痫性痉挛作为一种发作类型。癫痫性痉挛可以是全面性起源、局灶性起源或起源不明。癫痫性痉挛表现为突然、主要累及躯干中轴和双侧肢体近端肌肉的

---

[1]《中国癫痫诊疗指南》。

强直性收缩，历时 0.2 秒~2 秒，突发突止。临床可分为屈曲型或伸展型痉挛，以前者多见，表现为发作性点头动作，常在觉醒后成串发作。发作间期 EEG 表现为高度失律，发作期 EEG 表现多样化（电压低、高幅双相慢波或棘慢波等）。癫痫性痉挛多见于婴幼儿，如 West 综合征，也可见于其他年龄。

4. 反射性发作

反射性发作不是独立的发作类型。它既可以表现为局灶性发作，也可以为全面性发作。其特殊之处是，发作具有特殊的外源性或内源性促发因素，即每次发作均为某种特定感觉刺激所促发，并且发作与促发因素之间有密切的锁时关系。促发因素包括视觉、思考、音乐、阅读、进食、操作等非病理性因素，可以是简单的感觉刺激（如闪光），也可以是复杂的智能活动（如阅读、下棋）。在发热、酒精或药物戒断等病理性情况下诱发的发作，则不属于反射性发作。反射性发作和自发性发作可同时出现在一个癫痫患者中。

5. 精神运动性发作

精神运动性发作表现为意识障碍及精神错乱，对周围环境尚能保持接触，开始时可有简单的症状如幻嗅、幻味、幻听、眩晕、出汗、面红、流泪、瞳孔改变等。接着病人开始有记忆障碍，常有"熟悉感"或"陌生感"，或出现强迫性意念或梦境状，然后出现自动症，病人在无意识状态下做各种似有目的的动作，如行走、登高、驾车、饮食或其他习惯活动。发作后大多持续达数小时或数日者，可反复发作。发作后常有历时较长的精神错乱或嗜睡状态。醒后病人常完全不能回忆发作时的情况，或仅凭经验知道自己已经发过病。

需要指出的是，在《中国癫痫诊疗指南》中没有把精神运动性发作作为一个独立的形式单列出来，但考虑到本标准癫痫分度中仍然以精神运动性发作作为癫痫分度的依据，故本节仍作为独立的形式予以介绍。

（三）癫痫的脑电图学特征

脑电图检查不但有助于癫痫灶的诊断，而且有助于治疗药物的选择和疗效评估。一般认为其阳性率可达到 40%～50%。随着现代技术的进步，癫痫的脑电图研究已不仅限于常规的脑电图检查，各种癫痫脑电图诱发试验的应用与改进，已使癫痫脑电图诊断率从 50% 左右提高到 80%～90%。近年来的动态脑电图磁带记录系统，遥测电视录像系统及多导无线电遥测系统的研究与开发，可直接记录和观察癫痫发作及昼夜的脑生物电变化，为癫痫诊断、鉴别诊断提供了更科学更方便的手段。当前，癫痫脑电图的诊断率已提高到接近 100% 的水平，因此脑电图的检查在癫痫的诊断和治疗中占有非常重要的地位。

脑电图分级标准：

（1）轻度异常脑电图：①α 节律很不规则或很不稳定（频宽超过 1.5Hz，不同部位可超过 2.5Hz），两侧波幅差别超过 30%，调幅不规则，睁眼抑制反应消失或不显著。②额区或各区出现高波幅 β。③θ 活动增多，某些部位活动占优势，有时各区均见 θ 波。④过度换气时出现高波幅 θ 波。

（2）中度异常脑电图：①α 活动可减低至 8Hz～7Hz，或 α 波可消失，有明显的不对称。②弥散性 θ 活动占优势。③出现局限性或阵发性 θ 波。④过度换气后，成组或成群地出现高波幅 δ 波。

（3）重度异常脑电图：①弥散性 θ 及 δ 活动占优势，在慢波间为高电压 β 活动。②α 节律消失或变慢。③出现明显的局限或阵发性 δ 波。④自发或诱发地出现高波幅棘波、尖波或棘-慢波复合波。⑤电活动完全静止。

（四）癫痫的规范化诊断流程

根据《中国癫痫诊疗指南》的相关要求，癫痫诊断须符合以下流程（如图 2-3-1）。

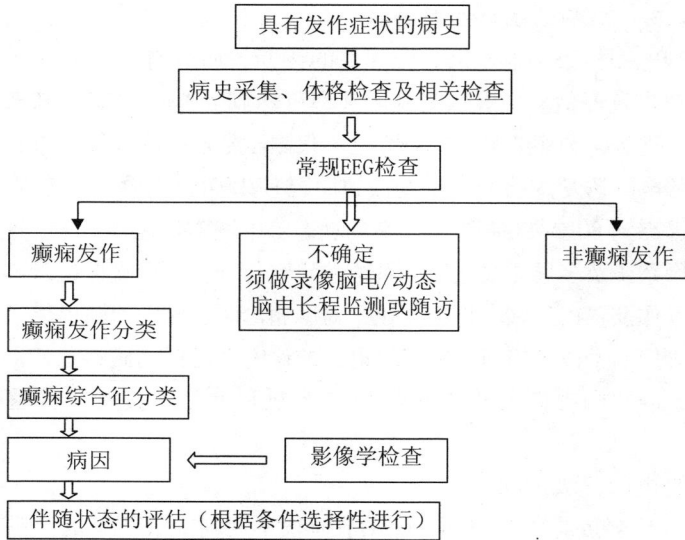

图 2-3-1 示：临床癫痫诊断流程图

（五）癫痫的系统性治疗原则

目前临床使用的抗癫痫药中传统的有：卡马西平、氯硝西泮、乙琥胺、苯巴比妥、苯妥英钠、扑痫酮、丙戊酸钠等；新型药有：非氨酯、加巴喷丁、拉莫三嗪、左乙拉西坦、奥卡西平、替加宾、托吡酯、氨己烯酸、唑尼沙胺等。

根据发作类型和综合征的选药原则：

（1）用于部分性发作的单个药物：卡马西平、丙戊酸钠、拉莫三嗪、托吡酯、苯巴比妥、左乙拉西坦、唑尼沙胺、加巴喷丁、奥卡西平等。

（2）用于全面性强直阵挛发作的单个药物：丙戊酸钠、托吡酯、拉莫三嗪、左乙拉西坦可用于各种类型的全面性发作的单药治疗。

（3）用于不确定发作类型的药物：丙戊酸钠、拉莫三嗪、托吡酯、左乙拉西坦是广谱的 AEDs，对部分性发作和全面性发作均有效，可作为发作分类不确定时的选择。

（4）所有的新型抗癫痫药物都可以作为部分性癫痫的添加治疗。

有关规范化治疗参见《中国癫痫诊疗指南》。

（六）外伤性癫痫程度分级（附录 B.6）

外伤性癫痫通常是指颅脑损伤 3 个月后发生的癫痫，可分为以下三度：

（1）轻度：各种类型的癫痫发作，经系统服药治疗 1 年后能控制的。

（2）中度：各种类型的癫痫发作，经系统服药治疗 1 年后，全身性强直-阵挛发作、单纯或复杂部分发作，伴自动症或精神症状（相当于大发作、精神运动性发作），平均每月 1 次或 1 次以下，失神发作和其他类型发作平均每周 1 次以下。

（3）重度：各种类型的癫痫发作，经系统服药治疗 1 年后，全身性强直-阵挛发作、单纯或复杂部分发作，伴自动症或精神症状（相当于大发作、精神运动性发作），平均每月 2 次以上，失神发作和其他类型发作平均每周 2 次以上。

（七）法医学鉴定要点

（1）具有原发性脑损伤的影像学证据。

（2）外伤性癫痫的诊断应符合临床诊断流程。

（3）鉴定时已经临床系统性治疗一年以上。

（4）必要时，建议伤者接受脑电图检查以获取脑电图学证据。

（5）必要时，可通过伤者血、尿药物成分测定以获取伤者系统性药物治疗的证据。

第四节　语言功能障碍

本节要点

1. 失语症致残等级划分依据

2. 失语症的常用检查方法

3. 失语症的临床表现特点

一、条款比较

《道标》		《新残标》	
4.2.1.b)	完全性失语。	5.3.1.2)	完全感觉性失语或者混合性失语。
4.4.1.b)	严重运动性失语或严重感觉性失语。	5.5.1.2)	完全运动性失语。
4.5.1.c)	严重失用或失认症。	5.7.1.2)	不完全感觉性失语。
4.6.1.b)	严重失读伴失写症；或中度运动性失语或中度感觉性失语。	5.8.1.2)	不完全运动性失语；不完全性失用、失写、失读或者失认。
4.7.1.c)	中度失用或中度失认症。		
4.7.1.d)	严重构音障碍。		
4.8.1.b)	中度失读伴失写症。		
4.9.1.b)	严重失读或严重失写症。		
4.10.1.h)	轻度失语或构音障碍。	5.8.2.18)	发声功能或者构音功能障碍（重度）。
		5.9.2.25)	发声功能或者构音功能障碍（轻度）。

二、编制说明

《道标》将皮质功能损害所引起的失语症根据其严重程度划分为八个等级，但如何分度没有明确的规定，实践中很难进行量化分度。例如，《道标》规定，严重失用为五级残，中度失用为七级残，轻度失语（应包括轻度失用）为八级残，但实践中对失语程度的评价比较困难。有鉴于此，《新残标》对此进行了适当的调整和简化：①主要以"感觉性失语""运动性失语"和"混合性失语"作为分类诊断的依据。②以完全性或不完全性作为划分致残等级的依据，如规定完全感觉性失语为三级残，而将不完全性感觉性失语规定为七级残。③规定不完全性失用、失写、失读或者失认均为八级残，不再对失用、失写、失读、失认等严重程度进行分级。以上调整大大增加了标准的可操作性。

三、应用指南

（一）语言功能障碍的损伤基础

人类的大脑皮质上有相应的语言中枢，它有赖于听觉、视觉、运动觉、视空间功能的完整性。不同的语言表达形式在大脑的部位不同，即语言的功能区不同（如图 2-4-1）。损害这些功能区即出现不同的失语症或失写症：①运动性语言中枢（Broca 区），位于额下回后部（Brodmann44 区），该区损伤时出现运动性失语。②听觉性语言中枢，位于颞上、中回后部（22 区）和缘上回（40 区），该区损伤时出现听觉性失语。③视觉性语言中枢，角回（39 区），该区损伤时不能理解文字的意思，称为失读症。④Wernicke 区（22，39，41，42 区），该区损伤时出现感觉性失语。⑤书写中枢，额中回后部（8 区）和文字书写有关，该区损伤时出现失写症。

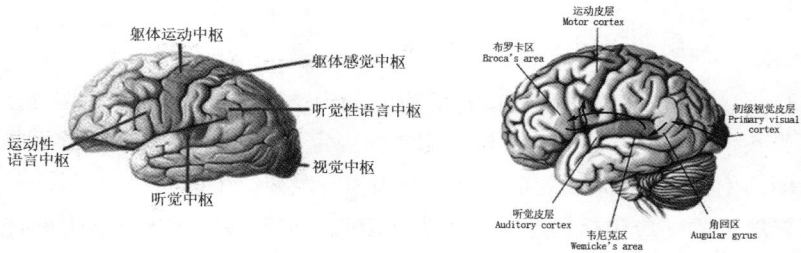

图 2-4-1 示：大脑皮层语言中枢

（二）失语症临床分类及主要表现

1. 完全性失语

当大脑病变累及言语优势半球的侧裂周围区时，起初病人可呈缄默，后来恢复到有相当的词语表达时，才被认为失语者，症状特征为非流畅性输出。理解亦有严重受限，不能复述，失命名、失读或失写，常相对保留其非词语性语言，如姿势、韵律功能。很多病人可完成某些自动言语活动（如计数），但可能系左半球的功能。大多数病人伴有偏瘫、偏身感觉丧失，多数有完全或部分性右侧视野同向缺损，若无偏瘫则预后较好。

2. 运动性失语

运动性失语，亦称为 Broca 失语、表达性失语或前部失语。言语表达为非流畅性，即发音紊乱、词量减少、韵律异常。口语理解能力相对完好，但对句法性结构序列理解有障碍。复述明显受损，经提示可改正。大多数病人伴有大脑病变引起的不同程度偏瘫，多数病人有一定程度的右侧感觉丧失。视野缺损不常见，如有则常表示脑病损向后扩张。

3. 感觉性失语

感觉性失语，又称 Wernicke 失语。受损部位为优势半球的颞上回的中后方，听力虽然存在，但不能理解语言的意义，自身也能发音，但发出的词汇杂乱无章，使人莫名其妙，无语言表达功能，因此有人称之为"乱杂性失语"，阅读和书写的功能均有障碍。

4. 混合性失语

混合性失语是指语言的所有基本功能均严重受损或者基本丧失，包括自发性言语、命名、复述、听觉理解、阅读和书写能力的严重受损或丧失，也即既有运动性失语的症状，也有感觉性失语的表现，但损害并非一定要完全的，可有一定程度的保留。混合性失语具有完全性失语的一些特征，脑病损部位涉及包括 Broca 区和Wernicke 区在内的左侧半球广泛结构。

5. 失写症

书写是一种语言表达形式，因此失写症也是失语症的组成部分，一般失语症所伴随的失写症常分为流利型失写症和非流利型失写症。也有非失语性失写症和过写症，前者主要是因为肢体运动功能障碍所造成的，后者则是由于癫痫或精神分裂症引起的书写很多却空洞无物。

有关失写症的分类尚无统一标准，根据程度和特点一般分为以下几种：

（1）完全不能书写。患者连自己的名字、数字和抄写都不能完成，多见于完全性失语和混合性失语患者，其他类型的失语和失读严重者也可伴随完全不能书写的症状。

（2）字词失写构字障碍。主要表现为书写的字或词的偏旁部首的缺失、代替、笔画遗漏和添加等以及自己造字使人不能认识。另外一种字词失写是用近形字、近音字或者近义字代替，甚至有时用无关的字和词代替。

（3）语句失写。患者可以正确地写出单字或词，但在组词造句和写短文时出现大量错误，不符合汉语语法结构、错用标点符号，伴有字词失写。

（4）象形书写。以画图代替写不出的字，例如画三角形代替"三角"，画方框代替"方"字，画火苗代替"火"字。

（5）镜像书写。患者写出的汉字其字体出现逆转，如从镜子里看所写的字，常在右利手者左半球脑损伤引起右侧偏瘫而用左手写字时出现。

6. 失用症

失用症，是指在无肢体瘫痪、无感觉丧失和无共济失调的情况下，不能完成以前所能完成的有目的的技巧动作的一种特殊症状。当损伤累及优势大脑半球的顶下回及缘上回的动作意念中枢时，便可引起失用症。失用症可分为下列几类：

（1）观念性失用症。常用活动逻辑试验进行评定：给病人茶叶、茶壶、开水瓶和茶杯，请其泡茶。如果病人活动逻辑次序紊乱，则为阳性。也可把牙膏、牙刷放在桌上，让病人打开牙膏盖，拿起牙刷，将牙膏挤在牙刷上，然后去刷牙，如果病人动作错乱，则为阳性。

（2）结构性失用症。结构性失用症是以失认为基础的一种失用症，评定方法如下：①画空心十字。给病人纸和笔，请其照着画一个空心十字图形。不能完成者为阳性。②用火柴棒拼图。检查者先用火柴棒拼某种图形，然后请患者照样用火柴棒拼图，不能完成者为阳性。③临摹几何图形。请病人在纸上临摹指定的几何图形。正常者应能正确地将图形画出，没有漏画和加线，空间位置关系正常；轻度和中度障碍者，有漏画和多画的线及空间位置不均匀等错误，但知道所画的是什么图形，并知道画中所存在的问题；重度障碍者不知道画什么，也不知道画出的是什么图形。

（3）运动性失用症。请伤者做扣纽扣、系鞋带、穿针引线等动作，不能完成者即为阳性。

（4）穿衣失用症。请伤者给玩具娃娃穿衣，不能完成者为阳性。让伤者给自己穿衣、系扣、系鞋带，如对衣服的左、右、正、反不分，手穿不进袖子，则为阳性。

（5）步行失用症。若伤者有不能发起迈步动作，但遇到障碍物能够自动越过，遇到楼梯能够上楼，迈步开始后拐弯有困难等异常表现，就可以明确诊断。

7. 失认症

失认症是指在没有感官功能不全、智力衰退、意识不清、注意力不集中的情况下，不能通过器官认识身体部位和熟悉物体的临床症状，包括视觉、听觉、触觉和身体部位的认识能力缺失。枕叶是视觉皮质中枢，主要与视力知觉和视觉记忆有关，第 18、19 区病损会引起视觉性失认症。优势半球颞叶听觉区域与言语理解、听觉分析等功能有关，受损害时会出现听觉性失认症。顶叶是负责认识活动的皮质区域，是行为之观念基础的皮质区，受损伤时会出现触觉性失认症和体象病觉缺失。优势半球顶叶病损时可同时出现失写、失算、左右分辨障碍及手指失认，临床称为 Gerstmann 综合征。临床表现及分类如下：

（1）Gerstmann 综合征。①双侧空间失认：检查者叫出左侧或右侧身体某一部分的名称，嘱咐伤者按要求举起相应的部分，回答不正确者为阳性。②手指失认：检查前先让伤者弄清各手指的名称，然后检查者说出不同手指的名称，请患者伸出相应手指，回答不正确者为阳性。以中间三指出现错误多见。③失写：请伤者写下检查者口述的短句，不能写者为阳性。④失算：伤者心算、笔算均有障碍，且完成笔算比心算更觉困难。简单的心算可从 65 开始，每次加 7，直到 100 为止，不能算者为阳性。

（2）视觉失认症。①物品失认：可将梳子、牙刷、牙膏、香皂、钥匙、铅笔、钢笔、手表等物品摆放在一起，检查者说出名称，请伤者挑出相应的物品，不能完成者为阳性。②相貌失认：找一些熟人、知名人士和各种表情的照片，请伤者辨认，不能完成者为阳性。③颜色失认：给伤者一张绘有苹果、橘子、香蕉图形的无色图，请伤者用彩色笔涂上相应的颜色，不正确者为阳性。④图形失认：将形状不同的各种图片平放在桌面上，请伤者按要求挑选相应的图片，不能完成者为阳性。

（3）触觉性失认症。①手触失认：请伤者闭目，用手触摸物体，识别其形状和材料，如金属、布、三角形、日常用品等，不能辨认者为阳性。②皮肤描画失认：请伤者闭目，用铅笔或火柴杆在伤者皮肤上写数字或画图，不能辨认者为阳性。

（4）听觉失认症。①环境音失认：请伤者听日常熟悉的声音（如雷声、雨声等），并回答是什么声音，回答不正确者为阳性。②失音乐：要求患者听熟悉的音乐或歌曲，然后指出歌曲名称，或者要求伤者随着音乐的节奏打拍子，不能完成者为阳性。

（5）半侧空间失认症。①平分直线：在一张白纸上画一条横线，请病人画一垂直短线将横线分为左右两段，不能完成者为阳性。②绘图：请伤者画一个钟面，如果将钟面画在纸的一侧，并将1~12的数字集中在一边，则为阳性。③消去数字：将一组阿拉伯数字放在病人面前，请其用笔删去指定的数字，如仅删去一侧，另一侧未删，即为阳性。

（三）失语症评定方法

目前国际上还没有一个统一的失语检查法，比较常用的是波士顿失语检查法和西方失语症检查套表，国内常用的是汉语失语检查法。

1. 波士顿失语检查法

该检查法设计全面，使用广泛，包括语言功能和非语言功能。检查分两部分：定量分析患者语言交流水平，对语言特征进行分析；确定患者失语症的严重程度和类型。各部分测验按难易程度设计，语言本身的检查包括听理解、言语表达、阅读理解和书写。此外，还设计了补充语言测验和补充非语言功能的评测。

波士顿失语检查法有如下特点：①突出了对患者自由叙述时语言交流信息及流利程度的检查，并可确定患者言语表达和理解的水平与特征；②制订了失语症严重程度、发音和言语特征的分级标准，并可用评分的百分数表示以直观地进行比较和评价患者口头言语的交流能力；③除对失语症进行上述半定量的分析外，还对每个患者语言障碍进行质的分析，即每个患者言语特征的分析，包括节奏、短语长度、构音能力、语法形式、错语、复述和找词能力；④此检查法与临床联系密切，除可确定失语症严重程度外还与临床常见的失语综合征相对应，有利于判断病变部位。

2. 西方失语症检查套表

这是一个定量的失语症检查法，可单独检查口语部分，并根据结果进行分类。其优点是除了评定失语外，还包含运用视空间功能、非言语性智能、结构能力、计算能力等内容，可作出失语症以外的神经心理学方面的评价；同时还可测试大脑的非语言功能，并可以从检查结果中计算出失语指数、操作性指数和大脑皮质指数等。

3. 汉语失语检查法

参考了上述两个检查方法并结合汉语的特点和临床经验而编制，按规范化要求制定统一指导语、统一评分标准、统一图片和文字卡片及统一失语分类标准。内容包括以下六个方面：

（1）口语表达。从三个方面评定：①自发谈话，包括回答问题、叙述和系列语言；②复述，包括常用词和不常用词、具体和抽象词、短句、长句、超长复合句和无意义词组；③命名，包括指物（也可包括身体部分或画）命名、列名、颜色命名和反应命名。

（2）听理解。包括：①是否题，开始对熟悉的事以简单陈述句提问，然后以包括语法词的句提问。被检查者只需要回答是（或者对）与不是（或者不对）；②听一辨认，听名称后从一组物、画或者身体部位选出正确者；③执行口头指令，从简单指令到多步骤和有语法词的指令，被检查者听到后执行。

（3）阅读。包括：①视读，为视感知朗读，朗读10个字；②听字辨认，从一组形似、音似、意似字中选出听到的字；③朗读词并配画，先朗读所示的词，无论朗读是否正确均要求按字配画

（文字理解）；④朗读指令并执行，先朗读字卡上的命令，无论朗读是否正确均要求按命令执行；⑤选词填空，对留有空档的句朗读或默读后，从备选词中选出正确者填空，使全句完整。

（4）书写。包括：①写姓名和地址，抄写出示的句子，写1~21的系列数；②听写，包括偏旁、数、字、词和句；③看图写出物品、颜色、动作的名称；④写短文。按完成的质量评为0~5分。

（5）其他神经心理学检查。包括：①意识，如注意力（数字距）、定向力（时间、地点、人物）及记忆力（回忆无关词组）；②视空间，如临摹和摆方块；③运用能力，如口颊、上肢和复杂动作等；④计算，如加、减、乘、除和四则运算。

（6）利手。提问12种动作要求至少回答10种，确定右利和非右利。

4. 双语和多语失语检查

双语是指能够熟练地运用两种语言，如普通话和地方话，汉语和英语（或日语等）；能够熟练地运用两种以上称为多语。具有双语或多语能力的人能够在任何时候说出一种或另一种语言，并能相互转换，也能在不同语言结构水平上相互混合。具有双语或多语能力的人出现失语后其测评和治疗方法与单语失语不同，国际上双语失语的检测主要是建立在评定每两对语言的基础上，国内目前已有普通话-英语双语检测法和粤语-英语双语检测法，主要通过听、说、读、写四种形式对每一语言的表现形式从三个方面进行调查，包括：①语言水平，如语音、语调、句法、词汇和语义；②语言任务，如理解、复述、接受判断、词汇判断和提问；③语言单位，如词、句子和段落。此外还包括两种语言的转换，即翻译能力，如词的辨认和翻译，句的翻译以及语法判断。

（四）构音障碍

构音障碍是指由于发音器官神经肌肉的器质性病变而引起发音器官的肌肉无力、肌张力异常以及运动不协调等，导致发声、发音、共鸣、韵律等言语运动控制障碍。与脑皮质损伤所致语言功能障碍不同，患者通常听理解正常并能正确地选择词汇以及按语法排列词句，但不能很好地控制重音、音量和音调。

凡能影响到发音器官正常功能发挥的疾病均能引起构音障碍，其中最常见的病因是脑血管疾病，包括脑梗死、脑出血；急性炎症，如急性脊髓灰质炎、急性感染性多发性神经根炎，因可累及延髓而产生构音障碍；其他如舌咽神经、迷走神经、舌下神经损害，如肿瘤、脑膜炎、脑性瘫痪、遗传性共济失调、多发性硬化、运动神经元性疾病，肌肉疾病如重症肌无力等，也可造成构音障碍。

构音障碍一般分为六种类型：

（1）弛缓型构音障碍。由下运动神经元损伤造成，如颅神经核、颅神经、周围神经纤维病变，或构音肌肉的病变。其特点是说话时鼻音过重，可听见吸气声。发音时因鼻腔漏气而使语句短促、音调低、音量小和字音不清。主要由于咽肌、软腭瘫痪，导致呼气压力不足，使辅音发音无力以及舌下神经、面神经支配的舌、唇肌肉活动受损而不能正确地发出声母、韵母。伴发症状可有舌肌颤动与萎缩，舌肌与口唇动作缓慢及软腭上升不全造成的吞咽困难，进食易呛和食物从鼻孔流出，唇闭合差造成流涎。

（2）痉挛型构音障碍。由上运动神经元损伤后，构音肌群肌张力增高或肌力减退所致说话缓慢费力，字音不清，鼻音较重，缺乏音量控制，语音语调异常，舌交替运动减退，说话时舌、唇运动差，软腭抬高减退，常伴有吞咽困难。

（3）运动失调型构音障碍。由于小脑或脑干内传导束病变所致构音肌群运动范围、运动方向的控制能力差。表现为发音不清、含糊、不规则、语音语调差，字音常突然发出（爆发性言语），声调高低不一，间隔停顿不当（吟诗状或分节性言语）。言语速度减慢，说话时舌运动差，舌抬高和交替运动差，系构音肌群的协调动作障碍所致。

（4）运动过少型构音障碍。由椎体外系病变所致，构音肌群的不自主运动和肌张力改变，主要是构音肌群强直造成发音低平，单调，甚至有颤音和口吃。语音语调差，言语速度加快，音量小，发声时间缩短，舌抬高差，运动不恰当伴有流涎。

（5）运动过多型构音障碍。由椎体外系病变所致。如舞蹈病、肝豆状核变性、脑瘫等造成发音高低、长短、快慢不一，可突然开始或中断，类似运动失调型构音障碍，实为构音肌肉不自主运动造成，嗓音发哑、紧张、言语缓慢。

（6）混合型构音障碍。包括痉挛型与弛缓型，痉挛型、弛缓型与共济失调型。此种障碍由上下运动神经元病变造成，如多发性卒中、肌萎缩性侧束硬化。舌的运动、唇的运动以及语言、语调、语速均有异常，由于病变部位不同，可出现不同类型的混合型构音障碍。多发性硬化症者可有痉挛型与运动失调型构音障碍。脑外伤者可有多种混合的构音障碍。

构音障碍的评定内容：包括评定发音器官、神经反射、运动功能及言语功能。

（1）反射：通过询问家属和详细观察患者的咳嗽反射、吞咽动作和流涎情况来判断反射是否正常。

（2）发音器官：观察患者在静坐时的呼吸情况，能否用嘴呼吸，说话时是否气短。口唇在静止状态时的位置，鼓腮、发音和说话时口唇动作是否有异常。颌、软腭、喉和舌在静止状态的位置和发音以及说话时的动作是否异常。

（3）言语：通过读字、读句以及会话评定发音、语速和口腔动作是否异常。

构音障碍的评定方法：包括构音器官功能检查和实验室检查。

（1）构音器官功能检查：主要是通过①听患者说话时的声音特征；②观察患者的面部，如唇、舌、颌、腭、咽、喉部在安静及说话时的运动情况以及呼吸状态；③让患者做各种言语肌肉的随意运动以确定有无异常。最常用、方便的构音器官功能性检查是由英国布里斯托尔市弗朗蔡医院的 Pamela 博士编写的评定方法，该方法分为八个部分，包括反射、呼吸、舌、唇、颌、软腭、喉、言语可理解度，以及影响因素，包括听力、视力、牙齿、语言、情绪、体位等。

（2）实验室检查：包括频谱分析、肌电图检查、光纤腭咽喉内窥镜检查、电视荧光放射照相术、气体动力学检查等，其中电视荧光放射照相术的临床应用日益受到重视。该方法是通过放射学手段来观察休息状态和发声时口、腭、咽的结构状态，并可同时观察言语生理和声学特征。操作时，将数滴钡剂滴入鼻腔使钡剂覆盖鼻咽，并口服 1/3 勺的钡剂；侧位可以清楚地观察到说话时颌、唇、腭、咽部的生理功能，并且采用前后位观察可以提供其他信息。

（五）法医学鉴定要点

1. 通过病史调查或者影像学检查确诊伤者存在脑损伤，特别是语言功能区的脑挫裂伤、缺血、坏死等。

2. 通过临床语言学功能检查，证实伤者存在伤后语言功能障碍，并对语言功能障碍的类型做出明确分型。

3. 要注意语言功能障碍与构音障碍的鉴别及器质性失语与功能性失语的鉴别，功能性失语（癔症）不适用本标准相关规定。

第五节　其他脑损伤

本节要点

1. 脑叶部分切除的理解与适用
2. 脑软化灶形成致残评定条件
3. 嗅觉功能完全丧失的认定
4. "开颅术后"适用的范围

一、条款比较

《道标》		《新残标》	
		5.9.1.3)	脑叶部分切除术后。
		5.10.1.2)	颅脑损伤后遗脑软化灶形成,伴有神经系统症状或者体征。
		5.10.1.4)	嗅觉功能完全丧失。
4.10.2.r)	颅骨缺损 4 cm² 以上,遗留神经系统轻度症状或体征;或颅骨缺损 6 cm² 以上,无神经系统症状和体征。	5.10.1.8)	开颅术后。

二、编制说明

(一)关于新增条款的意义

相对于《道标》而言,《新残标》未沿用"颅骨缺损,伴有或不伴有神经系统症状和体征"的专门性条款,但增加了"脑叶部分切除术后","颅脑损伤后遗脑软化灶形成,伴神经系统症状或体征","嗅觉功能完全丧失"及"开颅术后"等条款,这主要出于以下几个方面的考虑:①颅骨缺损可以依据"开颅术后"鉴定致残程度,因为开颅术意味着颅骨的破坏和缺损;②当颅脑损伤出现神经系统症状或体征时,可以依据其他相关条款进行致残程度鉴定;③规定了"脑挫裂伤""颅内出血"等致残等级鉴定的专门性条款,使得标准更具合理性。实际上,在《道标》实施过程中,此类损伤多依据"神经功能障碍,日常活动能力轻度受限"或"精神障碍或者智能缺损"等评定致残等级,致使这类鉴定带有相当程度的随意性和不确定性,严重影响司法鉴定的严肃性和公正性。

（二）关于脑软化灶形成

颅脑损伤后遗留脑软化灶的情形在临床较为常见，是否都可以鉴定为十级伤残，起草组及专家讨论时认为应该加以一定的条件限制，即伴有神经系统症状或体征的，方可构成本标准规定的致残等级，以防实践中该条款被滥用。

（三）关于嗅觉功能丧失

在《道标》中，嗅觉功能障碍是不评定伤残的，主要是考虑到嗅觉丧失缺乏客观的检测技术，无法进行客观评价。本标准起草组和相关专家认为，严重的嗅觉功能损害对伤者的工作、学习和生活带来的影响是显而易见的，而且有些情况下嗅觉丧失是可信的。例如嗅球和嗅束的损伤具有嗅觉功能障碍的损伤基础，此时不予伤残评定显然是不合理的。此外，嗅觉电生理检测技术已经成熟并已应用于临床，对于一些有争议的鉴定完全可以到有条件的地方接受嗅觉电生理学检查，以辅助诊断。

（四）关于开颅术后

《新残标》将"开颅术后"规定为十级伤残，也可以说是颅脑损伤伤残评定的一个兜底条款。其本意是将颅内血肿经手术清除的、颅内积液或积血经手术引流的、颅内压增高经去骨瓣减压的等情形均纳入本条款，鉴定为十级伤残。

如上所述，《新残标》把"颅骨缺损"也纳入条款"开颅术后"的适用范围。

三、应用指南

（一）关于脑叶部分切除

1. 脑叶部分切除

本节脑叶部分切除是指脑组织因受严重挫裂伤而失活，需通过手术清除。有研究表明损伤神经元培养液中有致损伤物质，将它加入正常神经元培养液中，可使正常神经元死亡增多。因此，对于挫伤失活、坏死脑组织应尽量清除而不能姑息（如图 2-5-1）。

2. 法医学鉴定要点

凡严重脑挫裂伤经手术清除失活、坏死脑组织的均符合本标准"5.9.1.3）脑叶部分切除术后"之规定，鉴定为九级伤残。

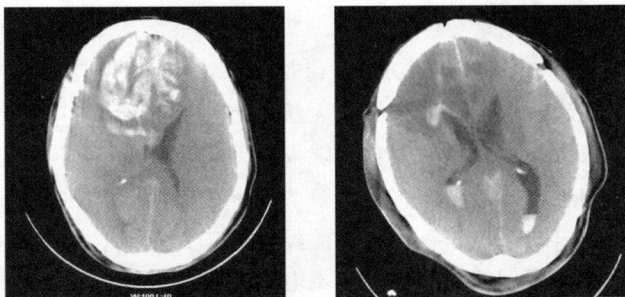

图 2-5-1 示：双额叶严重脑挫裂伤、脑内血肿手术前后对比

（二）关于脑软化灶形成

1. 脑损伤及软化灶形成

脑软化灶是脑缺血坏死所致，这种病灶是不能恢复的。因脑组织需氧极高，一旦动脉受阻必然导致供应区域的软化，脑软化亦即其他器官的梗死。大者为软化，小者为腔隙。引起脑软化及腔隙状态的原因有栓塞、动脉血栓形成、动脉痉挛、循环功能不全等病因。软化可分为贫血性及出血性两种，动脉阻塞可造成贫血性软化（如图 2-5-2），亦可以为出血性软化，而静脉阻塞则几乎完全为出血性软化。贫血性软化的病变过程大体上可分为三期：坏死期、软化期和修复期。

除了缺血缺氧引起的脑软化灶外，脑挫裂伤后期也会形成脑软化灶（如图 2-5-2、2-5-3）。脑软化灶形成可通过影像学检查加以确定。

2. 法医学鉴定要点

符合下列条件，即符合本标准"5.10.1.2）颅脑损伤后遗脑软化灶形成，伴有神经系统症状或者体征"之规定的，鉴定为十级伤残：①影像学检查证实脑损伤后脑软化灶形成；②伤后出现神经系统症状，包括（但不要求全部）突发剧烈头痛，持续不能缓解或进行性加重，多伴有恶心、呕吐，可有短暂的意识障碍及烦躁、谵妄等精神症状，少数出现癫痫发作；③或者出现神经系统体征，包括（但不要求全部）单瘫、偏瘫、失语等。生命体征变化随着脑受压、颅内压升高，可出现脉搏变慢，呼吸变慢，血压增高（两慢一高）等代偿现象。

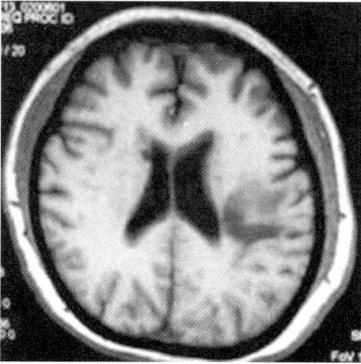

图 2-5-2 示：左侧颞叶脑梗
死软化灶形成

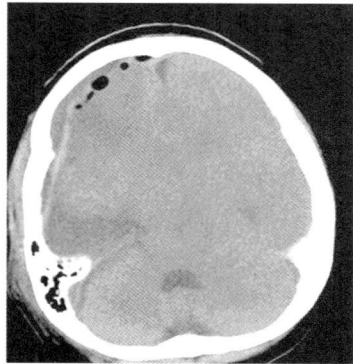

图 2-5-3 示：右侧颞叶脑
挫裂伤软化灶形成

（三）关于嗅觉功能丧失

1. 嗅觉损害及其检查

颅脑外伤时，经筛板的嗅神经嗅丝可被撕裂，或嗅球被撕碎（挫伤）。由于颅前凹颅底的骨折涉及筛板，常出现单侧的嗅觉丧失，并可出现脑脊液鼻漏；在枕部受力的对冲性脑损伤时，挫伤主要集中在额叶的眶回，正好是双侧嗅神经所在部位，表现为双侧的嗅觉丧失，这种嗅觉丧失有时是持久性的。

对于颅脑损伤引起的嗅觉障碍首先应通过影像学检查发现嗅球、嗅束等损伤的影像学表现，其次应通过嗅剂检测了解伤者嗅觉的丧失情况，有条件时可进行嗅觉电生理（如嗅觉诱发电位）检测。

为了最大限度地降低鉴定的不确定性，标准强调嗅觉功能完全丧失才构成十级残，因为嗅觉减退的患者在嗅剂检查时很难克服嗅剂引起的不良反应，而嗅觉功能完全丧失时则可以完全没有任何反应。

嗅觉功能检验[1]：应用嗅剂（酒精、氯仿、氨水、水等）检查受检者的嗅觉功能。检查时，嘱受检者闭目，先压闭一侧鼻孔，用不同气味（酒精、氨水、无气味水等）置于另一鼻孔下，让受检者辨别嗅到的各种气味。然后换另一侧鼻孔用同样方法进行测试，注意双侧比较。

2. 法医学鉴定要点

（1）凡伤后主诉嗅觉功能完全丧失，经病史审查或影像学检查证实有嗅球、嗅丝、嗅束损伤的证据，嗅觉功能检验证实完全不能辨别气味时，即可适用标准"5.10.1.4）嗅觉功能完全丧失"，鉴定为十级残。

（2）有条件的地方尽可能应用嗅觉电生理辅助诊断技术，测评嗅觉功能。

（3）不完全性嗅觉功能障碍不适用于本标准规定，不评定致残等级。

（四）关于开颅术后

1. 开颅术

开颅手术，是颅骨外科手术的一种，指通过机械设备打开患者颅骨，从而进行一系列治疗，包括开颅探查术。

---

[1] 中华人民共和国认证认可行业标准 RB/T 192-2015《法医临床检验规范》，第4页。

2. 法医学鉴定要点

（1）凡颅脑损伤需行颅内血肿清除术、去骨瓣颅内减压术、脑室引流术、钻孔引流术等，均符合本标准"5.10.1.8）开颅术后"之规定，鉴定为十级伤残。

（2）若合并遗留其他功能障碍的，应适用其他专门性条款。

（3）如上所述，"颅骨缺损"也适用条款"开颅术后"。

（4）颅骨凹陷性骨折（如图2-5-4）临床进行颅骨整复术后也应比照该条款鉴定为十级伤残。

（5）具有开颅探查手术指征，并进行开颅探查手术的，也适用本条款鉴定为十级伤残。

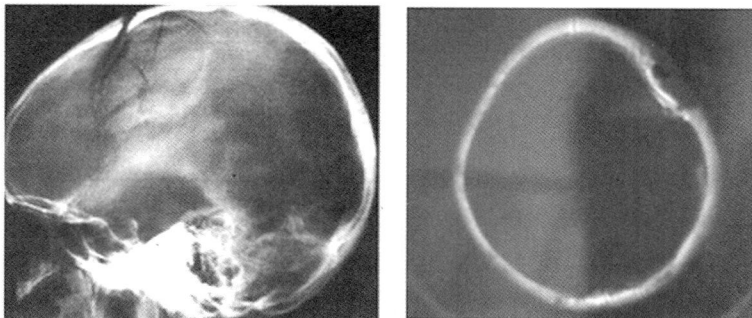

图2-5-6示：颅骨凹陷性粉碎性骨折

第六节　肢体瘫痪

本节提要

1. 肌力的检查与记录方法
2. 肌张力检查与记录方法
3. 肢体瘫痪临床检查应注意的有关问题
4. 有关非肢体运动障碍鉴定的特别要求

一、条款比较

《道标》		《新残标》	
4.1.1.c)	四肢瘫（三肢以上肌力3级以下）。	5.1.1.3)	四肢瘫（肌力3级以下）或者三肢瘫（肌力2级以下）。
4.2.1.d)	四肢瘫（二肢以上肌力2级以下）。	5.5.1.5)	四肢瘫（肌力4级以下）。
4.3.1.e)	四肢瘫（二肢以上肌力3级以下）。	5.2.1.2)	三肢瘫（肌力3级以下）。
4.4.1.c)	四肢瘫（二肢以上肌力4级以下）。		
4.1.1.d)	截瘫（肌力2级以下）伴大便和小便失禁。	5.1.1.4)	截瘫（肌力2级以下）伴重度排便功能障碍与重度排尿功能障碍。
4.2.1.e)	偏瘫或截瘫（肌力2级以下）。	5.2.1.4)	截瘫（肌力2级以下）。
4.3.1.f)	偏瘫或截瘫（肌力3级以下）。	5.3.1.3)	截瘫（肌力3级以下）伴排便或者排尿功能障碍。
4.4.1.d)	偏瘫或截瘫（肌力4级以下）。	5.6.1.6)	截瘫（肌力4级以下）伴排便或者排尿功能障碍。
4.5.1.e)	偏瘫或截瘫（一肢以上肌力2级以下）。	5.4.1.4)	截瘫（肌力3级以下）。
4.6.1.c)	偏瘫或截瘫（一肢以上肌力3级以下）。	5.7.1.5)	截瘫（肌力4级以下）。

《道标》		《新残标》	
4.7.1.e)	偏瘫或截瘫（一肢以上肌力4级）。	5.2.1.3)	偏瘫（肌力2级以下）。
		5.4.1.3)	偏瘫（肌力3级以下）。
		5.7.1.4)	偏瘫（肌力4级以下）。
4.5.1.f)	单瘫（肌力2级以下）。	5.5.1.6)	单肢瘫（肌力2级以下）。
4.6.1.d)	单瘫（肌力3级以下）。	5.7.1.6)	单肢瘫（肌力3级以下）。
4.7.1.f)	单瘫（肌力4级）。	5.8.1.5)	单肢瘫（肌力4级以下）。
4.3.1.d)	严重不自主运动或共济失调。	5.2.1.5)	非肢体瘫运动障碍（重度）。
4.10.1.e)	轻度不自主运动或共济失调。	5.5.1.7)	非肢体瘫运动障碍（中度）。
		5.8.1.6)	非肢体瘫运动障碍（轻度）。
4.10.1.h)	一肢体完全性感觉缺失。		
4.10.1.i)	节段性完全性感觉缺失。		

二、编制说明

(一) 关于肢体瘫痪

《新残标》关于肢体瘫痪致残等级的规定与《道标》在原则上没有改变，即主要根据肌力情况来划分等级，但在具体级别上做了一些调整。主要增加了三肢瘫的专门性条款，降低了单肢瘫的部分级别。

(二) 关于非肢体瘫运动障碍

《新残标》对于颅脑损伤遗留肌张力增高、深感觉障碍和（或）不自主运动或共济失调，采用规范化的名词术语"非肢体瘫运动障碍"，并根据非肢体瘫运动障碍的严重程度划分致残等级。与《道标》相关条款比较，更具有可操作性。

(三) 关于肢体感觉障碍

与《道标》相比，《新残标》对于肢体感觉障碍没有规定专门性的条款，是考虑到肢体感觉障碍主要是一种主观感觉，缺乏可靠的检测方法。如果神经损伤严重必然会伴随其他症状和体征，此时可依据其他专门性条款进行致残等级鉴定。

三、应用指南

(一) 肌力检查与记录方法[1]

令受检者作肢体伸屈动作，检查者从相反方向给予阻力，测试受检者对阻力的克服力量，并注意两侧比较。肌力的记录采用0~5级的六级分级法。

记录方法如下：

0级：肌肉无任何收缩现象，相当于正常肌力的0%。

1级：可见肌肉收缩但无关节有效运动，相当于正常肌力的10%。

---

[1] 中华人民共和国认证认可行业标准 RB/T 192-2015《法医临床检验规范》。

2 级：在减重状态下，能做全幅运动，即能做平面移动，相当于正常肌力的 25%。

3 级：能克服重力做全幅运动，不能抵抗外加阻力，相当于正常肌力的 50%。

4 级：能克服重力，并能抵抗部分外加阻力，但抗阻力能力较正常人明显降低，相当于正常肌力的 75%。

5 级：能克服重力并能抵抗外加阻力运动，相当于正常肌力的 100%。

注： 肌力检查应力求准确，可由不同鉴定人在不同时间内反复检测多次；当肢体近、远端肌力不一致时，可采用平均肌力，当难以确定平均肌力时，应采用有利于伤者的原则就低不就高。

（二）肌张力检查与记录方法[1]

肌张力检查方法：令受检者肌肉放松，检查者根据触摸肌肉的硬度以及伸屈其肢体时感知肌肉对被动伸屈的阻力作判断，注意是否存在肌张力增高或肌张力降低。被动活动肌张力可采用下述分级方法（改良的 Ashworth 肌张力分级标准）进行分级。改良的 Ashworth 分级标准：

0 级：正常肌张力。

1 级：肌张力略微增加，受累部分被动屈伸时，在关节活动范围之末时呈现最小的阻力，或出现突然卡住和突然释放的现象。

1+级：肌张力轻度增加，在关节活动后 50%范围内出现突然卡住，然后在关节活动范围后 50%均呈现最小阻力。

2 级：肌张力较明显地增加，通过关节活动范围的大部分时，肌张力均较明显地增加，但受累部分仍能较容易地被移动。

3 级：肌张力严重增加，被动活动困难。

4 级：僵直，受累部分被动屈伸时呈现僵直状态，不能活动。

---

〔1〕 中华人民共和国认证认可行业标准 RB/T 192-2015《法医临床检验规范》。

（三）肢体运动障碍临床分类及其特征

1. 单瘫

指仅出现一个肢体瘫痪者。大脑中央前回的某一局部病损则表现为上运动神经元性的单瘫；脊髓前角病损可有肌萎缩，肌张力低下，但无感觉障碍；若伴分离性节段性感觉障碍则考虑为脊髓空洞症；周围神经丛或神经根受损则可导致单瘫伴肌肉萎缩，腱反射减低或消失，肌张力低下，符合神经支配区的感觉障碍；瘫痪肢体不恒定，与情绪波动有关，伴有不符合神经支配区域的感觉障碍及不符合神经解剖的体征，则多为癔病性单瘫。

2. 偏瘫

指一侧上、下肢及面、舌瘫，为皮质运动区、内囊、脑干及脊髓的病损所致。其鉴别点：一般皮质及皮质下偏瘫多不完全，或上肢重，或下肢重，可伴有癫痫发作，及失用、失语、失认等症状；内囊性偏瘫者多为三偏征，即偏瘫、偏侧感觉障碍、偏盲；脑干性偏瘫者为交叉性偏瘫，即患侧病变平面脑神经周围性瘫痪，对侧平面下中枢性脑神经瘫痪及上、下肢瘫；脊髓性偏瘫者为不伴面、舌瘫的上、下肢瘫。

3. 截瘫

指双下肢瘫。也有将双上肢瘫者称为颈截瘫。绝大多数为脊髓胸段的病变所致。有外伤、感染、血管病、中毒、遗传变性病、脱髓鞘病、肿瘤等，还有脑性、癔病性截瘫。

4. 四肢瘫

指四肢均出现瘫痪。可为神经性或肌源性。双侧大脑及脑干病变者可有真、假延髓性麻痹、精神症状、意识障碍、痴呆等症状；高位颈髓病变者可伴有延髓性麻痹，但无痴呆、面瘫等症状；颈膨大病变者为双上肢弛缓性、双下肢中枢性瘫痪；周围神经病变者可表现为四肢弛缓性瘫痪。常伴有主观感觉障碍，如疼痛、麻木等，以及客观感觉障碍，如手套、袜筒样痛温觉减退等。

（四）非肢体瘫运动障碍的表现形式

非肢体瘫的运动障碍，包括肌张力增高、深感觉障碍和（或）小脑性共济失调、不自主运动或者震颤等。

1. 肌张力异常

肌张力是指静息状态下的肌肉紧张度和被动运动时遇到的阻力，其实质是一种牵张反射，即骨骼肌受到外力牵拉时产生的收缩反应，这种收缩是通过反射中枢控制的。

肌张力增高时，触摸肌肉坚实感，屈伸肢体时阻力增加，可表现为：①痉挛状态，在被动屈伸其肢体时，起始阻力大，终末突然阻力减弱，也称折力现象，为锥体束损害现象；②铅管样强直，即伸肌和屈肌的张力均增高，做被动运动时各个方向的阻力增加是均匀一致的，为锥体外系损害现象。

肌张力降低：肌肉松软，屈伸其肢体时阻力低，关节运动范围扩大，见于下运动神经元病变（如周围神经炎、脊髓前角质炎等）、小脑病变和肌源性病变等。

2. 深感觉障碍

指肌肉及关节位置觉、运动觉、震动觉障碍。如果传导深感觉的神经纤维或大脑感觉中枢病损，出现肌肉及关节位置觉、运动觉、震动觉障碍，则为深感觉障碍。

检查时请患者闭目，检查者摸其某一手指或某一脚趾，请他回答所摸的是哪一个。回答正确，则说明位置觉正常；回答不正确则为位置觉障碍。或轻微向上、向下，或向左、向右活动患者的指（趾），请其回答活动方向，回答正确说明运动觉正常；回答不正确则为运动觉障碍。震动觉的检查，是把震动的音叉，置于骨突出部位，请患者回答有无震动感觉，有震动感者说明震动觉正常；无震动感觉者则属震动觉障碍。

3. 小脑共济失调

小脑性共济失调是由于小脑及其有关联的神经结构病变引起

的，可以日常生活动作来观察，如穿衣、系扣、端水、书写、进食、言语、步态等。主要表现为：行走不稳，步态蹒跚，动作不灵活，行走时两腿分得很宽；步行时不能直线，忽左忽右呈曲线前进，表现为剪刀步伐，呈"Z"形前进偏斜，并努力用双上肢协助维持身体的平稳。肌张力的改变随病变可由降低而转变为痉挛状态，共济失调步态也可随之转变为痉挛性共济失调步态。站立不稳，身体前倾或左右摇晃，当以足尖站立或以足跟站立时，摇晃不稳更为突出，易摔倒常是患者早期的主诉。患者常常说道："走小路或不平坦的路时，行走不稳更明显，更易摔倒"。随病情的加重，患者可表现为起坐不稳或不能，直至卧床。

躯干共济失调（姿势性小脑性共济失调），主要表现为患者的步态和姿势（站立和坐时）平衡障碍，如站立不稳、起坐不稳、行走不稳、Romberg 征（睁眼、闭眼）阳性（不稳），上肢共济失调不明显，眼球震颤常无。定位诊断主要在小脑蚓部（原始小脑）受损害。可见于 ADCA III 型，共济失调毛细血管扩张症等。

四肢协调性共济失调（运动性小脑共济失调），主要表现为患者的肢体完成各项动作的平衡障碍，如指鼻试验、跟膝胫试验不准、辨距不良、轮替运动差、误指试验偏向病侧、眼球震颤较多见（粗大）、步态不稳等。一般上肢比下肢的共济失调严重。定位诊断主要在小脑半球（新小脑）受损害。

全小脑性共济失调，病损部位在原始小脑、新小脑、小脑核团、小脑传入（出）纤维，临床表现为躯干、肢体、步态的共济失调等。

另外，有明显的周围神经损害、脊髓后索损害，主要表现为深感觉障碍性共济失调。其特点是没有视觉辅助时，共济失调症状更明显，行走时常常低头视脚下路面，不敢正视前方，夜间行路更困难，洗脸时身体易向脸盆方向倾倒，Romberg 征闭眼时更明显不稳，常伴有深感觉（位置觉、震动觉）减低或丧失。可见于 Friedreich 共济失调、Refsum 综合征、后柱型共济失调、Roussy-Levy 共济失调等。

4. 不自主运动

不自主运动或称异常运动，为随意肌的某一部分、一块肌肉或某些肌群出现不自主收缩，是指患者意识清楚而不能自行控制的骨骼肌动作。临床表现如下：

（1）抽搐：肌肉快速、重复性的、阵挛性的或强直性的无意收缩，常为一组或多组肌肉同时产生，有时在面部或肢体对称部位出现，振幅大且不局限，多由一处向他外蔓延，频度不等，无节律性，受体内外因素影响，伴有躯体不适及其它异常感觉，客观检查无异常所见。

（2）痉挛：为肌肉或肌群的断续的或持续的不随意收缩，系因脑或脊髓的运动神经元或神经肌肉的异常兴奋所致。某些痉挛可伴肌痛、肌强直和（或）不自主运动及头、颈、肢体、躯干扭转畸形等。呈断续的节律性肌收缩，间有肌松弛者称阵挛性肌痉挛；较持久的肌收缩则称强直性肌痉挛。大部分痉挛属于此种。

（3）震颤：是由于主动肌与拮抗肌交替收缩引起的关节不自主的、快速节律性运动，这种运动可有一定方向，但振幅大小不一，以手部最常见，其次为眼睑、头和舌部。

（4）肌阵挛：为肌肉或肌群突发的，短促的闪电样不自主收缩。可见于正常人，病理性肌阵挛分为节律性和非节律性两种，以前者多见。

（5）舞蹈样运动：是一种无目的、无预兆、无规律、不对称、幅度不等的快速的不自主运动。头面部舞蹈运动表现为皱额、瞬目、咧嘴、不自主伸缩舌、摇头晃脑等转瞬即逝的怪异活动，常影响说话，在肢体表现为无一定方向的大幅度运动，患者常难以维持一定的姿势。

（6）手足徐动症：又称指划运动。以肌强直和手足缓缓的强直性伸屈性运动为特点，可发生于上肢、下肢、面部和头颅。通常以上肢远端和面部最明显。患者的手指常出现不规则的"蠕动样"徐

动性运动，掌指关节过度伸展，诸指扭转，可呈"佛手"样的特殊
姿势。参与徐动性动作的肌肉张力增高。下肢受累时，行走发生困
难，诸趾扭转，拇趾自发性背屈。患者呈现各种奇形怪状的不自主
动作。舌头时而伸出，时而缩回。头部向左右两侧扭来扭去，有时
咽肌受累而发生吞咽和构音困难。这些不自主动作于安静时减轻，
睡眠时完全停止，精神紧张或随意动作时加重，但感觉正常，智力
可能减退。

（7）扭转痉挛：又名变形肌张力障碍、扭转性肌张力障碍，是
躯干的徐动症。临床上以肌张力障碍和四肢近端或躯干顺躯体纵轴
畸形扭曲为特征，肌张力在扭转时增高，扭转停止时正常。

其它不自主运动还有偏侧投掷运动、肌纤维震颤、肌束颤动和
肌纤维颤动等。

5. 震颤

小脑疾病的震颤多表现为意向性震颤（如见于多发性硬化与其
他小脑传出障碍疾病）出现在运动的肢体接近目标的时候。支持性
（位置性）震颤是肢体近端一种粗大的转动性震颤，在病人试图维
持某一固定的姿势或负重时最为显著。摇晃是头部与躯体粗大的震
颤，也是一种支持性震颤，在维持直立姿势时明显，平卧后消失。

（五）临床鉴定应该注意的问题

关于肢体瘫痪肌力检查遇有近端肌肉肌力与远端肌肉肌力不一
致时如何处理，起草组及专家讨论时建议：当近端肌肉肌力与远端
肌肉肌力相差两个级别时取平均值；当近端肌肉肌力与远端肌肉肌
力相差一个级别时，取较低等级（遵循有利于伤者的原则）。

由于非肢体运动障碍临床表现较为复杂，无法进行量化分析，
故本标准以非肢体运动障碍对生活自理能力影响的严重程度，将非
肢体运动障碍分为重、中、轻三度来划分具体的致残等级。故法医
学检验时应注重检验伤者的生活自理能力。

《新残标》附录 B.8 对非肢体运动障碍致残等级提出了特殊

要求：

（1）非肢体瘫的运动障碍评价的具体内容包括：肌张力增高、深感觉障碍和（或）小脑性共济失调、不自主运动或者震颤等。

（2）须根据其对生活自理的影响程度划分为轻、中、重三度。即①重度：不能自行进食、大小便、洗漱、翻身和穿衣，需要他人护理；②中度：完成上述动作困难，但在他人帮助下可以完成；③轻度：完成上述动作虽有一定困难，但基本可以自理。

（3）非肢体运动障碍程度的评定应注意以下几点综合判断：①有引起非肢体瘫运动障碍的损伤基础；②病史材料中有非肢体瘫运动障碍的诊疗记录和症状描述；③有相关生活自理能力受限的检查记录；④家属或者近亲属的代诉仅作为参考。

注意与癔症性瘫痪相区别。癔症性瘫痪属解离转换综合征的一种重要表现，可出现单瘫、偏瘫、截瘫甚至三肢瘫、四肢瘫，以截瘫最为常见。同一病人其瘫痪有时变化较大，时而完全性瘫痪，时而可有部分随意动作。瘫痪较少仅累及肢体某组肌肉，常累及整个肢体。腱反射一般可正常引出，极少出现病理反射，肌肉萎缩少见。瘫痪肢体常伴有感觉障碍，有时感觉障碍变化不定。

癔症性瘫痪的诊断依据包括：①瘫痪的发生多有明显的精神因素；②瘫痪的性质既非上运动神经元，也非下运动神经元；③感觉的缺失不符合解剖生理特点；④病人暗示性强，症状可因暗示加重或减轻；⑤以往可能曾经出现类似表现；⑥多见于情感不稳定、暗示与自我暗示比较突出的年轻女性。

（六）法医学鉴定要点

本节肢体瘫痪是指颅脑和脊髓损伤所致的中枢性瘫痪，凡符合下列条件的均适用本标准相关条款规定进行致残等级鉴定：①经病史审查伤者伤后有中枢神经系统损伤的症状和体征；②影像学检查发现颅脑及脊髓组织存在出血、梗死、软化灶形成等损伤特征；③神经肌电图及神经诱发电位检查表明神经功能传导障碍等。

注：对于损伤所引起的癔症性瘫痪不予评定伤残等级，但应说明损伤与癔症之间的因果关系。对于臂丛神经、腰骶丛神经根性或神经丛性损伤引起的全肢体瘫痪也可以比照本节标准条款进行致残等级鉴定。

<h1 style="text-align:center">第七节　手足肌瘫</h1>

本节要点

1. 手、足肌肉的神经支配
2. 手、足神经损伤的表现
3. 手、足肌瘫范围的评估

一、条款比较

《道标》		《新残标》	
手部肌瘫			
4.4.9	双手完全缺失或丧失功能。	5.3.1.5)	双手全肌瘫（肌力2级以下），伴双腕关节功能丧失均达75%。
4.5.10.a)	双手缺失（或丧失功能）90%以上。	5.5.1.8)	双手大部分肌瘫（肌力2级以下）。
4.6.9.a)	双手缺失（或丧失功能）70%以上。	5.6.1.7)	双手部分肌瘫（肌力3级以下）。
4.7.9.a)	双手缺失（或丧失功能）50%以上。	5.6.1.8)	一手全肌瘫（肌力2级以下），伴相应腕关节功能丧失75%以上。

续表

《道标》		《新残标》	
4.8.10.a)	双手缺失（或丧失功能）30%以上。	5.7.1.7)	一手大部分肌瘫（肌力2级以下）。
4.9.9.a)	双手缺失（或丧失功能）10%以上。	5.8.1.7)	一手大部分肌瘫（肌力3级以下）。
4.10.10.a)	双手缺失（或丧失功能）5%以上。	5.9.1.5)	一手部分肌瘫（肌力3级以下）。
足部肌瘫			
		5.5.1.9)	双足全肌瘫（肌力2级以下）。
		5.6.1.9)	双足全肌瘫（肌力3级以下）。
		5.7.1.8)	一足全肌瘫（肌力2级以下）。
		5.8.1.8)	一足全肌瘫（肌力3级以下）。
		5.9.1.6)	一足大部分肌瘫（肌力3级以下）。

二、编制说明

《道标》虽然规定了手功能丧失致残等级的专门性条款，但这种手功能的丧失是由于周围神经损伤还是关节功能受限所致，规定得并不清楚。此外，对于神经损伤或者关节功能受限如何计算手功能也未作具体规定，所以在实践中很难准确理解和把握。

《新残标》则借鉴了《工伤标准》，增加了周围神经损伤所致的手、足肌瘫评定伤残和专门性条款。对于道路交通事故受伤人员伤残评定而言，弥补了《道标》中缺乏周围神经损伤致残评定的不足。

考虑到腕关节活动在手功能中的重要性，《新残标》增加了手肌瘫痪与腕关节功能丧失时的组合性条款，使得手肌瘫痪伴有腕关节功能障碍时致残等级有一定的提高，使得致残等级鉴定的结果更为合理。

三、应用指南

（一）手肌瘫

1. 手部神经支配

感觉神经（如图2-1-1）：正中神经的皮支主要支配手掌掌侧桡侧三指半和背侧远指端桡侧三指半皮肤。尺神经皮支配掌侧和背侧一指半皮肤。其余由桡神经支配。

运动神经：正中神经的肌支主要支配除了拇收肌之外的鱼际肌，第一、第二蚓状肌，前臂除肱桡肌，指深屈肌尺侧半，尺侧腕屈肌之外的屈肌。尺神经肌支主要支配小鱼际肌，骨间肌，第三、第四蚓状肌，指深屈肌尺侧半和尺侧腕屈肌和拇收肌。桡神经肌支主要支配前臂伸肌。

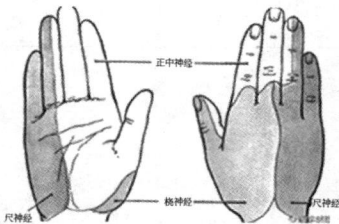

图 2-7-1 示：手部感觉神经支配

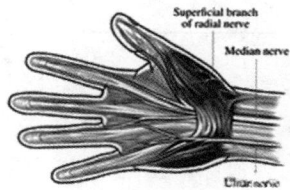

图 2-7-2 示：手部运动神经支配

2. 手部神经损伤临床表现

（1）尺神经损伤（如图 2-7-3）：骨间肌瘫痪导致掌骨不能合拢；三、四蚓状肌瘫痪使三、四掌指关节不能屈曲，第四、五指的第二指间关节不能伸直；拇收肌瘫痪导致不能内收而拇指外展，而成"爪形手"，同时屈腕力量减弱，相应皮节感觉消失。

（2）桡神经损伤（如图 2-7-4）：导致前臂伸肌瘫痪，从而伸腕无力，而成"垂腕"，相应皮节感觉消失，主要在虎口处。

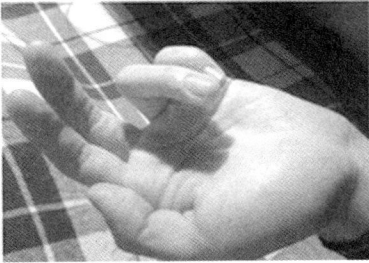

图 2-7-3 示：尺神经损伤时呈"爪形手"

图 2-7-4 示：桡神经损伤时呈"垂腕"

（3）正中神经（如图 2-7-5）：主要表现为大鱼际肌、拇短展肌及拇短屈肌浅头瘫痪，因此拇指不能对掌，不能向前与手掌平面形成 90°，不能用指腹接触其它指尖，大鱼际萎缩、拇指内收形成猿手畸形，拇短屈肌有时为异常的尺神经供给。手部感觉丧失，受正中神经伤影响最大。伤后拇、食、中指、环指桡侧半掌面及相应指远节背面失去感觉，无实物感。

（4）尺神经和正中神经同时损伤（如图 2-7-6，2-7-7）：所有手肌瘫痪而萎缩，使手掌平坦，拇伸肌的作用使拇指外展，形成"猿手"，拇指、食指、中指感觉丧失。

图 2-7-5 示：正中神经损伤

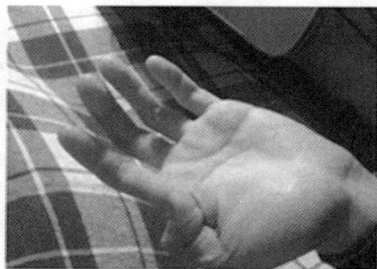

图 2-7-6 示：尺神经合并正中神经损伤呈"猿手"

3. 法医学鉴定要点

（1）双手大部分肌瘫，是指双上肢桡神经、正中神经、尺神经中各有两支以上周围神经损伤，导致支配双手十指的大部分肌肉发生完全性或者不全性瘫痪。

（2）一手大部分肌瘫，是指一上肢桡神经、正中神经、尺神经中有两支以上周围神经损伤，导致支配一手五指的大部分肌肉发生完全性或者不全性瘫痪。

（3）一手部分肌瘫，是指一上肢桡神经、正中神经、尺神经中至少有一支以上周围神经损伤，导致支配一手五指的部分肌肉发生完全性或者不全性瘫痪。

（4）必要时，行神经肌电图检查以了解支配手部肌肉的神经结构及功能。

（二）足肌瘫

1. 足神经支配

坐骨神经下行至腘窝上方分为胫神经及腓总神经。胫神经进入足底后分为足底内侧神经及足底外侧神经（如图 2-7-7）。足底内侧神经肌支支配拇屈肌、拇短展肌、趾短屈肌及第 1、2 蚓状肌、皮支支配足底内侧半和拇趾至第 4 趾的相对缘及第 4 趾的内侧面的皮肤。足底外侧神经肌支支配足底方肌、小趾展肌、小趾短屈肌、全部骨间肌、第 3、4 蚓状肌及拇收肌；皮支支配足底外侧半和小趾及第 4 趾外侧面的皮肤。

腓总神经在腓骨长肌起始部分为腓浅神经及腓深神经两终支（如图 2-7-8）。腓浅神经行于腓骨长肌与腓骨短肌之间，分出肌支支配上述两肌；本干至小腿中、下 1/3 交界处穿深筋膜至皮下，分布于足背及趾背的大部分皮肤。腓深神经穿过腓骨长肌起端，进入前肌群，伴随胫前血管下降，沿途分出肌支支配小腿前肌群和足背肌，皮支分布于第 1、2 趾相邻的皮肤。

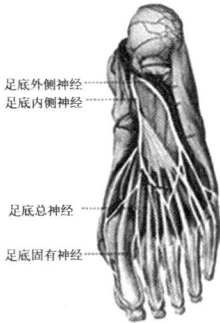

图 2-7-7 示：胫神经足部分支　　图 2-7-8 示：腓总神经足部分支

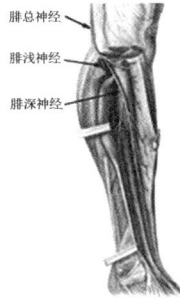

2. 足部神经损伤临床表现

腓总神经损伤引起腓骨肌及胫骨前肌群的瘫痪和萎缩，患者不能伸足、提足、扬趾及伸足外翻，呈马蹄内翻足。步行时病人高举足，使骨骼、膝关节过度屈曲，当足落地时先足尖下垂，接着用整个足跖着地，似马或鸡的步态，或称跨阈步态（如图 2-7-9）。感觉障碍分布于小腿前外侧和足背，包括第一趾间隙。跟腱反射不受影响。

胫神经高位损伤，可引起小腿后侧屈肌群及足底内在肌麻痹，出现足跖屈、内收、内翻，足趾跖屈、外展和内收障碍，呈"钩状足"，小腿后侧、足背外侧、跟外侧和足底感觉障碍（如图 2-7-10）。

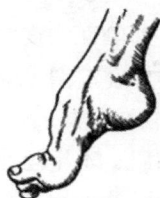

图 2-7-9 示：胫神经损伤   **图 2-7-10 示：腓总神经损伤致**
"钩状足"   **"马蹄"内翻足**

3. 法医学鉴定要点

（1）双足或一足全肌瘫，是指因支配足部的胫神经、腓总神经等周围神经均有损伤，导致支配双足十趾或一足五趾运动的全部肌肉均发生完全性或者不全性瘫痪。

（2）一足大部分肌瘫，是指因支配足部的肢胫神经、腓总神经等周围神经均有损伤，导致支配一足五趾的大部分肌肉发生完全性或者不全性瘫痪。

（3）必要时，行神经肌电图检查以明确神经损伤的部位、性质和程度。

（4）手、足肌瘫与周围重要神经损伤存在竞合关系，应遵循"就高不就低"的原则，优先适用致残等级较高的条款鉴定致残等级，不能同时援引两个以上条款重复进行致残等级鉴定。

第八节　周围神经损伤

本节要点

1. 面瘫分类及临床表现

2. 面神经损伤辅助检查

3. 四肢重要神经损伤

4. 肌群肌力检查方法

一、条款比较

《道标》		《新残标》	
面神经损伤			
4.3.1.c)	双侧严重面瘫，难以恢复。	5.5.1.4)	双侧完全性面瘫。
4.5.1.d)	单侧严重面瘫，难以恢复。	5.6.1.4)	一侧完全性面瘫。
4.9.1.d)	双侧轻度面瘫，难以恢复。	5.7.1.3)	双侧大部分面瘫
4.10.1.d)	单侧轻度面瘫，难以恢复。	5.8.1.4)	一侧大部分面瘫，遗留眼睑闭合不全和口角歪斜。
		5.9.1.4)	一侧部分面瘫，遗留眼睑闭合不全或者口角歪斜。
		5.10.1.3)	一侧部分面瘫。
四肢重要神经损伤			
4.10.1.a)	神经功能障碍，日常活动能力轻度受限。	5.9.1.7)	四肢重要神经损伤（上肢肘关节以上，下肢膝关节以上），遗留相应肌群肌力 3 级以下。
		5.10.1.6)	四肢重要神经损伤，遗留相应肌群肌力 4 级以下。

《道标》		《新残标》
4.7.9.b)	双手感觉完全缺失。	
4.8.10.b)	双手感觉缺失 75% 以上。	
4.9.9.b)	双手感觉缺失 50% 以上。	
4.10.10.b)	双手感觉缺失 25% 以上。	

二、编制说明

与《道标》相比，《新残标》以"完全性面瘫""大部分面瘫"和"部分面瘫"取代《道标》的"严重面瘫"和"轻度面瘫"，使得面瘫可以量化；并且不再强调"难以恢复"，而是以医疗终结时遗留的结局作为评定的依据。同时，增加了面瘫遗留眼睑闭合不全或口角歪斜等专门性条款，扩大了致残等级的范围。

《新残标》删除了"神经功能障碍，日常活动能力轻度受限"的专门性条款，但增加了"四肢重要神经损伤"遗留肌力减退的专门性条款，既避免了前者在实践中的滥用，又给周围神经损伤致残等级鉴定提供了依据。

考虑到双手感觉的客观检测比较困难，《新残标》也不再保留双手感觉缺失伤残评定的专门性条款。

三、应用指南

（一）面神经损伤

面神经经颞骨外段进入腮腺实质后分成五支：①颞支出腮腺上缘支配额肌和眼轮匝肌等；②颧支向前上支配眼轮匝肌和颧部肌肉；③颊支出腮腺前缘支配颊部肌肉以及口轮匝肌和口周围肌；

④下颌缘支沿下颌骨下缘向前，支配面下份及下唇部肌肉；⑤颈支向下进入颈阔肌深面并支配该肌肉（如图2-8-1）。

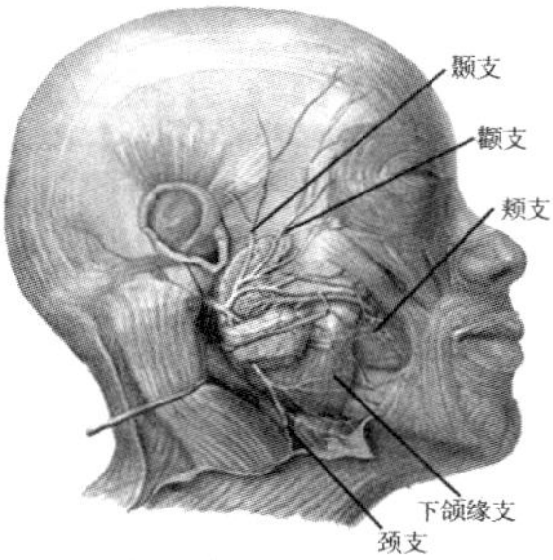

图2-8-1 示：面神经分支

1. 面神经损伤机制

面神经最常见的损伤部位为鼓室段和乳突段（如图2-8-2），常见于颞骨骨折、面部外伤、产伤以及中耳乳突或颞骨部位手术引起的医源性损伤。面神经管内出血、神经鞘膜挫伤和神经水肿，以及因碎骨片或听骨嵌入骨管，或骨折处骨管移位等，可造成面神经纤维挫伤、牵拉、扭转、撕裂甚至断裂，均能引起面神经传导功能障碍，即"面瘫"。

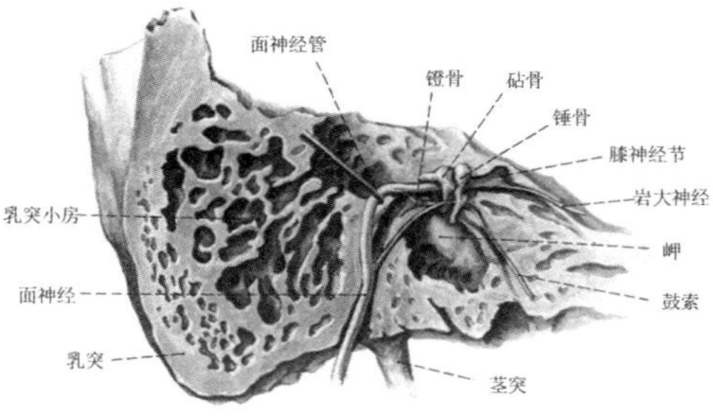

图2-8-2 示：面神经鼓室段和乳突段

2. 面神经损伤临床表现

（1）面神经管外损伤，主要表现为患侧表情肌瘫痪、额纹消失、不能闭眼、不能皱眉、鼻唇沟变浅、不能鼓腮、口角歪向健侧。

（2）面神经管内损伤，除上述表现外，还可出现患侧舌前2/3味觉障碍，泪腺、舌下腺及下颌下腺分泌障碍，以及结合膜、鼻腔、口腔黏膜干燥等现象。

（3）中枢性面瘫表现为皱眉、闭眼不受限制，患侧鼻唇沟变浅，鼓腮、噘嘴困难。周围性面瘫（图 b）表现更为显著：患者所有面部肌肉均失用，表现为额纹消失，皱眉、闭眼困难，同时患侧鼻唇沟变浅，无法鼓腮及噘嘴（如图2-8-3）。

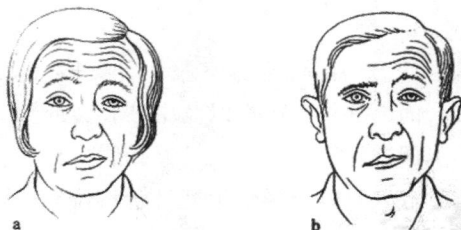

图 2-8-3 示：a 中枢性面瘫；b 周围性面瘫

3. 辅助检查

（1）功能检查：如镫骨肌反射，确定神经在镫骨肌支发出前损伤还是之后损伤（需结合中耳传声功能及听功能综合分析）；味觉实验，确定神经在鼓索神经支发出前损伤还是之后损伤；泪分泌试验，判断病变是否位于运动神经核以下至膝神经节以上等。

（2）电诊断检查：可以选择神经兴奋性试验，根据病侧及对侧兴奋阈差值 3.5 mA 作为预后不良的提示来估计预后。针极肌电图，神经变性或肌肉去神经支配后可出现纤颤电位等。电诊断试验可在损伤后不同时期了解面神经功能和神经纤维的损伤部位，为面神经损伤提供客观依据。

（3）影像学检查：颞骨高分辨率 CT 可以通过不同成像技术手段了解面神经在颞骨段是否有损伤及损伤程度等。MRI 可显示面神经本身，轴位可较好显示面神经脑池段、内听道段、迷路段起始部、前膝和颅外腮腺段，冠状面可较好地显示面神经乳突段、后膝部等。

4. 法医学鉴定要点

（1）根据临床表现确定面神经损伤的部位、性质和程度；

（2）必要时，通过电诊断技术和放射影像学检查等辅助诊断技术确定损伤的部位、性质和程度。

（二）四肢重要神经损伤

1. 周围神经损伤临床表现

四肢重要神经主要是指：臂丛及其主要分支（如肌皮神经、正中神经、尺神经、桡神经、腋神经、胸长神经、胸背神经和膈神经等）和腰骶丛及其主要分支（如股神经、闭孔神经、股前外侧皮神经、髂腹下神经、髂腹股沟神经、生殖股神经、坐骨神经、腓总神经、臀上神经、臀下神经、阴部内神经、股后皮神经等）。

（1）臂丛神经干性损伤，可分为：臂丛神经上干、中干和下干损伤。①臂丛神经上干损伤（C5-C6）：主要表现为腋神经及肩胛上神经麻痹，致使肩关节不能外展及上举；肩关节不能内旋或者外旋；肌皮神经麻痹，致使肘关节不能屈曲。腕部不能桡侧伸展。上臂、前臂及手部外侧的感觉异常。②臂丛神经中干损伤（C7）：单独的中干损伤比较少见，表现为桡神经支配的肌肉收缩无力，肱三头肌部分受影响，肱桡肌不受影响。③臂丛神经下干损伤（C8-T1）：主要表现为正中神经麻痹，致使手指与拇指不能屈曲、拇指不能对掌；尺神经麻痹致使小指处于外展位，手指不能内收与外展，指间关节不能伸直。感觉异常发生在上臂、前臂及手部内侧面与第 4、5 指。

（2）臂丛神经束性损伤，可分为外侧束损伤、内侧束损伤和后束损伤。①外侧束损伤：肌皮、正中神经外侧根与胸前外侧神经麻痹。肘关节不能屈，或虽能屈（肱桡肌代偿）但肱二头肌麻痹；前臂能旋前但旋前圆肌麻痹，腕关节能屈但桡侧腕屈肌麻痹，上肢的其他关节活动尚属正常，前臂桡侧缘感觉缺失。肱二头肌、桡侧腕屈肌、旋前圆肌与胸大肌锁骨部瘫痪，肩关节与手部诸关节健康搜索的运动尚属正常。②内侧束损伤：尺正中神经内侧根与胸前内侧神经麻痹。手内部肌与前臂屈肌群全部瘫痪，手指不能屈伸，拇指不能掌侧外展、不能对掌、对指，手无功能。上肢内侧及手部尺侧感觉消失。手呈扁平手或爪形手畸形，肩、肘关节功能正常。内侧束损伤和颈 8 胸 1 神经根损伤表现类似，但后者常有 Horner 综合征，肱三头肌、前臂伸肌群部分瘫痪。③后束损伤：腋、桡、胸背、肩胛下神经麻痹，三角肌、小圆肌伸肌群、背阔肌、肩胛下肌、大圆肌瘫痪，肩关节不能外展，上臂不能旋内，肘与腕关节不能背伸，掌指关节不能伸直，拇指不能伸直和桡侧外展，肩外侧、前臂背面和手背桡侧半的感觉障碍或丧失。

（3）正中神经损伤：①肘部正中神经损伤（即正中神经肘部以上损伤）：主要表现除上述外，尚有旋前圆肌、桡侧腕屈肌、旋前方肌、掌长肌、指浅屈肌、指深屈肌、桡侧半及拇长屈肌瘫痪，故拇指食指不能屈曲，握拳时此二指仍伸直，有的中指能屈一部分，食指及中指、掌指关节能部分屈曲，但指间关节仍伸直。感觉障碍与腕部正中神经损伤相同。②腕部正中神经损伤：主要表现为大鱼际肌、拇短展肌及拇短屈肌浅头瘫痪，因此拇指不能对掌，不能向前与手掌平面形成 90°，不能用指腹接触其它指尖，大鱼际萎缩、拇指内收形成猿手畸形，拇短屈肌有时为异常的尺神经供给。手部感觉丧失受正中神经伤影响最大。伤后拇、食、中指、环指桡侧半掌面及相应手指远节背面失去感觉，严重影响手的功能，持物易掉落，无实物感，并易受外伤及烫伤。

（4）桡神经损伤：①上臂桡神经损伤（即桡神经肘部以上损

伤）：各伸肌广泛瘫痪，肱三头肌、肱桡肌、桡侧腕长短伸肌、旋后肌、伸指总肌、尺侧腕伸肌及食指、小指固有伸肌均瘫痪。故出现腕下垂，拇指及各手指下垂，不能伸掌指关节，前臂有旋前畸形，不能旋后，拇指内收畸形。拇指失去外展作用，不能稳定掌指关节，拇指功能有严重障碍。因尺侧腕伸肌与桡侧伸腕长、短肌瘫痪，腕部向尺侧屈曲或桡侧屈曲困难。前臂背侧肌肉萎缩明显。手背桡侧半、桡侧两个半指、上臂及前臂后部感觉障碍。②前臂背侧桡神经伤，多为骨间背神经损伤，感觉及肱三头肌，肘后肌不受影响，桡侧腕长伸肌良好，其他伸肌均瘫痪。手背桡侧半、桡侧两个半指、上臂及前臂后部感觉障碍。

（5）尺神经损伤：①肘部尺神经损伤（即尺神经肘部以上损伤）：表现为尺侧腕屈肌和指深屈肌尺侧半瘫痪、萎缩，不能向尺侧屈腕及屈环小指远侧指关节。手指平放时，小指不能爬桌面。手内肌广泛瘫痪，小鱼际、骨间肌及第三、四蚓状肌、拇内收肌及屈拇短肌内侧头均瘫痪。小鱼际及掌骨间有明显凹陷。环指、小指有爪状畸形。肘上损伤爪状畸形较轻。如在指屈深肌神经供给远侧损伤，因指深屈肌失去手内肌的对抗作用，爪状畸形明显，即环小指掌指关节过伸、指间关节屈曲。不能在屈曲掌指关节的同时伸直指间关节。由于桡侧二蚓状肌的对抗作用，食中指无爪状畸形或仅有轻微畸形。各手指不能内收外展。夹纸试验阳性。拇指和食指不能对掌成完好的"O"形，此两指对捏试验显示无力，是由于内收拇肌瘫痪、不能稳定拇指掌指关节所致。小指与拇指对捏障碍。因手内肌瘫痪，手的握力减少约50%，并失去手的灵活性。手的尺侧、小指全部、环指尺侧感觉均消失。②腕部尺神经损伤时，临床表现主要为小鱼际肌萎缩，骨间肌、蚓状肌萎缩，小指处外展位，环小指呈爪状，手指内收外展受限。手的尺侧、小指全部、环指尺侧感觉均消失。

（6）骶丛神经损伤：骶丛略呈三角形，向坐骨大孔下集中，移行为坐骨神经。坐骨神经在腘窝的上部分内侧支（胫神经）和外侧支（腓总神经）。骶丛神经损伤的临床表现参见坐骨神经损伤、腓总神经损伤和胫神经损伤。

（7）坐骨神经损伤：坐骨神经损伤时主要表现为半腱肌、半膜肌、股二头肌及胫神经和腓总神经支配的肌肉瘫痪，小腿不能屈曲，足及足趾运动完全消失，呈"跨阈步态"。跟腱反射消失，小腿外侧感觉障碍或出现疼痛，足底感觉丧失导致损伤和溃疡。

（8）腓总神经损伤：腓总神经损伤时主要表现为胫骨前肌、趾长伸肌、趾短伸肌、腓骨长肌和腓骨短肌瘫痪，足和足趾不能背伸，足不能外展，足下垂并转向内侧而成为马蹄内翻足，足趾亦下垂，行走时呈"跨阈步态"。小腿前外侧及足背面感觉障碍。

（9）胫神经损伤：临床表现为小腿腓肠肌、比目鱼肌及屈趾肌和足底部肌肉瘫痪，足部感觉消失，可出现足底压疮或神经性溃疡。表现为足跖屈、足内收及内翻动作困难，呈外翻足，足趾亦不能跖屈，足弓的弹性和强度丧失，小腿消瘦。由于胫骨前肌挛缩而踝关节过度背伸，跟腱反射消失。

（10）股神经损伤：下肢股神经并非来自骶丛，而是来自腰丛。股神经损伤后临床表现为伸小腿、屈大腿无力，不能登阶梯和跳跃，容易跌倒，股四头肌萎缩，膝反射消失，股前及小腿内侧感觉障碍。

2. 肌群肌力检查

肌群肌力是指关节在向某一方位活动时所有参与活动的肌肉所表现出来的最大肌力，例如前臂正中神经或者尺神经损伤时，检查屈腕时的肌力实际上是参与屈腕的肌群所表现出来的肌力总和，包括正中神经支配的桡侧腕屈肌、掌长肌、指浅屈肌，尺神经支配的尺侧腕屈肌等。

3. 法医学鉴定要点

（1）根据临床表现确定周围神经损伤的部位、性质和程度；

（2）检查相应肌肉及肌群肌力大小；

（3）当周围神经损伤遗留手部或者足部肌瘫时，应遵循"就高不就低"的原则适用标准条款；

（4）必要时，通过电诊断技术和放射影像学检查等辅助诊断技术确定损伤的部位、性质和程度。

附：周围神经损伤电生理

周围神经损伤在临床上常分为神经失用、轴突断伤和神经断伤三类。

一、周围神经损伤的肌电图改变

周围神经损伤后，肌纤维由于失神经支配而出现肌膜兴奋性增高，肌电图的特征为出现插入电位延长、纤颤波和正波，但神经完全性损伤5~7天内，损伤远端的神经干仍有传导功能，以后神经变性致传导性丧失。神经肌电图有以下不同情况：

1. 正常肌电图

放松时无自发电活动（主要指纤颤电位和正相尖波，下同）。轻收缩时出现正常运动单位（MUAP），见图2-8-4。最大收缩时运动单位数量不减少，神经传导速度（NCV）正常，提示无神经损害。

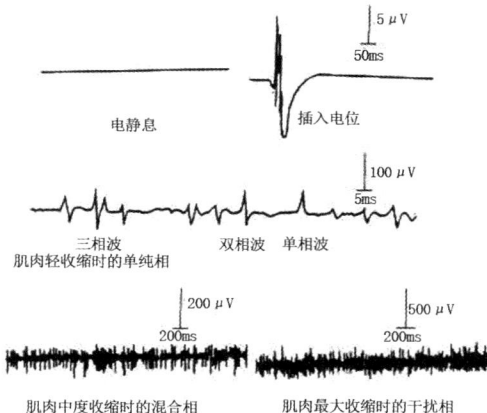

图 2-8-4　正常肌电图

2. 神经功能障碍

神经损伤2~3周后，放松时无自发电位，随意收缩时无任何运动单位或只出现少量运动单位，但远端刺激神经干可得正常波幅的诱发电位，在损伤近端刺激无诱发电位或波幅明显减小，提示功能障碍，相当于神经失用症。

3. 部分去神经支配

神经损伤2~3周后，放松时出现自发电活动，轻收缩时出现各种形式的运动单位电位（包括新生电位、复合电位及再生电位等）。重收缩可能出现运动单位数量减少，提示轴突损伤或神经损伤后出现神经再生。如不存在双重神经支配，则可排除神经断裂。

4. 完全去神经支配

神经损伤2~3周后，放松时出现自发电活动，如插入电位延长、纤颤电位、束颤电位、正锐波、多相电位等（见图2-8-5）。随意收缩时无任何运动单位电位，刺激远端神经干无诱发电位，指示轴突或神经断裂，如随访无新生电位也无诱发电位，则属神经断裂。

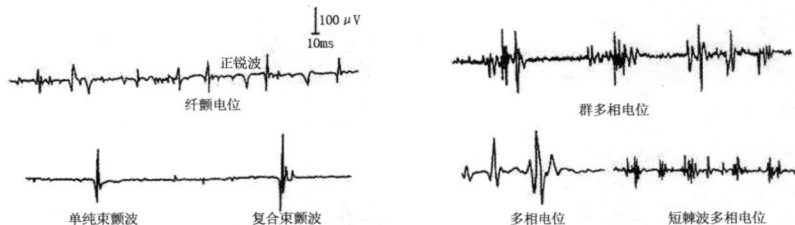

图 2-8-5　自发性电位

二、神经新近损伤的电生理诊断

神经肌电图诊断新近损伤的神经有一定难度和复杂性。为了更好地了解其变化过程，现就损伤即刻、损伤后10天、损伤后20天的神经肌电图改变分别进行讨论。

1. 损伤即刻

神经断伤，但因神经尚未变性，纤颤电位还未及出现，故不能依之判定神经是否断伤。因此，肌电图上更为重要的是观察运动单位电位是否存在。如有运动单位，至少可排除神经断伤，如无运动单位则可能是神经失用、轴索断伤或神经断伤，但不能对三者进行鉴别。尚需注意对各种情况判定，以免误诊。

2. 损伤后 10 天

如神经纤维变性，肌电图上可能出现插入电位延长，但一般尚无纤颤波。此期肌电图具有重要诊断价值。轴索、神经断伤时，神经变性失去传导功能，在神经远端和近端刺激均不能诱发肌肉动作电位或神经动作电位；如神经失用，则远端仍保持传导功能，但在近端刺激无诱发肌肉动作电位。如近、远端刺激均可诱发 EMAP 却无自主运动单位电位，则可能是患者不合作或有上运动神经元的损害。

3. 损伤后 20 天

由于神经变性后肌纤维膜兴奋性增高而在肌电图上出现纤颤电位，出现时间的早晚和损伤部位与肌肉的距离有关，近者早出现。神经电图与 10 天前基本相同，可结合肌电图发现对损伤的部位和程度作出诊断。应注意纤颤电位的出现与温度有关，神经损伤常致肢体温度下降而观察不到纤颤电位，故检测时应注意肢体的保暖（必要时以红外线升温），才能取得可靠结果。

三、周围神经损伤后神经再生的肌电图

周围神经损伤后神经再生的肌电图可表现为自发活动的减少，并出现以下 3 种运动单位电位。

1. 新生电位

神经再生早期随意收缩时出现的短时限、低电压多相电位（短

时限的相是神经再生的早期指征，可早于临床肌力恢复 8~16 周）。

2. 复合电位

神经再生过程中，新生的神经轴突所支配的肌纤维数量逐渐增多而出现时限长、电压高的多相电位。

3. 再生电位

是高电太、宽时限的巨大电位。

上述电位反映了神经再生的不同阶段，神经再生是否成功，取决于向正常运动电位转变的速度和数量，如长期持续停留于新生电位或复合电位则预后差。

第九节　大小便功能障碍

本节提要

1. 大便失禁实验室检查方法
2. 排便困难实验室检查方法
3. 尿崩症的实验室检查方法
4. 中枢性尿崩症的诊断依据

一、条款比较

《道标》		《新残标》	
4.3.1. g)	大便和小便失禁，难以恢复。	5.3.1.5)	重度排便功能障碍伴重度排尿功能障碍。
4.5.1. g)	大便或小便失禁，难以恢复。	5.7.1.9)	重度排便功能障碍或者重度排尿功能障碍。
		5.9.1.9)	轻度排便或者排尿功能障碍。

《道标》	《新残标》
	5.6.1.3）　尿崩症（重度。）
	5.8.1.3）　尿崩症（中度）。
	5.10.1.5）　尿崩症（轻度）。

二、编制说明

（一）关于大小便功能障碍

与《道标》相比，《新残标》将"大便失禁"改为"排便功能障碍"，后者既包括大便失禁，也包括大便困难。在附录 B.10 将大便失禁分为重度和轻度两种情形，并没有对排便更困难进行分度。

（二）关于尿崩症

《道标》中并未规定尿崩症的致残等级评定，考虑到尿崩症在实践中也经常可以遇见，《人体损伤程度鉴定标准》已有专门性规定，故《新残标》也规定了尿崩症的致残等级鉴定，并以尿崩症的程度不同划分具体的致残等级。

三、应用指南

（一）大便失禁和排便困难

1. 排便障碍损伤基础

本节所称排便功能障碍系指由颅脑或者脊髓器质性损伤所致，不包括消化系统损伤（如直肠、肛管本身损伤）引起的情形等。正常的排便功能依赖于完整的神经反射，当直肠壁内的感受器受到刺激，发放冲动经盆神经和腹下丛传入脊髓排便初级中枢，进而上传至大脑排便高级中枢，即可引起便意。健康成年人能够较好地控制便意，若高级中枢控制力减弱，即可引起排便功能障碍，常见的为大便失禁。颅脑及脊髓损伤若破坏上述神经反射，可引起排便功能障碍，但多数伴有诸如肢体瘫等其他各种神经系统症状与体征。当骶髓以上受损害，虽然直肠的感觉不能传至大脑皮层而不产生便意，但排便初级中枢仍然存在功能，会发动反射性排便；若骶髓或者马尾损伤时，排便初级中枢亦有受损，排便反射消失，则会出现自主性或者非反射性排便。

2. 大便失禁的实验室检查

（1）肛门内括约肌基静息压（IASP）：年轻国人气囊式正常压为 80 mmHg～140 mmHg。大便失禁时压力降低，呈低张力性内肛门括约肌静息压，内肛门括约肌的功能在于提供了阻止稀便和肠腔内气体在非排便状态下从直肠、肛门外溢。

（2）外肛门括约肌（EAS）收缩力：EAS 是围绕肛管下端的环形横纹肌，参与维持肛管高压带压力的 30% 左右。外肛门括约肌收缩时可使肛管关闭压提高 2～3 倍，对粪便的节制起一定作用。EAS 缺乏这种协调性运动时，就会出现大便失禁。当受检者最大强度地收缩肛门（提肛运动）时，肛管内压增加的幅值即最大缩窄压（MSP）与肛门内括约肌静息压（IASP）之差为肛门主动收缩压，即代表 EAS 的肌收缩力。大便失禁时 EAS 的肌收缩力降低。

（3）固体球试验法：用于了解耻骨肌和 EAS 的肌力及其功能。方法为把直径 2 cm 的塑料球送入直肠，球下面连接一容器，逐渐向容器中增加重物，嘱受检者用力收缩肛门以阻止塑料球被拉出，直到该球被重物拉出为止。大便失禁时承受重力轻，反映其肌力减弱。

（4）盐水灌注试验：用等渗盐水经细导管恒速滴入直肠，嘱受试者尽力收缩肛门保留。大便失禁时注入盐水不足 500 mL 时将漏出 100 mL，而且总量只能保留大约 700 mL。

（5）肛门、直肠感知性试验：是通过直肠感知阈值和最大耐受量来评估。用直径为 5 cm 的直肠扩张囊，从小剂量 20 mL、40 mL、80 mL……逐渐增加。受检者感到直肠被扩张时的最小充气量即为

感知的最低阈值。据报道，最大充气量（MTV）男性成年人为
140 mL~320 mL，女性为 170 mL~440 mL。大便失禁病人感觉力下
降，阈值增高。

（6）直肠顺应性：大便失禁时直肠顺应下降。顺应性是指容量
与压力之比率，即用单位时间压力容积变化（$\triangle V/\triangle P$）来表示器
官对膨胀能力的适应性。方法是：插入一前端带气囊的导管，向气囊
内注入空气或水，分次充盈气囊（每次递增 l0 mL），同时测其压力，
受检者感到胀痛或有便意时达到最大限度，同时记录直肠压力变化。
大便失禁时直肠顺应性降低。直肠顺应性正常值为 4 mL/mmHg~
9 mL/mmHg，3 mL/cmH$_2$O~7 mL/cmH$_2$O。

（7）辅助检查：①肌电图。用直肠电和盆底肌电描记法，了解
直肠平滑肌的电活动和盆底肌的电活动。大便失禁病人缩窄及用力
大便动作时电活动均减弱。②排粪造影法。应用放射造影的方法研
究和观察排粪时的盆底肌和直肠动力活动，用 150 mL~200 mL 的
硫酸钡，灌入直肠后，用放射照相术，在荧光屏下动态观察静息状
态和排出硫酸钡的情况，可判断是否存在巨结肠。测定静息状态和
排便时肛门直肠角的大小、排便时肛管最大直径，可判断是否有直
肠脱垂或直肠套叠存在，从而有利于功能性大便失禁的诊断。

3. 大便失禁的分度

排便功能障碍多表现为大便失禁。根据本标准附录 B.10 的规
定，大便失禁按严重程度可分为：

重度。大便不能控制，肛门括约肌收缩力很弱或者丧失，肛门括
约肌收缩反射很弱或者消失，肛门注水法测定直肠内压<20 cmH$_2$O。

轻度。稀便不能控制，肛门括约肌收缩力较弱，肛门括约肌收
缩反射较弱，肛门注水法测定直肠内压 20 cmH$_2$O~30 cmH$_2$O。直肠
肛门测压相关内容可参见后文直肠或肛门损伤致排便功能障碍部分。

4. 排便困难的实验室检查

（1）肛门直肠测压：可以检测肛门肌肉的压力及直肠的感知功

能和直肠壁的顺应性等，可判断肛门压力和感觉功能是否异常，它也是便秘分型的一种检测方法。

（2）结肠压力监测：是在生理情况下连续 24 小时、48 小时监测结肠压力变化。可测定结肠是否运动无力，对便秘的治疗有指导意义。

（3）气球排出试验：是肛门有无排出障碍的筛选试验。对检查发现是阳性的患者，需要作进一步检查。

其他还有排粪造影、盆底肌电图、阴部神经潜伏期测定、肛门超声内镜等检查，可以了解便秘产生的原因。

5. 排便困难致残等级鉴定

颅脑、脊髓损伤后引起的排便功能障碍，除了上述大便失禁以外，常见的类型还包括排便功能障碍（排便困难），又可以分为重度排便功能障碍与轻度排便功能障碍两级：

重度。完全不能自主排便，长期依赖开塞露肛纳，甚至间或需灌肠等导泻治疗方能缓解大便潴留，时发低位结肠梗阻的临床表现，直肠指检常可触及硬结之粪块乃至粪石。

轻度。自主排便有一定困难，表现为排便费力、大便明显变细，间或需要使用开塞露肛纳导泻，直肠指检多可及潴留之硬结粪便。

（二）排尿障碍

1. 排尿功能障碍的损伤基础

颅脑或者脊髓器质性损伤导致排尿功能障碍，不包括泌尿系统损伤（如膀胱或尿道等下尿路损伤）等。排尿上反射中枢在大脑皮层旁中央小叶、丘脑下部和脑干，下反射中枢在第 2~4 骶髓，相当于胸 12 及腰 1 椎体水平。低级中枢受高级中枢的控制，故排尿具有相当的随意性。排尿指令的发放，可控制下尿路排尿器官发挥相应功能，完成排尿。下尿路是实现正常排尿的重要器官，其中包括充盈功能（指膀胱充盈功能）、储尿功能（指膀胱充盈期膀胱出口的控尿功能）和排尿功能（其中包括逼尿肌排尿反射和膀胱出口阻力的变化）。上述中枢或者神经通路损伤，均可能通过影响下尿路的生理功能而引起排尿功能障碍，其主要表现为尿失禁或者尿潴留。

根据颅脑或者脊髓损伤部位的不同，本节所称排尿功能障碍大致可以分为上运动神经元膀胱或者下运动神经元膀胱：①前者也称为反射性膀胱或者自动性膀胱，损伤主要在大脑、脑干的排尿中枢或者其下行纤维，多见于双侧锥体束损害，以及骶髓以上平面的脊髓损伤。因上位神经损伤，而骶髓排尿中枢或马尾神经并未受损，反射弧完整，故尿液充盈达一定程度时，即可引起逼尿肌收缩，克服括约肌的阻力而发生反射性排尿，后可逐渐形成反射性膀胱。②后者也称非反射性膀胱或者自主性膀胱，损伤主要在骶髓后马尾神经，脊髓排尿中枢受到破坏，机体失去排尿能力，膀胱呈迟缓状态，反射性收缩功能遭受破坏，膀胱充盈时不产生尿意，不能引起逼尿肌反射性有规律地协调性收缩，常需按压下腹部方帮助排尿，从而形成自律性膀胱。

2. 尿失禁的实验室检查

尿失禁，特别由神经源性膀胱引起的尿失禁，应作下列检查：

（1）测定残余尿量：以区别因尿道阻力过高（下尿路梗阻）与阻力过低引起的尿失禁。

（2）排尿期膀胱尿道造影：如有残余尿时，须通过排尿期膀胱尿道造影观察梗阻部位在膀胱颈部还是尿道外括约肌。

（3）膀胱测压：观察有否无抑制性收缩，膀胱感觉及逼尿肌有无反射。站立膀胱造影观察后尿道有无造影剂充盈。尿道功能正常者造影剂被膀胱颈部所阻止。如有关排尿的交感神经功能受到损害则后尿道平滑肌松弛，造影片上可见到后尿道的近侧 1 cm~2 cm 处有造影剂充盈，因这部分尿道无横纹肌。

（4）闭合尿道压力图。

（5）必要时行膀胱压力、尿流率、肌电图的同步检查，以诊断咳嗽-急迫性尿失禁、逼尿肌括约肌功能协同失调以及由括约肌无抑制性松弛引起的尿失禁。

（6）动力性尿道压力图：用一根特制的双腔管，末段有二孔。一孔置于膀胱内，另一孔在后尿道。尿道功能正常者在膀胱内压增加时（如咳嗽时）尿道压力也上升，以阻止尿液外流。有少数压力性尿失禁患者，膀胱内压增高时，尿道压力不上升，从而导致尿液外流。

3. 尿失禁致残等级鉴定

按照本标准附录 B. 11 规定，排尿障碍分为：

重度。出现真性重度尿失禁或者排尿困难且尿潴留残余尿 ≥ 50 mL者。

轻度。出现真性轻度尿失禁或者排尿困难且尿潴留残余尿 ≥ 10 mL但<50 mL 者。

真性重度尿失禁者于起立活动或卧位体位变化时即可发生尿失禁，严重影响其生活及社交活动。真性轻度尿失禁一般活动及夜间可不出现尿失禁，但在腹压增加时常有尿失禁发生。

检查上运动神经元膀胱引发的尿失禁时，可通过徒手刺激的方法触发，如按压或有节律地拍打下腹部或者牵拉阴毛，观察尿道口有无小便溢出。检查下运动神经元膀胱引发的尿失禁时，应检查被鉴定人家属是否采取了必要的防护措施（如采用集尿袋或者尿垫等）。

排尿功能障碍的鉴定须待临床治疗终结后方能进行，一般至少在损伤发生 6 个月以后。

（三）尿崩症

1. 尿崩症的损伤基础

尿崩症是由于抗利尿激素缺乏，肾小管重吸收水的功能障碍，从而引起多尿、烦渴、多饮与低比重尿为主要表现的一种疾病。尿崩症是创伤性颅脑损伤较少见的并发症之一，是由于下丘脑垂体系统受到损害使抗利尿激素分泌减少引起的疾病，该并发症易引起水电解质失衡而危及健康乃至生命。研究表明，颅脑器质性损伤伤及视上核或视上核-垂体束是继发性尿崩症的重要原因之一，其中脑挫伤、颅底骨折和脑组织在颅腔内大幅度移动为致伤的主要原因。头部外伤后尿崩症按其病情进展可分为急性起病型和迟发性起病型。前者常于伤后 72 小时内发病，颅脑损伤伤情往往较重，病因可能为下丘脑垂体系统原发性严重损伤；后者常于损伤 3~12 天后起病，病因可能为供血系统损害引起继发性选择性下丘脑垂体功能障碍或下丘脑垂体系统损伤，其原发性损伤伤情可能较轻。典型患者的临床诊断并不困难，但应排除糖尿病、肾功能衰竭等疾病。

利用影像学检查对进一步确定中枢性尿崩症患者下丘脑垂体部位有无占位性病变具有重要价值。垂体磁共振成像检查正常人可见神经垂体部位有一个高密度信号区域，中枢性尿崩症患者的该信号消失，而肾性尿崩症和原发性多饮患者中，该信号始终存在。有时垂体磁共振成像检查还可见垂体柄增厚或有结节，提示原发性转移性肿瘤。因此，垂体磁共振成像检查可作为鉴别中枢性尿崩症、肾性尿崩症和原发性多饮的有效手段。

2. 尿崩症的实验室检查

（1）尿量：超过 2500 mL/d 称为多尿，尿崩症患者尿量多可达 4 L/d~20 L/d，比重常在 1.005 以下，部分性尿崩症患者尿比重有时可达 1.010。

（2）血、尿渗透压：患者血渗透压正常或稍高（血渗透压正常值为 290 mOsm/L~310 mOsm/L），尿渗透压一般低于 300 mOsm/L（尿渗透压正常值为 600 mOsm/L~800 mOsm/L），严重者可低于 60 mOsm/L~70 mOsm/L。

（3）血浆 AVP 测定：正常人血浆 AVP（随意饮水）为 2.3 pmol/L~7.4 pmol/L（放射免疫法），禁水后可明显升高。完全性 CDI 患者的血浆 AVP 浓度测不到；部分性 CDI 患者则低于正常范围；NDI 患者的血浆 AVP 水平升高或正常；精神性烦渴患者则在正常范围内或降低。

（4）禁水-加压素试验：比较禁水前后与使用血管加压素前后的尿渗透压变化。方法：禁水6小时~16小时（一般禁水8小时，视病情轻重而定）。试验前测体重、血压、血浆渗透压及尿比重，以后每小时留尿测尿量、尿比重及尿渗透压。当尿渗透压达到高峰，连续两次尿渗透压差<30 mOsm/L，而继续禁水尿渗透压不再增加时，测血浆渗透压，然后立即皮下注射加压素水剂5U，再留取尿液测定1~2次尿量和尿渗透压。结果判定：正常人禁水后体重、血压及血浆渗透压变化不大（<295 mOsm/L），尿渗透压可大于800 mOsm/L，注射加压素后，尿渗透压升高不超过9%。精神性烦渴者与正常人相似。完全性尿崩症者，血浆渗透压峰值大于300 mOsm/L，尿渗透压低于血渗透压，注射加压素后尿渗透压升高超过50%；部分性尿崩症者，血浆渗透压峰值不高于300 mOsm/L，尿渗透压可稍超过血浆渗透压，注射后尿渗透压升高9%~50%之间。肾性尿崩症患者在注射加压素后无反应。本试验应在严密观察下进行，若患者在进水后体重下降超过3%~5%，或出现血压明显下降、烦躁等，应立即停止试验，并及时补充水分。

（5）继发性尿崩症需测定视力、视野、蝶鞍摄片、头颅CT或MRI等，以明确病因。基因突变分析有助于明确遗传性尿崩症的分子病因学。

3. 中枢性尿崩症的诊断依据

（1）多饮多尿，尿量>4000 mL（或200 mL/hr或6 mL/kg/h），持续达24小时以上；

（2）尿比重≤1.005，尿渗透压≤200 mO sm/kg. H2O；

（3）血浆渗透压≥300 mOsm/kg. H2O；

（4）尿渗透压/血渗透压9%，尿渗透压/血浆渗透压>1；

（5）血钠浓度≥150 mmol/L；

（6）血浆血管加压素测定：AVP值低于正常（正常人1 ng/L~

1. 5 ng/L）；

（7）MRI：垂体后叶高信号消失；

（8）肾功能正常。

4. 尿崩症致残等级分度

按照本标准附录 B. 9 规定，尿崩症分为：

重度：每日尿量在 10000 mL 以上；

中度：每日尿量在 5001 mL~9999 mL；

轻度：每日尿量在 2500 mL~5000 mL。

（四）法医学鉴定要点

1. 对于伤者大便失禁，应依据附录 B. 10 排便功能障碍分度判定细则确定大便失禁的程度，并适用相关条款进行致残等级鉴定。

2. 对于伤者排便困难，可依据本节所述对排便困难进行分级。重度排便功能障碍可相当于重度大便失禁，轻度排便功能障碍可相当轻度大便失禁，并适用相关条款进行致残等级鉴定。

3. 对于伤者小便失禁，应依据附录 B. 11 排尿功能障碍分度判定细则确定小便失禁的程度，并适用相关条款进行致残等级鉴定。

4. 排便功能障碍的实验室检测方法较多，原则上优先选择标准本身规定的检测方法，当对鉴定结果存在争议时，可选择其他方法作为必要的补充。

5. 鉴定颅脑或脊髓损伤遗留排便功能障碍须通过影像学检查发现颅脑或者脊髓损伤的影像学证据。

6. 必要时，须进行神经电生理检测，包括盆底肌肌电图和骶髓反射等明确是否存在神经损伤。

第十节　男性性功能障碍

本节提要

1. 勃起障碍的原因

2. 勃起障碍的检查

3. 勃起障碍的分类

4. 勃起障碍的分度

5. 勃起障碍的鉴定

一、条款比较

《道标》		《新残标》	
4.4.1.e)	阴茎勃起功能完全丧失。	5.4.1.3)	阴茎器质性勃起障碍（重度）。
4.6.1.e)	阴茎勃起功能严重障碍。	5.6.1.10)	阴茎器质性勃起障碍（中度）。
4.8.1.d)	阴茎勃起功能障碍。	5.8.1.9)	阴茎器质性勃起障碍（轻度）。
4.9.1.f)	严重影响阴茎勃起功能。	5.9.1.8)	严重影响阴茎勃起功能。
4.10.1.j)	影响阴茎勃起功能。	5.10.1.7)	影响阴茎勃起功能。

二、编制说明

对于阴茎勃起障碍致残等级鉴定条款的设置，《新残标》与《道标》并无明显的不同，只是《新残标》按照 GA/T 1188-2014 男性性功能障碍法医学鉴定的相关要求，将《道标》中的"阴茎勃起功能完全丧失""阴茎勃起功能严重障碍"和"阴茎勃起功能障碍"代之以"阴茎器质性勃起障碍（重度）""阴茎器质性勃起障碍（中度）"和"阴茎器质性勃起障碍（轻度）"，并在附录 B 中规定了阴茎勃起障碍分度的判定细则。

三、应用指南

（一）勃起障碍的损伤基础

勃起功能障碍（国际上简称 ED），是指在有性欲要求时，阴茎不能勃起或勃起不坚，或者虽然有勃起且有一定程度的硬度，但不能保持性交的足够时间，因而妨碍性交或不能完成性交。

阴茎的正常勃起功能需要相关神经、血管、内分泌激素及海绵体等因素的完备。阴茎勃起过程直接受神经系统的多重支配，大脑皮层是神经调节的最高中枢，也是性生理活动的最高控制中心。目前研究表明，阴茎勃起的高级中枢位于大脑皮层性感觉相关区（比如前扣带回、枕颞区、带状前回、岛叶、眶额皮层、尾状核等），但运动皮层下行性冲动对于盆底肌的收缩并维持阴茎的硬度及持续时间是至关重要的。胸腰段脊髓有调节阴茎勃起的交感和副交感神经中枢，骶髓则有生殖骶髓反射中枢。而盆神经丛则是支配阴茎的交感和副交感神经的整合中枢，由此发出的交感和副交感神经沿尿道周围下行至阴茎延伸为海绵体神经。所有这些部位的损伤都会严重影响阴茎勃起功能。除此之外，阴部神经的损伤则会影响阴部与中枢神经之间的联系而直接影响勃起功能。

对于颅脑、脊髓及周围神经损伤均可导致勃起障碍，鉴定实践中应首先通过影像学检查以发现颅脑、脊髓等神经损伤的影像学证据。

（二）性功能及性生活史调查

性功能史调查：旨在了解伤者损伤前后阴茎勃起情况，主要内容包括：损伤前后有无阴茎勃起以及勃起硬度、能否进行性交活动、有无留意夜间或晨间醒来时勃起以及勃起的硬度、与性伴侣调情时有无勃起以及勃起的满意程度、性兴趣及性高潮时间、有无射精及精液量、有无精神压抑、有无服用过影响性活动的药物或毒品、有无手淫习惯及手淫时有无阴茎勃起等。

性生活史调查：旨在了解伤者的精神状态和婚姻状况，并从中发现阴茎勃起障碍的潜在性的心理性因素。调查的内容包括：和性伴侣性交或者其他性活动的频率、喜好什么样的性交频率和性活动形式、性交活动通常由谁提出、是否有手淫习惯、性交前嬉戏时间有多长、从性交开始到性高潮的时间、是否试图通过手淫达到性高潮、通过性伴侣爱抚生殖器能否达到性高潮、对色情刺激（视、听、读等）有何反应、性交前有无勃起障碍、性交开始后能否正常勃起并完成性交活动、射精时有无快感、射精时阴茎是否充分勃起、有无阴茎进入阴道前即射精、与伴侣性生活时是否有消极的情感反应等。

性功能及性生活史调查的目的是：初步了解伤者有无阴茎勃起障碍，勃起障碍的程度，是否伴有其他性功能障碍（如早泄、不射精等），确定勃起障碍的基本类型（器质性、心理性、情境性等）。

（三）法医学临床检验

1. 体格检查

体格检查是生殖系统、第二性征的发育及心血管、神经系统检查。生殖系统与第二性征发育异常，旨在发现原发性或继发性性腺机能低下及垂体病变所致的内分泌性所引起的勃起障碍。足背动脉触不清或球海绵体肌反射消失、会阴感觉迟钝等均提示有血管或神经性的勃起障碍的可能。

2. 实验室检测

主要包括神经系统电生理学检测（如阴部神经诱发电位和阴部皮肤交感反应等），阴茎血流动力学检测，血液生化学检测、阴茎夜间勃起功能监测等（详见 GA/T 1188-2014《男性性功能障碍法医学鉴定》附录 B 性功能障碍实验室特殊检测方法及其结果评价）。

（四）勃起障碍实验室检测

1. 阴部神经诱发电位检测

（1）骶髓生殖反射时（Sacral Reflex Latency，SRL，见图 2-

10-1）：该项检测的目的是用来检测生殖骶髓反射弧的结构和功能。其方法是用电流刺激阴茎神经，同时记录球海绵体肌或肛门括约肌肌电反应。正常骶髓反射波形呈双相或三相，以优势负波在前。球海绵体肌反射潜伏期小于 40 ms 为正常；40 ms~50 ms 为可疑；大于 50 ms 为病理性。

（2）阴部脊髓体感神经诱发电位（Spinal Pudendal Evoked Potential，SPEP）：电刺激阴茎背神经，在脊柱 L1 水平可以记录到的诱发电位，称之为脊髓诱发电位。该方法主要是检测骶髓反射传入通路的。正常人该反应的潜伏期在 12.0 ms~13.4 ms 之间。当阴茎背神经或阴部神经损伤、病变时，SPEP 潜伏期延长或波形消失。该电位较小，多数情况下难以辨认（图 2-10-3 中 N_1）。

（3）阴部皮层体感诱发电位（Cortical Pudendal Evoked Potential，CPEP，见图 2-10-2）：电刺激阴茎背神经，在颅顶后 2 cm 处可记录到皮层诱发电位，该方法可用来检测阴茎背神经至大脑皮层的神经传入通路。正常人 CPEP（P1 波）潜伏期为（42.3±1.9）ms~（46.8±4.8）ms。若同时记录 SPEP，可以获得感觉神经中枢传导时间（SCCT）。其正常值为（30.0±3.2）ms。当病变位于外周时，SPEP 潜伏期延长而 SCCT 正常，位于中枢时则相反。

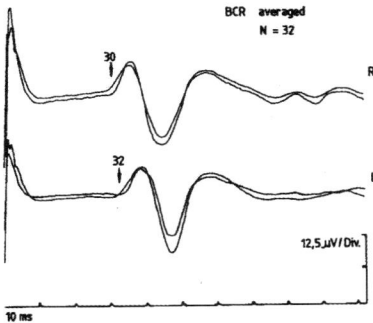

图 2-10-1 示：SRL

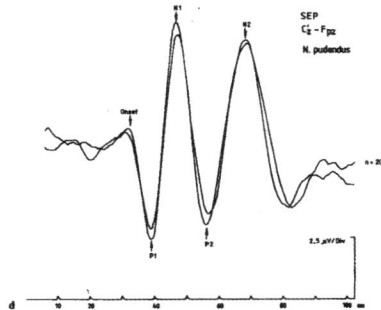

图 2-10-2 示：CPEP

（4）皮层运动神经诱发电位（Cortical Motor Evoked Potential，CMEP，见图 2-10-4 上）：用磁刺激器分别跨颅刺激大脑运动皮质生殖区，用金属表面电极在阴茎体表面记录球海绵体肌肌电反应。正常人在盆底肌放松的条件下，该电位的潜伏期为（28.8±2.6）ms；收缩时为（22.5±2.7）ms。

（5）脊髓运动诱发电位（Spinal Motor Evoked Potential，SMEP，见图 2-10-4 下）：将磁刺激器放置在脊柱（L1 水平）侧方，刺激骶髓神经根，用金属表面电极在阴茎体表面记录球海绵体肌肌电反应。正常人该肌电反应的潜伏期为（7.2±1.0）ms。根据CMEP 和 SMEP 潜伏期之差，及颅顶中央至 L1 之距离，可以计算出中枢运动神经传导时间和速度，以此可以对损伤或病变进行初步定位诊断。

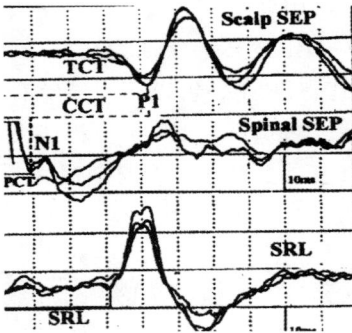

图 2-10-3 示：上为 CPEP；
中为 SPEP；下为 SRL。

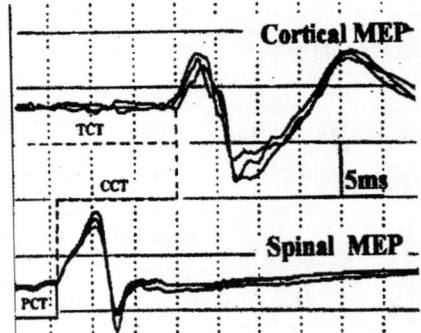

图 2-10-4 示：上为 CMEP；
下为 SMEP。

2. 阴茎交感皮肤反应（Penile Sympathetic Skin Responses，PSSR）

健康成人刺激腕部正中神经时在阴茎皮肤表面可以记录到PSSR。此反应波多呈双向，前为较小的负波，随之为较大的正波。

健康成人 PSSR 的起始潜伏期为（1249±111）ms，波幅为 470 μV（中位数）。阴茎勃起病人 PSSR 起始潜伏期为（1467±183）ms，波幅为 91 μV（中位数）。并且认为潜伏期大于 1500 ms 应视为异常已作为常规检测方法应用于阴茎勃起障碍的法医学鉴定工作。图2-10-5 为正常人 PSSR，图 2-10-6 为勃起障碍者 PSSR。

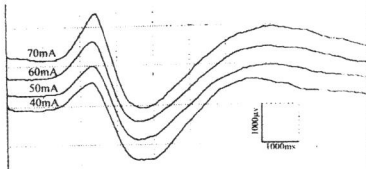

图 2-10-5 示：正常人 PSSR　　　　**图 2-10-6 示：勃起障碍者 PSSR**

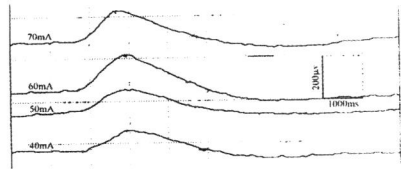

3. 阴茎 Doppler 血流检测

　　健康成人阴茎疲软时，阴茎近端背动脉和海绵体深动脉 Doppler 超声信号与示指掌指动脉比较，二者的波幅基本相同，而远端稍弱。当阴茎动脉信号与示指掌指动脉信号基本相当时，表示阴茎动脉血流正常；当前者较后者弱时，表示阴茎动脉血管壁弹性降低或部分阻塞，见于高血压动脉粥样硬化；当阴茎动脉血流信号消失时，表示血管痉挛或阻塞，见于动脉粥样硬化或血管壁损伤血栓形成。血流动力学分析（Logidop2 型数字式超声血流仪）结果表明：阴茎动脉搏动指数（PI）在左、右海绵体深动脉和左、右阴茎背动脉分别为 1.43~3.43、1.47~3.47、1.49~3.21 和 1.93~3.27。阻力指数（RI）分别为 0.72~0.92、0.73~0.93、0.74~0.90 和 0.72~0.90。收缩期与舒张期血流速度之比（S/D）分别为 2.68~10.56、3.27~10.09、3.17~9.55 和 3.22~9.42。PI 增加提示阴茎动脉血管弹性降低，顺应性下降，而 RI 和 S/D 增加提示阴茎海绵体血管阻力增大，有效血流量减小。

　　该项检查由于受探头安放的位置和方向影响较大，故测试的重复性和稳定性较差，应反复检测。图 2-10-7 和图 2-10-8 分别为正常人和勃起障碍者的阴茎动脉血流图，自上而下依次为左侧阴茎背动脉、右侧阴茎背动脉、左侧海绵体深动脉、右侧海绵体深动脉血流图。

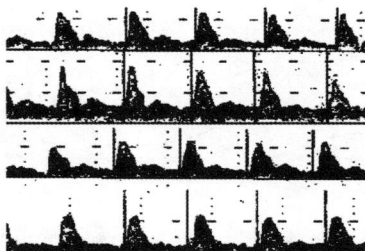

图 2-10-7 示：正常人阴茎动脉血流图

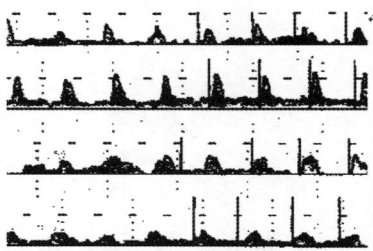

图 2-10-8 示：勃起障碍者阴茎动脉血流图

4. 彩色双联超声图（Color duplex ultrasonography）

给受试者阴茎海绵体内注射前列腺 E_1（PGE_1）10 μg~40 μg 或者罂粟碱 10 mg~30 mg 后加酚妥拉明 0.3 mg~0.5 mg，测量海绵体动脉直径、收缩压、舒张压。健康成人正常情况下注药后海绵体动脉直径应大于 0.7 mm，收缩期血流最大速度（PSV）应大于或等于 25 cm/s。如会阴水平海绵体灌流不对称或缺如，提示发生在阴茎前的动脉病变。当阴茎脚部的血流充足且对称，但沿垂直轴的左右海绵体动脉 PSV 不对称时，可能为阴茎节段内的动脉异常。当海绵体动脉对注射血管扩张剂后反应良好（PSV 大于或等于 30 cm/s），而舒张末期血流速度（EDV）大于 5 cm/s 时，则提示存在静脉漏可能。由于受试者害羞、恐惧、紧张而引起内源性肾上腺素分泌增加会影响检测的可靠性。

5. 夜间阴茎勃起监测（NPT）

便携式阴茎硬度测量仪（RigiScan）可用来测量夜间阴茎勃起

的次数、持续的时间、阴茎周径及硬度变化等。使用便携式阴茎硬度扫描仪连续对被鉴定人测试 3 夜，每夜记录 10 h。连续三个夜晚只要记录到一次阴茎勃起且头部和根部平均硬度大于或等于 60%，平均持续时间大于或等于 10 min 就视为阴茎勃起正常。另外可以根据受试者夜间阴茎勃起的次数、持续的时间、周径及硬度的不同，对受试者阴茎勃起障碍进行分级评定。由于阴茎勃起多出现在快动眼睡眠相（REM），所以需要被鉴定人充分合作，保证有效的睡眠时间，以保证检测结果的可靠性。如果发现病人睡眠不好，而又未能记录到夜间勃起现象，应延长检测时间，再检测 1~2 个夜晚。如怀疑结果不可靠时，应采用其它方法进一步检测。该测试结果并不一定能够反映受试者在与性伴侣进行性生活时的真实情况。图 2-10-9 为正常人夜间勃起监测结果，图 2-10-10 为勃起障碍者夜间勃起监测结果。

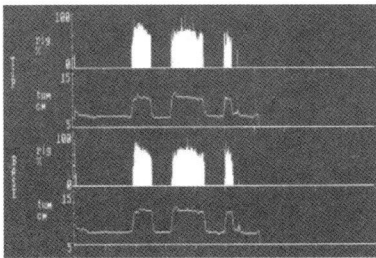

图 2-10-9 示：正常人 NPT 监测结果

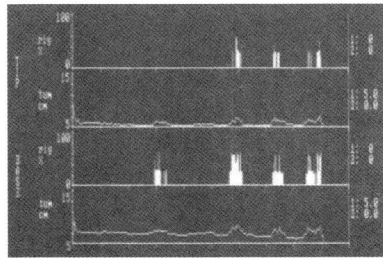

图 2-10-10 示：勃起障碍者 NPT 监测结果

6. 视听性性刺激（AVSS）测试

给受试者以视听性性刺激（Audio-Visual Sexual Stimulation），同时应用便携式阴茎硬度测量仪（RigiScan）记录阴茎最大勃起时的平均硬度。当受试者测试结果显示阴茎最大勃起时头部和根部的平均硬度大于或等于 60%，且持续时间大于或等于 10 min，则可以判定其阴茎勃起功能正常。

由于该测试结果取决于受试者的配合程度，且正常人在清醒状态下存在紧张、焦虑、害羞等情况而不能诱导出正常的勃起反应。所以，AVSS 测试结果记录到正常反应是有意义的，但未能记录到正常的勃起反应并不表示受试者存在勃起功能障碍。

（五）勃起障碍的判断依据

1. 神经性勃起功能障碍

应同时具备以下条件：①有明确的神经系统外伤、手术或疾病史；②有阴部神经功能障碍的临床表现；③有阴部神经电生理学传导障碍；④阴茎硬度监测（RigiScan）显示阴茎最大勃起时头部及根部的平均硬度小于60%，或者虽然平均硬度达60%，但持续时间少于10分钟；⑤无其他器质性原因可以解释。

2. 血管性勃起功能障碍

应同时具备以下条件：①有明确的阴部或阴茎血管系统外伤、手术或疾病史；②有阴茎血液循环不良，如动脉粥样硬化等临床表现或者海绵体纤维化；③阴茎血管功能检测结果异常；④阴茎硬度监测（RigiScan）显示阴茎最大勃起时头部及根部的平均硬度小于60%，或者虽然平均硬度达60%，但持续时间少于10分钟；⑤无其他器质性原因可以解释。

3. 内分泌性勃起功能障碍

应同时具备以下条件：①有明确的内分泌系统外伤或疾病史；②有内分泌系统功能紊乱的临床表现；③血液生化检测显示血糖及血液性激素水平，包括 T、LH、FSH、PRL 及 E2 等显著异常；④阴茎硬度监测（RigiScan）显示阴茎最大勃起时头部及根部的平均硬度小于60%，或者虽然平均硬度达60%，但持续时间少于10分钟；⑤无其他器质性原因可以解释。

4. 药物性阴茎勃起障碍

应同时具备以下条件：①有明确的使用与阴茎勃起障碍有关的

药物史，且长达 6 个月以上；②阴茎硬度监测（RigiScan）显示阴茎最大勃起时平均硬度小于 60%，或者虽然平均硬度达 60%，但持续时间少于 10 分钟；③无其他原因可以解释。

5. 心理性阴茎勃起障碍

应同时具备以下条件：①有明确的精神性疾患，且长达 6 个月以上；②阴茎硬度监测（RigiScan）显示阴茎最大勃起时平均硬度达 60%，且持续时间大于 10 分钟；③无其他原因可以解释。

6. 混合性阴茎勃起障碍

应同时具备以下条件：①器质性和（或）心理性因素兼而有之；②阴茎硬度监测（RigiScan）显示阴茎最大勃起时平均硬度小于 60%，或者虽然大于 60%，但持续时间少于 10 分钟。

（六）阴茎勃起障碍及受影响程度的判定

所谓阴茎有效勃起是指阴茎最大勃起时阴茎头部及根部的平均硬度（RigiScan）大于或者等于 60%，且大于或等于 60% 的持续时间大于或者等于 10 分钟。

1. 影响阴茎勃起功能：连续监测 3 晚，平均每晚阴茎有效勃起 2 次以下（包括 2 次）。

2. 严重影响阴茎勃起功能：连续监测 3 晚，平均每晚阴茎有效勃起 1 次以下（包括 1 次）。

3. 阴茎勃起功能轻度障碍：阴茎最大勃起时头部及根部的平均硬度大于或等于 40%，但小于 60%，或者虽然阴茎最大勃起时平均硬度可以达到 60%，但持续时间少于 10 分钟。

4. 阴茎勃起功能中度障碍：阴茎最大勃起时头部及根部的平均硬度大于 0%，小于 40%。

5. 阴茎勃起功能重度障碍：阴茎最大勃起时头部及根部的平均硬度及周径均无改变。

（七）法医学鉴定要点

1. 通过病史调查，明确外界暴力所致的原发性损伤。

2. 通过影像学检查，明确有脑、脊髓及周围神经损伤的影像学证据。

3. 通过阴部神经诱发电位及阴茎皮肤交感反应检测，明确有无神经传导功能障碍。

4. 通过阴茎血流动力学检查，明确有无引起阴茎动脉血流障碍。

5. 必要时，通过血液性激素测定明确有无内分泌功能障碍。

6. 通过规范化 NPT 检测，明确有无夜间勃起障碍。

7. 根据 NPT 检测结果，评价勃起功能障碍的程度。

8. 心理性勃起障碍不鉴定致残等级，但应对损伤与勃起障碍中的因果关系进行分析。

9. 其他原因所致的勃起障碍可以比照本节条款规定，进行致残程度鉴定。

第三章

头面部损伤

本章主要包括头面部软组织损伤、容貌毁损、五官损伤、听力障碍、视力障碍等致残程度鉴定。

第一节　头面部软组织损伤

本节提要

1. 头皮缺损难以修复的理解
2. 头皮瘢痕与无毛发的鉴定
3. 面部条状瘢痕的伤残鉴定
4. 面部块状瘢痕的伤残鉴定
5. 面部及其中心区的划分
6. 面部毁容分度判定细则

一、条款比较

《道标》		《新残标》	
头皮损伤			
4.7.2.j)	头皮无毛发75%以上。	5.8.2.3)	头皮完全缺损,难以修复。
4.8.2.i)	头皮无毛发50%以上。	5.9.2.1)	头皮瘢痕形成或者无毛发,达头皮面积50%。

续表

《道标》		《新残标》	
4.9.2.m)	头皮无毛发 25% 以上。	5.10.2.2)	头皮瘢痕形成或者无毛发，面积达 40.0 cm²。
4.10.2.q)	头皮无毛发 40 cm² 以上。		

面部条状瘢痕

《道标》		《新残标》	
4.2.2.e)	全面部瘢痕形成。	5.6.2.2)	面部中心区条状瘢痕形成（宽度达 0.3 cm），累计长度达 20.0 cm。
4.3.2.i)	面部瘢痕形成 80% 以上。	5.7.2.1)	面部中心区条状瘢痕形成（宽度达 0.3 cm），累计长度达 15.0 cm。
4.4.2.i)	面部瘢痕形成 60% 以上。	5.8.2.4)	面部条状瘢痕形成，累计长度达 30.0 cm；面部中心区条状瘢痕形成（宽度达 0.2 cm），累计长度达 15.0 cm。
4.5.2.1)	面部瘢痕形成 40% 以上。	5.9.2.4)	面部条状瘢痕形成，累计长度达 20.0 cm；面部条状瘢痕形成（宽度达 0.2 cm），累计长度达 10.0 cm，其中至少 5.0 cm 以上位于面部中心区。

《道标》		《新残标》
	5.10.2.3)	面部条状瘢痕形成（宽度达 0.2 cm），累计长度达 6.0 cm，其中至少 3.0 cm 位于面部中心区。
	5.10.2.4)	面部条状瘢痕形成，累计长度达 10.0 cm。
面部块状瘢痕		
4.7.2.h) 面部瘢痕形成，面积 24 cm² 以上。	5.8.2.5)	面部块状增生性瘢痕形成，累计面积达 15.0 cm²；面部中心区块状增生性瘢痕形成，单块面积达 7.0 cm² 或者多块累计面积达 9.0 cm²。
4.8.2.g) 面部瘢痕形成，面积 18 cm² 以上。	5.9.2.5)	面部块状瘢痕形成，单块面积达 7.0 cm²，或者多块累计面积达 9.0 cm²。
4.9.2.k) 面部瘢痕形成，面积 12 cm² 以上；或面部条状疤痕 20 cm 以上。	5.10.2.5)	面部块状瘢痕形成，单块面积达 3.0 cm²，或者多块累计面积达 5.0 cm²。
4.10.2.o) 面部瘢痕形成，面积 6 cm² 以上；或面部条状疤痕 10 cm 以上。		

《道标》		《新残标》	
面部色素沉着			
4.6.2.i)	面部大量细小瘢痕（或色素明显改变）75%以上。	5.6.2.3)	面部片状细小瘢痕形成或者色素显著异常，累计达面部面积的80%。
4.7.2.i)	面部大量细小瘢痕（或色素明显改变）50%以上。	5.7.2.2)	面部片状细小瘢痕形成或者色素显著异常，累计达面部面积的50%。
4.8.2.h)	面部大量细小瘢痕（或色素明显改变）25%以上。	5.8.2.6)	面部片状细小瘢痕形成或者色素异常，累计面积达100.0 cm²。
4.9.2.1)	面部细小瘢痕（或色素明显改变）面积30 cm²以上。	5.9.2.6)	面部片状细小瘢痕形成或者色素异常，累计面积达30.0 cm²。
4.10.2.p)	面部细小瘢痕（或色素明显改变）面积15 cm²以上。	5.10.2.6)	面部片状细小瘢痕形成或者色素异常，累计面积达10.0 cm²。
容貌毁损			
		5.2.2.1)	容貌毁损（重度）。
		5.4.2.1)	符合容貌毁损（重度）标准之三项者。
		5.5.2.1)	符合容貌毁损（重度）标准之二项者。
		5.6.2.1)	符合容貌毁损（中度）标准之四项者。
		5.8.2.1)	容貌毁损（中度）。

续表

《道标》	《新残标》
	5.8.2.2) 符合容貌毁损（重度）标准之一项者。
	5.9.2.3) 容貌毁损（轻度）。

二、编制说明

与《道标》相比，《新残标》有如下变化：①将头皮无毛发细分为头皮缺损、头皮无毛发和头皮瘢痕形成，扩大了十级的覆盖范围。②对面部瘢痕致残等级的划分增加了面部中心区的概念，并对条状瘢痕增加了量化的指标，提高了标准分级的合理性和可操作性。同时，也增加了构成十级的具体条款。③增加了"面部毁容"的相关条款，解决面部不同性质损伤后遗症的致残等级评定，提高标准的合理性和可操作性。④考虑了儿童面部瘢痕致残程度的特殊情况：0~6 周岁按照相应规定值的 50% 计，7~14 周岁的按照相应规定值的 80% 计。

三、应用指南

（一）头皮完全缺损难以修复

1. 头皮缺损及其面积测量

头皮是覆盖在头颅穹窿部的软组织，由外向内可分为表皮层、真皮层和皮下层（图 3-1-1）。头皮按位置可分为额顶枕部和颞部。其中额顶枕部范围前至眶上缘，后至枕外粗隆和上项线，侧方至颞上线。颞部的上界为颞上线，下界为颧弓上缘。

本标准头皮缺损是指全部头皮全层缺损。

2. 法医学鉴定要点

（1）凡头皮完全缺损无法进行手术修复，或者虽经手术修复但未完全修复的；头皮完全缺损虽有手术修复的指征，但由于存在手术禁忌而无法接受修复手术的，均适用本标准"5.8.2.3）头皮完全缺损，难以修复"之规定，鉴定为八级伤残。

（2）本条所说的"难以修复"是指依靠周边头皮无法修复，包括自身头皮移植术，但不包括临床上利用非头皮组织所实施的头皮修复术。前者修复后保留生发功能，而后者则没有生发功能。

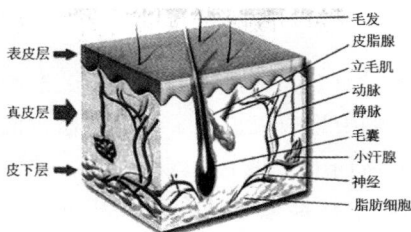

图 3-1-1 示：头皮结构分层

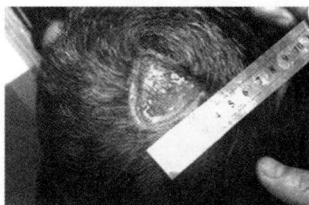

图 3-1-2 示：头皮缺损

（二）关于头皮无毛发

1. 头皮无毛发面积计算

头皮无毛发可由于头皮缺损修复后局部皮肤瘢痕形成，或由头皮严重挫裂伤导致真皮层毛囊破坏，或由于头皮撕脱伤致使头皮下层血液供应遭到破坏等致使头部局部皮肤丧失毛发再生功能（如图3-1-3）。与牵拉头发导致的毛发脱落、毛发稀疏明显不同（如图3-1-4），后者多不会损伤毛发再生功能。但应注意暴力牵拉导致头皮严重撕脱伤（即皮下撕脱伤，亦称"内撕脱"）时也会破坏皮下血管，导致生发层因缺血而全部或部分丧失生发功能。当出现部分生发功能丧失时也会出现毛发稀疏的后果。

头皮缺损面积计算：可以分别采用投影方法描记无毛发区头皮和全头皮的投影，并通过计算机精确计算无毛发区头皮面积在整个头皮面积中的占比。考虑到头颅的特殊形态，头皮面积投影描记有一定的困难，也可以按体表面积九分法计算体表面积，按头皮面积占整个体表面积3%进行估算。但考虑到按体表面积计算与头皮绝对面积计算之间存在一定的差异性，故对于有争议的情形仍应采用投影描记的方法计算头皮的绝对面积。

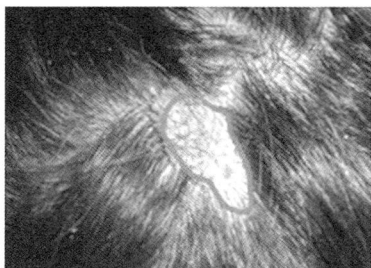

图3-1-3 示：头皮损伤瘢痕形成无毛发

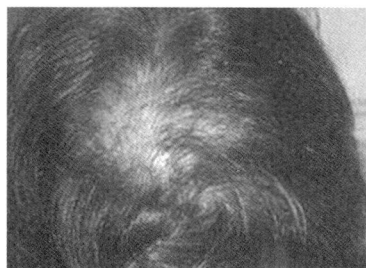

图3-1-4 示：毛发稀少

2. 法医学鉴定要点

凡头皮缺损修复后形成头皮瘢痕，或者因头皮受严重撕脱伤，包括开放性撕脱伤和头皮虽然完整但严重皮下撕脱伤愈后无毛发生成均符合本标准条款"5.9.2.1）头皮瘢痕形成或者无毛发，达头皮面积50%。"及"5.10.2.2）头皮瘢痕形成或者无毛发，面积达40.0 cm^2。"条之规定，应根据瘢痕或无毛发区域面积测算结果鉴定致残等级。

（三）关于面部瘢痕

1. 面部中心区的划分

根据本标准附录B.14规定，本标准规定的面部包括前额发际下，两耳根前与下颌下缘之间的区域，包括额部、眶部、鼻部、口唇部、颏部、颧部、颊部和腮腺咬肌部，不包括耳廓。以眉弓水平线为上横线，以下唇唇红缘中点处作水平线为下横线，以双侧外眦处作两条垂直线，上述四条线围绕的中央部分为面部中心区（如图3-1-5）。

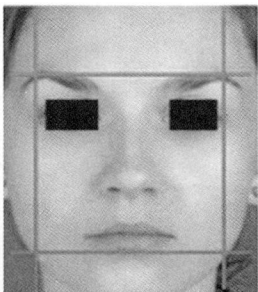

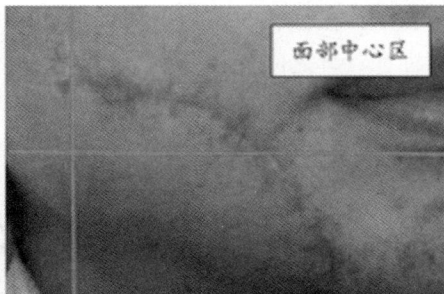

图 3-1-5：示面部中心区划分办法　　　图 3-1-6 示：面部中心区瘢痕

2. 面部瘢痕的测量

（1）面部条状瘢痕测量。如图 3-1-6 所示，先测量中心区瘢痕的宽度和长度，如果宽度达 0.2 cm 的部分累计长度达到 6 cm，且位于中心区累计长度达 3.0 cm，则符合标准 5.10.2.3）条之规定，"面部条状瘢痕形成（宽度达 0.2 cm），累计长度达 6.0 cm，其中至少 3.0 cm 位于面部中心区，鉴定为十级伤残。如果不符合5.10.2.3）之规定，则测量面部瘢痕总长度，如果长度达 10.0 cm，则符合标准 5.10.2.4）条之规定（面部条状瘢痕形成，累计长度达 10.0 cm），鉴定为十级伤残。其余类推。

（2）面部块状瘢痕面积占比测量。面部块状瘢痕是指增生性瘢痕、瘢痕疙瘩、蹼状瘢痕等，不包括浅表瘢痕（外观多平坦，与四周皮肤表面平齐或者稍低，平滑光亮，色素减退，一般不引起功能障碍）。按照中国九分法，面部面积占体表面积 3%，考虑到体表面积计算结果受人体身高、体重、体型的影响较大，故不主张采用中国九分法估算面部面积，而是采用实际测量法，即分别描记并测量整个面部和面部块状瘢痕（或者色素沉着）的绝对面积，再计算瘢痕或者色素沉着占面部面积的百分比。

面部块状瘢痕面积测量方法：用透明薄膜描记出面部块状瘢痕轮廓线，并用透明薄膜描出其投影（如图 3-1-7，图 3-1-8）。最后经计算机处理，分别计算出面部和块状瘢痕的面积。

面部面积测量方法：可用贴纸法，先用不同形状的纸片覆盖整个面部，然后揭下纸片平铺到薄膜上并描记投影，再通过计算机处理计算出面部面积。

3. 面部片状细小瘢痕面积占比测量

面部细小瘢痕（或者色素明显改变）：是指面部较密集的散在瘢痕或者色素沉着（或者脱失），瘢痕呈网状或者斑片状，其间可见正常皮肤。

面部片状细小瘢痕面积测量方法：同面部块状瘢痕（见上文）。

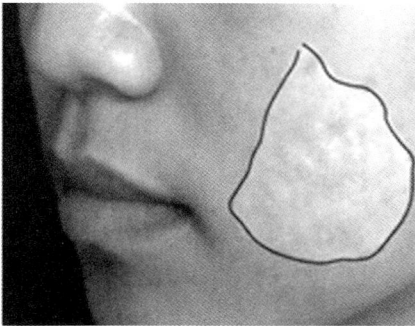

图 3-1-7 示：块状瘢痕描记法　　图 3-1-8 示：细小瘢痕描记法

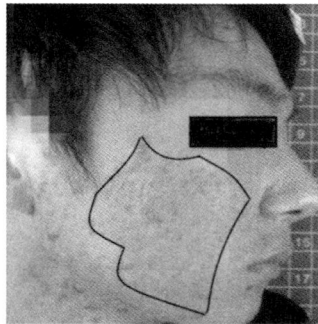

4. 法医学鉴定

（1）凡面部条状瘢痕，须根据标准相关条款规定，先确定瘢痕是否位于中心区并测量瘢痕的累计长度和宽度，再分别适用本标准有关面部条状瘢痕致残等级专门性条款。

（2）凡面部片状细小瘢痕（或色素沉着），应测量其面积在面部面积中的占比，根据测量结果适用于本标准相关专门性条款规定。

（3）凡面部瘢痕牵拉、粘连影响面部器官功能并遗留容貌毁损时应优先适用本标准有关容貌毁损的专门性条款。

（四）关于容貌毁损

1. 容貌毁损的判断依据

在面部瘢痕畸形的基础上，伴有以下不同情形，才构成容貌毁损条件。

（1）眉毛缺失：眉毛缺失多是由于外伤导致局部皮肤缺损或严重挫裂伤导致眉部毛发再生功能丧失所致。标准将眉毛缺失分为完全缺失和缺失累计达一侧眉毛的1/2。缺失面积的计算仍采用投影描记、计算机测算。

（2）眼睑外翻：眼睑外翻是指睑缘向外翻转离眼球，睑结膜常不同程度地暴露在外，常合并睑裂闭合不全。轻度外翻：仅有睑缘离开眼球，但由于破坏了眼睑与眼球之间的毛细作用而导致泪溢。重度外翻：睑缘外翻，部分或全部睑结膜暴露在外，使睑结膜失去泪液的湿润，最初局部充血，分泌物增加，久之干燥粗糙，高度肥厚，呈现角化。下睑外翻可使泪点离开泪湖，引起泪溢。更严重时，睑外翻常有眼睑闭合不全，使角膜失去保护，角膜上皮干燥脱落，易引起暴露性角膜炎或溃疡。外伤性眼睑外翻多由于瘢痕形成、牵拉粘连所致。本标准对于眼睑外翻并没有强调严重程度。

（3）眼睑缺失：眼睑由浅及深分别是皮肤、皮下组织、肌层、睑板和睑结膜。眼睑分上睑和下睑，上、下睑之间的裂隙称睑裂。睑裂的内、外侧端分别称内眦和外眦。本标准将眼睑缺失分为完全缺失和部分缺失，部分缺失并没有定量要求。

（4）耳廓缺失：本容貌毁损标准将耳廓缺失分为全部缺失和缺失15%，对于部分缺失者应测算缺失的面积。测量方法：用投影法测算伤耳残存部分的面积，并以健耳面积作为参照，计算缺失的百分比。

（5）外鼻缺失：本标准将外鼻缺失分为外鼻完全缺失和部分缺失，并对部分缺失规定为鼻尖或者鼻翼缺损深达软骨。

（6）口唇外翻或小口畸形：口唇外翻是指口唇向上或向外翻起，多是由于口唇挫裂伤瘢痕形成、牵拉所致。创伤性小口畸形常见于口周烧伤后疤痕挛缩所引起，亦可于外伤后形成。此种畸形一般局限于口角，或伴有唇组织的丧失。

（7）颏颈粘连：多见于颏颈部的严重烧烫伤，遗留瘢痕挛缩畸形，致使颏颈部活动受限，严重时会影响语言、进食活动。本标准将颏颈粘连分为三度：①轻度：单纯的颈部瘢痕或者颈胸瘢痕。瘢痕位于颌颈角平面以下的颈胸部，颈部活动基本不受限制，对饮食、吞咽等均无影响。②中度：颏颈瘢痕粘连或者颏颈胸瘢痕粘连。颈部后仰及旋转受到限制，对饮食、吞咽有所影响，不流涎，下唇前庭沟并不消失，能闭口。③重度：唇颏颈瘢痕粘连。自下唇至颈前均为挛缩瘢痕，下唇、颏部和颈前区均粘连在一起，颈部处于强迫低头姿势。

容貌毁损分度：本标准借鉴了《劳动能力鉴定　职工工伤与职业病致残等级》关于容貌毁损的分级方法，但对于某些判定细则做了适当的修改（表3-1-1），使得原来不易量化的指标可以量化了，从而极大地提高了标准的可操作性。

表3-1-1　《新残标》与《工伤标准》关于容貌毁损条款比较

《新残标》	《工伤标准》
重度	
面部瘢痕畸形，并有以下六项中四项者： a）双侧眉毛完全缺失； b）双睑外翻或者完全缺失； c）双侧耳廓完全缺失； d）外鼻完全缺失； e）上、下唇外翻或者小口畸形； f）颏颈粘连（中度以上）。	面部瘢痕畸形，并有以下六项中四项者。 （1）眉毛缺失； （2）双睑外翻或者缺失； （3）外耳缺失； （4）鼻缺失； （5）上、下唇外翻或者小口畸形； （6）颈颏粘连。

续表

《新残标》	《工伤标准》
中度	
面部瘢痕畸形，并有以下六项中三项者： 　　a）眉毛部分缺失（累计达一侧眉毛1/2）； 　　b）眼睑外翻或者部分缺失； 　　c）耳廓部分缺损（累计达一侧耳廓15%）； 　　d）鼻部分缺损（鼻尖或者鼻翼缺损深达软骨）； 　　e）唇外翻或者小口畸形； 　　f）颏颈粘连（轻度）。	具有以下六项中三项者： 　　（1）眉毛部分缺失； 　　（2）眼睑外翻或者部分缺失； 　　（3）耳廓部分缺失； 　　（4）鼻翼部分缺失； 　　（5）唇外翻或者小口畸形； 　　（6）颈部瘢痕畸形。
轻度	
含中度畸形六项中二项者。	含中度畸形六项中二项者。

2. 法医学鉴定要点

面部容貌毁损的条件：①面部瘢痕畸形，包括增生性瘢痕、瘢痕疙瘩、蹼状瘢痕等，不包括浅表瘢痕，明显影响面容。②面部器官形态学改变应符合本标准有关容貌毁损的分级要求。③根据容貌毁损分度结果适用本标准规定的相关条款进行致残等级鉴定。

第二节　头面部骨折

本节提要

1. 颅骨缺损不宜或无法手术修补

2. 面颅骨缺损或者畸形影响面容

3. 脑脊液漏经手术治疗长期不愈

4. 上、下颌骨缺损量化分析方法

5. 上、下颌骨部分缺损不能累加

6. 颌骨骨折与牙齿缺失或者折断

7. 颌骨骨折内固定治疗影响面容

8. 张口度规范化测量及评价方法

一、条款比较

《道标》		《新残标》	
颅骨骨折与缺损			
4.10.2.r)	颅骨缺损 4 cm²，以上，遗留神经系统轻度症状和体征；或颅骨缺损 6 cm²；无神经系统症状和体征。	5.9.2.2)	颅骨缺损 25.0 cm² 以上，不宜或者无法手术修补。
4.10.2.g)	外伤性脑脊液鼻漏或耳漏。	5.8.2.16)	脑脊液漏经手术治疗后持续不愈。
		5.10.1.8)	开颅术后
颌骨骨折伴牙齿脱落			
4.8.2.j)	颌面部骨或软组织缺损 32 cm³以上。	5.2.2.2)	上颌骨或者下颌骨完全缺损。
4.9.2.n)	颌面部骨或软组织缺损 16 cm³以上。	5.4.2.2)	上颌骨或者下颌骨缺损达 1/2。
4.10.2.s)	颌面部骨或软组织缺损 8 cm³以上。	5.7.2.11)	上颌骨或者下颌骨缺损达 1/4。

《道标》		《新残标》	
		5.10.2.1)	面颅骨部分缺损或者畸形,影响面容。
4.3.2.e)	上颌骨、下颌骨缺损,牙齿脱落24枚以上。	5.7.2.12)	上颌骨或者下颌骨部分缺损伴牙齿缺失14枚以上。
4.5.2.f)	上颌骨、下颌骨缺损,牙齿脱落20枚以上。	5.9.2.23)	上颌骨或者下颌骨部分缺损,合并牙齿缺失或者折断7枚以上。
4.7.2.d)	上颌骨、下颌骨缺损,牙齿脱落16枚以上。	5.10.2.26)	牙齿缺失或者折断7枚以上;牙槽骨部分缺损,合并牙齿缺失或者折断4枚以上。
4.8.2.c)	上颌骨、下颌骨缺损,牙齿脱落12枚以上。	5.9.2.22)	颌骨骨折,经牵引或者固定治疗后遗留功能障碍。
4.9.2.d)	上颌骨、下颌骨缺损,牙齿脱落8枚以上。		
4.10.2.h)	上颌骨、下颌骨缺损,牙齿脱落4枚以上。		
张口受限			
4.6.2.e)	颞下颌关节强直,牙关紧闭。	5.8.2.17)	张口受限Ⅲ度。
4.7.2.c)	口腔或颞下颌关节损伤,重度张口受限。	5.9.2.24)	张口受限Ⅱ度。

《道标》		《新残标》
4.9.2.f)	口腔或颞下颌关节损伤，中度以上张口受限。	5.10.2.27）张口受限Ⅰ度。
4.10.2.j	口腔或颞下颌关节损伤，轻重度张口受限。	

二、编制说明

与《道标》相比，《新残标》有以下几个方面的变化：①颅骨缺损保留一个专门性条款，即"5.9.2.2）颅骨缺损25.0 cm²以上，不宜或者无法手术修补"，且不再区分是否伴有神经系统症状或体征，对于25.0 cm²以下的颅骨缺损不另设专门性条款，而是直接适用于"5.10.1.8）开颅术后"之规定。②《道标》规定"外伤性脑脊液鼻漏或耳漏"评定为十级伤残，但没有强调是术前还是术后，《新残标》对此进行适当修改，强调"经手术后持续不愈"，这就意味着脑脊漏能够自愈的，不构成《新残标》规定的致残等级，只有那些不能自愈，经过手术治疗后仍然不能愈合的才能够评定为八级伤残。标准并未规定"持续不愈"的定义，但专家组认为脑脊液漏"持续4周以上"即可视为脑脊液漏持续不愈。③《道标》规定了面部颅骨或软组织缺损致残等级的专门性条款，但具体等级是以面部颅骨或者软组织缺损的体积多少来划分的，但这种量化记录在临床上是不存在的，所以在实际鉴定中根本无法操作。所以《新残标》对面颅骨的缺损以缺损相当于上颌骨或者下颌骨的1/2或1/4等作为量化标准，旨在提高标准的可操作性。④《新残标》不再规定面部软组织缺损致残等级鉴定的专门性条款，因为此种情形可适用面容毁损或影响面容等条款考虑致残程度鉴定。

三、应用指南

（一）关于颅骨缺损难以修补

1. 颅骨修补术

颅骨修补术是针对脑外伤及开颅手术等导致颅骨缺损而对其进行修补的一种脑外科常见的手术，主要是解决缺损区没有对脑组织的有效保护、供血障碍、脑脊液循环异常等问题，还需要解决外形修复整形的问题。

颅骨缺损修复术适应证：颅骨缺损的直径若大于 2 cm，应采用适当的方法予以修复。颅骨缺损修复术禁忌证：①严重颅脑损伤尚未康复者。②反复癫痫发作尚未得到有效控制者。③局部感染，软组织条件较差者。

2. 法医学鉴定要点

（1）凡颅骨缺损面积达 25 cm^2，且无论在手术当时还是在二期治疗阶段，均难以或无法采用骨瓣原位覆盖、肢体骨移植、异体骨移植以及各种人工代用品修复治疗的。

（2）凡颅骨缺损面积达 25 cm^2，但经手术修复的，适用"5.10.1.8）开颅术后"。

（3）凡颅骨缺损面积达 25 cm^2，反复癫痫发作不能得到完全控制的、局部感染难以控制的、局部软组织条件较差的，也应适用本标准"5.9.2.2）颅骨缺损 25.0 cm^2 以上，不宜或者无法手术修补"之规定，鉴定为九级伤残。

（4）凡颅骨缺损面积小于 25.0 cm^2 的，无论修复与否均适用"5.10.1.8）开颅术后"之规定鉴定为十级伤残。

（5）若颅骨缺损，并因颅骨缺损导致遗留神经系统症状和体征的，应遵循"就高不就低"的原则，取等级最高者。

（二）关于面颅骨缺损影响面容

1. 面颅缺损或者畸形

面颅由上颌骨、颧骨、泪骨、鼻骨、腭骨、下鼻甲骨、单块的犁骨、下颌骨和舌骨等组成。面颅诸骨连接构成眼眶、鼻腔和口腔的骨性支架。上述面颅骨的缺损或者严重畸形会导致局部皮肤软组织塌陷而影响容貌。

面颅骨骨折后畸形，是指相应面颅骨骨折端呈现明显错位、分离，虽经治疗已达愈合程度，但未达良好的解剖复位，骨折处与健侧相比存在明显的不对称。常见于以下情形：①上颌骨或者下颌骨骨折，经手术治疗或者非手术治疗，遗留骨质缺损或者畸形愈合，影响面容。②颧骨（包括颧弓）骨折，经手术治疗或者非手术治疗，遗留骨质缺损或者畸形愈合，影响面容。

2. 法医学鉴定要点

凡符合下述情形之一的，可判定为影响面容，符合本标准"5.10.2.1 面颅骨部分缺损或者畸形，影响面容"之规定，鉴定为十级伤残：①因面颅骨骨折致使面部呈现整体凹陷畸形，如"盘状面""马面"畸形，常见于上颌骨骨折；②骨折部位塌陷错位后遗留局部凹陷畸形，致使面部外观失常或者两侧不对称，例如颧弓骨折或上颌窦前壁骨折后遗留塌陷畸形愈合；③骨折部位错位愈合后遗留局部异常突起畸形，致使面部外观失常或者两侧不对称，例如下颌骨骨折后断端错位，一侧骨折端突起畸形愈合等。

注：①面颅骨缺损或畸形愈合伴有损伤其他器官组织功能的，有专门性条款规定的应按多处伤残分别评定的原则，分别评定伤残等级。②影响面容既包括对静态面容的影响，也包括对动态面容（如大笑时）的影响。

（三）关于脑脊液漏持续不愈

1. 脑脊液漏手术治疗

临床上对于脑脊液漏超过 1 个月的需采用手术治疗。自发性鼻漏自行停止者较少，一般主张早期手术。

脑脊液漏手术适应证：①颅腔积气、脑组织脱出、脑内异物；②由于肿瘤引起的脑脊液漏；③合并反复发作的化脓性脑膜炎。具体手术方法包括经颅修补和颅外修补，后者不是开颅直接缝合，而主要是依靠填塞。

脑脊液漏手术禁忌证：①伤后脑脊液漏出量逐渐减少，估计有治愈可能者。②脑脊液漏的位置不明确者。

2. 法医学鉴定要点

（1）外伤性脑脊液漏具有手术指征，临床行经颅修补或者颅外修补术后，持续 1 个月以上仍未痊愈的，适用本标准"5.8.2.16）脑脊液漏经手术治疗后持续不愈"之规定，鉴定为八级伤残。

（2）外伤性脑脊液漏位置不明确，持续 2 个月以上不能痊愈的，可以适用本标准"5.8.2.16）脑脊液漏经手术治疗后持续不愈"之规定，鉴定为八级伤残。

（3）外伤性脑脊液漏经手术治疗后痊愈的，适用本标准"5.10.1.8）开颅术后"，鉴定为十级伤残。

（4）对于漏出液是否为脑脊液有争议时，应尽量借助实验室生化检查。

（5）考虑到颅底骨折影像学检查的局限性，不以颅底骨折的影像学证据作为诊断的必要条件。

（四）关于颌面部单纯性骨缺损[1]

1. 上颌骨缺损的分型

上颌骨缺损的临床分类主要有以下两种：

（1）Spior 分类法。该法又将上颌骨缺损分为三类：①上颌骨部分切除，累及一侧窦壁；②上颌骨次全切除，包括腭部在内的两

---

〔1〕 （集体作者）司法部司法鉴定管理局编：《〈人体损伤致残程度分级〉适用指南》，法律出版社 2016 年版，第 114~115 页。

侧以上窦壁；③上颌骨全切除，通常包括眶内容物。

（2）Brown 分类法。此法又将上颌骨缺损分为四类：①不引起上颌窦瘘的部分上颌骨缺损，主要包括牙槽骨、筛窦或额窦的缺损，仅去除腭骨的缺损也属于此类，虽然可能存在口鼻瘘，但行义齿修复仍有一定的骨性承托；②低位上颌骨切除后牙槽骨和窦壁缺损，眶底和眶周仍保留；③高位上颌骨切除后缺损，包括眶底、眶周或颅底的缺损；④根治性上颌骨切除后，眶内容物摘除，可以包括前颅底缺损。

2. 下颌骨缺损的分型

本节介绍 David 分类法，该法将下颌骨缺损分为 6 种类型：①A 型，单纯体部缺损；②B 型，单侧下颌角到颏部的缺损；③C 型，单侧下颌角到对侧下颌骨体部的缺损；④D 型，一侧下颌角到对侧下颌角缺损；⑤E 型，颏部缺损；⑥F 型，从中线到髁状突的单侧下颌骨缺损。

3. 法医学鉴定要点

（1）上颌骨缺损的鉴定。若按 Spior 上颌骨缺损分类法：①当上颌骨部分切除已累及一侧窦壁时，可以认为其符合上颌骨缺损达 1/4；②当上颌骨次全切除，缺损范围已包括腭部在内的两侧窦壁时，可以认为其符合上颌骨缺损达 1/2；③当上颌骨全切除，尤其当上颌骨切除范围包括眶内容物时，可以认为其符合上颌骨完全缺损。

若按 Brown 分类法：①第 1 类是否属于上颌骨缺损达 1/4，仍须视具体切除范围决定，不能一概而论；②第 2 类中的 a 亚型基本与 Spior 分类法中的第 1 类相当，而 b、c 两种亚型则大致与 Spior 分类法中的第 2 类相当；③第 3 类大致与 Spior 分类法中的第 2 类相当；④第 4 类多数与 Spior 分类法中的第 3 类相当。

（2）下颌骨缺损的鉴定。可参考 David 下颌骨分类法：A 型、B 型、E 型等，可相当于下颌骨缺损达 1/4；C 型、D 型、F 型，均可相当于下颌骨缺损达 1/2。下颌骨完全缺损应指下颌骨基本完全缺失。

注意： 条款强调的是上颌骨或者下颌骨各自缺损达 1/2（或者 1/4），而不是上颌骨和下颌骨缺损"累计"达 1/2（或者 1/4），故上颌骨多处缺损可以累加，但上颌骨和下颌骨多处缺损不能累加。

（五）颌骨缺损伴牙齿脱落

1. 影像学检查明确颌骨缺损

对于牙损伤的法医学鉴定，在鉴定时首先应确定损伤当时的牙齿状况，如通过损伤当时的口腔检查及影像学检查了解牙损伤的情况，是牙折（冠折或根折）、牙齿脱位或牙齿撕脱性损伤（脱臼），以及确定是否伴有相应部位的牙槽骨骨折情形；同时应注意伤前是否患有牙齿疾病。

2. 法医学鉴定要点

（1）凡属下列情形的，符合本节所指的"牙齿折断缺失或者折断"：①牙齿折断达牙冠 1/2 以上；②牙齿冠折致牙髓腔暴露；③牙齿冠根折或者根折，致牙齿松动Ⅲ度以上。

（2）凡上下颌骨缺损、牙槽骨骨折致牙齿缺失或者折断均可以累加计算。

（3）对于年龄较大且口腔健康状况不佳的，应拍摄伤者口腔全景片以分析有无牙根吸收等严重影响牙齿稳定性的自身因素，必要时应进行伤病关系分析。

（六）颌骨骨折固定后影响功能

1. 颌骨骨折固定对功能影响

（1）牙齿咬合错乱：上下牙齿的咬合关系常因颌骨骨折段移位而发生错乱，这是颌骨骨折最明显的症状，对诊断颌骨骨折有很重要的意义。上颌骨横断骨折，骨折段向下移位，使上颌后牙与下颌后牙发生早接触，使前牙呈开牙合状态。下颌骨骨折后，多因骨折段移位，出现牙齿的咬合关系错乱。若无骨折段移位，则牙齿咬合无明显错乱。

（2）骨折段异常活动：上颌骨是不能活动的骨骼，如出现活动，则为骨折的征象。下颌骨在正常情况下是通过关节作整体活动。出现分段的异常活动时，则表明存在骨折。

（3）张口受限：颌骨骨折后，可因疼痛、骨折段移位、咀嚼肌运动失调和反射性痉挛、颞下颌关节损伤等原因，使张口受限。特别是下颌骨骨折，对张口运动影响较大。

（4）影响呼吸和吞咽：颌骨骨折可因骨折段移位，影响呼吸和吞咽功能。

2. 法医学鉴定要点

凡颌骨骨折，经牵引或者固定治疗后出现上述临床表现的均符合"5.9.2.22）颌骨骨折，经牵引或者固定治疗后遗留功能障碍"之规定，应评定为九级伤残。但张口受限已有专门性条款，不应适用本条款再行评定致残等级。

（七）颌面部损伤致张口度受限

1. 张口受限及测量方法

法医学检验时嘱伤者张口，测量最大张口时上、下中间切牙之间的距离，正常人张口度约相当于本人的手指合拢时食指、中指、无名指三横指末节关节的宽度（如图3-2-1）。

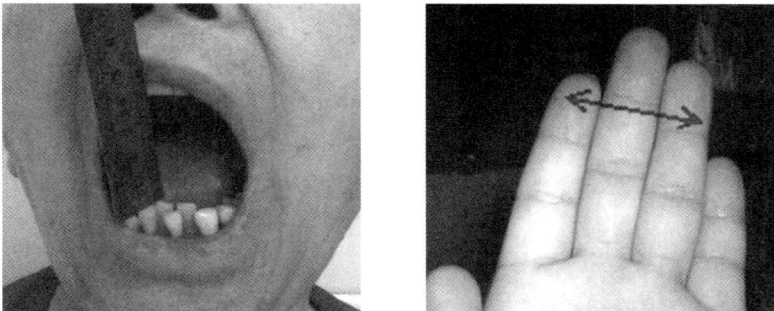

图3-2-1 示：左图为张口度测量方法；
右图为食、中、无名指并拢时末节指间关节宽度测量方法

2. 张口受限分度（附录 B. 17）

张口受限Ⅰ度：尽力张口时，上、下切牙间仅可勉强置入垂直并列之食指和中指；

张口受限Ⅱ度：尽力张口时，上、下切牙间仅可置入垂直之食指；

张口受限Ⅲ度：尽力张口时，上、下切牙间距小于食指之横径。

3. 法医学鉴定要点

（1）通过病史调查或明确遗留张口受限的损伤基础。

（2）进行张口位和闭口位影像学检查（如 CT 或 MRI 检查），以显示关节活动消失或有部分活动。

（3）按张口受限分度要求，测量大张口时上、下切牙间距离。

第三节　口鼻损伤

本节提要

1. 口唇缺损的形成机制及鉴别

2. 口唇外翻的形成机制及鉴别

3. 小口畸形的形成机制及鉴别

4. 外鼻缺损及其量化分析方法

一、条款比较

《道标》		《新残标》
牙齿损伤		
4. 9. 2. e)	口腔损伤，牙齿脱落16 枚以上。	

续表

《道标》		《新残标》	
4.10.2.i)	口腔损伤，牙齿脱落 8 枚以上。	5.10.2.26)	牙齿缺失或者折断 7 枚以上；牙槽骨部分缺损，合并牙齿缺失或者折断 4 枚以上。
		5.6.2.9)	唇缺损（或者瘢痕畸形）累计相当于上唇 2/3 以上。
		5.8.2.15)	唇缺损或者畸形，累计相当于上唇 1/2 以上。
		5.9.2.21)	唇缺损或者畸形，露齿 3 枚以上（其中 1 枚露齿达 1/2）。
		5.10.2.23)	唇外翻或者小口畸形。
		5.10.2.24)	唇缺损或者畸形，致露齿。
舌损伤			
4.5.2.e)	舌肌完全麻痹或舌体缺失（或严重畸形）50%以上。	5.5.2.8)	舌根大部分缺损。
4.9.2.g)	舌尖缺失（或畸形）。	5.8.2.14)	舌体缺损达舌系带。
4.10.2.k)	舌尖部分缺失（或畸形）。	5.10.2.25)	舌部分缺损。

《道标》		《新残标》	
鼻损伤			
4.5.2.k)	外鼻部完全缺损（或严重畸形）。	5.8.2.13)	双侧鼻翼大部分缺损，或者鼻尖大部分缺损合并一侧鼻翼大部分缺损。
4.7.2.e)	外鼻大部分缺损（或畸形）。	5.9.2.20)	一侧鼻翼或者鼻尖大部分缺损或者严重畸形。
4.8.2.f)	鼻尖及一侧鼻翼缺损（或畸形）。	5.10.2.22)	鼻尖或者鼻翼部分缺损深达软骨。
4.9.2.j)	一侧鼻翼缺损（或畸形）。		
4.10.2.n)	鼻尖缺失（或畸形）。		

二、编制说明

与《道标》相比，《新残标》有如下不同：①关于牙齿损伤（颌骨骨折伴牙齿脱落除外）只有一个专门条款，即"5.9.2.23)牙齿缺失或者折断7枚以上"，要求也较《道标》要求稍微降低了，由《道标》的8枚以上降为7枚以上。②将唇缺损或者畸形作为独立的评残依据，并规定了专门性条款。而《道标》是将其作为毁容的考量指标，体现在容貌毁损分级依据中。③考虑到《道标》关于舌肌完全麻痹和舌体缺失难以量化，《新残标》以舌解剖标志作为量化的一个指标，对舌缺损致残等级进行了重新界定。④关于鼻缺损按鼻尖、鼻翼解剖部位的不同分为大部分和部分两种情形，使得标准更具操作性。

三、应用指南

（一）关于牙齿缺失或者折断

参见第三章第二节头面部骨折。

（二）关于口唇缺损

口唇损伤会遗留唇组织缺损、唇外翻、小口畸形等后果，这三种后果是本标准致残等级划分的主要依据，鉴定时应该注意区分。

1. 口唇缺损

口唇缺损，是由于外伤导致口唇部分组织离断或者挫灭，或因坏死、感染等因医疗需要而切除，创口经直接缝合形成瘢痕，但不伴有明显的瘢痕的挛缩，后果表现为口唇闭合时由于局部组织缺失，部分牙齿外露（如图 3-7-1 左），一般将口唇放松时，前牙露出>4 mm 视为牙齿外露。

2. 口唇外翻

口唇外翻，是由于损伤创口在修复的过程中，瘢痕形成，瘢痕组织挛缩导致唇外翻畸形，其后果也常表现为口裂不能闭合，牙齿外露（如图 3-7-1 中）。

3. 小口畸形

主要是口角处损伤引起局部组织瘢痕形成、挛缩畸形所致。此种畸形一般局限于口角，或伴有唇组织的丧失（图 3-7-1 右）。

对于口唇缺损或者瘢痕畸形，还应按照标准条款的要求进行定量分析，其定量分析的参照值为上唇，当唇缺损（或者瘢痕畸形）累计相当于上唇 2/3 以上，则符合 5.6.2.9）之规定，鉴定为六级伤残；唇缺损或者畸形，累计相当于上唇 1/2 以上，则符合 5.8.2.15）之规定，评定为八级伤残。这里的累计表示上、下唇不同部位的缺损或瘢痕畸形长度可以累加。

注：①当口唇缺损或者瘢痕畸形作为容貌毁损的一个考量因素，并且伤者以容貌毁损程度进行致残等级鉴定时，如果容貌

毁损致残等级高于唇缺损或者瘢痕畸形致残等级，则以容貌毁损评定伤残等级，口唇缺损或者瘢痕畸形不再另行鉴定伤残等级。②上、下唇多处缺损或者畸形可以累加。

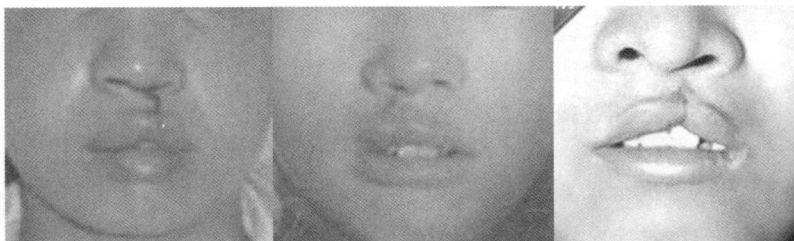

图 3-7-1 示：左图示唇缺损牙齿外露；中图示瘢痕挛缩致唇外翻；
右图示口角处瘢痕挛缩致小口畸形，同时伴有唇缺损

（三）关于舌损伤

标准对于舌缺损是以舌系带作为分级依据的，当舌体缺损达到舌系带时，符合 5.8.2.14）之规定，评定为八级残。除此之外，舌体缺损无论多少，只要没有达到舌系带均属于舌部分缺损，符合 5.10.2.25）之规定，评定为十级残。如果缺损达到舌根大部分缺损，则评定为五级伤残。

（四）鼻缺损

鼻缺损主要是指外鼻缺损，由于外鼻的形态不规则，很难进行量化分析，所以本标准按鼻尖和鼻翼大部分缺损、部分缺损作为划分致残等级的依据。如图 3-7-2，左为鼻尖大部分缺损，中为鼻翼大部分缺损，右为鼻翼部分缺损。

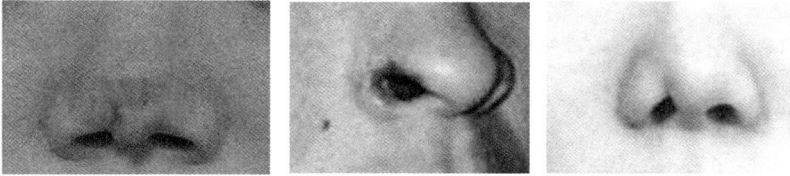

图 3-7-2 示：左为鼻尖大部分缺损；中为鼻翼大部分缺损；
右为鼻翼部分缺损

第四章

眼损伤

本章包括眼球结构损伤、眼附属结构损伤及视觉功能障碍的致残等级鉴定。

第一节　眼球结构损伤

本节要点

1. 外伤性白内障
2. 外伤性青光眼
3. 外伤后无晶体眼
4. 外伤后角膜斑翳
5. 外伤后无虹膜

一、条款比较

《道标》		《新残标》	
4.1.2.a)	双侧眼球缺失。	5.2.2.3)	双眼球缺失或者萎缩。
4.1.2.b)	一侧眼球缺失，另一侧眼严重畸形伴盲目5级。	5.5.2.2)	一眼球缺失、萎缩或者盲目5级，另一眼中度视力损害。

《道标》		《新残标》	
4.2.2. a)	一侧眼球缺失，另一眼盲目 4 级；或一侧眼球缺失，另一侧眼严重畸形伴盲目 3 级以上。	5.7.2.4)	一眼球缺失或者萎缩。
4.3.2. a)	一侧眼球缺失，另一眼盲目 3 级；或一侧眼球缺失，另一侧眼严重畸形伴低视力 2 级。	5.9.2.10)	双眼外伤性白内障；儿童人工晶体植入术后。
4.4.2. a)	一侧眼球缺失，另一眼低视力 2 级；或一侧眼球缺失，另一侧眼严重畸形伴低视力 1 级。	5.10.2.14)	一眼外伤性白内障；一眼无晶体或者人工晶体植入术后。
4.5.2. a)	一侧眼球缺失伴另一眼低视力 1 级；一侧眼球缺失伴另一侧眼严重畸形且视力接近正常。	5.8.2.9)	双眼外伤性青光眼，经手术治疗。
4.6.2. a)	一侧眼球缺失伴另一眼低视力接近正常；或一侧眼球缺失伴另一侧眼严重畸形。	5.10.2.12)	一眼外伤性青光眼，经手术治疗；一眼外伤性低眼压。
4.7.2. a)	一侧眼球缺失。	5.9.2.9)	双眼角膜斑翳或者血管翳，累及瞳孔区；双眼角膜移植术后。

续表

《道标》		《新残标》	
4. 10. 2. f)	外伤性白内障。	5. 10. 2. 11)	一眼角膜斑翳或者血管翳，累及瞳孔区； 一眼角膜移植术后。
4. 10. 2. e)	眼内异物存留。	5. 10. 2. 13)	一眼外伤后无虹膜。

二、编制说明

与《道标》相比，《新残标》减少了一眼球缺失和另一眼视力障碍的复合性损伤致残等级鉴定的专门性条款，而对眼球结构破坏的致残等级专门性条款明显增多，这样安排有以下好处：

1. 部分损伤对眼的视力与视野影响不甚明显，但因眼球结构破坏导致影响视物或易引起各种不适症状，甚至存在病情逐渐加重的潜在风险（如外伤性青光眼），若按照《道标》将无法评定残级，若无特殊性条款进行专门性规定，将面临难以评定伤残等级的尴尬局面。

2. 视力障碍与视野缺损相对较易混淆，具有一定的主观性，实际鉴定中往往容易引起争议，而眼球结构破坏较为客观，相对易于明确。因此，《新残标》根据实践中出现的具体情况，确定部分眼球结构破坏的分级系列具体条款，兼具实践性与科学性，有助于鉴定人把握、操作。

3. 对于一些眼球结构破坏，除严重影响视力外，均可直接依据相关规定进行致残等级鉴定。

三、应用指南

（一）眼球结构损伤分类

1. 眼球缺失或者萎缩

眼球缺失是指眼球作为视觉功能的主要结构已经完全或者基本缺失。眼球缺失日久后会出现上睑凹陷、结膜囊上穹窿向后上倾斜、下穹窿变浅、下睑松弛而向下移位或外翻等一系列外观形态畸形，即眼球缺失后畸形综合征。

眼球萎缩是指眼球作为视觉功能的主要结构虽然存在或者部分存在，但视觉功能已经消失或者仅存定位不准确的弱光感视力。

眼球萎缩判断标准：

（1）眼球外形改变、全面缩小，继续保留影响容貌；

（2）眼球突出度较健眼明显降低；

（3）通过超声或 CT 等影像学检查可以发现眼球内结构萎缩、毁损，不再能清晰辨认；

（4）眼球无功能，视力在光感以下；

（5）眼压改变，通常表现为眼压降低；

（6）无继续治疗价值，具有眼球摘除的手术适应症。

2. 角膜斑翳、白斑、血管翳或者角膜移植术后

角膜损伤因累及的深度与范围各不相同，可遗留不同程度的角膜混浊，依据严重程度（由轻至重）分为云翳、斑翳和白斑，有时可能有新生血管长入而形成血管翳。角膜斑翳、白斑或血管翳可凭借肉眼直接观察到，影响容貌，同时可影响角膜屈光和透光，若累及瞳孔区，也会对视力造成一定的影响。按照《新残标》的规定，一眼角膜损伤后遗斑翳、白斑、血管翳形成，累及瞳孔区的，若对视力造成明显损害，可根据视力受损程度评定相应残级；若对视力损害并不明显（未达致残程度的），可直接根据眼球结构破坏的具体条款确定残级。

3. 外伤性青光眼

青光眼是指眼内压力增高超过个体能够承受的极限，造成视神经损害、视野缺损及视力下降等一系列视觉功能损伤的病变。外伤性青光眼是一个比较宽泛的概念，多种类型的眼损伤都可以引起眼压异常增高，导致青光眼的发生。随着临床实践研究的进展，发现许多高眼压的人并不发展为青光眼，而某些眼压正常的人却可能面临视野逐渐缩小及视神经损害的后果。因此，青光眼的诊断中不能单纯以眼压测定的平均值为青光眼诊断的标准，还应结合其他检查。

常见的外伤性青光眼包括：眼内出血及晶体损伤所致青光眼，钝性挫伤致房角后退青光眼。前者发生于外伤后早期或早中期，多与房角处房水回流受阻有关。后者发生于外伤后中晚期，其病理类型与慢性开角型青光眼类似。

外伤性青光眼需与病理性青光眼区别。在具体鉴定时可以参考以下原则：

（1）在诸如外伤性前房积血致小梁网阻塞、前房积血或眼内铁异物存留致含铁血黄素沉积、玻璃体积血进入前房使血红蛋白被吞入巨噬细胞而阻塞小梁网（溶血性青光眼）、玻璃体积血致血影细胞进入前房阻塞小梁网（血影细胞性青光眼）、外伤性晶状体脱位致继发性开角型青光眼（继发性分泌性青光眼）或致瞳孔阻滞，周边前粘连（继发性闭角型青光眼）、外伤性炎症性闭角型青光眼（外伤性葡萄膜炎，眼内感染，化学性眼外伤）、外伤性新生血管性青光眼（周边前粘连、血管膜覆盖前房角）、角膜穿孔后周边前粘连和（或）粘连性角膜白斑（继发性闭角型青光眼）等情形下，可判定外伤与青光眼之间存在直接因果关系。

（2）被鉴定人存在青光眼发生的解剖因素（如小眼球、浅前房、窄房角、短眼轴等），经调查，既往眼压控制良好或无症状，本次外伤及其并发症可能导致房水回流障碍，外伤后出现青光眼急性发作表现，或者外伤导致眼部改变而影响了既往青光眼的疗效。鉴定时需要系统地回顾病史，确定被鉴定人既往青光眼是否控制，有无经常反复发作及视功能损害演变情况，综合分析，判定外伤与青光眼之间的因果关系。

（3）伤前即已存在青光眼疾患（通常双眼均存在病变，可一眼先发病），本次眼部外伤程度轻微、显著或严重程度难以确定，青光眼急性发作的病史无从考证，伤后早期查体发现慢性青光眼体征，眼压稳定，青光眼导致的视功能损害稳定（无明显进展），则可以认为外伤与青光眼之间存在因果关系的依据不足。

对于眼部钝挫伤后出现一过性眼压增高但很快恢复正常且未遗留明显视觉功能障碍后遗症的，不能认定为外伤性青光眼。

青光眼是一种致盲性眼病，其诊断须同时具备以下三个条件：

（1）眼内压力持续或反复增高，达病理性高眼压的标准（人眼正常眼压一般为 10 mmHg~21 mmHg，当眼压高于 24 mmHg 应考虑为病理性）；

（2）造成视神经损害，如视网膜神经纤维上皮层厚度降低，视神经萎缩；

（3）出现视觉功能损害，通常表现为视野缺损（相当部分青光眼患者可以保留相当的中心视力）。由外伤导致的青光眼即为外伤性青光眼，可由眼球穿通伤、钝挫伤、化学灼伤等引起。据研究，外伤致前房出血、晶状体脱位、房角后退是引起外伤性青光眼的常见危险因素。

实际鉴定中，对于眼损伤仍处于急性期，伤眼出现一过性眼压增高，临床即做出"外伤性青光眼"诊断的，应注意鉴别，严格把握前述青光眼诊断标准。

4. 外伤性白内障

晶体受伤特别是穿孔伤之后，房水由囊膜的破口进入晶体，晶体内水溶性蛋白，特别是 γ-晶体蛋白大量丢失，谷胱甘肽显著减少，DNA合成以及细胞分裂减慢。晶体在受伤部位混浊之后，很快水化，形成液泡、水肿。混浊很快波及晶体的周边部位，最后导致整个晶体的混浊。有时在遭受钝挫伤数月乃至数年后始形成典型的白内障改变。钝挫伤性白内障可单独发生，也可合并晶状体半脱位或全脱位。最早期改变是正对瞳孔区的后囊膜下混浊，进而形成类似于并发性白内障的星形外观或菊花状混浊。在大多数情况下，钝挫伤性白内障可合并外伤性虹膜睫状体炎，瞳孔后粘连，在严重病例中还可出现虹膜膨隆等继发性青光眼。如囊膜破裂伤口很小，晶状体保持完整状态，仅出现局部混浊。穿通伤后，晶状体皮质长期处于房水的"浸浴"之中，并持续地被吸收。当大部分皮质被吸收，则前后囊壁贴附，最终形成所谓眼球穿孔伤所致的白内障。

5. 外伤后无晶体或者人工晶体眼

无晶状体眼是指眼内缺少晶状体，瞳孔区缺少晶状体的情况也包括在这个范畴之内，称之为无晶状体状态，例如晶状体脱位，因为此时的晶状体不能参与眼屈光系统的共同作用。在无晶状体眼远处平行光线聚焦于角膜顶点后约31 mm为高度远视，外界物体形成模糊影像，无晶状体眼无调节力。

外伤后晶体缺如或人工晶体植入术后，可以按最好矫正视力定残，也可以按眼球结构破坏的条款定残，最终定级的依据仍然是"就高原则"。《新残标》未采用无晶体眼视力减弱补偿率（见《劳动能力鉴定 职工工伤与职业病致残等级》），故应注意不可混淆。

6. 外伤后无虹膜

当眼球挫伤时外力作用于眼球，眼球前后径受压，角膜内陷，眼球赤道部向周围扩张，横径加大，瞳孔括约肌反射性收缩，虹膜根部受牵引，其压力不仅使房水向后方传递，并向周围推进，直接冲击虹膜根部，房水挤压将虹膜向晶体冲击，晶体、玻璃体向后移动及反冲作用撞击虹膜后面，使虹膜自根部离断脱落。脱落的虹膜常卷曲成一团，下沉于房角深处，或通过断裂的晶体悬带裂孔处进入玻璃体，伤者常伴有前房、玻璃体积血，所以初期常看不到。这种无血液供应的虹膜常发生组织坏死、分解而吸收。此时角膜后呈黑色反光，用普通方法难以查见虹膜，故称外伤性无虹膜或虹膜缺如。但用房角镜检查几乎都可见到残缺不全的虹膜残根。

（二）法医学鉴定要点

1. 本节有关眼球结构损伤的致残等级鉴定多不涉及视觉功能障碍，当眼球结构损伤遗留视觉功能障碍时，应适用视觉功能损害专门性条款予以鉴定致残等级，并遵循"就高不就低"原则，以较高等级为准。

2. 单纯性外伤性白内障原则上按本节条款规定进行致残等级鉴定，而不是依据视力损害程度。因为单纯性外伤性白内障可以通过人工晶体植入术恢复视力。

注：关于儿童年龄的界定[1]，联合国《儿童权利公约》第二条的规定："儿童系指18岁以下的任何人，除非对其适用之法律规定成年年龄低于18岁"，即"儿童"系本国法律规定的未成年人。按照中国《未成年人保护法》第二条的规定，未成年人是指未满18周岁的公民。

第二节　眼附属器损伤

本节要点

1. 眼睑畸形与眼睑下垂
2. 复视与斜视检查方法
3. 眼球内陷与测量方法

---

[1] 关于儿童年龄的界定，http://www.88148.com/Info/201508058791.htmL

一、条款比较

《道标》		《新残标》	
4.2.2.b)	双侧眼睑重度下垂（或严重畸形）伴双眼盲目4级以上；或一侧眼睑重度下垂（或严重畸形），该眼盲目4级以上，另一眼盲目5级。	5.2.2.5)	双侧眼睑严重畸形（或者眼睑重度下垂，遮盖全部瞳孔），伴双眼盲目3级以上。
4.3.2.b)	双侧眼睑重度下垂（或严重畸形）伴双眼盲目3级以上；或一侧眼睑重度下垂（或严重畸形），该眼盲目3级以上，另一眼盲目4级以上。	5.6.2.4)	双侧眼睑严重畸形。
4.4.2.b)	双侧眼睑重度下垂（或严重畸形）伴双眼低视力2级以上；或一侧眼睑重度下垂（或严重畸形），该眼低视力2级以上，另一眼盲目3级以上。	5.7.2.3)	双侧眼睑重度下垂，遮盖全部瞳孔。
4.5.2.b)	双侧眼睑重度下垂（或严重畸形）伴双眼低视力1级以上；或一侧眼睑重度下垂（或严重畸形），该眼低视力1级以上，另一眼低视力2级以上。	5.5.2.5)	一侧眼睑严重畸形（或者眼睑重度下垂，遮盖全部瞳孔），伴另一眼盲目3级以上。

《道标》		《新残标》	
4.6.2.b)	双侧眼睑重度下垂（或严重畸形）伴双眼视力接近正常；或一侧眼睑重度下垂（或严重畸形），该眼视力接近正常，另一眼低视力1级以上。	5.7.2.8)	一侧眼睑严重畸形（或者眼睑重度下垂，遮盖全部瞳孔）合并该眼盲目3级以上。
4.7.2.b)	双侧眼睑重度下垂（或严重畸形）。	5.8.2.10)	一侧眼睑严重畸形（或者眼睑重度下垂，遮盖全部瞳孔）合并该眼重度视力损害。
4.9.2.b)	双侧眼睑下垂（或畸形）；或一侧眼睑重度下垂（或严重畸形）。	5.9.2.7)	一侧眼睑严重畸形；一侧眼睑重度下垂，遮盖全部瞳孔；双侧眼睑轻度畸形；双侧眼睑下垂，遮盖部分瞳孔。
4.10.2.b)	一侧眼睑下垂或畸形。	5.9.2.15)	一侧眼睑畸形（或者眼睑下垂，遮盖部分瞳孔）合并该眼中度视力损害。
4.10.2.d)	泪小管损伤，遗留溢泪症状。	5.10.2.7)	一侧眼睑下垂，遮盖部分瞳孔；一侧眼睑轻度畸形；一侧睑球粘连影响眼球运动。
4.10.2.e)	眼内异物存留。	5.9.2.8)	双眼泪器损伤均后遗溢泪。

续表

《道标》		《新残标》	
4.10.1.f)	斜视、复视、视错觉、眼球震颤等视觉障碍。	5.10.2.8)	一眼泪器损伤后遗溢泪。
4.10.2.f)	外伤性白内障。	5.10.2.9)	一眼眶骨折后遗眼球内陷2 mm以上。
		5.9.2.16)	一眼眶骨折后遗眼球内陷5 mm以上。
		5.10.2.10)	复视或者斜视。

二、编制说明

（一）关于眼睑畸形与眼睑下垂

《道标》对眼睑下垂的程度划分并没有明确规定。所谓"眼睑重度下垂"即是指上睑下垂致遮盖全部瞳孔；所谓"眼睑下垂"即是指上睑下垂遮盖部分瞳孔。《新残标》在条款中对眼睑重度下垂与下垂作出了明确的规定。

《道标》中对眼睑畸形的类型及其程度划分均未做明确规定。所谓"眼睑畸形"包括眼睑内翻、眼睑外翻、睑裂闭合不全、眼睑缺损、睑球粘连等，但仍然未说明严重畸形与畸形应如何区分。《新残标》在附录B.16中明确规定"眼睑畸形"包括了眼睑外翻、睑裂闭合不全、眼睑缺损等三种畸形，并规定了程度划分。对于少见的眼睑内翻、睑球粘连等情形，可以比照上述情形进行鉴定。

（二）关于泪器损伤

《道标》中规定的"泪小管损伤，遗留溢泪症状"对原发性损伤的限制过大，在遇有泪点、泪总管、鼻泪管损伤遗留溢泪的残情时可能造成适用条款的争议，同时也可能使双眼同时伴有此类损伤者不能获得应有的定残结果。《新残标》规定的"泪器损伤"更为宽泛，涵盖了可能引起溢泪症状的组织结构损伤，且明确单眼与双眼溢泪分属十级与九级伤残，更符合实际残情。

（三）关于眼球内陷

《道标》将"外伤性眼球内陷"归属为"眼畸形"，但在具体分级条款中并未对眼畸形做出等级规定，在实际鉴定时难以把握。《新残标》在分级系列中规定眼眶骨折致眼球内陷 2 mm 与 5 mm 分别构成十级残与九级残，便于理解和把握。

三、应用指南

（一）眶壁骨折与眼球内陷

眼眶骨折后，眼眶容积增大，造成眼球向眶内退缩，可引起眼球内陷，导致伤者出现睑裂变小，上睑内 2/3 凹陷，上睑沟形成等表现。眼球突出度较正常明显减少，可出现上睑凹陷和睑裂位置改变，称为外伤性眼球内陷。

实际鉴定中，通过望诊等眼部一般检查即可做出初步诊断。需对眼球突出度测量时，一般推荐 Hertel 突眼度计测量法，其方法为：将突眼度计的两端卡在被检者眶外缘，嘱其平视正前方，从反光镜中读出两眼角膜顶点投影在标尺上的毫米数，记录为眼球突出度。国人眼球突出度正常平均值为 12 mm~14 mm，两眼差不超过 2 mm。

Hertel 突眼度计测量法同样也存在着需要检测者具有相应的培训和经验、因刻度过于精细使检测结果重复性差、检测结果很难以直观可见的形式向他人呈现等缺点，因此，夏文涛、汪茂文、檀思蕾等近期向鉴定同行推荐采用 CT 扫描突眼度测量法（图 4-2-1）。经实验验证，该法测量结果与 Hertel 突眼度计测量法具有良好的相关性，且检测结果易于重复并可以图像的方式呈现出来，具有良好的应用前景。

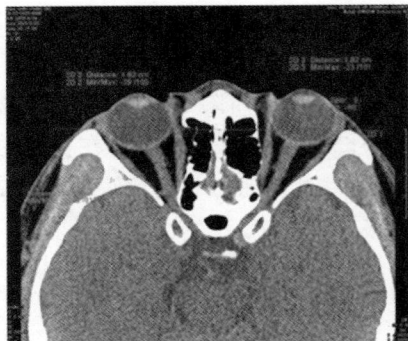

图 4-2-1 示：CT 扫描突眼度测量法

（二）斜视与复视

外伤后斜视与复视主要与眼外肌损伤相关。

1. 眼外肌的解剖与生理

双眼的功能虽然有主、次之分，但若要形成视觉的径深感，则需双眼视力大致相当并能够协调运动，可以实现双眼同时视，并实现双眼物像的融合，才能具有正常的立体视觉。双眼协同运动在很大程度上依赖双眼各六条眼外肌有效发挥其生理作用。

6 条眼外肌的局部解剖见图 4-2-2。

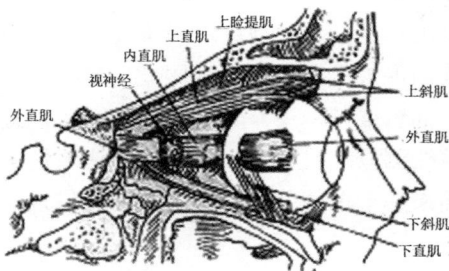

图 4-2-2 示：眼外肌图解（侧面观）

眼外肌的生理功能及其神经支配见表1。

表 1　眼外肌的生理功能及其神经支配

支配神经	眼外肌	主要作用	次要作用
外展神经	外直肌	外转	无
动眼神经	内直肌	内转	无
动眼神经	上直肌	上转	内转，内旋
动眼神经	下直肌	下转	内转，外旋
滑车神经	上斜肌	内旋	下转，外转
动眼神经	下斜肌	外旋	上转，外转

根据所检见的眼位异常可初步明确眼外肌损伤。

2. 斜视

斜视是眼科临床的常见疾病，可分为隐性斜视与显性斜视。显性斜视又可以分为共同性斜视与麻痹性斜视。

所谓共同性斜视，就是当一眼正视前方时，另一眼位置可发生偏斜；但双眼球运动通常不受限，一般不伴复视。当双眼视力相近时，此种现象在双眼分别注视时均可发生，也称为交替性斜视；当一眼视力较另一眼明显变差时，这种斜视多发生在视力较差的眼，称为单眼性斜视。废用性外斜视也可以说是一种单眼性斜视。

麻痹性斜视，是指因眼外肌麻痹引起的斜视，常突然发生，伴眼球运动受限，视力多无明显受损，但时常伴有流泪过多、眼睑闭合障碍等症状。眼部外伤引起的斜视中，麻痹性斜视较多见。眼外肌肌腱断裂、眼外肌陷入或嵌顿、眼外肌出血及瘢痕形成是引起外伤性斜视的常见原因。

除此以外，眼球移位、运动神经损伤也可以引起外伤性斜视。

第一眼位不正是典型的斜视，易于确诊；第二眼位或者第三眼位不正，也属于《新残标》所规定的外伤性斜视的范畴。

斜视的检查方法：斜视按其不同注视位置及眼位偏斜变化，可分为共同性和非共同性斜视。按其融合状态可以分为：隐性斜视；间歇性斜视，又称恒定性斜视，属显性斜视范畴，为隐性斜视和显性斜视的过渡形式；显性斜视。按其表现形式可分为隐性斜视和显性斜视。外伤后斜视多为非共同性、恒定性斜视，但隐性和显性斜视均可见。

斜视可采用角膜映光法检测。在双眼正前方 33 cm 以外，以烛光（或聚光手电）投照，观察角膜映光点是否在瞳孔中央。若映光点在瞳孔边缘者，属斜视 15 度；在角膜边缘者，属斜视 45 度。可采用同视机的主观斜视角和客观斜视角精确测量斜视度数。

3. 复视

复视是指一物体在双眼视网膜的非对应部位被感知而呈现为两个不能融合的物像。眼位不正或者虽无眼位不正但存在眼外肌麻痹者均可能引起复视。复视症状明显者可出现视物定位困难，重者引发代偿头位。临床实践中发现，复视者经一段时间适应后常可有良好的代偿，真正难以抑制的复视症状相对并不多见。

观察出现复视像的方位、物像分离的方向与程度，可以初步判断具体哪一条眼外肌存在损伤。

复视主要由双眼视障碍引起，即指一物体在视网膜不同部位被感知为两个物像。隐性或显性斜视均可引起复视。复视检查方法：

（1）红玻片试验。红玻片试验是复视最常用的检查方法。该试验应在半暗室内进行。一般将红玻片置于右眼前，在保持受检者头位不动的情况下，距眼正前方 50 cm（也可为 1 m）处用烛光（或聚光手电）投照，检查并记录九个方位（右上方、右方、右下方、前上方、正前方、前下方、左上方、左方及左下方）下的视觉图形。结果判断原则：①首先询问复视像是水平分开还是垂直分开；②然后询问各方向复视像的分开距离；③询问周边像属何眼，则该眼的眼肌有受累，此方法适用于单条眼外肌麻痹造成的复视，但不能区分麻痹性斜视和限制性斜视。

（2）同视机检查法。可采用同视机的九个诊断眼位检查法与红玻片试验结果相互验证。也可通过同视机的其他检查方法加以鉴别，如复视者有的不能融合，有的融合范围会发生偏离；复视者在有复视的方向无立体视觉。

注： 虹膜根部离断、晶体脱位或半脱位等眼外伤可引起单眼复视，易于治愈，不构成《新残标》所规定的致残等级。

第三节　视野缺损

本节要点

1. 视野缺损检查方法
2. 视野缺损计算方法

一、条款比较

《道标》		《新残标》	
4.3.2.d)	双眼视野接近完全缺损（直径小于5°）。	5.3.2.3)	双眼视野接近完全缺损，视野有效值≤4%（直径≤5°）。
4.4.2.d)	双眼视野极度缺损（直径小于10°）。	5.4.2.5)	双眼视野极度缺损，视野有效值≤8%（直径≤10°）。
4.5.2.d)	双眼视野重度缺损（直径小于20°）。	5.5.2.4)	双眼视野重度缺损，视野有效值≤16%（直径≤20°）。
4.6.2.d)	双眼视野中度缺损（直径小于60°）。	5.6.2.7)	双眼视野中度缺损，视野有效值≤48%（直径≤60°）。

续表

《道标》		《新残标》	
4.8.2.b)	一眼视野接近完全缺损（直径小于5°）。	5.7.2.7)	双眼偏盲。
4.9.2.c)	一眼视野极度缺损（直径小于10°）。	5.8.2.8)	一眼视野接近完全缺损，视野有效值≤4%（直径≤5°）。
4.10.2.c)	一眼视野中度缺损（直径小于60°）。	5.9.2.13)	一眼视野极度缺损，视野有效值≤8%（直径≤10°）。
		5.9.2.14)	双眼象限性视野缺损。
		5.10.2.17)	一眼视野中度缺损，视野有效值≤48%（直径≤60°）。

二、编制说明

《新残标》增加了"双眼偏盲"的专门性条款。按照《统一眼科残废率的报告》，一眼失明的失能指数为25%~30%，但一眼失明后另一眼能够弥补盲眼60%的视野范围；双眼偏盲的失能指数为35%~40%，且双眼偏盲直接导致一眼损失视野范围的60%，另一眼损失视野范围的40%，双眼总计损失视野范围的50%；双眼失明的失能指数为80%~90%。

若严格按照《道标》关于视野缺损条款的规定，双眼偏盲多数将无法评残（达不到十级伤残的程度），不能体现伤者的实际残情，存在严重的缺陷。《新残标》直接将双眼偏盲定为七级伤残，将双眼象限性视野缺损定为九级伤残，弥补了《道标》条款设计的缺陷，也符合上述《统一眼科残废率的报告》规定的原则。

三、应用指南

（一）视野及视野缺损

当眼球正视前方一固定目标，在维持眼球和头部不动的情况下，该眼所能见到的空间范围称为视野。视野的大小通常以圆周度表示。

正常视野类似不规则的椭圆形，颞侧最大，下方次之，鼻侧因有隆起的鼻背遮挡而稍小，上方因有上眼睑遮挡为最小，中心偏颞侧有一竖直椭圆形生理盲点。

若受检眼视野的周界缩小或视野的范围内出现不能看见的盲区，则属于视野缺损。依据视野缺损的大致形态特征，可分为向心性缩小、象限性缺损、偏盲、生理盲点扩大等。

（二）视野的检查方法

对比法视野检查可作为初步筛查有无视野缺损的方法。对于可能存在视野缺损的被鉴定人，应进一步行视野计视野检查。目前常用计算机自动视野计。

计算机自动视野计种类繁多，但原理相同，基本结构包括：①固定装置：有固定头部的结构和供被鉴定人固视的注视点；②视标及移动装置：视标可有不同直径大小（1 mm、3 mm、5 mm、10 mm），不同直径的视标，其测得的正常眼的视野值也不同，直径大的视标用于检测周边视野，1 mm 直径的视标主要供检查中心暗点用；③照明：在检查过程中照明的强度不能改变，重复检查时条件亦不能改变；④记录装置：通常为自动记录。

计算机自动视野计包括多种检测程序，常用的为静态视野检查与动态视野检查。前者主要用于中心视野（通常为 30 度视野范围内）的检测，后者是用同一刺激强度光标从某一不可见区（如从视野周边不可见区）向中心可见区移动，以探查不可见区与可见区的分界点。动态视野检查的优势在于易行和快速，且能够全面地衡量视野范围，测定周边视野，对法医学鉴定具有重要意义。

静态视野检查结果的视敏度变化趋势往往与动态视野检查结果基本吻合，因此，同时运用两种方法，也是鉴别伪装视野缺损的有效手段。

影响视野检查结果的因素很多，需在鉴定时加以特别注意。这些影响因素可能包括（但不限于）：①年龄，是影响心理物理检查的主要因素。随着年龄的增加，视网膜敏感性逐渐下降，等视线呈向心性缩小。有报道称，在 24 岁以后，年龄每增加 10 岁，平均光敏度下降 1 dB。②瞳孔大小，一般要求做视野检查时为自然瞳孔，过小会严重影响视野检查的结果，但过大则会影响视网膜成像的质量。③被鉴定人受检眼的明适应或暗适应程度，在明适应状态时，黄斑的功能处于最佳状态；在暗适应状态时除黄斑中心凹外视网膜对光的敏感性有所提高。在做视野检查的时候，受检眼应充分适应视野计的背景照明。④固视情况，在视野检查时，固视的好坏对检查结果精确性影响很大。应采用计算机视野计所附带的固视检测程序。⑤屈光不正，未矫正的屈光不正不能使光标在视网膜平面形成焦点，检查结果不能代表真实的视野，因此检测时应选择适合的矫正镜。⑥学习效应，初次接受视野检查的被鉴定人在复查时，等视线常比初次结果略大。但是随着视野复查次数增加，学习效应的影响会变小。⑦人为因素，如镜片架边缘、矫正镜片、高假阳性率、高假阴性率等，在法医临床学鉴定中应加以充分注意。⑧检查技术方面，如鉴定人的经验、应用的视标、背景照明、刺激时间等都会影响检查的结果。

（三）视野缺损的评估

正常眼的视野范围为：颞侧最大，下次之，鼻侧因有隆起的鼻背遮挡，故稍小，向上因有上眼睑遮挡，为最小。八个方位视野度数正常值分别为：颞侧 85 度，颞下 85 度，下侧 65 度，鼻下 50 度，鼻侧 60 度，鼻上 55 度，上侧 45 度，颞上 55 度。

　　视野缺损通常为以下两种情形：①一眼规则性向心性视野缺损，残余视野半径小于 60 度者；②一眼不规则性视野缺损，残余视野有效值不足 96% 者。

　　需评价视野缺损程度时，可通过周边视野检测结果计算得出视野有效值，再换算成视野半径（或直径）。计算时，先在视野检查图上取颞侧、颞下、下侧、鼻下、鼻侧、鼻上、上侧、颞上共八条子午线，读出与视野曲线相交的数值。视野正常的人测得的视野曲线在 8 条子午线的交点之值合计为 500。在计算受检眼的实际视野时，可将所测得的 8 个方向子午线的实际视野度数值相加，再除以 500，获知实测视野有效值。

　　实测视野有效值(%)＝(8 条子午线实测视野值之和/500）×100%。

　　根据计算所得视野有效值，查表 4-2-1 可以获知其残存视野所相当的视野半径。

表 4-3-1　视野有效值与残存视野半径、直径对照表

视野有效值（%）	视野度数（半径）	视野度数（直径）
8	5°	10°
16	10°	20°
24	15°	30°
32	20°	40°
40	25°	50°
48	30°	60°
56	35°	70°
64	40°	80°
72	45°	90°
80	50°	100°

视野有效值（%）	视野度数（半径）	视野度数（直径）
88	55°	110°
96	60°	120°

举例：某被鉴定人右眼动态视野检查情况如图4-3-1所示。

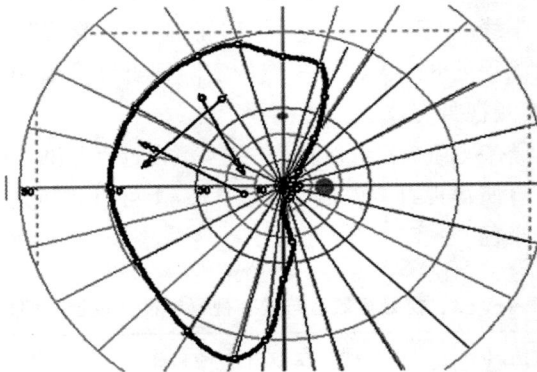

图 4-3-1 示：某被鉴定人右眼动态视野检查结果

根据图4-3-1，该被鉴定人右眼八个方位的实测视野数值分别为：颞侧60度，颞下60度，下方35度，鼻下5度，鼻侧5度，鼻上8度，上方52度，颞上55度。上述数值之和为280度。按上述公式计算，视野有效值为56%，查表4-3-1，其左眼残存视野半径为35度（视野直径70度）。

视野缺损的程度按表4-3-2分级。

表 4-3-2 视野缺损的程度

视野缺损程度	视野度数（直径）
视野接近完全缺损	小于 5°
视野极度缺损	小于 10°
视野重度缺损	小于 20°
视野中度缺损	小于 60°
视野轻度缺损	小于 120°

上述视野检查方法的基本原理仍然是心理物理学检验。近年来有文献报道，多焦视觉电生理技术可用于客观视野评估，其应用前景值得关注。

（四）偏盲及象限性视野缺损

视觉神经传导通路的解剖与生理视觉神经传导通路的大致解剖如图 4-3-2。

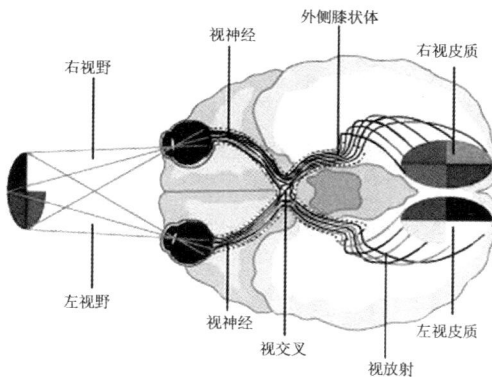

图 4-3-2 示：视觉神经传导通路

人眼视网膜传出的神经纤维经视神经、视交叉、视束，在外侧膝状体交换神经元后经视放射，最终传递到视皮质（位于大脑枕叶皮质 Brodmann17、18、19 区）。其中，颞侧视网膜传出的神经纤维不经过视交叉的交换，即右眼颞侧视网膜的神经纤维最终传递到右侧大脑视皮层，相应的，左眼颞侧视网膜的神经纤维传递到左侧大脑视皮层；而鼻侧视网膜传出的神经纤维经过视交叉实现了左、右的互换，即右眼鼻侧视网膜的神经纤维最终传递到左侧大脑视皮层，同样，左眼鼻侧视网膜的神经纤维传递到了右侧大脑视皮层。最终的实际情况是，右侧大脑视皮层主要接受来自右眼颞侧视网膜与左眼鼻侧视网膜的神经纤维，所感受到的是左侧的视觉信息，而左侧大脑视皮层所感受的则是右侧的视觉信息。

当一侧视神经受完全性损害时（例如视神经管骨折导致骨折碎片切断管内段视神经），可以直接导致该眼盲目，但不会累及另一眼；而当一侧视束受损致完全性损害时，则可以导致伤侧眼鼻侧及对侧眼颞侧视野的缺损，即与伤侧相对的一侧视觉完全丧失，形成双眼同侧偏盲；当视交叉水平完全损害时，可以直接导致双眼鼻侧视觉纤维受损，致双眼颞侧视野缺损，形成双眼对侧偏盲（见图 4-3-3）。

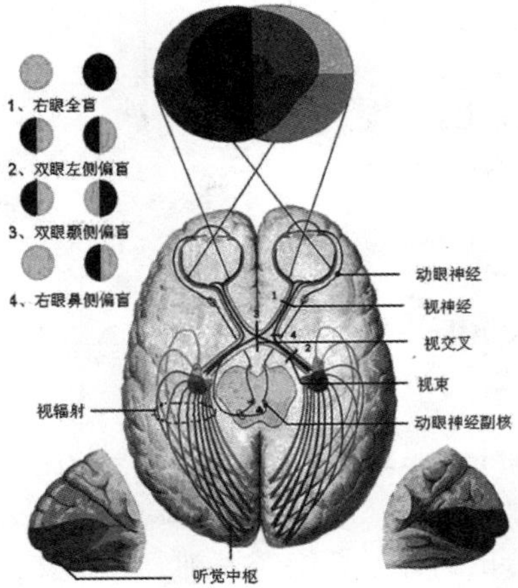

图 4-3-3 示：双眼同向偏盲与对侧偏盲

　　神经解剖学还证实，在视束水平，下半视网膜传出的神经纤维位于视束的外侧，而上半视网膜传出的神经纤维则位于视束的内侧，黄斑区视网膜传出的神经纤维位于视束的中央（最终逐渐转至背外侧）。当视觉神经纤维传递达视放射时，大致恢复了其在视神经内原来的排列状态，即来自双眼视网膜上半象限的纤维构成视放射的背束，位居顶叶和颞叶深部的白质内，终止于距状裂上唇；来自双眼视网膜下半象限的纤维构成视放射的腹束，位居颞中回深部白质内，绕侧脑室下角，形成颞袢后，再急转向外后方行，位于视放射下部，终止于距状裂下唇。

　　在遇到颅脑外伤后出现视觉功能障碍的被鉴定人时，了解上述这些解剖特征，将给鉴定中的分析、判断工作带来很大的帮助。表4-3-3大致梳理了一下损伤部位与视野缺损性质的关系。

表4-3-3　病变或损伤部位与视野缺损

病变或损伤部位	视野缺损表现
右眼视交叉前视神经	右眼全盲
视交叉平面损伤	双眼颞侧偏盲
右侧视束完全性损伤	双眼左侧偏盲（右眼鼻侧、左眼颞侧）
右侧视束外侧束	双眼象限性盲（右眼鼻上、左眼颞上）
右侧视束内侧束	双眼象限性盲（右眼鼻下、左眼颞下）

　　（五）法医学鉴定要点

　　①认定为双眼偏盲或象限性视野缺损的，应存在相应的颅脑损伤，特别是累及相应视路的脑损伤；②宜选择电脑视野计行中心视野

的检测，有助于分析、判定视野缺损的性质；③在对视野检测结果进行分析时，应注意对检测结果的可信赖度的评估；④多焦视觉电生理技术已逐步应用于视野的客观评估，对于疑有伪装或者夸大的情形，有条件时可在鉴定中开展该技术的运用；⑤应待相应颅脑损伤的医疗终结后再行双眼偏盲或者象限性视野缺损的伤残鉴定，推荐的鉴定时机为损伤后 6 个月以上。

第四节　视力障碍

本节要点

1. 视力损害的电生理检测及评价
2. 伪盲测试及视野缺损鉴定方法
3. 偏盲及其象限性视野缺损认定

一、条款比较

《道标》		《新残标》	
视神经损伤			
4.2.1.c)	双眼盲目 5 级。		
眼损伤			
4.2.2.c)	双眼盲目 5 级。	5.2.2.4)	双眼盲目 5 级。
4.3.2.c)	双眼盲目 4 级以上。	5.3.2.2)	双眼盲目 4 级。
4.4.2.c)	双眼盲目 3 级以上。	5.4.2.4)	双眼盲目 3 级。
4.5.2.c)	双眼低视力 2 级以上。	5.5.2.3)	双眼重度视力损害。
4.6.2.c)	双眼低视力 1 级。	5.6.2.6)	一眼重度视力损害，另一眼中度视力损害。
4.8.2.a)	一眼盲目 4 级以上。	5.7.2.5)	双眼中度视力损害。

《道标》		《新残标》	
4.9.2. a)	一眼盲目 3 级以上。	5.7.2. 6)	一眼盲目 3 级别，另一眼视力≤0.5。
4.10.2. a)	一眼低视力 1 级。	5.8.2. 7)	一眼盲目 4 级。
4.10.1. f)	斜视、复视、视错觉、眼球震颤等视觉障碍。	5.9.2. 11)	一眼盲目 3 级。
		5.9.2. 12)	一眼重度视力损害，另一眼视力≤0.5。
		5.10.2. 15)	一眼中度视力损害。
		5.10.2. 16)	双眼视力≤0.5。

二、编制说明

与《道标》相比，《新残标》的不同点在于：①未单列中枢神经损伤致"双眼盲目 5 级"的致残等级条款，与眼球结构损伤所致的"双眼盲目 5 级"进行合并。②采用了 WHO 于 2003 年发布的《盲及视力损害分级标准》，即在视力损害分级中引入了"重度视力损害"和"中度视力损害"概念。③适当增加了双眼视力损害的复合性条款，扩大了评残的范围。

三、应用指南

（一）视力检查和记录方法

1. 一般方法

常用国际标准视力表或者视力表投影仪作为评价远视力的检查工具，检查距离一般为 5 米（应按照所选用的视力表或投影仪的具体要求），以小数视力或对数视力方法记录视力水平（本标准所称的视力水平均为小数视力）。检查时遮蔽非受检眼，检查未遮蔽眼。

一般按先"健"眼、后"伤"眼的顺序，也可先右眼、后左眼。

采用对数视力表获得视力值为 5 分记录，按表 4-4-1 换算为小数视力。

表 4-4-1　视力小数记录与 5 分记录结果换算表

小数视力	5 分记录
无光感	0
光感	1
手动	2
0.01（数指/50 cm）	3
0.02（走进至 1 m 距离看清 0.1 视标）	3.3
0.05（走进至 2.5 m 距离看清 0.1 视标）	3.7
0.1	4.0
0.15	4.2
0.2	4.3
0.25	4.4
0.3	4.5
0.4	4.6
0.5	4.7
0.6	4.8
0.8	4.9
1.0	5.0
1.2	5.1
1.5	5.2

若被鉴定人不能辨认最大视标的方向，可令其逐步走近视力表

（最小距离不能小于 1 m），直至能够辨认视标方向为止。若走近至 1 m 时仍不能辨认视标方向，则可根据需要检查其数手指的能力、辨认手动的能力以及辨认光感的能力。

将能看清的最小视标所表示的视力值记录下来，作为受检眼的（视力表）视力。若最小视标（如 1.0）这一行有部分视标（未达半数，如 2 个）未能正确指认，可记录下该行视标所代表的视力，并在右上角记录未正确辨认的视标数，以负号表示（如 1.0^{-2}）。若某行视标（如 0.9）全部均能准确辨认，下一行视标（如 1.0）中有个别视标也能辨认（未达半数，如 2 个），则记录均能辨认视标行的数值作为该眼的视力水平，并在右上角记录下一行能辨认的视标数，以正号表示（如 0.9^{+2}）。

检查数指能力时，若受检眼仅能辨清距受检眼 50 cm 的手指数，则记录为数指/50 cm（CF/50 cm）。

检查识别手动能力时，若受检眼仅能辨认眼前 20 cm 的手晃动时，则记录为手动/20 cm（HM/20 cm）。

检查光感能力时，若受检眼能看到光，则记录为光感（LP），必要时记录能够辨认光感的最大距离（如 3 m 光感或 LP/3 m）；否则记录为无光感（NLP）。

2. 矫正视力检查和记录方法

法医学鉴定标准所称的视力均为矫正视力，鉴定时需对被鉴定人的受检眼进行充分的屈光矫正后了解其最佳矫正视力。

可用针孔镜检查受检眼的视力，若视力有显著提高（比如提高 2 行或以上）时，提示其可能存在屈光异常；也可用电脑验光仪和（或）检影验光法了解有无屈光异常及其大致程度。对存有屈光异常的，行插片试镜，以观察能否提高视力水平。可采用屈光镜片、接触镜或针孔镜矫正，检查并记录最佳远视力。

若受检眼在针孔镜下视力可获得提高，可记录针孔镜视力。如裸眼视力为 0.3，针孔镜下视力为 0.6，则记录为：0.3，+针孔镜→0.6。

经验光后试插镜片，视力有提高者，可记录插镜视力。如裸眼视力为 0.3，插-2.00Ds 镜片（凹透镜）时视力矫正至 0.8，则记录为：0.3，-2.00Ds→0.8。对联合球镜和柱镜矫正后视力有提高者，应记录联合球镜和柱镜的参数及其插片矫正视力。如裸眼视力为 0.3，插-2.00Ds 球面镜片联合-0.75Dc×90 度柱镜时，视力为0.8，则记录为：0.3，-2.00Ds-0.75Dc×90°→0.8。

当受检者存在屈光不正，插片试镜无法提高视力的，应记录为视力不能矫正提高。

3. 改变测试距离检验时的视力换算

获知被鉴定人逐步走近视力表能看清视标的最大距离，根据公式 $V = (d/D) V_0$ 换算受检眼的视力。其中，V 为实际视力，V_0 为所看清最小视标代表的视力水平，D 为正常眼看清该视标的距离，d 为被鉴定人看清该视标的实际距离。例如：3 m 处能看清 0.1，则实际视力为 $(3/5) ×0.1 = 0.06$。

（二）伪盲或伪装视力降低的检验

常用的伪盲或伪装视力降低检验方法仍以心理物理学方法为主。

这里所说的"盲"系指完全失明（无光感），也即盲目 5 级；"伪盲"系指伪称失明。伪装视力降低即为行为视力检查结果与实际视力不相符合，被鉴定人存在夸大视力下降（但未达无光感）程度的情况。

1. 双眼伪盲的检验

（1）行为观察伪盲者对检查一般不合作，或拒绝检查。令被鉴定人双眼注视眼前某处目标，被鉴定人多故意往其它方向看；双眼伪盲者通过障碍物时一般不会绊脚，而真盲者往往被障碍物绊脚。

（2）视动性眼球震颤试验令被鉴定人注视眼前迅速旋转、画面有垂直线条的视动鼓，伪盲者可出现水平性、快慢交替，有节律的跳动型眼球震颤，即视动性眼球震颤；而真盲者不出现此种震颤。

（3）瞬目试验：用手指或棉棒，在被鉴定人不注意时，作突然出现在盲眼前的动作，但不要触及睫毛或眼睑，如为真盲则无反应，伪盲者立即出现瞬目动作。

2. 单眼伪盲的检验

（1）障碍阅读法：嘱被鉴定人阅读距离 30 cm 远的横排书报，让头与读物均固定不动；然后在被鉴定人双眼和读物之间置一垂直笔杆，距眼约 10 cm 左右；如仅用单眼必然会因眼前笔杆遮挡部分视线出现阅读障碍；如被鉴定人继续阅读不受干扰，则证明其为双眼注视读物，此"盲眼"应属伪盲。

（2）瞳孔检查：伪盲者双眼瞳孔应等大（需排除药物引起的瞳孔扩大）。观察瞳孔对光反射，伪盲眼直接对光反射存在，健眼间接对光反射也存在，但要注意外侧膝状体以后的损害，可不出现瞳孔大小、形状及对光反射异常。

（3）瞬目试验：将健眼遮盖，用手指或棉棒，在被鉴定人不注意时，作突然刺向盲眼的动作，但不要触及睫毛或眼睑，如为真盲则无反应，伪盲者立即出现瞬目动作。

（4）同视机检查：用视角在 10°以上的双眼同视知觉型画片，在正常眼位，如能同时看到两侧画片，则表示双眼有同时视觉功能，所谓盲眼为伪盲。

（5）三棱镜试验：①Duane 试验，嘱被鉴定人向前方看一目标，在所谓盲眼前放一 6△ 的三棱镜，三棱镜底可向内或向外，注意该眼球是否转动；如为伪盲，则眼球必向外（三棱镜底向内时）或向内（三棱镜底向外时）运动，以避免复视。②将所谓盲眼遮盖，在健眼前放一 6△ 底向下的三棱镜，使其边缘恰好位于瞳孔中央，此时健眼产生单眼复视，然后去掉受检眼前的遮盖，同时把健眼前的三棱镜上移遮住整个瞳孔，如仍有复视则为伪盲。

（6）让受检眼注视眼前一点，以一底向上或向下的 6△ 三棱镜置于健眼前，如果被鉴定人出现复视，则为伪盲。

（7）柱镜重合试验（又名 Jackson 试验）：将 -6.00 Dc 柱和 + 6.00 Dc 柱镜片两轴重合，此时镜片屈光度等于 0，置于健眼前，查双眼视力，然后转动任何一个柱镜片，使其与另一柱镜片轴呈垂直，则健眼视物模糊，再查视力，若视力仍不变则为伪盲（注意：对于原有屈光不正者，应注意调整球镜片的度数）。

（8）雾视法：准备好试镜架，在健眼前放一个 +6.00 Ds 屈光度的球镜片，在所谓盲眼前放 -0.25 Ds 或 +0.25 Ds 屈光度的球镜片，戴在被鉴定人眼前，如仍能看清 5 米远距离视力表上的视标时，则为伪盲。

（9）雾视近距阅读试验（又名 Harlan 试验）：在被鉴定人健眼前置一 +6.00 Ds 屈光度的球镜片，使成为人工近视，令其读眼前 17 cm 处的近视力表，在不知不觉中将视力表移远，如被鉴定人读出，则表示为伪盲眼的视力。

（10）视野检查法：检查健眼视野，但不遮盖所谓盲眼，如果鼻侧视野超过 60°，则可考虑为伪盲。

（11）红绿色试验：用红、绿两色镜片分别置于被鉴定人双眼试镜架上，令其阅读红字与绿字，若红、绿两色均能看出，则为伪盲。

3. 伪装视力降低的检验

（1）变换测试距离法：遮盖健眼，检查时若在 5 米看到 0.2 视标，然后令其走近视力表缩短检查距离，观察其视力变化，若在 2.5 米仍只能看到 0.2 视标，该眼可能为伪装视力降低。测试距离与视力的关系可用前述公式进行计算。

（2）视野检查法：检查视野，在不同距离、用不同光标检查的视野，若结果显示范围无变化，则可能为伪装视力降低。

（3）雾视法：双眼分别查视力后，将镜架戴于被鉴定人眼前，在健眼前放一 +12.0 Ds 的球镜片，在低视力侧放一 0.25 Ds 的球镜片，如双眼同时查视力，其视力较单独查低视力眼的视力好时，则该眼为伪装视力降低。

（4）对比度视力检查法：对比度视力是在对比敏感度基础上发展起来的运用视标与背景不同灰度对比进行视力检查的方法。人眼对于不同对比度的视标，其视力值可显著不同，对比度越低，视力越差。可通过对比度视力曲线是否异常及重复性是否理想，判断受检眼的视力测试结果是否可信。

更多的伪盲和伪装视力降低的检查方法，可参考《视觉功能障碍法医鉴定指南》（SF/Z JD0103004）。

（三）视觉电生理检查

必要时，视觉电生理检查可以作为视力评估的重要参考，一般首选视诱发电位（visual evoked potential，VEP）。

1. 视诱发电位

VEP 是视觉器官受到光或图形刺激后在特定部位所记录到的电位变化，一般是指在枕叶皮层所记录到的电位改变。VEP 主要用于观察视神经和视觉传导通路功能的变化（实际上与视区皮层功能也有一定关系）。因此，从视网膜到视皮层任何部位神经纤维病变都可诱发出异常的 VEP。目前常用的 VEP 技术包括：闪光视诱发电位（FVEP）、图像视诱发电位（PVEP）。图像翻转视诱发电位（PRVEP）属瞬态 PVEP 反应，在目前临床眼科及法医学鉴定实践中较为常用。作为稳态反应的扫描图像视诱发电位（SPVEP）具有检测时间短、可直接"推算"电生理"阈值视力"的优势。

行 VEP 检查时，可按照脑电图国际 10-20 系统放置电极，作用电极置于 Oz 位，在前后中线枕后粗隆上方 2 cm~3 cm、与两耳相平的连线上；参考电极置于 Fz，在鼻根部上方 5 cm~8 cm，地电极置于耳垂或乳突位。使电极接触部位的电阻符合仪器的允许范围。

PVEP 主要由 N1、P1、N2 和 P2 等构成。因正常情况下各波

（尤其前三个波）的潜伏期基本一致，故在 P-VEP，通常也以各波的潜伏期值作为 N1、P1、N2 的标记，将这三个波分别记录为 N_{75}、P_{100} 和 N_{135}。PRVEP 的模式波形如图 4-4-1 所示。

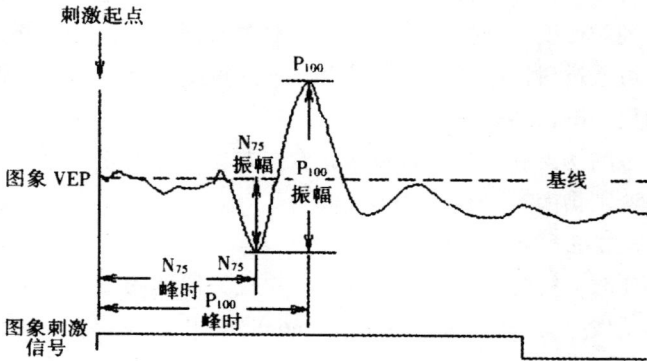

图 4-4-1 示：PRVEP 波形模式图

以 PRVEP 波形为例，在分析测量时，主要关注波形的分化情况（波形的完整性）以及各波的潜伏期值以及振幅，其中最主要的判断指标依次为 P_{100} 波的潜伏期与振幅。P_{100} 的振幅为 P_{100} 减去 N_{75} 的值。Wanger 就正常 PVEP 的判断提出了三条标准：①双眼 VEP 波形振幅之差小于 30%；②刺激双眼的 VEP 振幅较刺激单眼的 VEP 振幅增高 25% 以上；③双眼 P100 潜伏期之差小于 5 ms（也有较多文献认为双眼差值应小于 10%）。

如果能够排除检查过程中注视不良或技术问题，VEP 完全消失是有意义的，通常说明视通路已阻断或存在严重功能障碍。FVEP 主要用于检测被鉴定人的受检眼的神经传导通路是否仍然存在传导功能，可鉴别其视力下降程度究竟是否达到无光感的程度。在鉴别通过心理物理学方法测得的视力下降程度究竟是否真实可靠时，主要运用 PRVEP、SPVEP（均属 PVEP）。影响 PVEP 结果的因素很多，排除注视程度、刺激屏照度、检测距离、刺激范围以及黑白对比度等因素的前提下，图像（如棋盘格或条栅格）的大小就成为最重要的因素。目前国内外已有较多研究报告证实 PVEP 可用于推断视力水平，并普遍认为较之视力表测试等心理物理学检查方法，PVEP 是一种客观的视功能检测手段，可用于"客观视力"的测定和推断。在法医学实践中，若通过检查眼球结构，未发现其存在足以引起视力下降的损伤性改变或其他病理因素，而视力检测结果却显示视力水平异常低下时，可运用 PVEP 验证视力检测结果。因此，其主要应用对象是疑有不合作（诈盲）者及癔病患者。

PVEP 测定电生理视力有两种方法，一种是直接测量法，另一种是外推法。

直接测量法测定电生理视力的基本原理是：根据不同空间频率的 PVEP 反应波形，测定可以记录 PVEP 反应的最高空间频率（也即最小刺激视角、阈刺激视角或阈视角）对应的视角，进而换算成视力。这里所说的"视角"是指刺激图形（如棋盘方格）水平方向与受刺激眼球所对应的角度。检测时，一般按照刺激图形由大到小的顺序分别记录多个 PVEP 反应，直到记录不到波形为止。能观察到 PVEP 波形的最小刺激图形（即最小刺激视角）所对应的视角即可用于视力推算。现有文献报道较多的直接测量法有以下三种手段：①与实验室参考值比对，根据所获得的能引出反应的最小刺激视角（阈刺激视角，或阈视角）来推断受检眼的视力水平；②根据回归公式推算受检眼的电生理视力；③根据引出最佳电生理反应的刺激视角（最佳刺激视角）来推断受检眼的视力水平。

外推计算法在直接测量法的基础上发展而来，它是根据不同空间频率下的 PVEP 反应，建立图形 VEP 振幅-空间频率曲线及回归方程，进而推算视力（其实际推算的是视力的理论阈值）。SPVEP 即是运用外推计算法直接进行电生理视力推算的。与传统的 P-VEP 相比，SPVEP 不易受外界因素干扰，检查时程缩短，具有快捷、简便的优点，值得进一步加以关注。

有必要指出的是，虽然 VEP 是一种视功能评定的客观方法，但在实际应用时应注意：①VEP 属于皮层电位，被鉴定人的精神状态对结果有一定的影响，因此实验中应保持其处于清醒、安静状态；②被鉴定人的注视程度对于检测结果影响很大，注视不良可造成波形潜伏期延迟、振幅降低甚至完全消失，对此不能误认为视功能障碍；③某些病变或损伤致周边视野受损而中心视力尚可，此时 PVEP 可能仍能引出较正常的波形，因此在分析 PVEP 结果时需注意周边视野情况；④多种眼病可能影响 PVEP 结果，因此在鉴定时应注意排除自身疾病的影响；⑤各实验室均应通过实验建立自己的正常值，不宜盲目照搬已有文献报道的数据；⑥PVEP 波形有一定的个体差异，因此双眼比对具有重要意义；⑦PVEP 检测时务必考虑屈光不正和屈光间质混浊的影响，进行充分的屈光矫正；⑧PVEP 波形虽然是客观的，但分析是主观的，仍然受到检查者主观因素的影响；⑨PVEP 只能在一定条件下反映视力障碍的大致程度，其各项参数与被检者行为视力之间还缺乏足够可信的线性关系。一般说来，若被检者的 PVEP 正常，表明这个人的行为视力不会低于 0.1。反之，若被检者的 PVEP 异常，表明其行为视力不会好于 0.1。所以，在实际鉴定工作中，应坚持根据各种检查结果全面分析、综合判断的鉴定原则。

总之，无论瞬态 PVEP 还是稳态 PVEP，都是推断视力的有效手段，但在实际鉴定中仍只能作为参考依据，鉴定人应结合眼部结构检查结果、视力的心理物理学检验结果综合评定。

2. 视网膜电图

除 VEP 外，视网膜电图是另一项重要的视觉电生理技术。ERG 可用于评估视网膜的功能，法医学鉴定中常需要联合运用 ERG 与 VEP 检测。举例来说，法医学鉴定中同时记录 PVEP 与图像视网膜电图 P-ERG 就具有重要的意义。若被鉴定人"伤眼"PVEP 异常，鉴定人不能确认该结果的可靠性时，可记录双眼 P-ERG，特别注意"伤眼"的 P-ERG，如 P-ERG 也是异常的，那么"伤眼"视力障碍为器质性的可能性大。

（四）视力损害分级

盲及视力损害分级标准见表 4-4-2（标准附录 B19）。

表 4-4-2 盲及视力损害分级标准

分类	远视力低于	远视力等于或优于
轻度或无视力损害		0.3
中度视力损害（视力损害 1 级）	0.3	0.1
重度视力损害（视力损害 2 级）	0.1	0.05
盲（盲目 3 级）	0.05	0.02
盲（盲目 4 级）	0.02	光感
盲（盲目 5 级）	无光感	

（五）法医学鉴定要点

视力减退的鉴定路径与方法：

1. 审查鉴定材料

详细了解外伤史、伤后的主要症状和体征及其主要的诊疗经过，尤其应注意诊疗过程中所检见的视力水平。必要时应了解伤前眼科病史（包括视觉功能情况）。

2. 视力检测

根据被鉴定人主诉的视觉功能障碍情况，检查其视力等视觉功能情况。常用国际标准视力表或者视力表投影仪作为评价远视力的检查工具，中心视力的检查在法医学鉴定时应注意检查与记录的规范性问题。

3. 眼部结构检查

依据《视觉功能障碍法医学鉴定规范》（SF/Z JD0103004-2016）进行眼部组织结构的检查，分析、评价是否存在足以导致视觉功能障碍的眼球结构损伤性改变，该损伤性改变是否与所检见的视力水平相吻合。

4. 伪盲或伪装视力降低的检验

对于疑有伪盲或伪装视力降低情况的，可选择进行相应伪盲或伪装视力降低的检查。需鉴别是否伪盲或伪装视力降低的，还可以参考视觉电生理的检验结果。

第五章

耳损伤

本章内容包括耳廓缺失或者畸形的致残等级鉴定，以及听觉器官损伤所致的听力障碍致残等级鉴定。

第一节　耳廓缺损或者畸形

本节要点

1. 耳廓缺损或者畸形的测量方法
2. 耳廓缺损或者畸形的鉴定时机

一、条款比较

《道标》		《新残标》	
4.5.2.j)	双侧耳廓缺失（或严重畸形）。	5.8.2.2)	符合容貌毁损（重度）标准之一者（双侧耳廓完全缺失）。
		5.9.2.17)	耳廓缺损或者畸形，累计相当于一侧耳廓。
4.6.2.g)	一侧耳廓缺失（或严重畸形），另一侧耳廓缺失（或畸形）50%以上。	5.10.2.21)	耳廓缺损或者畸形，累计相当于一侧耳廓的30%。

《道标》		《新残标》
4.7.2.f)	一侧耳廓缺失（或严重畸形），另一侧耳廓缺失（或畸形）10%以上。	
4.8.2.e)	一侧耳廓缺失（或严重畸形）。	
4.9.2.i)	一侧耳廓缺失（或畸形）50%以上。	
4.10.2.m)	一侧耳廓缺失（或畸形）10%以上。	

二、编制说明

与《道标》比较，《新残标》简化了耳廓缺失或者畸形的致残等级条款，相应地降低了耳廓缺失或者畸形致残的级别。

三、应用指南

（一）耳廓缺失或者畸形

耳廓缺失主要见于耳部严重挫伤、切割伤、挫裂创、咬伤、砍创、枪弹伤、爆炸伤，以及冻伤、烧灼伤等。锐器切、砍创可致耳廓部分或者全部离断；钝器挫伤或者撕裂、咬伤等，也可将耳廓挫灭、断离而造成耳廓部分或者全部缺失（图5-1-1）。

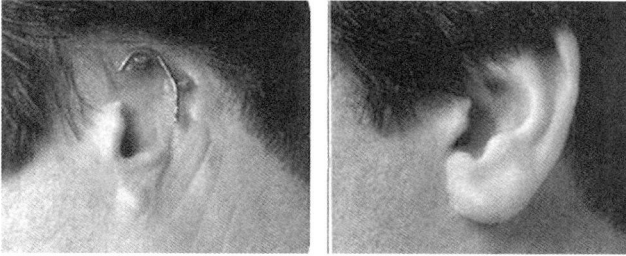

图 5-1-1 示：左为耳廓缺失；右为耳廓再造术后

耳廓畸形是指耳廓损伤后软骨挛缩或者皮肤瘢痕形成，致使耳廓卷曲变形，致使耳轮、耳舟、耳垂等解剖标志消失或不能辨认，耳的完整性或者双耳的对称性受到严重破坏（图 5-1-2）。

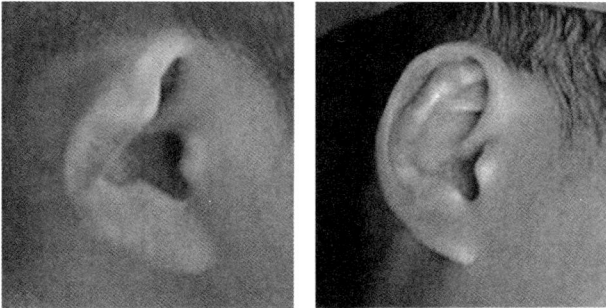

图 5-1-2 示：左图耳廓畸形；右图为耳廓整形术后

（二）耳廓缺失测量方法

由于耳廓极不规则，耳廓缺失测量的方法也难以规范。实践中多主张采用投影描记的方法测量残存部分的面积，并与健侧耳廓进行比较，计算出耳廓缺失的面积。如图 5-1-3 所示，先用透明薄膜先后描记出残耳残存耳廓和健耳耳廓的轮廓，再通过计算机计算出残耳和健耳耳廓的面积，最后计算出残耳耳廓缺失的百分数。

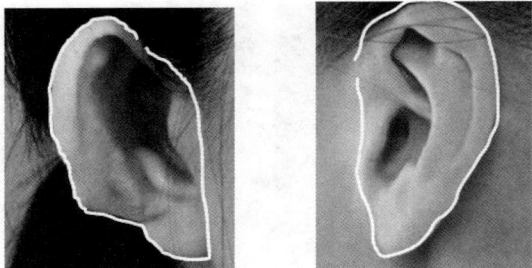

图 5-1-3 示：耳廓投影描记法

（三）法医学鉴定要点

1. 耳廓缺损或者畸形都可以通过耳廓再造或整形术在一定程度上恢复耳廓外形，所以在鉴定的时机上如何把握可能会存在不同的争议。原则上，应以法医学检验所见作为鉴定依据。

2. 本条款包括耳廓缺损和耳廓畸形，二者同时存在时面积可以累加计算。

3. 本条款未分单耳和双耳，两耳同时存在缺损或者畸形时面积可以累加计算。

4. 一侧耳廓损伤后缺损或者畸形的面积可比对健侧耳廓面积来推算。若为双侧耳廓损伤，此时原来正常耳廓的情况已无法准确评估，则可参照中国《成年人头面部尺寸》（GB/T 2428-1998）给出的相关数据进行缺损范围与比例的评估。

第二节　听力障碍

本节提要

1. 纯音听力记录方法与结果评价

2. 中耳功能测试方法与结果评价

3. 听性脑干诱发电位与结果评价

4. 40 Hz 听觉相关电位与结果评价

5. 多频稳态诱发电位与结果评价

6. 耳蜗电图记录方法与结果评价

7. 畸变产物耳声发射临床意义

8. 前庭平衡功能测试常用方法

一、条款比较

《道标》		《新残标》	
4.2.2.d)	双耳极度听觉障碍伴双侧耳廓缺失（或严重畸形）；或双耳极度听觉障碍伴一侧耳廓缺失，另一侧耳廓严重畸形。	5.4.2.6)	双耳听力障碍 ≥ 91 dB HL。
4.3.2.f)	双耳极度听觉障碍伴一侧耳廓缺失（或严重畸形）。	5.5.2.6)	双耳听力障碍 ≥ 81 dB HL。
4.3.2.g)	一耳极度听觉障碍，另一耳重度听觉障碍，伴一侧耳廓缺失（或严重畸形），另一侧耳廓缺失（或畸形）50%以上。	5.5.2.7)	一耳听力障碍≥91 dB HL，另一耳听力障碍≥61 dB HL。
4.3.2.h)	双耳重度听觉障碍伴双侧耳廓缺失（或严重畸形）；或双耳重度听觉障碍伴一侧耳廓缺失，另一侧耳廓严重畸形。	5.7.2.9)	一耳听力障碍≥81 dB HL，另一耳听力障碍≥61 dB HL。

续表

《道标》		《新残标》	
4.4.2.e)	双耳极度听觉障碍。	5.8.2.11)	一耳听力障碍 ≥ 91 dB HL。
4.4.2.f)	一耳极度听觉障碍，另一耳重度听觉障碍伴一侧耳廓缺失（或畸形）50%以上。	5.8.2.12)	双耳听力障碍 ≥ 61 dB HL。
4.4.2.g)	双耳重度听觉障碍伴双侧耳廓缺失（或严重畸形）。	5.9.2.18)	一耳听力障碍 ≥ 81 dB HL。
4.4.2.h)	双耳中等重度听觉障碍伴双侧耳廓缺失（或严重畸形）；或双耳中等重度听觉障碍伴一侧耳廓缺失，另一侧耳廓严重畸形。	5.9.2.19)	一耳听力障碍≥61 dB HL，另一耳听力障碍≥41 dB HL。
4.5.2.h)	双耳重度听觉障碍伴一侧耳廓缺失（或畸形）50%以上。	5.10.2.18)	一耳听力障碍 ≥ 61 dB HL。
4.5.2.i)	双耳中等重度听觉障碍伴一侧耳廓缺失（或严重畸形）。	5.10.2.19)	双耳听力障碍 ≥ 41 dB HL。
4.5.2.g)	一耳极度听觉障碍，另一耳重度听觉障碍。		
4.6.2.f)	一耳极度听觉障碍，另一耳中度听觉障碍；或双耳重度听觉障碍。		

《道标》		《新残标》	
4.7.2.e)	一耳极度听觉障碍，另一耳中度听觉障碍；或一耳重度听觉障碍，另一耳中等重度听觉障碍。		
4.8.2.d)	一耳极度听觉障碍；或一耳重度听觉障碍，另一耳中度听觉障碍；或双耳中等重度听觉障碍。		
4.9.2.h)	一耳重度听觉障碍；或一耳中等重度听觉障碍，另一耳中度听觉障碍。		
4.10.2.l)	一耳中等重度听觉障碍；或双耳中度听觉障碍。		
		5.6.2.8)	双侧前庭平衡功能丧失，睁眼行走困难，不能并足站立。
		5.10.2.20)	一侧前庭平衡功能丧失，伴听力减退。

二、编制说明

与《道标》相比，《新残标》有如下几点不同：

1. 《新残标》将耳廓缺损或者畸形与听力障碍的致残等级鉴定完全分开，即分别规定了耳廓缺损或者畸形、听力障碍致残等级的专门性条款。

2. 考虑到《道标》对于听力障碍规定的致残等级偏高，《新残标》进行了相应的调整，如将十级残由《道标》一耳 56 dB 提高至 61 dB 等。

3. 根据最新残疾人抽样标准，对听力障碍重新定义，由原来计算 0.5 kHz、1 kHz 和 2 kHz 平均听阈修改为计算 0.5 kHz、1 kHz、2 kHz 和 4 kHz 平均听阈。

4. 考虑到前庭损伤导致人体平衡功能受损会给伤者生活、工作带来严重影响，《新残标》规定了平衡功能丧失致残等级的专门性条款。

三、应用指南

（一）纯音听阈测定

1. 测定方法（依据 GB/T 16403-1996）

测试基本原则：先作气导测听，并先测气导听阈较佳的耳的骨导，骨导测听时非测试耳都应加掩蔽。

气导测听步骤：①给测试音持续 1~2 秒/次，给声之间的间隔时间应是不规则的，但每次间隔不得短于给声的持续时间。②第一步。升降法：先用 1000 Hz 40 dBHL 让受测试者熟悉，无反应则以 10 dB 一档加大测试音，直到作出反应，把测试音降 10 dB，而后再逐渐增加到作出反应，间隔 1~2 秒后再在这同一听力级上给测试音，如再次作出反应，即可开始测听；上升法：熟悉测试音后降 10 dB 给声，听不到则 5 dB 一档加大声级，直到反应。③第二步。升降法：作出反应后，再加 5 dB，然后 5 dB 一档地递降，直至无反应，再降 5 dB，再 5 dB 一档地递增，如此反复升降 3 次，将 3 次听到声音作出反应的最小数加以平均，即得听阈级；上升法：作出反应，降 10 dB，然后再 5 dB 一档递增，反复 5 次给声，其中在同一听力级作出反应的即为听力阈级。④第三步：测试下一频率，可在刚测得的听阈下 10 dB 开始，如此依次完成各应测频率。⑤第四步：用同法测另一耳。⑥测试频率的顺序为：1000 Hz、2000 Hz、3000 Hz、4000 Hz、6000 Hz、8000 Hz、1000 Hz、500 Hz、250 Hz，在复制 1000 Hz 时，结果与第一次差 10 dB 以上时，应依次复测各频率，直到误差在 5 dB 以内。整个过程限于 20 分钟内完成（或中间调整休息几分钟）。

当测试耳的纯音声级大于非测试耳骨导听阈加耳间衰减（IA）时，就可以有交叉听力，这时就要在非测试耳加掩蔽噪声。第一步：不加掩蔽受试耳听阈，于非测试耳给相当于该耳听阈级的有效掩蔽级的窄带噪音，逐档加大噪音直至听不到测试音，或超过测试等级。第二步：如噪音级和测试音相等时仍能听到纯音，则这一纯音即为听阈级，如纯音被掩蔽，则增加纯音级直至再听到纯音。第三步：加 5 dB 噪音，如听不到测试音，加大测试音直至能听到，重复这一步骤，直至连续两次加 5 dB 噪音，而纯音不需加大仍可听到，这一在加了 10 dB 仍能听到的纯音级就是听阈级。

骨导测听的步骤：测试骨导听阈时，应在测试耳不堵耳（不戴气导耳机）时测听，非测试耳则可用戴气导耳机方式加噪声掩蔽。另外，骨导振动器应避免接触耳廓，否则通过振动耳廓，可把声传至外耳道。第一步：受试耳戴好骨导耳机（部位在耳廓后方的乳突部位），对侧耳戴气导耳机，先不加掩蔽噪声测骨导听阈。第二步：于非测试耳加相当于该耳气导听阈级的有效掩蔽级的噪音，逐步加大噪声至听不到纯音，或噪声级超过测试音。第三步：如噪声级比测试音高 40 dB 仍能听到纯音，则这一纯音级即为骨导听阈级，如纯音被掩蔽，则加大噪声直至又能听到纯音。第四步：增加 5 dB 噪音级，如测试音听不到了，则加大纯音，直到加至重新听到纯音，重复这一步骤，直至连续两次增加 5 dB 噪声，纯音保持不变仍能听到纯音。

2. 纯音听力图分析

纯音听阈图是记录通过纯音听阈测试法测得的气导和骨导听阈的听力表（图5-2-1）。该表一般为坐标式的方格图。横坐标表示频率"Hz"，纵坐标表示声级"dB"。听力图上的符号意义：HTL：气导曲线，右耳连接用"○"；左耳连接用"×"。BCL：骨导曲线，右耳连接用"＜"；左耳连接用"＞"。UCL：不舒适阈值；MCL：舒适阈值；Masked：屏蔽。不同听力图上的左、右耳有时也会使用其他符号。

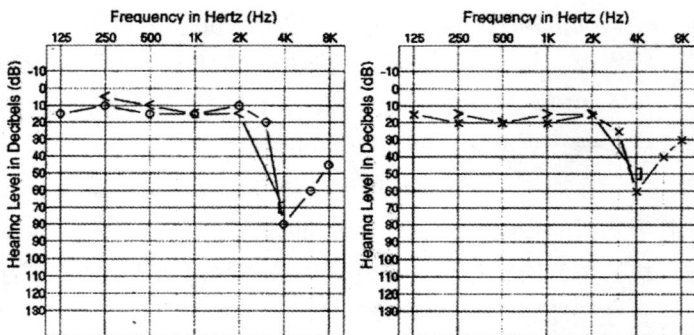

图5-2-1 示：纯音听力图

3. 法医学鉴定要点

（1）纯音测听主要反映受试者在安静环境下所能听到的各个频率的最小声音的听力级，了解听力正常与否以及听力损失的程度和性质，并作为诊断和处理依据。考虑到被鉴定人往往有夸大或伪装听力障碍的情形，纯音听力测试结果需要其他检查结果，如听性脑干诱发电位等检查结果加以佐证。

（2）纯音气导听阈级应考虑年龄因素，按照《声学听阈与年龄关系的统计分布》（GB/T 7582）听阈级偏差的中值（50%）进行修正（详见表5-2-1）。

表 5-2-1　耳科正常人随年龄增长超过的听阈偏差中值（GB/T 7582）

年龄	男				女			
	500	1000	2000	4000	500	1000	2000	4000
30~39	1	1	1	2	1	1	1	1
40~49	2	2	3	8	2	2	3	4
50~59	4	4	7	16	4	4	6	9
60~69	6	7	12	28	6	7	11	16
70~	9	11	19	43	9	11	16	24

（3）听力损失计算应按照 WHO 推荐的听力减退分级的频率范围，取 0.5 kHz、1 kHz、2 kHz、4 kHz 四个频率气导听阈级的平均值，如所得均值不是整数，则小数点后之尾数采用四舍五入法修为整数。最终将所得的听力损失数值对照本标准相应条款进行致残程度等级的鉴定。

（二）中耳功能分析

1. 鼓室声导抗[1]

鼓室声导抗不仅可以诊断中耳是否存在病变，而且由于不同中耳病变对声音由中耳传入内耳方式的影响不同，还可以据此鉴别不同的中耳病变。鼓室声导抗的峰压位置、幅度及整体的形态与中耳的病变有密切的关系。Jerger（1980）将鼓导抗图（tympanogram）分为以下三型（图 5-2-2）：A 型：钟形，峰值出现在 0 daPa（正常范围：-100 daPa~+100 daPa）；峰值的幅度 0.36 mL（图 5-2-2 左）。B 型：鼓室声导抗平缓，幅度小于 0.3 mL，多见于鼓室积液、耵聍堵塞（图 5-2-2 中）。C 型：鼓室图形态正常，但偏负压超过 -150 daPa，幅度在正常范围。多见于咽鼓管功能障碍（图 5-2-2 右）。

---

[1]　韩德民、许时昂主编：《听力学基础与临床》，科学技术文献出版社 2004 年版，第 297~299 页。

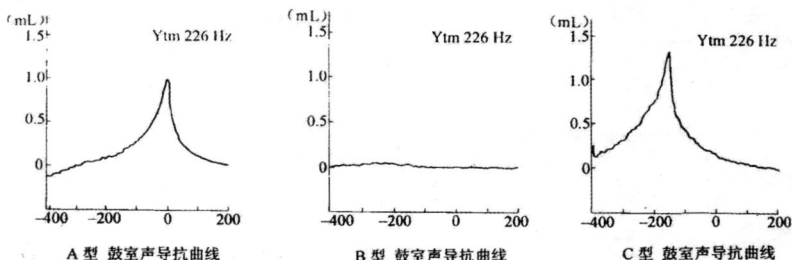

A型 鼓室声导抗曲线　　　B型 鼓室声导抗曲线　　　C型 鼓室声导抗曲线

图 5-2-2 示：鼓室声导抗曲线图

在 A 型鼓室声导抗图中，又根据峰值的大小将 A 型分为 Ad 和 As 两个亚型（图 5-2-3）。As 型峰值的幅度<0.3 mL，多见于镫骨固定。Ad 型峰压出现正常范围，峰值的幅度>1.6 mL，多见于鼓膜愈合性穿孔和听骨链中断。

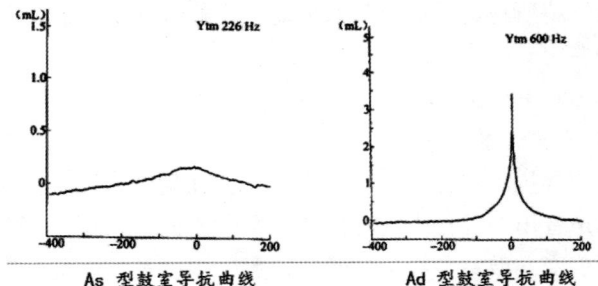

As 型鼓室导抗曲线　　　　　　Ad 型鼓室导抗曲线

图 5-2-3 示：鼓室声导抗曲线图

2. 声反射 (acoustic reflex)

当人耳受到足够大强度的声音刺激时，双侧镫骨肌收缩，镫骨足板离开前庭窗，以保护耳，避免其受损伤。镫骨的这种活动会使听骨链的劲度发生变化，因而导致中耳的声导抗改变。

如果同侧声反射弧刺激耳的耳蜗是感受器，同侧听神经作为传入神经至耳蜗腹核及同侧面神经核，再经面神经传出达镫骨肌这一效应器。如果对侧声反射弧耳的耳蜗是感受器，同侧听神经传入到耳蜗腹核，经斜方体交叉至对侧上橄榄核及面神经核，再经面神经传出到达对侧镫骨肌产生效应。与这一直接通路相平行的还有其他许多多突触联系。声反射是通过中耳间接记录到的，虽然声反射弧通畅，但由于中耳的病变也会记录不到。

声反射的临床应用有以下几个方面：

（1）听力损失的定位诊断。根据双耳同对侧声反射的比较，可以对病变进行定位诊断。①传导性听力损失：Jerger 提示，若骨、气导差 5 dB 时，有 50% 的镫骨肌反射消失。因此声反射是传导性病变的敏感指标。对于纯音听阈测试难于掩蔽或无法掩蔽的病例，可借助声反射确定有无传导性听力损失成分的存在。当指示耳（即非声刺激耳）存在中耳病变时，声反射多无法引出。在单侧传导性听力损失，另一耳听力正常的病例中，声反射类型应该是患耳的同、对侧无声反射，健耳的同侧有声反射，而对侧声反射取决于患耳的听力损失程度，如听力损失较小，声反射仍可引出；反之则无。但有时镫骨弓骨折、听骨链异常连接，声反射仍能引出。双侧传导性听力损失的所有声反射均无法引出。②感音神经性听力损失。感音神经性听力损失的声反射取决于病变部位。蜗性病变指病变局限于耳蜗；神经性指病变位于内听道或内听道周围端以下；中枢性指病变位于内听道以后。

（2）听敏度预估。Jerger 等曾用 0.5kHz、1kHz、2kHz、4kHz以及白噪声的声反射阈来预估纯音听阈。顾瑞等研究表明，根据声反射阈预估听敏度，在听力正常者及极重度听力损失者中符合率较高，而中度及重度听力损失者符合率低，可能与重振有关。

（3）伪聋的鉴别。声反射是一种肌肉对声音自动的、非随意性的反应。一般声反射阈在 70 dBHL~95 dBHL，如果纯音听阈与声反射阈的差值小于 15 dB 时应考虑行为听阈的真实性。因有些耳蜗性病变出现重振，声反射阈降低，所以不能以声反射阈推断行为听阈，只能以此法对伪聋定性。

（4）面神经功能测试。声反射测试可用于面神经病变定位诊断。当面神经病变位于镫骨肌支以上时，声反射消失，而病变位于镫骨肌支以下时，声反射存在。声反射测试还可用于面神经疾患预后监测。声反射的重新出现早于面肌功能恢复。

（5）助听器评估。声反射阈接近于不舒适阈，对于不能表述听觉感受者可用声反射来评估助听器的增益和最大声输出设置是否合适。以普通语声为刺激声，戴助听器对侧耳为指示耳，如果出现声反射，说明助听器增益过大，大声喊话时出现声反射，说明最大声输出过大。

（三）听觉电生理检测

1. 听性脑干反应（ABR）

（1）ABR 的特征。ABR 是客观听力测定的重要方法之一。它是短声（Click）刺激后从头皮上记录的由听觉通路传导的电位活动，通过测量波形、波幅和潜伏期，分析脑干的功能和听力受损的程度，还可以用来检测出的波 V 反应阈推算受试者 2 kHz~4 kHz 范围的听阈。

ABR 波形的形态随记录部位的不同略有不同，观测的指标主要是给声后的 10 ms 内所出现的 6 个波，通常命名为 I ~ VI 波。测量的指标主要是各波的潜伏期和峰间潜伏期。正常成人各波潜伏期如图 5-2-2 所示，但不同的实验室会有一定程度的差异。原则上各实验室应该有各自的潜伏期和波峰间潜伏期正常值。听力正常者两耳 ABR 波 V 潜伏期相差最大不超过 0.4 ms。振幅的正常变异较大，一般不用作诊断指标。

研究认为，波 I 起源同侧听神经电活动；波 II 起源于同侧耳蜗核电活动；波 III 起源于双侧上橄榄核电活动；波 IV 起源于双侧上橄榄核电活动；波 V 起源于双侧听放射。波 I 对于评价听觉通路中听神经结构完整性是非常重要的，而波 V 对于确定听觉阈值是非常重要的。

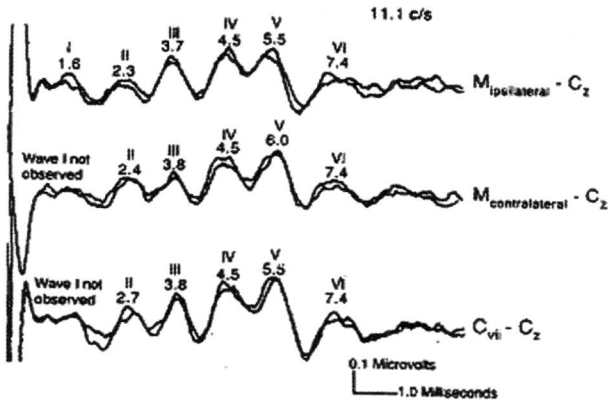

图 5-2-2 示：ABR 各波命名及潜伏期

ABR 中的 V 波随着刺激强度的减弱，潜伏期会逐渐延长，而波幅会逐步降低，当刺激强度减弱至一定阈值，其 V 波随之消失（如图 5-2-3）。如图所示为正常人 ABR 波形图，其中 V 波所对应的声刺激强度为 5 dBnHL，即为 V 波的反应阈。当伤者听力损伤时此 V 波反应阈会随听力障碍的程度增加而增加。研究表明，该 V 波反应阈较行为听阈之间高出 10 dB~20 dB。利用这个特点，临床上常用 V 波的反应阈评估行为听阈。

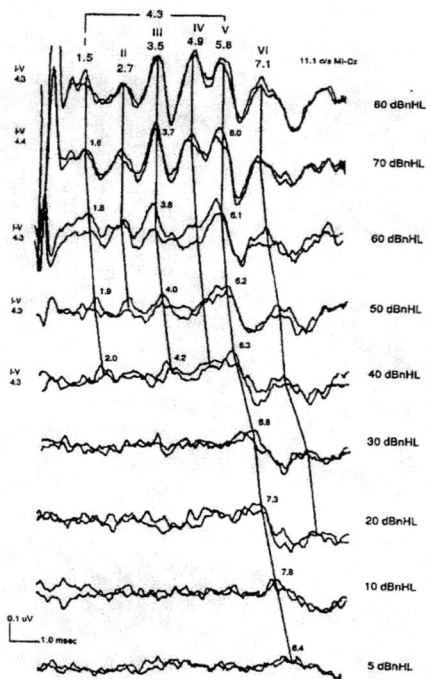

其图5-2-3示：ABR波V与反应阈

（2）法医学鉴定要点。①根据ABR各波起源可以辅助判断听觉传导系统损伤的部位，如一侧的V波潜伏期延长，或Ⅰ～V波的峰间期（即中枢传导时间）较对侧延长0.4 ms以上，则提示该侧脑干受损；两侧波V潜伏期差大于0.4 ms者，则提示潜伏期较长的一侧的脑干损伤。②Ⅰ～V波潜伏期顺序延长，但波峰间期正常，提示该侧传导性听力障碍。③利用V波反应阈减去15 dB，推测受试者的行为听阈。

2. 40 Hz听觉相关电位（40 Hz AERP）

（1）40 Hz AERP的特征。40 Hz AERP是采用40次/秒重复的单周正弦短声刺激而获得的，具有频率特征。主要用于测定受试者

250 Hz~8000 Hz 范围的听阈，所以能反映言语频率的听阈。

　　因为 40 Hz AERP 波幅会随着声刺激的强度减弱而降低，所以以 40 dB HL~60 dB HL 声强刺激开始（若引不出波形，则增大声强），按升 5 dB、降 10 dB 给受试者以声音刺激，分别记录 40 Hz AEBR，直至能够引出最小反应波形为止。与引出最小反应波形相对应的声音刺激强度即为受试者 40 Hz AEBR 的反应阈，如图 5-2-4 所示，40 Hz AEBR 的反应阈应为 10 dB。

　　与 ABR 波形 V 波反应阈相似，40 Hz AERP 反应阈也可以用来评估受试者的行为听阈，即将其反应阈减去 15 dB，即是受试者行为听阈的推测值。

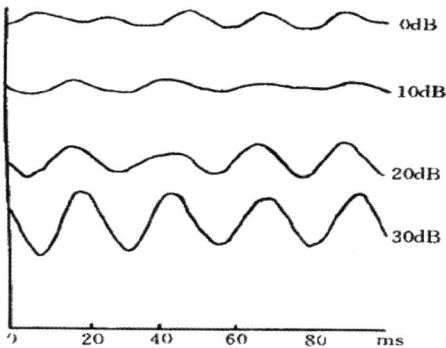

图 5-2-4 示：40Hz AERP

　　（2）法医学鉴定要点。①短纯音（500 Hz~1000 Hz）诱发的 40 Hz AERP 可以用来评估受试者 2 kHz 以下低频听力损失情况，弥补了 ABR 的阈值测定只反应高频听力情况的不足。②若 40 Hz AEPR 无反应，ABR 有反应则反映较高听觉中枢异常。③若 40 Hz AERP 有反应，而 ABR 无反应多见于重度感音神经性聋（平坦型或陡降型）。④40 Hz AERP 和 ABR 无引不出，足可以说明各频率听力损失严重。⑤伪聋者纯音听力显示全聋，而 40 Hz 反映出低中频听阈，ABR 反映出高频 4 kHz 左右范围听阈，从而客观地反映出听力损失程度范围。⑥重度感音神经性聋者（陡降型和平坦型），ABR 无反应不能说明此类人无听力，而 40 Hz AERP 则能反映出残余听力。

3. 多频稳态诱发电位（ASSR）

多频稳态诱发电位确切的名称应是听觉稳态响应（Audio Steady-State Response，ASSR）。能够同时对多个不同频率刺激声的脑干电位进行采集，叫作"多频"ASSR 或"多频稳态诱发电位"。

（1）ASSR 的特征。①客观性：因为 ASSR 的检测和结果的统计学分析均是由计算机程序自动进行，弥补了其它客观听力检查手段，如听性脑干反应（ABR）、40 Hz 相关电位等。②频率特异性好：可以检测 0.25 kHz~8 kHz 频率。③最大声输出高：ASSR 测试信号可给出 120 dB HL 的声刺激，能够测定重度，甚至极重度听力损失者受试者的残余听力。④不受睡眠和镇静药物的影响：ASSR 是叠加在 EEG 波上的很小的诱发电位，因为睡眠时 EEG 波形稳定，可增加信噪比，使得 ASSR 容易检出。实验证明当调制频率大于 70 Hz 时，麻醉、昏迷等不影响检查结果。⑤快速简便：ASSR 的测定由测试仪自动完成，因而比 ABR 和纯音测听更快速。

（2）法医学鉴定要点。①客观听力检测：ASSR 常用的调制频率（给声数率）为75 Hz~110 Hz，因为在这种调制频率下不易受睡眠、麻醉等因素的影响，并且在儿童乃至新生儿可得到可靠的结果，是目前评估听觉功能的较好的方法。②推导纯音听阈图：测试仪器在测定过程中自动把能引出 ASSR 的最低刺激信号强度定为阈值，由此得到打印纯音听阈图，婴幼儿 ASSR 的反应波形幅度小，听阈结果较成人高，ASSR 的阈值与行为测听阈值间的差异随频率增高而缩小。

4. 耳蜗电图（ECochGs）

ECochG 是指从耳蜗近场记录到的诱发电位活动，包括三种成分：

耳蜗微音电位（cm）、总和电位（SP）和听神经综合动作电位（AP）。

（1）ECochGs 的特征。典型的 ECochG 波形如图 5-2-5 所示[1]。cm 为来自毛细胞的一种耳蜗电位，亦称感受器电位，这种交流连续电位，无潜伏期，可如实反映声刺激的声学波形，无真正阈值。SP 是声波传入内耳基底膜非线性振动而引起的耳蜗直流电位，为多种成分的反应，不单独用，常与 AP 结合应用。AP 为许多蜗神经纤维兴奋时发出冲动的综和电位，其典型波形有 N1、N2 两个负峰。N1 来自耳蜗神经，潜伏期约 2 ms，N2 可能包括耳蜗核的反应，为耳蜗电图的重要观察指标。

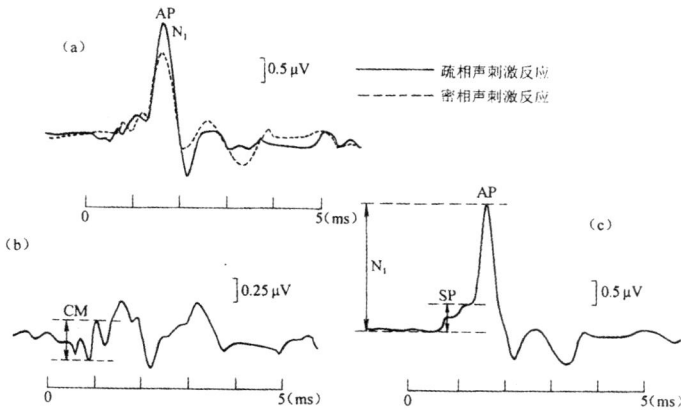

图 5-2-5 示：（a）主要显示 AP，实线为短声疏波诱发反应，虚线为短声密波诱发反应；（b）将疏波反应与密波反应相减，AP 与 SP 被消除，主要显示 cm；（c）将疏波反应与密波反应相加，cm 被消除，AP 与 SP 被强化。

（2）法医学鉴定要点。① cm 消失表示耳蜗病变，如 cm 正常

---

〔1〕 韩德民、许时昂主编：《听力学与基础临床》，科学技术文献出版社 2004 年版，第 338~339 页。

而 AP 消失，则为听神经病变。② AP 反应阈值明显优于主观纯音听阈，则表示病变在脑干或更高中枢，多为小脑桥脑角病变。③SP/AP 的比值大于 0.4，提示梅尼埃病，或者耳蜗损伤、疾病的重症现象。

5. 畸变产物耳声发射

畸变产物耳声发射（Distortion product otoacoustic emissions, DPOAE）是两个不同频率的纯音（f_1，f_2）同时刺激诱发的，是由耳蜗外毛细胞能动活动产生，在外耳道中记录到的一种畸变声音。

（1）DPOAE 的特征。DPOAEs 有以下基本特性：①所有听力正常人都可以记录到 DPOAEs。②DPOAEs 反应的幅值随原始刺激强度的增加而升高，较原始刺激强度小 55 dB SPL～65 dB SPL。③不同刺激强度下听力正常人平均 DPOAEs 图形状基本一致。

（2）法医学鉴定要点。① 听觉系统损伤或疾病的定性诊断。在感音神经性聋患者中，畸变产物耳声发射的检出率随听力损失加重而下降。但蜗性聋与蜗后聋又有所不同，耳蜗病变者畸变产物耳声发射的改变随听力损失变化大，蜗后病变者畸变产物耳声发射的改变随听力损失变化小。有研究表明，外伤后听觉障碍组各频率点的畸变产物耳声发射检出率和幅值均显著低于正常对照组。畸变产物耳声发射检出率和幅值的降低表明耳蜗功能有损害，检出率和幅值降低越明显，耳蜗功能受损害程度越严重。因此，畸变产物耳声发射检测对于外伤性听觉障碍者耳蜗微结构损害的早发现、早诊断和早治疗具有重要的临床意义。② 听觉系统损伤或疾病的定位诊断。蜗性损伤或病变时，在纯音听阈大于 30 dBHL 的频率处畸变产物耳声发射幅度会下降。蜗后性损伤或病变时，由于蜗后病变未损伤耳蜗生理功能，其畸变产物耳声发射通常不会改变。

（四）前庭平衡功能障碍

1. 前庭平衡功能测试方法

平衡障碍的主要症状是偏倒、错指物位、行走或书写障碍。常用的有以下检查方法。

（1）Romberg 试验。又称闭目直立检查法。受检者闭目，双脚并拢直立，两手臂向两侧伸直平举与肩平。迷路有病变时，将向患侧偏倒，头部转动时，偏倒的方向随之改变；小脑有病变时，将向患侧或后方偏倒，不随头位的转动而改变偏倒的方向。

（2）错指物位试验。检查者与受检者对坐，各伸出一手臂，食指伸出，其他四指握拳。检查者手背向下，受检者手背向上。嘱受检者将手臂举起再向下移动，以食指接触检查者的食指。先睁眼试之，然后闭目检查。迷路有病变者，闭眼时不能正确指向预定目标，双手食指均向患侧偏斜；小脑有病变时，患侧食指向患侧偏斜，而健侧食指则能正确地接触检查者的食指。

（3）静动态平衡台检查：静动态姿态平衡仪通过计算机软件对患者的平衡功能进行检查，它为客观评价和量化平衡问题提供了可能，因为它将平衡系统作为一个整体来评价，只要病人可以保持站立和自由活动就能检查。它能够按照重要顺序分类显示控制姿势的各种感觉信息传入（视觉、前庭、本体），也可以区分哪个系统出现问题而导致平衡障碍。它能够产生可再现的运动转换，以研究病人对干扰的姿势反应。软件进行了特别设计，可以用来进行平衡障碍患者的康复训练，客观并量化评价前庭康复患者的治疗结果。

2. 法医学鉴定要点

双侧前庭平衡功能丧失，睁眼行走困难，不能并足站立时，即符合本标准"5.6.2.8）"之规定，致残等级鉴定为六级；一侧前庭平衡功能丧失，伴听力减退时，即符合本标准"5.10.2.20）"之规定，致残等级鉴定为十级。

第六章

颈部损伤

颈部主要有咽、食管、喉、气管和甲状腺、颈总动脉、颈内静脉和神经干等。本章主要讲述颈部软组织损伤遗留的瘢痕粘连，喉、气管损伤遗留的呼吸困难及咽、食管损伤引起的吞咽功能障碍。

第一节　颈部瘢痕形成

本节提要

1. 颈前三角区的划分

2. 颌颈粘连程度分级

一、条款比较

《道标》		《新残标》	
颈部瘢痕形成			
4.7.4	颈前三角区瘢痕形成75%以上。	5.7.3.4)	颌颈粘连（中度）。
4.8.4	颈前三角区瘢痕形成50%以上。	5.9.3.1)	颈前三角区瘢痕形成，累计面积达 50.0 cm²。
4.9.4.b)	颈前三角区瘢痕形成25%以上。	5.10.3.1)	颌颈粘连畸形松解术后。

续表

《道标》		《新残标》	
4.10.4.c)	颈前三角区瘢痕面积 20 cm² 以上。	5.10.3.2)	颈前三角区瘢痕形成，累计面积达 25.0 cm²。

颈部瘢痕形成与颈部活动度

4.3.4.a)	瘢痕形成，颈部活动度完全丧失。
4.4.4.a)	瘢痕形成，颈部活动度丧失 75% 以上。
4.5.4.a)	瘢痕形成，颈部活动度丧失 50% 以上。
4.6.4	瘢痕形成，颈部活动度丧失 25% 以上。
4.10.4.a)	瘢痕形成，颈部活动度丧失 10% 以上。

二、编制说明

考虑到颈部活动度的测量易受到多方面的影响，尤其是伤者的夸大和伪装，《新残标》弃用"颈部活动度丧失"作为划分致残等级的依据。而是直接根据颈部瘢痕形成的多少直接鉴定致残等级。

此外，《道标》关于颈前三角区瘢痕形成是依据瘢痕在颈前三角区的面积比来划分致残等级的，涉及颈前三角区面积的计算问题，而《新残标》是依据颈前三角区瘢痕的绝对面积来划分等级的，更易于操作。

三、应用指南

（一）颈前三角区及其范围

颈部上界为下颌骨下缘、下颌角、乳突和上项线与枕外隆突的连线，下界为胸骨颈静脉切迹、胸锁关节、锁骨、肩峰至第七颈椎棘突的连线。

颈前三角范围：①外界：胸锁乳突肌前缘；②内界：颈前部正中线；③底界：下颌骨下缘；④顶部：胸骨上端。以舌骨为界，颈前三角又可分为舌骨上区和舌骨下区。其中舌骨上区又可分为颏下三角和下颌下三角；舌骨下区又可分颈动脉三角和肌三角（如图 6-1-1）。

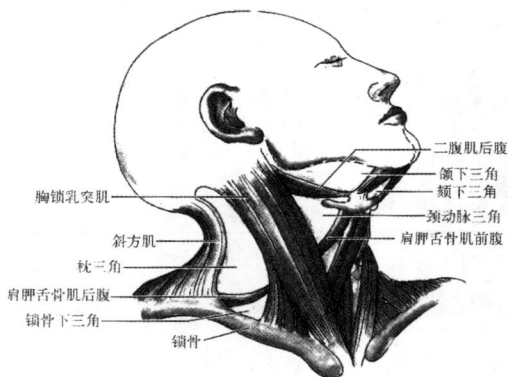

图 6-1-1 示：颈部分区

（二）颏颈粘连及其分度

颈部为身体暴露部位，易引起烧伤，其皮肤较薄弱，组织弹性好，烧伤后易引起外观畸形及功能障碍，轻者直接影响外貌及头、颈部功能活动，重者可引起广泛颏颈胸粘连（如图 6-1-2），并可影响语言、咀嚼、进食、呼吸等功能，严重者可影响下颌、颈椎骨组织的发育以致变形。

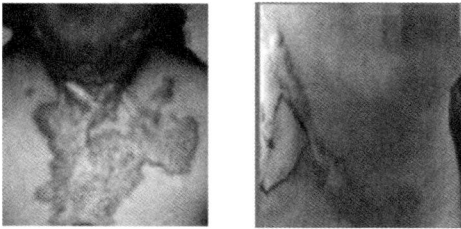

图 6-1-2 示：左图示颏颈粘连；右图示颈胸粘连

颏颈粘连分度如下（附录 B.20）：

轻度单纯的颈部瘢痕或者颈胸瘢痕。瘢痕位于颌颈角平面以下的颈胸部，颈部活动基本不受限制，饮食、吞咽等均无影响；

中度颏颈瘢痕粘连或者颏颈胸瘢痕粘连。颈部后仰及旋转受到限制，饮食、吞咽有所影响，不流涎，下唇前庭沟并不消失，能闭口；

重度唇颏颈瘢痕粘连。自下唇至颈前均为挛缩瘢痕，下唇、颏部和颈前区均粘连在一起，颈部处于强迫低头姿势。

（三）颏颈粘连畸形松解术

本标准所称"颏颈粘连畸形松解术"是指因损伤后遗留瘢痕形成并挛缩畸形、颏颈粘连导致抬头或者颈部旋转、侧屈等动作受限，或者影响饮食、吞咽等动作，达到中度以上颏颈粘连的程度，需行瘢痕粘连松解术等治疗。

（四）法医学鉴定要点

1. 当颏颈粘连（轻度）合并面部组织器官损伤有可能影响容貌时，应遵循"就高不就低"的原则，适用较高等级的条款鉴定致残等级。

2. 凡颏颈粘连畸形，临床行瘢痕松解术治疗的均符合本标准"5.10.3.1）颏颈粘连畸形松解术后"之规定，鉴定为十级伤残。但松解术后并未解除颏颈粘连畸形，仍应对粘连畸形进行分度评价，若达到颏颈粘连中度的，仍应适用"5.7.3.4）颏颈粘连（中度）"之规定，评定为七级伤残。

第二节　颈部器官损伤

本节提要

1. 吞咽功能障碍的临床分类
2. 吞咽功能障碍的临床检查
3. 喉返神经损伤的临床特点
4. 器质性声音嘶哑的临床特点
5. 癔症性声嘶与失音的鉴别

一、条款比较

《道标》		《新残标》	
呼吸和吞咽功能			
4.1.4)	呼吸和吞咽功能严重障碍。	5.3.2.4)	吞咽功能障碍，完全依赖胃管进食。
4.2.4)	呼吸和吞咽功能障碍。	5.5.2.9)	咽或者咽后区损伤遗留吞咽功能障碍，只能吞咽流质食物。
4.3.4.b)	严重影响呼吸和吞咽功能。	5.7.2.10)	咽或者咽后区损伤遗留吞咽功能障碍，只能吞咽半流质食物。
4.4.4.b)	影响呼吸和吞咽功能。	5.8.2.19)	咽成形术后咽下运动异常。
4.5.4.b)	影响呼吸功能。	5.10.2.28)	咽或者咽后区损伤影响吞咽功能。
4.10.4.b)	轻度影响呼吸和吞咽功能。	5.2.3.1)	呼吸困难（极重度）
		5.4.3.3)	呼吸困难（重度）
		5.8.3.10)	呼吸困难（中度）
		5.10.3.9)	呼吸困难（轻度）

《道标》	《新残标》	
甲状腺损伤		
	5.5.3.1)	未成年人甲状腺损伤致功能减退,药物依赖。
	5.7.3.1)	甲状腺功能损害(重度)。
	5.8.3.1)	甲状腺功能损害(中度)。
	5.9.3.2)	甲状腺功能损害(轻度)。
甲状旁腺损伤		
	5.5.3.2)	甲状旁腺功能损害(重度)。
	5.7.3.2)	甲状旁腺功能损害(中度)。
	5.9.3.3)	甲状旁腺功能损害(轻度)。
喉损伤		
4.9.4.a) 严重声音嘶哑。	5.6.3.1)	双侧喉返神经损伤,影响功能。
	5.10.3.3)	一侧喉返神经损伤,影响功能。
	5.10.3.4)	器质性声音嘶哑。

续表

《道标》	《新残标》	
颈动脉及胸导管损伤		
	5.8.3.2)	颈总动脉或者颈内动脉严重狭窄，支架置入或者血管移植术后。
	5.9.3.17)	胸导管损伤。

二、编制说明

（一）关于呼吸困难

《道标》对于颈部损伤遗留呼吸困难的伤残等级划分是和吞咽困难同时考量的，而《新残标》将呼吸困难与吞咽困难作为独立的考量因素，即分别依据呼吸困难和吞咽困难的严重程度来划分致残等级。

《道标》根据伤者在不同体力活动状态下是否出现呼吸困难确定呼吸困难的程度，再根据呼吸困难的严重程度确定致残等级，主要是依据伤者体力活动时呼吸困难的临床表现将呼吸功能障碍划分为以下几个不同的等级：①呼吸功能严重障碍：静卧时亦有呼吸困难出现，体力活动完全受限；②呼吸功能障碍：室内走动出现呼吸困难，体力活动极度受限；③呼吸功能严重受影响：一般速度步行有呼吸困难，体力活动大部分受限；④呼吸功能受影响，包括两种情况：蹬楼梯出现呼吸困难；快步行走出现呼吸困难。而《新残标》对呼吸困难的程度的判定增加了肺功能检测指标（见标准附录表 B-2），体现了检验方法的客观性和检验结果的可靠性。

（二）关于吞咽功能

《道标》将吞咽功能分为"吞咽功能严重障碍""吞咽功能障

碍""严重影响吞咽功能""影响吞咽功能"等，但标准本身并未
规定相应的判断细则，实践中很难理解与把握。《新残标》直接根
据能否进食以及所进食物的性状等来划分致残等级，一定程度上增
加了标准的可操作性。

（三）关于颈部组织损伤

《新残标》增加了甲状腺、甲状旁腺、喉及喉返神经、颈部大
动脉及胸导管等损伤后致残等级鉴定的专门性条款。除了甲状腺、
甲状旁腺及喉损伤是以功能障碍进行伤残等级鉴定外，颈总动脉、
颈内动脉以及胸导管损伤都不是依据功能障碍，主要是考虑此类损
伤处理困难，对人体健康潜在性影响较大。

三、应用指南

（一）吞咽功能障碍的分类

吞咽动作是一种由许多肌肉参加的反射性协同运动。根据食物
进入途径，吞咽可分为三期：即口腔期、咽腔期、食管期。咽的吞
咽是指以适宜的频率和速度通过咽运送食物和饮料的功能。引起吞
咽困难的原因可以分为三类：①功能障碍性：凡导致咽痛的疾病一般
都有不同程度的吞咽困难，咽痛愈烈，吞咽困难愈严重。②梗阻性：
咽部或食管狭窄、增生或异物，妨碍食物下行，尤以固体食物难以
咽下，流质饮食尚能通过。③麻痹性：因中枢性病变或周围性神经
病变所致咽肌麻痹，引起吞咽困难，进液体时更为明显。此处所涉
及的吞咽功能障碍主要指系由口咽部损伤所致。

癔病性吞咽障碍者感觉咽部有异物，主诉多种多样，咽不下、
咳不出，或上下移动，或固定不动，可间歇性，亦可持续性，疲劳
后加重，部位不固定，客观检查中未发现实质性病变。

（二）吞咽功能障碍的评估

从标准条款的描述来看，对于"5.3.2.4）吞咽功能障碍，完
全依赖胃管进食""5.5.2.9）咽或者咽后区损伤遗留吞咽功能障

碍，只能吞咽流质食物"和"5.7.2.10）咽或者咽后区损伤遗留吞咽功能障碍，只能吞咽半流质食物"等规定，根据是否可以自行进食（完全依赖胃管）以及所进食物的性状（流质食物或半流质食物）来鉴定致残等级并无困难。

但"5.8.2.19）咽成形术后咽下运动异常"和"5.10.2.28）咽或者咽后区损伤影响吞咽功能"所规定的"咽下运动异常"和"影响吞咽功能"很大程度上只是伤者的主观体验，需要通过进一步的作业检查才能确定。

吞咽功能作业检查所使用的食物及方法：①流质，如水、清汤、茶等。②半流质，如稀粥、麦片饮料、加入加稠剂的水等。③糊状食物，如米糊、浓粥等，平滑而柔软，最容易吃。④半固体，如烂饭，需要中等咀嚼能力。⑤固体，如正常的米饭、面包等，需要较好的咀嚼力。开始时使用糊状食物，逐步使用流质、半流质，然后过渡到半固体、固体。数量开始为 1/4 茶匙，约 2.5 mL，再逐步增至半茶匙（约 5 mL）、一茶匙（约 10 mL），最后至一匙半（15 mL），进食液体顺序为从使用匙、杯到使用吸管。整个评估时间约 20~30 分钟。

（三）吞咽功能障碍的辅助检查

1. 洼田饮水试验

用于评估其有无吞咽功能异常。受试者取端坐位，喝下 30 mL 温开水，观察所需时间和呛咳情况：1 级（优），能顺利地 1 次将水咽下；2 级（良），分 2 次以上，能不呛咳地咽下；3 级（中），能 1 次咽下，但有呛咳；4 级（可），分 2 次以上咽下，但有呛咳；5 级（差），频繁呛咳，不能全部咽下。

结果判断：①正常：1 级，5 秒之内；②可疑：1 级 5 秒以上或 2 级；③异常：3~5 级。凡 3 级以上可适用"5.10.2.28）咽或者咽后区损伤影响吞咽功能"之规定，鉴定为十级伤残。

2. 视频荧光造影（金标准）

调制不同黏度的造影剂让伤者于不同体位下吞服，在荧光屏幕下摄录整个吞咽过程，然后进行反复和全程观察分析舌、咽、软腭、喉等部位的活动状况，评价吞咽功能。按照吞咽过程观察以下状况：①制备期：口唇能否闭合，有无钡剂过早流向咽部，有无食物在面颊残留。②口腔期：钡剂有无流向鼻腔，食团由硬腭到咽反射开始的时间是否超过 1 秒。③咽期：是否有咽反射启动延迟，通过咽部的时间超过 1 秒，有无钡剂流入气管、喉部上提及关闭动作是否正常。④食管期：钡剂有无停留梗阻、上下部食管括约肌的功能及食管蠕动是否正常。

（四）关于甲状腺功能减退

甲状腺激素是甲状腺分泌的激素。甲状腺激素的生理功能主要表现为：①促进新陈代谢。②促进生长发育。③提高中枢神经系统的兴奋性。此外，还有加强和调控其它激素的作用及加快心率、加强心缩力和加大心输出量等作用。

甲状腺功能减退较轻时表现为：易疲劳、怕冷、体重增加、记忆力减退、反应迟钝、嗜睡、精神抑郁、便秘、月经不调、肌肉痉挛等。体检可见表情淡漠，面色苍白，皮肤干燥发凉、粗糙脱屑，颜面、眼睑和手皮肤水肿，声音嘶哑，毛发稀疏、眉毛外 1/3 脱落。由于高胡萝卜素血症，手脚皮肤呈姜黄色。较重时可出现：肌肉乏力，暂时性肌强直、痉挛、疼痛，嚼肌、胸锁乳突肌、股四头肌和手部肌肉可有进行性肌萎缩。腱反射的弛缓期特征性延长，超过 350 ms（正常为 240 ms～320 ms），跟腱反射的半弛缓时间明显延长。严重时可出现：心肌黏液性水肿导致心肌收缩力损伤、心动过缓、心排血量下降、甲减性心脏病、麻痹性肠梗阻、女性月经过多或闭经、黏液性水肿昏迷等。

但甲状腺功能减退的严重程度需根据伤者临床表现和实验室检查结果综合判断。本标准是根据甲状腺功能减退的严重程度进行伤残评定的，附录 B. 21 给出了甲状腺功能低下分度的判断细则：①重度：临床症状严重，T3、T4 或者 FT3、FT4 低于正常值，TSH > 50 μU/L；②中度：临床症状较重，T3、T4 或者 FT3、FT4 正常，TSH>50 μU/L；③轻度：临床症状较轻，T3、T4 或者 FT3、FT4 正常，TSH 轻度增高但<50 μU/L。

（五）甲状旁腺功能低下

甲状旁腺是多位于人体颈前部甲状腺侧叶后方的内分泌腺体，分泌的激素主要为甲状旁腺素，它主要调节人体内钙磷代谢和骨骼代谢。甲状旁腺功能减退导致甲状旁腺素产生减少或作用缺陷而造成以低钙血症、高磷血症为主要化验异常，患者表现为反复手足搐搦和癫痫发作。

本标准对于甲状旁腺功能减退致残等级的划分主要依据血钙质量浓度的水平，标准附录 B. 22 规定了甲状旁腺功能低下分度办法。即：①重度：空腹血钙质量浓度<6 mg/dL；②中度：空腹血钙质量浓度6 mg/dL～7 mg/dL；③轻度：空腹血钙质量浓度7.1 mg/dL～8 mg/dL。

（六）胸导管损伤

胸导管损伤评定致残程度等级需要同时符合以下条件：①有颈胸部外伤或胸部手术史；②有相应的临床症状；③实验室检查乳糜定性为阳性。胸导管损伤多合并胸部严重创伤，诊断多不困难。

（七）喉返神经损伤

喉返神经损伤的临床表现：单侧喉返神经损伤的主要临床表现常为声嘶及发声无力，经一段时间代偿后健侧声带可于发声时超越中线，并与患侧声带接触，声音可有一定改善，通常不发生呼吸困难。咳嗽软弱与声嘶的程度一致。双侧喉返神经损伤多于伤后出现严重的声嘶伴咳嗽无力，可以出现不同程度的呼吸困难表现。

喉返神经损伤的临床检查：喉镜及纤维喉镜检查，单侧损伤时可见患侧声带处于旁中位，位于较低的平面，杓状软骨向前倾，并位于健侧之前，深吸气时患侧声带固定不动；双侧损伤时，声带呈旁中线位，杓状会厌襞松弛，两侧杓状软骨前倾，甲杓肌呈松弛状，深吸气及发声时，两侧声带停滞不动。

凡颈部损伤后出现喉返神经损伤的临床表现，均须经喉镜及纤维喉镜检查以明确诊断，并仔细鉴别是单侧损伤还是双侧损伤。一旦诊断明确即可适用本标准条款进行致残等级鉴定。

癔症性失声表现特点：突然失音，或只能发耳语，但咳嗽等仍可发声。常表现为突然发作的发声障碍。病人于受到精神刺激后，可立即失去正常发音功能，轻者仍可低声讲话，重者仅能发出虚弱的耳语声，但很少完全失声。失声主要表现在讲话时，但咳嗽、哭笑时声音仍正常，呼吸亦完全正常。发声能力可以骤然恢复正常，但在某种情况下又可突然复发，说明此为功能性疾病。与心理因素有关，一般有情绪激动或精神受刺激史，如生活事件、内心冲突、过度悲哀、恐惧忧郁、紧张激怒等，多见于青年健康女性。

（八）器质性声音嘶哑

器质性声音嘶哑是指发声器官组织结构损伤所致的声音嘶哑。发声器官由甲状软骨、环状软骨、勺状软骨、会厌软骨和各种肌肉组成。

器质性声音嘶哑的临床特征：发声时失去了圆润而清亮的音质，最轻的表现为发高音时有某种程度的音质改变，声音变粗糙，或几乎所有音调的音质都有改变，声音变"沙"。中度的音质改变称为"嘶"，此时除音质变得粗糙和不纯外，尚有漏气，表示双侧声带在发音时有明显间隙。重度音质改变称"哑"，即发声时声门间隙很大，声带无法振动，只能发耳语声。

器质性声音嘶哑的临床检查包括：①动态喉镜检查。动态喉镜检查：适用于鉴别器质性和功能性病变；判断器质性病变的范围与程度；确定声带麻痹的类型或轻重，并与环杓关节固定、声带炎、外伤等鉴别；初步判断声带肿物的性质；对声音工作者进行各种测试及指导发音训练。②X 线或 CT 检查：可观察会厌前隙、会厌喉室及颏下部软组织病变，并可进行声带测量及观察声带麻痹。③喉肌电图检查：对判断喉肌无力或麻痹及发音生理研究有重要意义及鉴别作用。其他检查包括气体动力学检查、声门图及声谱检查、B型超声检查、病理学检查等。但创伤性的器质性损伤诊断多不困难。

（九）法医学鉴定要点

1. 凡咽成形术后视频荧光造影检查显示咽下运动异常的，即符合本标准 5.8.2.19）之规定（咽成形术后咽下运动异常），应鉴定为八级伤残。

2. 本节所指的主要是梗阻性吞咽困难，对于麻痹性吞咽困难可以依据附则 6.1 条，并比照本节相近的条款鉴定致残等级。对于癔病性吞咽功能障碍者不进行致残等级鉴定，只进行因果关系分析。

3. 喉返神经损伤引起的声音嘶哑为麻痹性嘶哑，须与器质性声音嘶哑和癔症性失音相鉴别。

4. 对于甲状腺与甲状旁腺损伤，须根据临床表现结合实验室检查综合判断。

第七章

胸部损伤

胸部损伤包括女性乳房损伤、肋骨骨折、心脏大血管损伤、气管和支气管损伤。

第一节　女性乳房损伤

本节提要

1. 女性乳房缺失或毁损范围的评估
2. 未成年或者育龄女性的年龄界定

一、条款比较

《道标》		《新残标》	
4.7.5.a)	女性双侧乳房缺失（或严重畸形）。	5.6.3.3)	女性双侧乳房完全缺失。
4.8.5.a)	女性一侧乳房缺失（或严重畸形），另一侧乳房部分缺失（或畸形）。	5.7.3.5)	女性双侧乳房大部分缺失或者严重畸形。
4.9.5.a)	女性一侧乳房缺失（或严重畸形）。	5.7.3.6)	未成年或者育龄女性双侧乳头完全缺失。

续表

《道标》		《新残标》	
4.10.5.a)	女性一侧乳房部分缺失（或畸形）。	5.8.3.4)	女性一侧乳房完全缺失；女性双侧乳房缺失或者毁损，累计范围相当于一侧乳房 3/4 以上。
		5.8.3.5)	女性双侧乳头完全缺失。
		5.9.3.8)	女性双侧乳房缺失或者毁损，累计范围相当于一侧乳房 1/2 以上。
		5.9.3.9)	女性一侧乳房大部分缺失或者严重畸形。
		5.9.3.10)	女性一侧乳头完全缺失或者双侧乳头部分缺失（或者畸形）。
		5.10.3.6)	女性一侧乳房部分缺失或者畸形。

二、编制说明

与《道标》相比，《新残标》有关女性乳房损伤致残等级的划分更加突出了乳房的哺乳功能及美学功能，增加了未成年人和育龄妇女乳房损伤的专门性条款，如"5.7.3.6）未成年人或者育龄妇女双侧乳头完全缺失"。

此外，为了便于乳房缺失的量化，将乳房划分为四个等分，并以此作为评估乳房缺失的参考。

三、应用指南

（一）女性乳房完全缺失的认定

乳房是第二性征器官，女性乳房还是哺乳器官。乳房主要由结缔组织、脂肪组织、乳腺、大量血管和神经等组织构成（如图7-1-1）。乳房的位置，随着年龄的增长会出现一些变化。受地区、种族等因素的影响，女性乳房开始发育的时间各不相同。绝大部分女性乳房开始发育的时间在 8～13 岁之间，完全成熟在 14～18 岁之间。

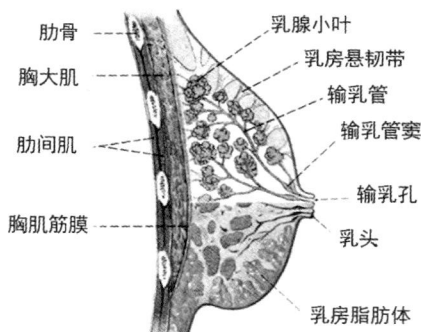

图7-1-1 示：女性乳房结构

女性乳房损伤致使乳头及乳腺组织完全缺失，可视为符合本标准所规定的"乳房完全缺失"（如图7-1-2）。如双侧乳房乳头及乳腺组织完全缺失，即符合"5.6.3.3）女性双侧乳房完全缺失"之规定，评定为六级残；如单侧乳房乳头及乳腺组织完全缺失，即符合"5.8.3.4）女性一侧乳房完全缺失"的规定，评定为八级伤残。

（二）女性乳房部分缺失的量化分析

为了便于对女性乳房或者乳头缺失的量化分析，本标准采用

"完全""大部分""部分"等定性表述，以及"1/2""3/4"等定量表述。其中"大部分"可理解为多于 1/2，"小部分"可理解为少于 1/2。其测量方法如图 7-1-3 所示：以乳头为相交点画两条垂线把乳房分为 4 等分，再观测缺失或者毁损是否达 1/2 或者 3/4 等。

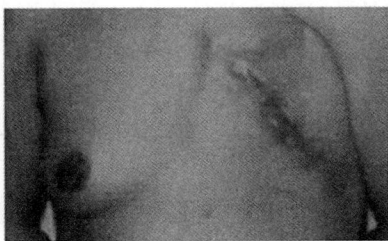

图 7-1-2 示：左侧乳房完全缺失　　图 7-1-3 示：乳房缺失测量方法

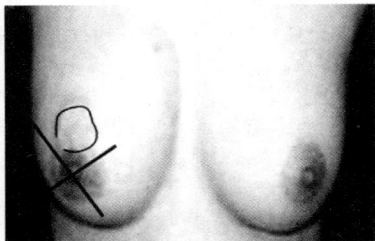

（三）未成年人及育龄妇女的年龄界定[1]

女性双侧乳房大部分缺失或者严重畸形，是指双侧乳房缺失或畸形的范围均在 50% 以上。

未成年或者育龄女性双侧乳头完全缺失评定为七级伤残。根据《民法通则》及本标准附则 6.10 之规定，涉及乳房损伤条款中的"未成年女性"是指年龄未满 18 周岁的女性；"育龄女性"是指生理上具有生育能力的平均年龄段女性，一般指 15~49 岁的女性。49 岁以上分娩后仍可哺乳的女性，可参照育龄女性的相应规定。

（四）法医学鉴定要点

1. 本节乳房损伤标准条款适用于损伤导致的乳房缺失或畸形，以及乳房受损后无法保留须行手术切除所致的乳房缺失。

2. 乳房表面皮肤瘢痕形成但乳房形态结构仍然完整的，应参照体表瘢痕条款鉴定致残程度等级。

---

〔1〕（集体作者）司法部鉴定管理局编：《〈人体损伤致残程度分级〉适用指南》，法律出版社 2016 年版，第 205 页。

3. 本标准所称女性双侧乳房完全缺失，是指治疗终结后，原有的乳房组织完全缺失，隆乳假体受损完全摘除不属于此类情形。

第二节　肋骨骨折与胸廓畸形

本节提要

1. 肋骨骨折的影像学特点
2. 肋骨骨折畸形愈合的判定
3. 胸骨成形与胸廓矫正术
4. 标准条款的理解与适用

一、条款比较

《道标》		《新残标》	
肋骨骨折			
4.8.5.b)	12 肋以上骨折。	5.8.3.6)	肋骨骨折 12 根以上并后遗 6 处畸形愈合。
4.9.5.b)	8 肋以上骨折或 4 肋以上缺失。	5.9.3.11)	肋骨骨折 12 根以上，或者肋骨部分缺失 4 根以上；肋骨骨折 8 根以上并后遗 4 处畸形愈合。
4.10.5.b)	4 肋以上骨折；或 2 肋以上缺失。	5.10.3.7)	肋骨骨折 6 根以上，或者肋骨部分缺失 2 根以上；肋骨骨折 4 根以上并后遗 2 处畸形愈合。

续表

《道标》		《新残标》	
胸廓畸形			
4.1.5.a)	肺叶切除或双侧胸膜广泛严重粘连或胸廓严重畸形，呼吸功能严重障碍。	5.6.3.2)	一侧胸廓成形术后，切除6根肋骨以上。
4.2.5.a)	肺叶切除或胸膜广泛严重粘连或胸廓畸形，呼吸功能障碍。	5.7.3.7)	胸廓畸形，胸式呼吸受限。
4.3.5.a)	肺叶切除或胸膜广泛粘连或胸廓畸形，严重影响呼吸功能。	5.8.3.9)	胸廓成形术后，影响呼吸功能。
4.4.5.a)	肺叶切除或胸膜粘连或胸廓畸形，影响呼吸功能。		
4.5.5.a)	肺叶切除或胸膜粘连或胸廓畸形，轻度影响呼吸功能。		
4.10.5.d)	胸膜粘连或胸廓畸形。		

二、编制说明

《新残标》对于肋骨骨折致残等级的条款设置与《道标》比较，同样的致残等级具体要求提高了，如《道标》规定，"4肋以上骨折；或2肋以上缺失"构成十级残，而《新残标》则规定"肋骨骨折6根以上"或"肋骨骨折4根以上并后遗2处畸形愈合"才构成十级伤残。之所以作出这样的规定是因为专家认为与其他同等级的条款比较，《道标》对于肋骨骨折的评残要求过低。此外，有些肋骨骨折实际上也非常轻微，只有在肋骨 CT 扫描或者肋骨三维图像重组才能发现，这与传统的借助胸部 X 线所发现的肋骨骨折在程度上有很大的区别。

　　《道标》对于胸廓畸形、肺叶切除、胸膜粘连等依据呼吸困难程度规定了不同的致残等级，《新残标》原则上未列出专门性的条款，而是适用"呼吸困难"的通用性条款，即根据呼吸困难程度的不同鉴定致残等级。

三、应用指南

（一）肋骨骨折

1. 肋骨骨折鉴定的基本要求

　　肋骨骨折是常见的胸部外伤，其诊断主要依据能够反映损伤经过的案情材料、损伤后就诊病史记录、临床表现与影像学检查。对于胸部遭受钝性暴力打击或者挤压外力作用致伤，伤后自诉胸部疼痛且随呼吸运动有加重，查体发现局部胸壁直接压痛阳性和（或）胸廓挤压试验阳性者，均需注意鉴别有无肋骨骨折存在。肋骨骨折常用的影像学诊断技术包括常规 X 线摄片（包括目前常用的 CR、DR 摄片）、CT 扫描及 CT 图像后处理技术。X 线摄片包括胸部正位（常采用后前位）、左前和（或）右前斜位摄片及胸部透视下的局部点片。

2. 肋骨骨折的影像学诊断

　　肋骨的解剖形态略呈"C"字形结构，由后上向前下方弯曲走行，X 线影像上肋骨可有后肋、前肋及腋段之分，大致各占全长的 1/3，但并没有准确的分界点。在 X 线平片上肋骨分别投影于胸部与上腹部，因而常规 X 线投照技术获得的影像可将肋骨分为膈上肋骨和膈下肋骨，两者 X 线摄片技术参数完全不同，很难在同一张 X 线摄片中清晰显示全部肋骨。在胸部正位 X 线片上，肋骨与胸部其他解剖结构因前后相互重叠及受到投照技术等原因影响，肋骨腋段常被遮蔽而难以清晰显示，这就造成了膈下肋骨和肋骨腋段等两个区域的肋骨骨折在胸部正位片上易于被疏漏。此外，左前斜位 X 线摄片是观察右侧肋骨前段及左侧肋骨后段有无骨折的有效手段，而右前斜位则恰好与之相反。

因 X 线束具有与普通光学射线相类似的直线传输、折射、反射等物理学特性，在胸部斜位摄片时因躯体转动角度的差异，肋骨骨折处若未能与 X 线相切，同样可以造成难以清晰显示而遗漏诊断。这就如同一直线与某段弧线相交时，仅与弧线的某个点位相切而不是整条弧段。为避免因肋骨线形骨折平行于 X 线束而不能被发现，因而在胸部斜位摄片时，只有在躯体转动至刚好合适的角度，使 X 线与相应肋骨段相切才能显示该处肋骨骨折的征象。正是由于普通 X 线摄片存在上述局限性，肋骨骨折诊断的准确率（符合率）仅为80%左右。换句话说，有 20%左右的肋骨骨折可能被漏诊，尤其是一些隐匿的、不全性的或者骨折端未出现明显错位的肋骨骨折。

近年来的影像学实践已经证明，胸部 CT 扫描是诊断肋骨骨折的重要检查手段，其诊断符合率可以提高至95%以上，若采用合适的图像后处理软件技术，更可以进一步提高，几乎达到"完美"的准确率（符合率）。胸部 CT 扫描图像常具有三个窗位，分别为肺窗、纵隔窗与骨窗，这是经一次扫描后利用"窗口"调节技术，以获取相同解剖部位不同灰阶度的 CT 图像效果，每种窗位的图像用于显示其对应 CT 值相近似的解剖结构。理论上，肺窗图像主要用于观察肺内的病变和异常，纵隔窗图像除观察纵隔结构以外还能发现胸腔积液和断端错位的肋骨骨折，而骨窗图像则主要用于显示肋骨骨皮质及骨髓腔（松质骨），更有助于检查出不完全性肋骨骨折。但由于 CT 轴位图像上肋骨呈节段状显示，并受到非螺旋 CT 扫描层厚、层距或螺旋 CT 扫描螺距等因素的影响，加之螺旋 CT 扫描图像重建层厚、层距选择可各不相同，因此同样可能存在漏诊肋骨骨折的现象。

　　多层螺旋 CT 成像技术中，图像重建是指使用原始扫描数据经重建数学算法生成的横断面图像，图像重组则是采用横断面图像数据实施进一步图像后处理后获得的图像。两者的差别在于：图像重建采用了原始的扫描数据，图像重组则是采用横断面的图像数据。因而横断面图像质量与原始数据采集有关，而重组图像质量主要取决于生成横断面图像的技术参数，即扫描层厚、螺距、图像间隔等。多层螺旋 CT 常用的图像后处理技术主要包括多平面重组（MPR）、曲面重组（CPR）、最大密度投影（MIP）、表面遮盖法（SSD）、容积再现（VR）等。各种后处理图像见图 7-2-1 至 7-2-4。

　　随着 CT 图像后处理技术在肋骨骨折法医学鉴定中日益广泛应用，人们已经重视到了它同样可以因形成影像学伪影而带来误诊，需要引起高度重视。

　　肋骨骨折的影像学检查技术颇多，但每一项技术的运用都具有其最优的适度和一定的限度，因而任何一项影像检查技术都很难完全替代另一项技术，各种影像检查技术之间只存在互相补充的作用。

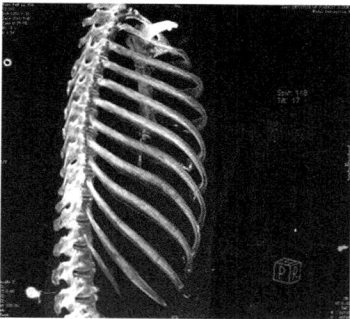

图 7-2-1 示：肋骨 MIP 图像

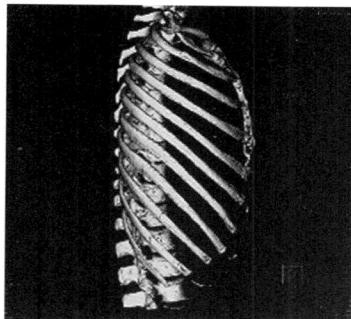

图 7-2-2 示：肋骨 SSD 图像

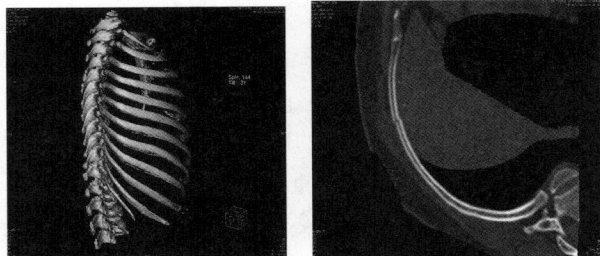

图 7-2-3 示：肋骨 VR 图像　　图 7-2-4 示：肋骨 CPR 图像

作者认为，断端未明显移位或者不完全性的肋骨骨折在伤后初期不易被 X 线平片检查所显示，是法医学鉴定中经常遇到的困扰鉴定人的问题。在骨折经过一段时间的修复，出现骨痂生长、骨折愈合、塑形改变等演化过程后，原骨折部位出现局部骨质膨大，反而易于观察到；此外，未明显移位的肋骨骨折在伤后早期日常生活中可因胸廓的呼吸运动等因素造成骨折处发生部分移位，也可使骨折更易显现。因此，实践中注意把握肋骨骨折的鉴定时机同样至关重要。

3. 肋骨骨折畸形愈合的判定

本标准所称的肋骨骨折畸形愈合，主要是指肋骨完全性骨折后因断端显著移位（包括断端错位及成角移位），经骨痂生长、骨折愈合等过程后形成分离、成角、旋转或者重叠畸形，以断端重叠畸形或断端分离较常见（见图 7-2-5）。

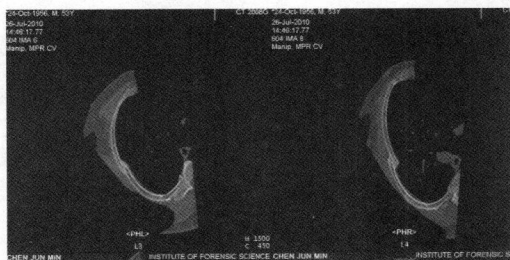

图 7-2-5 示：肋骨骨折畸形愈合（成角畸形，重叠畸形）

肋骨骨折的准确诊断与所采用的影像学技术、鉴定时机均密切相关，其中一大关键在于尽可能多地占有伤后系列随访摄片资料，并具有娴熟观察的能力。

判断是否属于肋骨骨折畸形愈合，关键在于肋骨骨折畸形愈合必须同时满足以下两个条件：①有损伤当时影像资料证明，其符合完全性骨折，且断端存在明显移位，包括断端错位移位、成角移位、分离移位；②骨折愈后形态失去正常的顺应性或者连续性，存在前述畸形愈合的影像学表现。

损伤当时虽然符合明显移位的完全性骨折，愈合后（包括经内固定手术治疗后）骨折处恢复正常的顺应性与连续性，皆不符合肋骨骨折畸形愈合的判定标准。

4. 法医学鉴定要点

（1）本标准所称的肋骨骨折，包括肋骨完全性骨折与不全性骨折。据条款规定，肋骨骨折的计量单位为肋骨根数，即同一肋骨多处骨折计为一根肋骨骨折。

（2）本标准所称的肋骨骨折畸形愈合，系指肋骨完全性骨折愈合后造成的骨质畸形。据条款规定，肋骨骨折畸形愈合的计量单位为骨质畸形处，即同一肋骨两处骨折且均符合畸形愈合者，计为两处。

（3）本标准所称的肋骨缺失，包括因外伤或者手术治疗等造成的一根肋骨全部或者部分骨性结构缺如。肋骨缺失的计量单位为肋骨根数。

（4）本标准"肋骨骨折 4 根以上并后遗 2 处畸形愈合"是指肋骨骨折（含完全性或者不完全性骨折）的数量须达 4 根，且其中至少有 2 处骨折（可以是一根肋骨的两处骨折）最终畸形愈合。其余类似条款可据此参照执行。

（二）胸廓畸形

1. 胸廓畸形

胸廓是胸腔壁的骨性基础和支架，主要由肋骨与胸骨、胸椎围绕而成。正常人胸廓前后径小于左右径，两者比例约为1:1.5，且左、右两侧形状基本对称。胸廓前后径与左右径的比例若偏离上述比值，或者两侧形状明显失去对称性，即为本标准所称的胸廓畸形。扁平胸、桶状胸、佝偻病胸多是由于各种先天或者后天性疾病引起的前后径与左右径的比例失调，而严重的胸部外伤可能导致胸廓两侧失去对称性，甚至形成局部胸廓膨隆或者下陷。引起胸廓畸形最常见的外伤原因为多发性肋骨骨折，尤其见于同一肋骨多处骨折者。胸廓遭受严重创伤可使胸壁的完整机制受到破坏，在造成胸廓畸形的同时，常伴有肺挫伤、胸腔或腹腔器官的损伤及血气胸（见图7-2-6）。

轻度的胸廓畸形对人体的影响不大，但严重的胸廓畸形可以导致胸腔心脏移位，肺脏受压影响呼吸，甚至出现呼吸困难。一般而言，肋骨骨折数量越多，单根肋骨多处骨折发生率越高、骨折移位程度越是明显，肋骨缺失情形越为严重，则愈后遗留胸廓畸形的概率也越大。

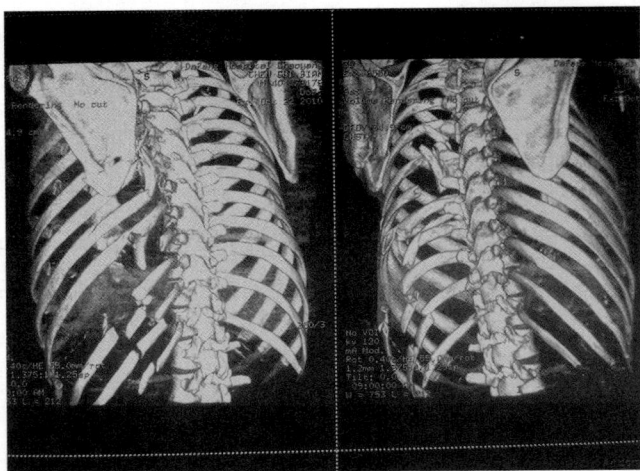

图 7-2-6 示：可能引起胸廓畸形的多发性肋骨骨折

2. 胸廓成形术

胸廓成形术以往是肺结核外科治疗中较为常用的一种萎陷疗法，目前临床上已较少应用，但在一些先天性胸廓畸形以及造成胸廓严重缺损、凹陷畸形的胸部创伤中，或者针对难治性脓胸患者，因其可保留大部分肋骨，手术创伤相对较小，可有效避免反常呼吸，术后胸廓可恢复相对完整，对肺功能影响较小或者无明显影响，故该术式有时仍见应用。

本标准所说的胸廓成形术从严格意义上来说应该称之为胸廓畸形矫正术，如脊柱外伤遗留脊柱侧弯畸形、后凸畸形，多发性肋骨骨折遗留胸廓局部凹陷等，需通过手术进行矫正，恢复胸廓的正常形态，解除对心肺功能的影响。

3. 法医学鉴定要点

（1）在运用"5.7.3.7）胸廓畸形，胸式呼吸受限"这一条时，除了重视胸廓的影像学形态改变以外，还应结合胸式呼吸活动有无受限综合判定。胸式呼吸受限的判定，应重点观察胸廓两侧随呼吸活动的动度是否对称、有无反常呼吸。凡出现胸廓两侧呼吸动度不对称，损伤一侧（或者损伤较重一侧）胸式呼吸明显受限，甚至出现反常呼吸征象者，均属于胸式呼吸受限的范畴。

（2）在运用"5.8.3.9）胸廓成形术后，影响呼吸功能"时，应密切关注呼吸功能有无受累。影响呼吸功能的判定，可参见本标准附录 B.25 呼吸功能分度。凡符合轻度呼吸困难者，均属于影响呼吸功能的范畴。

注：本节除编制说明外，均引自《〈人体损伤致残程度分级〉适用指南》。

第三节　肺与气管损伤

本节提要

1. 肺移植术的形式及鉴定要点
2. 肺叶切除的方式及鉴定要点
3. 呼吸困难分度及肺功能检查

一、条款比较

《道标》		《新残标》	
4.1.5. a)	肺叶切除或双侧胸膜广泛严重粘连或胸廓严重畸形，呼吸功能严重障碍。	5.1.2.4)	心肺联合移植术后。
4.2.5. a)	肺叶切除或胸膜广泛严重粘连或胸廓畸形，呼吸功能障碍。	5.1.2.5)	肺移植术后呼吸困难（极重度）。
4.3.5. a)	肺叶切除或胸膜广泛粘连或胸廓畸形，严重影响呼吸功能。	5.2.3.3)	肺移植术后。
4.4.5. a)	肺叶切除或胸膜粘连或胸廓畸形，影响呼吸功能。	5.4.3.2)	一侧全肺切除术后。
4.5.5. a)	肺叶切除或胸膜粘连或胸廓畸形，轻度影响呼吸功能。	5.6.3.8)	两肺叶切除术后。

《道标》		《新残标》	
4.10.5.d)	胸膜粘连或胸廓畸形。	5.7.3.8)	肺叶切除，并肺段或者肺组织楔形切除术后。
4.10.5.c)	肺破裂修补。	5.8.3.8)	一肺叶切除术后。
4.9.5.c)	肺叶切除。	5.9.3.18)	肺段或肺组织楔形切除术后。
		5.10.3.8)	肺修补术后。
		5.9.3.19)	肺脏异物存留或者取出术后。
		5.9.3.4)	气管或者支气管成形术后。
		5.2.3.1)	呼吸困难（极重度）。
		5.4.3.3)	呼吸困难（重度）。
		5.8.3.10)	呼吸困难（中度）。
		5.10.3.9)	呼吸困难（轻度）。

二、编制说明

（一）关于肺移植术后

肺移植手术是指肺原发性损伤特别严重，不进行肺移植不足以维持基本的生命活动。伤者虽然通过肺移植和必要的医疗帮助可以维持伤者的基本生命，但其日常的工作、学习和生活能力会受到严重的限制。鉴于此，《新残标》将肺移植术后规定了专门性条款，并且根据术后呼吸困难的程度分别鉴定为一级和二级伤残，即肺移植术后仍出现极重度呼吸困难的，依据"5.1.2.5）肺移植术后呼吸困难（极重度）"之规定，鉴定为一级伤残；而没有呼吸困难或者虽然出现呼吸困难，但呼吸困难未达到极重度的，依据"5.2.3.3）肺移植术后"均鉴定为二级伤残。

（二）关于肺切除

与《道标》不同，《新残标》对肺叶切除不再考虑肺叶切除后的肺功能是否受影响，而是直接根据肺切除的多少鉴定致残等级。而《道标》则是强调肺切除的后果，即对呼吸功能的影响程度。《新残标》这样处理的好处在于：一是避免了呼吸功能检测和评定中可能因人为因素的影响而产生的不确定性；二是缩短了鉴定的时限，如果肺切除术后没有出现明显的呼吸功能障碍，鉴定可以尽早进行。当然，如果肺切除术后伤者出现呼吸困难，则仍应依据呼吸困难的程度鉴定致残等级。

（三）关于气管成形术

《道标》并没有气管和支气管成形术后致残等级鉴定的专门性条款，而是依据气管、支气管损伤经医疗终结后是否遗留呼吸困难而定。《新残标》将气管、支气管成形术后设置为专门性的条款。其目的也是尽量避免呼吸困难评估过程中的不确定因素，并尽可能地缩短鉴定时机，有利于问题的尽快解决。

（四）关于呼吸困难

《新残标》有关呼吸困难致残等级鉴定的条款，没有设置损伤部位和性质的前置条件，其目的是扩大这些条款适用的范围，即不论何种原因导致的呼吸困难均可以适用这些条款进行伤残等级鉴定。而《道标》根据不同部位分别设置专门性的条款，即在颈部气管损伤中和胸部气管及肺损伤时均有依据呼吸困难鉴定伤残等级的条款。《新残标》这样处理也使得标准条款更加简洁。

此外，《新残标》有关呼吸困难分级与判定与《道标》也略有不同，除了传统的描述性判断标准外，增加了实验室检测的方法和指标，注重了检测过程的客观性和结果评价的科学性和可靠性。

三、应用指南

（一）肺移植手术的主要形式

肺移植术是将供体的肺器官移植到受体的手术，是治疗肺终末期病变唯一有效的方法。目前肺移植的形式主要有：心肺联合移植、双侧肺移植、单肺移植、肺叶移植等。本标准强调"肺移植术后"，但并未强调肺移植术的形式。所以，不论何种形式的肺移植，只要术后出现极重度呼吸困难的，均符合"5.1.2.5）肺移植术后呼吸困难（极重度）"之规定，鉴定为一级伤残；反之，术后没有出现呼吸困难或者虽然出现呼吸困难，但没有达到极重度的，均符合"5.2.3.3）肺移植术后"之规定，鉴定为二级伤残。

（二）呼吸困难分度判定细则

《新残标》则根据临床表现，结合肺功能检查对呼吸困难进行分级（如表7-3-1）。

表 7-3-1　呼吸困难分度

程度	临床表现	阻塞性通气功能减退：一秒钟用力呼气量占预计值百分比	限制性通气功能减退：肺活量	血氧分压（mmHg）
极重度	稍活动（如穿衣、谈话）即气短。	<30%	<50%	<60
重度	平地步行100米即有气短。	30%~49%	50%~59%	60~87
中度	平地步行1000米无气短，但不能与同龄健康者保持相同速度，快步行走出现气短，登山或上楼时气短明显。	50%~79%	60%~69%	——

程度	临床表现	阻塞性通气功能减退：一秒钟用力呼气量占预计值百分比	限制性通气功能减退：肺活量	血氧分压（mmHg）
轻度	与同龄健康者在平地一同步行无气短，但登山或上楼时呈现气短。	≥80%	70%	—

注： 动脉血氧分压在 60 mmHg~87 mmHg 时，需参考其他肺功能检验结果。

（三）肺功能检查的主要内容

正常成人肺容纳的总气量约为 5.0 L 左右，依年龄、性别、身高和体重不同而略有差异，正常成人第 1 秒钟用力呼出的气流量约为 3.0 L。

1. 肺容量

在呼吸运动中，呼吸幅度不同可以引起肺容纳气量的变化。通过分析肺容量变化与时间的关系，可以了解呼吸动力的功能。其中肺活量和功能残气量是评价肺功能的重要指标。

肺活量减低见于胸廓畸形、肺扩张受限、肺组织受损害、气道阻塞等。功能残气量改变常与残气容积改变同时存在。阻塞型肺部疾患，如支气管哮喘、慢性阻塞性肺病等残气容积增加。限制型肺部疾患，如弥漫性肺间质纤维化、肺占位性疾病，肺切除术后肺组织受压等残气容积减少。临床上以残气量/肺总量（%）作为考核指标。

2. 肺通气

肺通气功能测定是单位时间内肺吸入或呼出的气量，其中用力肺活量（FVC）是考察的重要指标。用力肺活量，是指用最快的速度进行呼气的肺活量，可据此计算第 1 秒钟呼出的容积和第 1 秒钟呼出容积占用力肺活量之比（FEV1.0）。用力肺活量可以反映较大气道的呼气期阻力，正常人 3 秒内可将肺活量全部呼出，第 1、2、3 秒所呼出气量占 FVC 的百分率正常情况下分别为 83%、96%、99%。FEV1.0 既是容积测定，也是一秒钟内的平均呼气流量测定（FVC 正常成人男性参考值约 3179±117 mL，女性约 2314±48 mL；FEV1.0 /FVC%均大于 80%）；

3. 血液气体分析

包括动脉血氧分压、血氧饱和度、动脉血 CO_2 分压测定等。通过酸碱与血气的对比分析，可以反映呼吸生理或病理生理的改变全貌与特点。其中氧分压是肺功能重要的考量指标。

当氧分压为 90 mmHg ~ 100 mmHg 时，动脉血氧饱和度可达 95%；当氧分压降至 60 mmHg 时，血氧饱和度仍可达 90%；如氧分压降至 60 mmHg 以下，则血氧饱和度急剧下降。

（四）肺切除术[1]

肺切除术是治疗肺部严重损伤的有效措施之一。一般来说，肺损伤严重无法修补、损伤后肺组织萎缩或肺组织发生炎症、坏死、液化、形成肺脓肿，或造成气管和支气管破裂等应进行肺切除。

根据病损的性质、范围和肺功能的情况，可以选择实施一侧全部肺脏切除术（即全肺切除术）、肺部分切除（包括肺叶切除、肺段切除或楔形切除）、两个肺叶切除术或者肺叶加肺段切除。

肺组织楔形切除术不需要解剖和分离支气管与大血管，手术方法简单，特别是由于单肺通气技术的进步与各种各样缝合器的研制、开发，使肺楔形切除术和局部切除术有了长足的进步。

---

[1]（集体作者）司法部司法鉴定管理局编：《〈人体损伤致残程度分级〉适用指南》，法律出版社 2016 年版，第 183 页。

肺切除会直接影响肺泡毛细血管进行气血交换的面积，肺切除的面积越大，对肺功能妨碍也越严重，同时也影响胸腔内血液循环系统的功能，尤其是肺切除后的胸廓成形术可加重呼吸功能障碍的程度。不同肺叶及分段所占肺功能比例参见表7-3-2。

表 7-3-2　不同肺叶分段及所占肺功能比例

肺叶	肺段		
	编码	中文名称	肺功能占比
左上叶	S1+2	尖后段	6.0%
	S3	前段	6.0%
	S4	上舌段	4.3%
	S5	下舌段	4.3%
左下叶	S6	背段	6.1%
	S7+8	内前基底段	6.1%
	S9	外基底段	6.1%
	S10	后基底段	6.1%
右上叶	S1	尖段	6.9%
	S2	后段	6.9%
	S3	前段	6.9%
右中叶	S4	外侧段	4.5%
	S5	内侧段	4.5%
右下叶	S6	背段	4.9%
	S7	内基底段	4.9%
	S8	前基底段	4.9%
	S9	外基底段	4.9%
	S10	后基底段	4.9%

（五）肺脏异物存留或者取出术后

肺脏异物存留多数为枪弹伤或硬物戳穿胸部并残留肺内，肺严重的开放性损伤，石块、砂石等异物也可从创口进入肺内并残留等。

肺内异物存留的症状主要取决于异物种类、性质、大小以及数量等，损伤后可出现胸痛、呼吸困难、咳血、高压性或开放性血气胸、凝固性血胸，失血性休克等。在临床上，往往需要急诊剖胸清创、取出异物，甚至行肺切除术。

（六）气管、支气管成形术

左、右主支气管均起自气管隆突，主支气管近端位于纵隔内，远端位于胸腔内。支气管损伤主要为胸部闭合性损伤和医源性损伤两类，胸部闭合性损伤多见于交通事故、胸部撞击伤等，常合并其他严重的损伤；临床上 80% 以上创伤性支气管裂伤均发生在气管距隆突远端 2.5 cm 处。

支气管成形术包括支气管成形+肺叶切除术，各种肺段支气管成形术、单纯性支气管袖状切除术、支气管瓣修复成形术等。由于肺及肺叶切除术有专门条款规定，因此本标准中的支气管成形术主要指单纯性支气管袖状切除术、支气管瓣修复成形术，不包括支气管成形和肺叶切除术。

气管成形术包括气管吻合术和人工气管重建术等。

（七）法医学鉴定要点

1. 当符合下列条件时可认定为呼吸困难：①呼吸频率加快至 28 次/分~35 次/分，伴有呼吸深度和呼吸节律异常，并呈持续状态，同时伴有缺氧的症状和体征。原则上，每次检测呼吸的时间不少于 30 秒，且多次检测结果基本一致；②血气分析 $PaO_2<60$ mmHg（8 kPa），$PaCO_2>50$ mmHg（6.67 kPa）；③肺功能测验提示呼吸功能不全，FEV1%<83%。

2. 当确认伤者遗留呼吸困难时，应根据附录 B.25 对呼吸困难进行分级，并依据相应条款规定进行伤残等级鉴定；当有专门性条款规定时应优先适用专门性条款，但适用专门性条款规定鉴定的伤残等级较低时则以较高等级为准，不应同时援引两个以上条款重复评定；对于高龄伤者或肺部有基础疾病者应注意分析损伤与后果之间的因果关系。

3. 对于肺切除者，要根据手术记录和影像学检查（X 线、CT 或 MRI）明确切除范围，并适用专门性条款进行致残等级鉴定；当伴有呼吸困难时，可依据呼吸困难的相关条款进行致残等级鉴定，但应遵循"就高不就低"的原则，以等级较高者确定最终级别。

4. 肺脏异物存留或者取出术后主要根据外伤史、伤后临床症状与体征，结合术中所见和（或）肺内异物的影像学综合判定。

5. 气管、支气管成形术后，不遗留呼吸困难的，可直接依据"5.9.3.4）气管或者支气管成形术后"鉴定为九级伤残；成形术后遗留呼吸困难的，可依据呼吸困难的相关条款进行致残等级鉴定，但应遵循"就高不就低"的原则，以等级较高者确定最终级别。

第四节　心脏损伤

本节提要

1. 临床心脏移植术的种类
2. 心功能不全的临床表现
3. 心功能不全的临床评价
4. 心功能不全的特殊检查
5. 器质性心律失常的分类
6. 心律失常的临床表现

一、条款比较

《道标》		《新残标》	
心脏移植			
		5.1.2.3)	心脏移植术后，心功能Ⅲ级。
		5.2.3.2)	心脏移植术后。
心功能不全			
4.1.5.b)	心功能不全，心功能Ⅳ级；或心功能不全，心功能Ⅲ级伴明显器质性心律失常。	5.1.2.1)	心功能不全，心功能Ⅳ级。
4.2.5.b)	心功能不全，心功能Ⅲ级；或心功能不全，心功能Ⅱ级伴明显器质性心律失常。	5.3.3.2)	心功能不全，心功能Ⅲ级。
4.3.5.b)	心功能不全，心功能Ⅱ级伴器质性心律失常；或心功能Ⅰ级伴明显器质性心律失常。	5.6.3.4)	心功能不全，心功能Ⅱ级。
4.7.5.b)	心功能不全，心功能Ⅱ级。	5.9.3.12)	心脏损伤后心功能不全，心功能Ⅰ级。
4.9.5.d)	心功能不全，心功能Ⅰ级。	5.4.3.2)	心脏瓣膜置换术后，心功能不全。
器质性心律失常			

续表

《道标》		《新残标》	
4.4.5.b)	明显器质性心律失常。	5.1.2.2)	严重器质性心律失常，心功能Ⅲ级。
4.5.5.b)	器质性心律失常。	5.4.3.1)	严重器质性心律失常，心功能Ⅱ级。
		5.6.3.6)	严重器质性心律失常。
		5.6.3.5)	器质性心律失常安装永久性起搏器后。
其他损伤			
		5.8.3.7)	心脏或者大血管修补术后。
		5.9.3.13)	冠状动脉移植术后。
		5.9.3.14)	心脏室壁瘤。
		5.9.3.15)	心脏异物存留或者取出术后。
		5.9.3.16)	缩窄性心包炎。

二、编制说明

与《道标》相比，《新残标》保留了以心功能和器质性心律失常作为划分致残等级的基本原则，但对致残等级进行了适当的调整。例如，《道标》4.2.5.b）规定"心功能不全，心功能Ⅲ级"为二级，而《新残标》5.3.3.2）将其规定为三级。

此外，《新残标》还增加了心脏移植、冠脉移植、人工起搏器等致残等级鉴定的专门性条款；增加了胸腔大血管损伤、心脏室壁瘤、心脏异物及缩窄性心包炎等其他损伤致残等级鉴定的专门性条款。主要是考虑这类损伤对人体的潜在影响不亚于肋骨骨折、椎体压缩性骨折及足弓的部分破坏等致残情形对人体产生的不良影响，这类损伤不但明显限制了伤者的日常活动能力和工作能力，而且会导致伤者产生焦虑和恐惧等负面情绪，严重影响其生活质量。

三、应用指南

（一）心脏移植手术

1. 心脏移植术种类

心脏移植术主要是针对晚期充血性心力衰竭和严重冠状动脉疾病的外科手术，是作为挽救终末期心脏病患者生命和改善其生活质量的一个治疗手段。心脏移植手术分为原位心脏移植和异位心脏移植。

原位心脏移植手术是切断衰竭的心脏周围大血管和部分左心房后，将其从受体胸腔中分离出来，剩下的左心房组织保留肺静脉，将供体心脏修剪后，使其与受体的血管和剩余左心房组织吻合，然后植入原心脏部位。

异位心脏移植指保留受体心脏，且将供体的心脏植入胸腔，并将两个心脏和血管连接形成一个"双心"系统。这种术式能够给受体心脏一个恢复的机会。如果移植失败（如出现排斥反应），可以将出现排斥反应的供体心脏切除。

2. 法医学鉴定要点

对于心脏移植术后的致残等级鉴定，应先对心功能状态进行评估，如果心功能正常，符合标准"5.2.3.2）心脏移植术后"的规定，鉴定为二级残。如果心功能差于Ⅲ级，则符合标准"5.1.2.3）心脏移植术后，心功能Ⅲ级"，鉴定为一级残。

（二）心功能不全

1. 心功能不全的原因

心功能不全是由于各种原因造成心肌的收缩功能下降，使心脏前向性排血减少，造成血液淤滞在体循环或肺循环产生的症状。随着对心功能不全基础和临床研究的深入，心功能不全已不再被认为是单纯的血流动力学障碍，更重要的是由于多种神经体液因子的参与，促使心功能不全持续发展的临床综合征。

2. 心功能不全的临床表现

（1）左心功能不全。临床症状表现为：①不同程度的呼吸困难，具体表现为劳力性呼吸困难、端坐呼吸、夜间阵发性呼吸困难，急性肺水肿等。②咳嗽、咳痰、咯血。常于夜间开始发生，坐位或立位时咳嗽可减轻，白色浆液性泡沫状痰为其特点。③乏力、疲倦、头晕、心慌等，这些是心排血量不足，器官、组织灌注不足及代偿性心率加快所致的主要症状。④少尿及肾功能损害症状等。主要体征包括：①肺部湿性啰音。由于肺毛细血管压增高，液体可渗出到肺泡而出现湿性啰音。随着病情的由轻到重，肺部啰音可从局限于肺底部直至全肺。患者如取侧卧位，则下垂的一侧啰音较多。②心脏体征。除基础心脏病的固有体征外，慢性左心衰的患者一般均有心脏扩大、肺动脉瓣区第二心音亢进及舒张期奔马律。

（2）右心功能不全。临床症状表现为：主要是脏器淤血所引起的功能改变，如尿量减少、夜尿增多，系因肾脏淤血、钠与水潴留所致。肝脏淤血可致肝区胀痛甚至出现黄疸；胃肠道淤血可致食欲不振、消化不良、恶心、呕吐和腹泻。主要体征包括：①心浊音界扩大，心尖搏动呈抬举性，搏动范围弥散，心率增快。②颈静脉怒张，即在半卧位或坐位时，可以在锁骨上方见到颈外静脉明显充盈，为右心衰竭的早期表现之一。③肝脏肿大压痛，肝颈静脉回流征阳性（即压迫肿大的肝脏时，颈静脉更加充盈）亦是右心衰竭较早期的表现，常发生于水肿之前。长期右心衰竭，可导致心源性肝硬变，此时肝脏肿大、质地变硬，常伴黄疸、腹水和肝功能损害。④凹陷性水肿，为右心衰竭的典型体征，多出现在身体的下垂部分。

（3）全心功能不全。左、右心功能不全的临床表现同时存在，但可以其中之一为主。右心功能不全时，右心室排血量减少，致使左心功能不全原有心血管疾病或有发生心衰基础的患者，出现肺循环淤血的症状和体征，不难诊断为左心衰竭；如出现体循环淤血的症状和体征，则不难诊断为右心衰竭。X线检查、循环时间和静脉压测定等，常可提供诊断依据。

3. 心功能不全临床分级

对于心功能不全的伤者应该根据标准附录 B.26 心功能分级，详细调查病史，认真进行全面的体格检查，在确证伤者存在心功能不全后应对伤者的心功能进行分级评估。具体判断细则如下：

Ⅰ级体力活动无明显受限，日常活动不易引起过度乏力、呼吸困难或者心悸等不适。亦称心功能代偿期；

Ⅱ级体力活动轻度受限，休息时无明显不适症状，但日常活动即可引起乏力、心悸、呼吸困难或者心绞痛。亦称Ⅰ度或者轻度心衰；

Ⅲ级体力活动明显受限，休息时无症状，轻于日常的活动即可引起上述症状。亦称Ⅱ度或者中度心衰；

Ⅳ级不能从事任何体力活动，休息时亦有充血性心衰或心绞痛症状，任何体力活动后加重。亦称Ⅲ度或者重度心衰。

4. 心功能不全特殊检查

（1）X线检查：可显示出心影的大小及外形，根据心脏扩大的程度和动态变化可间接反映心脏的功能。

（2）超声心动图检查：可比 X 线检查提供更准确的各心腔大小的变化及心瓣膜结构及功能情况。还可以用于估计心脏的收缩和舒张功能。

5. 法医学鉴定要点

（1）凡外伤后出现心功能不全，应根据临床症状和体征，结合胸部 X 线和超声心动图检查结果，对心功能不全进行分级，并依据标准规定的条款进行伤残等级鉴定。

（2）应根据心功能不全发生、发展及演变过程，认真分析外伤与心功能不全之间的因果关系。

（三）心脏瓣膜置换

1. 心脏瓣膜的种类

胸部外伤可造成心脏瓣膜的破裂并遗留瓣膜狭窄和瓣膜关闭不全，轻度的瓣膜狭窄或关闭不全，一般不需要进行瓣膜置换手术，只有瓣膜病变严重，其他治疗手段无效的情况下，才选择瓣膜置换术。心脏瓣膜包括由合成材料制成的人工机械瓣膜和用生物组织制成的人工生物瓣膜。生物瓣具有良好的血流动力学特性，血栓发生率低，不必终身抗凝，但由于瓣膜寿命问题，多数患者需二次手术；机械瓣具有较高的耐力和持久性，但是须终身抗凝，且易发血栓栓塞和出血等。

2. 法医学鉴定要点

当伤者因外伤导致心脏瓣膜损伤引起瓣膜狭窄或关闭不全，并接受心脏瓣膜置换术后出现心功能不全的症状和体征后，均符合标准"5.4.3.2）心脏瓣膜置换术后，心功能不全"的规定，鉴定为四级伤残，而无需对心功能不全进行分级评定。

（四）器质性心律失常

1. 心律失常的原因

心脏正常激动起源于窦房结，沿着传导系统下传，在一定时间范围内依次抵达心房和心室，使心脏收缩和舒张。如果窦房结激动异常或激动产生于窦房结以外，激动的传导缓慢、阻滞或经异常通道传导，就会出现心律失常。因此，心律失常是由于心脏活动的起源和（或）传导障碍导致心脏搏动的频率和（或）节律异常。心律失常是心血管疾病中一组重要的疾病，它可单独发病亦可与心血管病伴发。心血管损伤可直接伤及窦房结及心脏传导系统，也可因心肌缺血坏死累及心脏传导系统，引起心律失常，严重时可危及生命。

2. 心律失常的分类

（1）窦性心动过速：窦性心律，心率>100 次/分，并长时间搏动过快。常见于运动、情绪激动、发烧、甲状腺功能亢进以及心力衰竭等情况，某些药物如阿托品和肾上腺素等也可以引起窦性心动过速。

（2）窦性心动过缓：窦性心律，心率<60 次/分，并长时间搏动过慢。可见于运动员和老年人，也发生在颅内压增高以及某些器质性心脏病。

（3）房性或室性早搏：又称期前收缩，简称早搏，是心脏某一部位过早地形成冲动所引起的心脏搏动。根据发生部位不同分为房性早搏、交界性早搏和室性早搏。

早搏可见于各种器质性心脏病、电解质紊乱及服用洋地黄类药物等情况，正常人也可以出现早搏，往往与精神紧张、消化不良和饮用含咖啡因的饮料等有关。

（4）心房扑动与心房颤动：心房扑动时，心率常在 220 次/分～360 次/分，一般不能全部下传心室，由于生理性房室阻滞而形成 2：1 或 3：1 下传，偶有 1：1 房室传导者。心房颤动为心房极速心律失常，频率 350 次/分～600 次/分，心室节律不齐，频率 120 次/分～160 次/分。心房扑动和心房颤动常见于风湿性心脏病、甲状腺功能亢进、冠心病、心肌病和高血压性心脏病等，也有不少心房颤动患者的发病原因不明。

（5）室上性阵发性心动过速：阵发性快速而规则的异位心律，心率一般 160 次/分～220 次/分，但也有慢至 130 次/分或快达 300 次/分的。按发生机制可分为心房性、房室结折返性和房室旁路折返性三类，常见于无器质性心脏病者，也可见于风湿性心脏病、心肌病、冠心病等。

（6）室性心动过速与心室颤动：连续3个以上的室性早搏为室性心动过速，多见于器质性心脏病患者。持续性室速为持续时间在30秒以上或30秒内发生严重血流动力学障碍者，非持续性室速指30秒内自行终止者。

扭转型室速是一种特殊类型的室速，多见于长QT综合征，分先天性和获得性两类。室速若不及时治疗可转为心室颤动，心室颤动是最严重的心律失常，需立即进行电除颤转复心律。

3. 心律失常临床表现

（1）轻度心律失常：包括窦性心动过缓、窦性心律不齐、偶发的房性期前收缩、一度房室传导阻滞等，对血流动力学影响甚小，故无明显的临床表现。

（2）较严重的心律失常：包括病窦综合征、快速心房颤动、阵发性室上性心动过速、持续性室性心动过速等，可引起心悸、胸闷、头晕、低血压、出汗，严重者可出现晕厥、阿-斯综合征，甚至猝死。由于心律失常的类型不同，临床表现各异。主要包括：①冠状动脉供血不足的表现；②脑动脉供血不足的表现；③肾动脉供血不足的表现；④肠系膜动脉供血不足的表现：快速心律失常时，血流量降低34%，肠系膜动脉痉挛，可产生胃肠道缺血的临床表现，如腹胀、腹痛、腹泻，甚至发生出血、溃疡或麻痹；⑤心功能不全的表现：咳嗽、呼吸困难、倦怠、乏力等。

4. 法医学鉴定要点

（1）对于胸部外伤后出现心律失常的伤者，应详细调查伤者的病史，并结合心电图、超声心动图、CT及MRI等检查结果，明确心律失常的原因。并排除功能性心律失常。

（2）在明确器质性心律失常诊断之后，要认真分析其与外伤之间的关系，如果外伤与器质性心律失常存在因果关系则应进一步评估心律失常的严重程度。当伤者心律失常表现为病窦综合征、快速心房颤动、阵发性室上性心动过速、持续性室性心动过速等，并出现心悸、胸闷、头晕、低血压、出汗，甚至出现晕厥、阿-斯综合征的，均符合本标准"5.6.3.6）严重器质性心律失常"之规定，鉴定为六级伤残；当出现心功能不全达心功能Ⅱ级或者Ⅲ级等，则分别符合本标准"5.4.3.1）严重器质性心律失常，心功能Ⅱ级"、"5.1.2.2）严重器质性心律失常，心功能Ⅲ级"之规定，分别鉴定为四级伤残和一级伤残。

（3）要排除功能性心律失常。功能性心律失常多因长期身心疲劳、精神紧张、饮酒、喝浓茶和咖啡等，引起自主神经系统功能失调所致。心脏本身没有器质性病变。

（五）器质性心律失常安装永久性起搏器

1. 心脏起搏器主要适用证[1]

（1）严重的心跳过慢。心脏停跳 3 秒以上或心率经常低于 40 次，尤其是出现眼前发黑、突然晕倒的患者。

（2）心脏收缩无力。损伤破坏了心肌或改变了其原有形态所导致的心肌收缩无力。心脏收缩无力会引起心脏泵血不足，心脏泵血不足就会导致身体各部分无法获得充足的新鲜血液，造成头晕、胸闷、乏力等各种症状，如药物治疗无效，可以在心脏各部分安装多个起搏器，同步产生多个电刺激命令，帮助心肌收缩。

（3）心跳骤停。一些损伤可引发心跳骤停或致命性恶性室性心律失常（如快速室性心动过速、心室颤动），安装具有除颤器功能的起搏器可以恢复心脏有规律的跳动。

在某些心脏病综合治疗中（颈动脉窦高敏综合征、血管迷走性晕厥、特发性 Q—T 延长综合征、预防快速房性心律失常等），安

---

[1] （集体作者）司法部司法鉴定管理局编：《〈人体损伤致残程度分级〉适用指南》，法律出版社 2016 年版，第 198 页。

装起搏器是唯一的治疗手段。

2. 法医学鉴定要点

根据本标准"5.6.3.5）器质性心律失常安装永久性起搏器后"之规定，伤者于外伤后安装心脏起搏器要求进行致残等级鉴定的，须明确：①有无安装起搏器的临床指征；②伤者的心律失常是否是排除自身疾病等原因而由外伤引起的器质性心律失常。当确证外伤所致严重器质性心律失常，并具有安装起搏器指征时，则应依据5.6.3.5）条之规定，鉴定为六级伤残。

（六）缩窄性心包炎

1. 缩窄性心包炎常见病因

缩窄性心包炎是由于心包慢性炎症所导致心包增厚、粘连甚至钙化，使心脏舒张、收缩受限，心功能减退，引起全身血液循环障碍的疾病，多数由结核性心包炎所致。急性化脓性心包炎迁延不愈者约占10%，其他亦可由风湿、创伤、纵隔放疗等引起。早期施行心包切除术可避免发展到心源性恶液质、严重肝功能不全、心肌萎缩等。

2. 缩窄性心包炎的临床表现

心包缩窄形成的时间长短不一，通常将损伤后1年内演变为心包缩窄者称急性缩窄，1年以上者称为慢性缩窄，演变过程有3种形式：①持续型。急性心包炎经治疗后在数天内其全身反应和症状，如发热、胸痛等可逐渐缓解，甚至完全消失，但肝大、颈静脉怒张等静脉淤血体征反而加重，故在这类患者中很难确定急性期和慢性期的界限，这与渗液在吸收的同时，心包增厚和缩窄形成几乎同时存在有关。②间歇型。心包炎急性期的症状和体征可在一定时间内完全消退，患者以为病变痊愈，但数月后又重新出现心包缩窄的症状和体征，这与心包的反应较慢，在较长时间内形成缩窄有关。③缓起型。这类患者急性心包炎的临床表现较轻甚至无病史，但有渐进性疲乏无力、腹胀、下肢水肿等症状，在1~2年内出现心包缩窄。主要体征表现为：①血压低，脉搏快，1/3 出现奇脉，并有心房颤动。②静脉压明显升高，即使利尿后静脉压仍保持较高水平，颈静脉怒张，吸气时更明显，扩张的颈静脉舒张早期突然塌陷，均属非特异性性体征。③心脏视诊见收缩期心尖回缩，舒张早期心尖搏动，触诊有舒张期搏动撞击感，叩诊心浊音界正常或扩大，胸骨左缘 3~4 肋间听到心包叩击音，无杂音。④其他体征：如黄疸、肺底湿啰音、肝大、腹腔积液比下肢水肿更明显，与肝硬化表现相似。

3. 缩窄性心包炎特殊检查

（1）X 线检查：示心影大小正常，左右心缘变直，主动脉弓小或难以辨认；上腔静脉常扩张，有时可见心包钙化；心电图中有 QRS 低电压、T 波低平或倒置。超声心动图对缩窄性心包炎的诊断价值远较对心包积液为低。超声检查时可见心包增厚、室壁活动减弱等，但均非特异而恒定的征象。

（2）右心导管检查：特征性表现是肺毛细血管压力、肺动脉舒张压力、右心室舒张末期压力、右心房压力均升高，且都在同一高水平；右心房压力曲线呈 M 或 W 波形，右心室收缩压轻度升高，呈舒张早期下陷高原形曲线。

4. 法医学鉴定要点

典型缩窄性心包炎根据临床表现及实验室检查诊断并不困难，临床上常需要与肝硬化、充血性心力衰竭及结核性腹膜炎相鉴别。限制型心肌病的临床表现和血流动力学改变与本病很相似，两者鉴别可能十分困难，必要时需通过心内膜心肌活检来诊断。

当确认由于外伤遗留缩窄性心包炎时，即符合本标准"5.9.3.16）缩窄性心包炎"之规定，鉴定为 9 级伤残。但如果缩窄性心包炎严重影响心功能时应对伤者心功能做出全面评估，当出现心功能不全时则应按照心功能不全的相关条款进行致残程度鉴定。

（七）心脏异物[1]

1. 心脏异物的种类

各种损伤造成人体组织器官内存留非本组织器官的物质，称异物存留。心脏异物多见于子弹、弹片、缝针、尖刀和心导管断端等。心脏异物可存留在心包腔内、心肌内、心腔内及心室间隔等处，常并发心包积血或急性心脏压塞、心肌溃破、感染、周围动脉或肺栓塞等。

2. 心脏异物检查

多数心脏异物可通过胸部 X 线片明确诊断，双相或多体位 X 线片、CT 及二维超声心动图检查有助于异物定位。二维超声心动图检查和 MRI 对于非金属异物的诊断和定位具有特殊的意义。

3. 法医学鉴定要点

当病史调查证实心脏异物经手术取出或者经特殊检查证实心脏异物存留均符合本标准"5.9.3.15）心脏异物存留或者取出术后"之规定，鉴定为九级伤残。当心脏异物存留或者取出遗留心律失常或者心功能不全时，应依据相应的专门性条款进行致残等级鉴定。

（八）心脏室壁瘤

1. 心脏室壁瘤的类型

心脏室壁瘤，是心肌梗死的后遗症之一，其发生机制为梗死区愈合过程中心肌由结缔组织替代，变成无收缩力的薄弱纤维瘢痕区，由于不能像正常心肌承受心腔内的压力，向外呈囊状膨出而形成，故又称心室壁膨胀瘤。

室壁瘤分为真性室壁瘤和假性室壁瘤，真性室壁瘤为心肌全层病变，瘤壁含有纤维组织，伴或不伴散在的心肌细胞。假性室壁瘤是左心室缓慢破裂后由周围心包组织包裹形成的瘤样结构。假性心

---

[1]（集体作者）司法部司法鉴定管理局编：《〈人体损伤致残程度分级〉适用指南》，法律出版社 2016 年版，第 200 页。

脏室壁瘤的瘤壁由纤维性心包（不是来自左心室心肌梗死与愈合）构成，假性室壁瘤的腔通常充满陈旧的和新鲜的大血凝块。真性室壁瘤破裂罕见，而假性室壁瘤破裂常见，通常需要紧急的外科修补。

2. 临床表现

较小的室壁瘤常无症状，室壁瘤较大者会出现心功能不全、恶性室性心律失常，附壁血栓脱落等。体格检查可见左侧心界扩大，心脏搏动范围较广，可有收缩期杂音。瘤内发生附壁血栓时，心音减弱。

3. 特殊检查

X 线透视、摄影、超声心动图、放射性核素心脏血池显像，以及左心室造影等可见局部心缘突出，搏动减弱或有反常搏动。心电图上 ST 段抬高，病理性 Q 波常见。

核素扫描和正电子断层扫描（PET）检查对于鉴别心梗早期真性室壁瘤具有重要意义，磁共振检查（MRI）可以发现室壁瘤和血栓。

4. 法医学鉴定要点

（1）根据心脏外伤史、临床表现和影像学检查确认。当确认损伤遗留心脏室壁瘤时，应适用本标准"5.9.3.14）心脏室壁瘤"之规定，鉴定为九级伤残。

（2）应排除自身心脏疾病引起的心脏室壁瘤。

（3）当心脏室壁瘤引起严重心律失常或者心功能不全时，应依据其他条款规定鉴定致残等级。

（九）心脏或者大血管破裂

1. 心脏及大血管破裂修补

心脏破裂多在伤后立即发生，也可于 1~2 周内因挫伤区软化坏死而引起延迟性或继发性破裂。左心室破裂将于数分钟内死亡，右心室破裂可在 30 分钟内死亡，心房破裂可以生存较长时间。而胸腔大血管的破裂可以在伤后立即发生，也可以因外伤性动脉瘤破裂而延迟发生。

外伤所致的心脏或者大血管的破裂需立即手术修补。

2. 法医学鉴定要点

（1）凡心脏或者大血管破裂并行修补术治疗的，均符合本标准"5.8.3.7）心脏或者大血管修补术后"之规定，鉴定为八级伤残。

（2）本节"大血管"应包括进出心脏的大血管、升主动脉、上腔静脉和下腔静脉等。

（3）大血管修补术应包括心脏瓣膜修补术。

（4）心脏修补应包括心肌破裂修补、心包膜破裂修补和冠状动脉破裂修补。

（十）冠状动脉损伤

1. 冠状动脉移植术

冠状动脉内壁损伤、血栓形成，以及心脏及其近侧血管损伤、血栓形成，栓子脱落进入冠状动脉等均可出现冠状动脉梗阻、心肌缺血坏死。急性期可通过溶栓治疗，晚期阻塞严重须进行冠状动脉移植术以恢复心肌供血。此外，冠状动脉严重挫裂伤无法修补时也要通过冠状动脉移植进行治疗。

冠状动脉移植术，在临床上多为冠状动脉旁路移植术，即冠状动脉搭桥术。

2. 法医学鉴定要点

凡因外伤致冠状动脉严重挫裂伤、心脏及近侧血管损伤血栓形成，致使冠状动脉血供障碍、临床实施冠状动脉移植术治疗的，均符合本标准"5.9.3.13）冠状动脉移植术后"之规定，鉴定为九级伤残。

第八章

腹部损伤

本章主要包括胃肠切除术后、消化吸收功能障碍、肝脏、胰脏、胆囊及脾脏等损伤后遗功能障碍的致残程度鉴定。

第一节　胃肠道损伤

本节提要

1. 胃部分切除术方式与量化评估
2. 肠部分切除后与消化吸收功能
3. 个体营养状况与消化吸收功能
4. 营养依赖方式与消化吸收功能
5. 肠梗阻反复发作诊断基本要求

一、条款比较

《道标》		《新残标》	
4.1.6.a)	胃、肠、消化腺等部分切除，消化吸收功能严重障碍，日常生活完全不能自理。	5.5.4.5)	全胃切除术后。
4.3.6.a)	胃、肠、消化腺等部分切除，消化吸收功能障碍。	5.8.4.4)	胃大部分切除术后。

《道标》		《新残标》	
4.5.6.a)	胃、肠、消化腺等部分切除，严重影响消化吸收功能。	5.9.4.5)	胃部分切除术后。
4.8.6.a)	胃、肠、消化腺等部分切除，影响消化吸收功能。	5.10.4.3)	胃、肠或者胆道修补术后。
4.9.6.a)	胃、肠、消化腺等部分切除。	5.2.4.3)	小肠大部分切除术后，消化吸收功能丧失，完全依赖肠外营养。
4.10.6.a)	胃、肠、消化腺等破裂修补。	5.3.4.3)	小肠大部分切除术后，消化吸收功能严重障碍，大部分依赖肠外营养。
		5.5.4.6)	小肠部分切除术后，消化吸收功能障碍，部分依赖肠外营养。
		5.6.4.5)	小肠部分切除术后，影响消化吸收功能，完全依赖肠内营养。
		5.8.4.5)	肠部分切除术后，影响消化吸收功能。
		5.5.4.7)	全结肠缺失。
		5.7.4.5	小肠部分（包括回盲部）切除术后。
		5.9.4.6)	肠部分切除术后。
		5.4.4.6)	永久性回肠造口。
		5.7.4.6)	永久性结肠造口。

《道标》	《新残标》	
	5.7.4.7)	肠瘘长期不愈（1年以上）。
	5.9.4.9)	肠梗阻反复发作。
	5.10.4.3)	胃、肠或者胆道修补术后。

二、编制说明

与《道标》相比，《新残标》的变化表现在：①将消化腺（主要指肝脏、胰脏和胆囊）的损伤与胃、肠损伤致残等级鉴定分开，即本节条款不包括消化腺的损伤，消化腺损伤规定了相应的专门性条款。②除小肠切除外，消化道的损伤不以消化吸收功能障碍作为鉴定致残等级的依据。③小肠切除则依据小肠被切除对消化吸收功能的影响判定，增加了伤者依赖营养支持的方式作为考量因素，从而大大增加了鉴定的可操作性。因为按照《道标》的要求，要确定伤者"消化吸收功能严重障碍""消化吸收功能障碍""严重影响消化吸收功能""影响消化吸收功能"实际上也是比较困难的。④增加了永久性肠造口、肠瘘长期不愈及肠损伤遗留肠梗阻反复发作等致残等级鉴定的专门性条款，扩大了评残的范围，一定程度上体现了标准的合理性。

三、应用指南

（一）胃部分切除术

根据切除范围的大小，胃部分切除术可分为胃大部切除术或称胃次全切除术、半胃切除术及胃窦切除术。根据胃切除的部位分为远端胃切除术及近端胃切除术。

1. 胃切除手术方式与量化评估

根据"十二五"普通高等教育本科国家级规划教材《外科学（第3版）》介绍：胃大部切除术包括切除远侧胃的 2/3～3/4 和部分十二指肠球部。临床上对于十二指肠球部溃疡或者术前高胃酸者切除的范围会大一些，反之则不必切除过多。而外伤性胃切除主要是视胃损伤的部位和程度而定，会尽可能地保留正常胃组织。60%胃切除范围的标志是胃小弯胃左动脉第一分支的右侧至胃大弯胃网膜左动脉第一个垂直分支左侧的连线，如图 8-1-1 所示[1]。

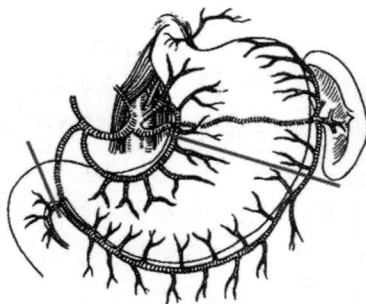

图 8-1-1 示：胃大部切除范围

但也有学者介绍：通常应用的胃大部切除术范围是切除胃远端的 70%～75%。这个范围切除线的标志大约相当于胃小弯侧胃左动脉第 2 胃支与胃大弯胃网膜左动脉终末支近侧第 2 支处的连线。半胃切除的标志约相当于胃小弯侧胃左动脉第 2 胃支与胃大弯侧胃网膜左右动脉相交接处的连线。胃窦切除的界线可以胃角切迹上 2 cm 至胃大弯侧的垂直线为标志或以迷走神经的前 Latarjet 神经终末支（即"鸦爪"支）的最近端一支与大弯侧垂直连线为胃窦胃体的分

---

[1] 赵玉沛、陈孝平主编：《外科学》（上），人民卫生出版社 2015 年版，第 465 页。

界标志（如图 8-1-2）[1]。

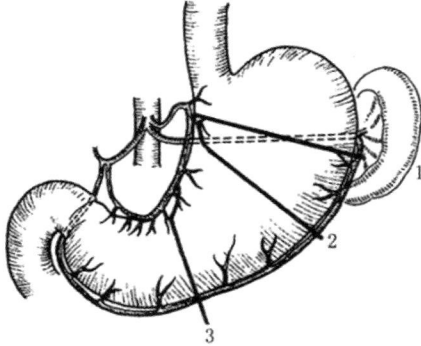

图 8-1-2 示：1-胃大部分切除范围；2-半胃切除范围；
3-胃窦切除范围

2. 法医学鉴定要点

（1）全胃切除术后，适用"5.5.4.5）全胃切除术后"之规定，鉴定为五级残。

（2）胃次全切除术后，或者符合本节所述"胃大部切除术"（≥全胃 60%以上），即符合本标准"5.8.4.4）胃大部分切除术后"之规定，鉴定为八级伤残。

（3）半胃切除术后或部分切除术后（<全胃 60%）均符合本标准"5.9.4.5）胃部分切除术后"之规定，鉴定为九级伤残。

（二）小肠切除与消化吸收功能障碍

《新残标》对于小肠切除术后是依据小肠被切除的多少、对消化吸收功能受影响的程度及依赖营养支持的方式来划分致残等级的，所以如何估计肠切除多少、评估伤者消化吸收功能及术后伤者

---

[1] 胃部分切除术，http://www.360doc.com/content/13/0810/19/13464695_306233396.shtmL。

采取什么样的营养方式就成为小肠切除术后致残程度鉴定的关键。

1. 小肠部分切除量化评估方法

小肠分为十二指肠、空肠和回肠三部分，成人正常小肠全长 3 m~5 m（亦有说 5 m~7 m），个体差异较大。对于小肠切除的多少，大多在手术记录中都会有明确记录。切除较少时会记录被切除肠段的具体部位和长度，切除较多时会记录残存肠管的长度以及部位。只有在极少数有争议的情形下需要通过小肠钡餐造影的方式对残存肠管的长度进行评估（如图 8-1-3），并依此推测切除肠管的长度。

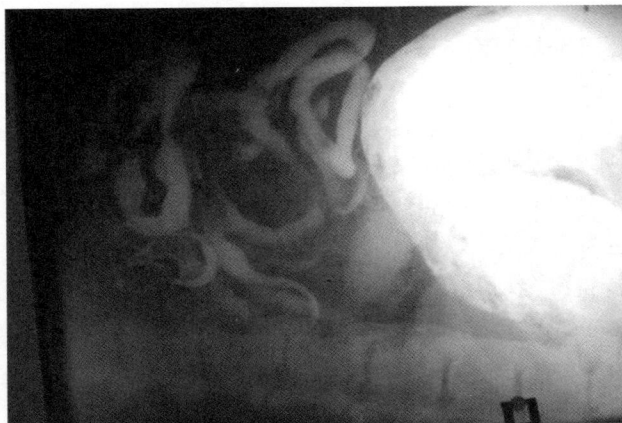

图 8-1-3 示：小肠钡餐造影

2. 小肠部分切除与消化吸收功能

小肠是食物消化和吸收的主要部位，小肠黏膜分泌含有许多酶的碱性肠液。小肠大部分切除后，食物在肠内停留时间缩短，营养素没有足够的时间被吸收就排出体外，从而发生营养障碍。

正常小肠黏膜的吸收面积大大超过维持正常营养所必需的面积，有很大的功能储备，因而病人能够耐受部分小肠切除，而不发生症状。但如切除小肠达 50% 或以上者可引起显著的吸收不良；若残存小肠少于 75 cm（有完整结肠），或丧失回盲瓣、残存小肠少于 100 cm 者可产生严重症状。但短肠综合征的发生除了取决于小肠切除的长度外，还取决于具有重要生理功能小肠的保存。十二指肠、近端空肠和远端回肠是小肠消化吸收的主要场所，所以只要保留这些部位使切除中段小肠长度达 50%，病人仍可良好生存。回盲瓣和结肠在减慢肠内容运行方面起着重要作用，而且右侧结肠有重吸收水与电解质的功能。因此，这段肠道的切除可加重水、电解质的失衡。所谓超短肠综合征是指除了小肠近端还保留 20 cm~50 cm 肠管外，其余小肠全部被切除，多见于肠系膜血管循环障碍性病变（栓塞、血栓形成、肠扭转），超短肠综合征病人靠经口进食难以存活。大量小肠切除后，残留小肠将逐步发生适应性代偿改变，表现为肠黏膜高度增生，绒毛肥大变长，皱襞增多，肠管增粗、伸长，肠壁肥厚等。这些代偿改变增加了小肠的吸收面积和吸收功能，但这种形态与功能的代偿需要食物与肠黏膜的接触和刺激[1]。

但也有人认为：如术后能获得良好的代偿，保留 50 cm~70 cm 小肠、回盲部与结肠即可以主要通过肠内营养来维持个体所需营养；如回盲部与部分结肠已切除，则小肠剩余的长度一般至少需保留 110 cm~150 cm。肠功能的代偿能力甚强，切除 50% 的小肠不致因吸收面积减少而出现症状，切除 75% 以上，则有可能会出现短肠综合征的临床表现。目前一般认为，仅以不足 100 cm 残留小肠作为短肠综合征的诊断标准已不够确切，现多主张小肠长度的最低界限是 1 cm/kg，即 60 kg 体重至少要保留 60 cm 小肠才能避免或减少短肠综合征的发生。

实际上，小肠被切除的部位不同对人体的影响也不同，有人认

〔1〕 赵玉沛、陈孝平主编：《外科学》（上），人民卫生出版社 2015 年版，第 498 页。

为切除小肠上部 1/2 以上或下部 2/3 以上，就会出现蛋白质和矿物质消化吸收率下降。

3. 消化吸收功能障碍程度分级

（1）消化吸收功能丧失：是指无法通过胃、肠消化吸收功能获得任何营养物质，完全依赖肠外营养支持的方式提供营养物质以维持生命，属组织器官严重缺损，有严重功能障碍，其他器官难以代偿，存在特殊医疗依赖，通常伴有日常生活大部分不能自理。

（2）消化吸收功能严重障碍：是指不能通过胃、肠消化吸收功能获得足够必需的营养物质，大部分依赖肠外营养支持的方式提供营养物质以维持生命，否则必然发生重度营养不良，可危及健康乃至生命，多见于短肠综合征所致的消化吸收功能基本丧失的情形，通常伴有日常生活大部分或者部分不能自理。

（3）消化吸收功能障碍：是指不能完全通过胃、肠消化吸收功能获得足够的营养物质，需部分依赖肠外营养支持的方式给予必要的补充以维持健康，否则难免发生中度营养不良，日常生活通常能够自理或者仅部分不能自理。

（4）影响消化吸收功能：是指进食普通饮食仍不能完全满足正常的营养需求，但可以通过进食富含营养的流质食物或适当添加肠内营养物质以满足机体营养需求，一般无日常生活自理障碍，但仅能从事一般或者轻微体力劳动。

4. 消化吸收功能与个体营养状况[1]

（1）身高与体重。身高是较恒定的参数，可用以估算营养需要量。体重可直接评定营养状态，但有些病人因内稳态失衡而有水、钠潴留或失水，因此体重的改变并不能准确反映病人营养状况的变化。

---

〔1〕 赵玉沛、陈孝平主编：《外科学》（上），人民卫生出版社 2015 年版，第 51 页。

（2）机体脂肪储存。脂肪组织是机体储存能量的主要组织，可通过测量肱三头肌皮肤褶折厚度来估算。测量时，病人站立，右臂自然下垂，或病人卧床，右前臂横置于胸部。应采用同一位置作反复测量。取尺骨鹰嘴至肩胛骨喙突的中点，测者以两指紧捏受试者该点后侧的皮肤与皮下脂肪向外拉，使脂肪与肌肉分开，以卡尺测量褶折的厚度（mm），卡尺的压力为 0.735 mmHg，卡尺应固定接触皮肤 3 秒钟后再读数。为准确起见，宜取三次测量的平均值。正常参考值：男性为 8.3 mm，女性为 15.3 mm。较正常减少 35%~40% 为重度营养不良，25%~34% 为中度，24% 以下为轻度。

（3）机体肌肉储存。可测量上臂肌肉周径来判断。测定部位与上述肱三头肌皮肤褶折厚度相同，以软尺先测定臂围径。臂肌围（cm）= 臂围径（cm）−肱三头肌皮肤褶折厚度（mm）×0.314。

5. 肠外营养和肠内营养[1]

临床上可按下列原则选择营养支持方法：①肠外营养与肠内营养两者之间应优先选择肠内营养；②周围静脉营养与中心静脉营养两者之间应优先选用周围静脉营养；③肠内营养不足时，可用肠外营养补充；④营养需要量较高或期望短期内改善营养状况时可用肠外营养；⑤营养支持时间较长应设法应用肠内营养。

（1）肠外营养，即静脉营养，临床适应证为无法（或不宜）经口摄食超过 1 周者，或估计 1 周内无法正常摄食者，本标准所称肠外营养是指因严重损伤致消化吸收功能丧失或者障碍，丧失或者难以完全恢复经口摄食而需通过深静脉营养支持的情形。根据营养不良程度的诊断标准来看：①消化吸收功能丧失，完全依赖肠外营养；②重度营养不良者符合消化吸收功能严重障碍，大部分依赖肠外营养；③中度营养不良者符合消化吸收功能障碍表现，部分依赖

〔1〕（集体作者）司法部司法鉴定管理局编：《〈人体损伤致残程度分级〉适用指南》，法律出版社 2016 年版，第 221~222 页。

肠外营养。适用本标准相应条款鉴定致残程度等级的必备条件须具有明确的损伤基础，通常是指小肠全部或者大部分切除术后。

（2）肠内营养。若肠道仍有部分消化吸收功能，肠内营养的效果优于肠外营养，其在临床营养中更受推崇。肠内营养的适应证包括：经口摄食障碍，胃肠结构和功能异常（短肠综合征、消化道瘘及吸收不良综合征等）。肠内营养制剂分为三大类：①均衡型肠内营养制剂，主要包括糖、脂肪、蛋白质、矿物质、维生素和微量元素等；②疾病导向型制剂，依疾病特点组方，适用于某一特定病人群体，如肺病、糖尿病及婴儿制剂等；③组件型肠内营养制剂，是指将单一或某类营养素分别包装的制品，是对均衡型制剂的强化或补充。适用本标准相应条款鉴定致残程度等级时，须具有明确的损伤基础，通常是指因小肠大部分或者部分切除，影响消化吸收功能的情形。在鉴定过程中还应注意分析与鉴别肠内营养是否与人体损伤相关。

6. 法医学鉴定要点

（1）对于小肠部分切除术后，应根据上述方法分别评估小肠被切除的部位和长度，结合伤者营养依赖方式和营养状况的分析，按照相应的条款规定鉴定致残等级。

（2）对于肠部分切除术后主诉消化吸收功能受影响者，如果消化吸收功能障碍程度分级属"影响消化吸收功能"，须对伤者进行营养状况分析，如果分析结果为轻度营养不良的，则符合本标准"5.8.4.5）肠部分切除术后，影响消化吸收功能"的规定，致残等级为八级。

（三）肠瘘长期不愈

1. 肠瘘的特殊检查

本标准所称的"肠瘘"，是指肠管损伤或腹腔感染后形成肠内瘘或肠外瘘。肠内瘘是指肠内容物不流出腹壁外者，肠外瘘常为手术并发症，也可继发于创伤、炎症、感染等。根据肠瘘的临床表现，并结合口服染料或炭末检查、瘘管造影、胃肠道钡餐造影及腹部 CT、B 超检查等，通常较易明确诊断。

2. 法医学鉴定要点[1]

本标准分级系列 5.7.4.7）"肠瘘长期不愈（1 年以上）"是指经规范系统的非手术治疗 1 年以上肠瘘不愈且难以实施手术治疗者，或者虽经手术治疗但术后 1 年以上肠瘘仍不能愈合的情形。

（四）肠梗阻反复发作

1. 肠梗阻临床分型

根据肠梗阻的程度，又可以分为完全性肠梗阻和不完全性肠梗阻。但是由于病情的发展，这些类型的肠梗阻在一定条件下是可以转化的。并且各类肠梗阻的症状并非完全一样的，但是患者都会有腹部疼痛、腹部胀痛、发热、烦躁等症状。

完全性肠梗阻（多为绞窄性肠梗阻）辅助检查：X 线立位腹平片表现为固定孤立的肠襻，呈咖啡豆状，假肿瘤状及花瓣状，且肠间隙增宽。不完全性肠梗阻（多为粘连性肠梗阻）辅助检查：X 线立位腹平片检查：梗阻发生后的 4~6 小时，腹平片上即可见胀气的肠襻及多数气液平面。

2. 法医学鉴定要点[2]

在适用本标准分级系列 5.9.4.9）"肠梗阻反复发作"条款时，应注意须明确其损伤后肠梗阻发作达 3 次以上规范系统，可以是高位或者低位，也可以是完全性或者不全性，但均需经规范系统的治疗，包括非手术治疗或者手术治疗。

---

〔1〕（集体作者）司法部司法鉴定管理局编：《〈人体损伤致残程度分级〉适用指南》，法律出版社 2016 年版，第 220 页。

〔2〕（集体作者）司法部司法鉴定管理局编：《〈人体损伤致残程度分级〉适用指南》，法律出版社 2016 年版，第 220 页。

第二节　肝、胆、脾、胰损伤

本节提要

1. 非原位肝移植术后致残等级鉴定
2. 手术方式与肝部分切除量化分析
3. 胆肠吻合与逆行性胆道感染
4. 手术方式与胰腺切除量化分析
5. 胰岛素依赖与药物依赖之区别

一、条款比较

	《道标》		《新残标》
胃、肠、消化腺损伤			
4.1.6.a)	胃、肠、消化腺等部分切除，消化吸收功能严重障碍，日常生活完全不能自理。	5.1.3.1)	原位肝移植术后肝衰竭晚期。
4.3.6.a)	胃、肠、消化腺等部分切除，消化吸收功能障碍。	5.4.4.1)	肝切除2/3以上。
4.5.6.a)	胃、肠、消化腺等部分切除，严重影响消化吸收功能。	5.6.4.1)	肝切除1/2以上。
4.8.6.a)	胃、肠、消化腺等部分切除，影响消化吸收功能。	5.7.4.1)	肝切除1/3以上。
4.9.6.a)	胃、肠、消化腺等部分切除。	5.9.4.1)	肝部分切除术后。

《道标》		《新残标》	
4.10.6.a)	胃、肠、消化腺等破裂修补。	5.2.4.1)	肝衰竭晚期。
		5.4.4.2)	肝衰竭中期。
		5.6.4.2)	肝衰竭早期。
		5.7.4.3)	胆道损伤胆肠吻合术后，反复发作逆行性胆道感染。
		5.8.4.6)	胆道损伤，胆肠吻合术后。
		5.9.4.7)	胆道损伤胆管外引流术后。
		5.9.4.8)	胆囊切除术后。
4.10.6.b)	胆囊破裂修补。	5.10.4.3)	胃、肠或者胆道修补术后。
		5.3.4.1)	全胰缺失。
		5.4.4.3)	胰腺大部分切除，胰岛素依赖。
		5.5.4.1)	胰头合并十二指肠切除术后。
		5.6.4.3)	胰腺部分切除术后伴功能障碍，需药物治疗。
		5.8.4.3)	胰腺部分切除术后。
		5.9.4.3)	外伤性胰腺假性囊肿术后。

《道标》		《新残标》	
脾损伤			
		5.7.4.4)	未成年人脾切除术后。
4.8.6. b)	脾切除。	5.8.4.2)	成年人脾切除术后。
4.9.6. b)	脾部分切除。	5.9.4.2)	脾部分切除术后。
4.10.6. b)	脾破裂修补。	5.10.4.2)	肝、脾或者胰腺修补术后。

二、编制说明

《道标》对于肝脏和胰脏的损伤没有单列专门性的条款，而是将其与胃、肠损伤并列，且不论切除或缺损多少都是以消化功能受影响的严重程度来划分伤残等级的。《新残标》将胃、肠、肝、胆、胰、脾等器官等均作为一个独立的考量因素，并根据切除（或缺失）多少或功能障碍的程度规定了专门性的致残等级鉴定条款。例如，对于肝切除按切除"2/3""1/2""1/3"，分别规定为四级、六级、七级伤残；对肝功能障碍按肝衰竭晚期、中期、早期，分别评定为二级、四级、六级伤残。

适当增加了以腹腔脏器组织结构破坏为致残等级鉴定的专门性条款，如胆囊切除术后、胆道损伤行胆肠吻合术后、胆道损伤胆管外引流术后、胆道吻合术后并发反复发作的逆行感染等；胰腺切除术后伴药物依赖、外伤性胰腺假性囊肿术后等，从而大大增加了致残等级鉴定的范围。

三、应用指南

（一）原位肝移植术后

1. 肝移植临床分类

原位肝移植术：正位肝移植或称经典原位肝移植是指在切除受体病肝时连同下腔静脉一并切除，利用供体肝的肝上、肝下下腔静脉来重建和恢复肝脏的流出道与下腔静脉的连续性。肝移植的早期阶段多采用这种术式，为有别于后来的背驮式肝移植而称之为传统或经典术式。原位肝移植术中须阻断下腔静脉，同时采用下腔静脉和门静脉系统的体外转流。转流技术不仅复杂还可能导致多种并发症。1987 年 Wall 等报道了连续 50 例原位肝移植，其中 47 例未采用转流，他们认为原位肝移植可以不常规行静脉转流（图 8-2-1）。

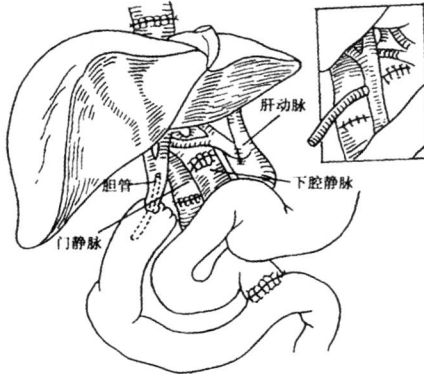

图 8-2-1 示：原位全肝移植示意图

背驮式肝移植术：与经典原位肝移植术的不同处在于切除病肝后保留肝后下腔静脉，供肝的肝上下腔静脉与受体肝静脉吻合或供受体肝上下腔静脉侧吻合，同时结扎供肝的肝下下腔静脉。国外有学者认为：在小儿原位肝移植中，采用背驮式技术更具优点。该术

式由于简化了植入供肝的手术操作，术中不需要静脉转流，缩短了
无肝期的时间，术中失血相对减少，病儿所承受的病理生理内环境
的干扰以及肾功能的损害等均较轻，因此术后恢复多较顺利，远期
疗效较好。

2. 法医学鉴定要点

如何正确理解标准"5.1.3.1）原位肝移植术后肝衰竭晚期"
规定，这里有几个问题要加以注意：

（1）原位肝移植术后的致残等级鉴定，依据5.1.3.1）之规
定，原位肝移植术后须发生肝功能障碍且达肝衰竭晚期（具体分期
方法见下文）。

（2）原位肝移植术后存在某种程度的肝功能障碍，则应依据肝
功能障碍分期适用专门性条款，即"5.2.4.1）肝衰竭晚期"
"5.4.4.2）肝衰竭中期""5.6.4.2）肝衰竭早期"。

（3）原位肝移植术后肝功能正常，则应依据"5.10.4.2）肝、
脾或者胰腺修补术后"之规定，鉴定为十级伤残。

（4）背驮式肝移植术后致残程度鉴定应等同于原位肝移植术
后，因为背驮式肝移植术与原位肝移植术只有血管吻合方式的不
同，而移植肝脏成活后肝功能没有差异。

（二）肝部分切除术后

1. 肝切除及其量化分析

肝切除肝外伤。由于肝脏是实质性脏器，组织较脆，各种外伤
因素均可以造成不同程度的肝脏破裂而引起大出血，如出血不止应
进行手术止血，但对较轻和较浅的肝裂伤，且无大的血管及胆管断
裂，可以采用缝合止血，不必行肝切除术。在下列情况下，可考虑
行肝切除术：①严重肝外伤致大块肝组织离断或破碎，失去生机
者；②肝内较大血管断裂，使局部肝组织失去血供，或较大胆管断
裂，无法修补者；③大块破碎性肝组织损伤难以修补，或修补后仍
不能控制出血者；④深部肝损伤并有肝内大血管损伤，出血无法控

制或形成巨大血肿，需行肝切除术，以控制出血者。

　　肝脏 Couinaud 分段法。以肝裂和门静脉及肝静脉在肝内分布为基础的 Couinaud 分段法，将肝脏分为八段：相当于尾状叶为 I 段，左外叶为 II、III 段，左内叶为 IV 段，右前叶为 V、VIII 段，右后叶为 VI、VII 段（如图 8-2-2）。

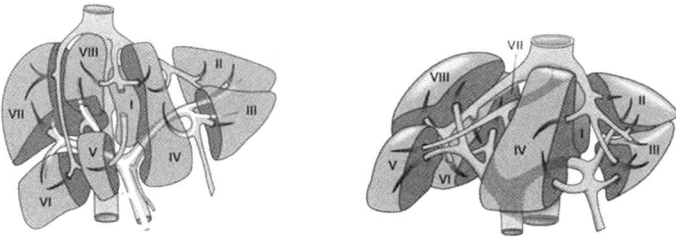

图 8-2-2 示：肝脏 Couinaud 分段法

　　肝脏 Couinaud 分段与肝体积：许敏等[1]通过水浸法测得 22 例脑死亡男性肝脏平均体积为 1289 cm³，左半肝占 38.1%，右半肝占 61.9%，利用分割平面对离体肝脏进行 Couinaud 肝脏划分，II-VIII 段体积分别为 9.9%、11.6%、16.6%、17.0%、14.6%、14.7%、15.6%。手术切除其中一段称肝段切除，切除两个或两个以上相邻肝段，称为联合肝段切除术。

　　2. 法医学鉴定要点

　　对于肝切除术后的致残程度鉴定，关键是确定肝脏被切除部分占肝脏总体积的比例。在明确了比例之后可直接依据"5.4.4.1）肝切除 2/3 以上""5.6.4.1）肝切除 1/2 以上""5.7.4.1）肝切除 1/3 以上"等条款鉴定致残等级。而"5.9.4.1）肝部分切除术后"

　　〔1〕 http://max.book118.com/ht mL/2016/0511/42702431.shtm。许敏、吴在德、陈孝平等："肝脏外科解剖学及肝段体积的测定"，载《中国普外科杂志》1996 年第 1 期。

对肝切除多少并没有占比的规定。

对于肝脏被切除部分的占比大多可以在手术记录中有明确的记录，如果没有明确的记录则可以通过肝切除的手术方式根据本节介绍的方法进行计算和评估。

必要时可以通过肝脏 CT 扫描三维图像重组的方式对残存肝脏进行测算，以推断肝脏被切除部分在全肝中的占比。

（三）肝功能衰竭

1. 肝衰竭分期

各类病毒性肝炎、药物性肝炎、中毒性肝损害、损伤引起的缺血性肝损害都会不同程度地影响肝功能，严重时会出现肝功能障碍或肝功能衰竭。本标准附录 B. 27 参考临床医学相关文献，将损伤后肝衰竭分为早、中、晚三期。

（1）早期：①极度疲乏，并有厌食、呕吐和腹胀等严重消化道症状；②黄疸进行性加重（血清总胆红素≥171 μmol/L 或每日上升17. 1 μmol/L；③有出血倾向，30% <凝血酶原活动度（PTA）≤40%；未出现肝性脑病或明显腹水。

（2）中期。在肝衰竭早期表现的基础上，病情进一步发展，出现以下两种情形之一者：①II 度以上肝性脑病和（或）明显腹水；②出血倾向明显（出血点或瘀斑），且 20% <凝血酶原活动度（PTA）≤30%。

（3）晚期。在肝衰竭中期表现的基础上，病情进一步发展，出现以下三种情形之一者：①有难治性并发症，例如肝肾综合征、上消化道出血、严重感染和难以纠正的电解质紊乱；②出现 III 度以上肝性脑病；③有严重出血倾向（注射部位瘀斑等），凝血酶原活动度（PTA）≤20%。

2. 肝功能检查

常用检测指标包括：①血清胆红素失代偿期可出现结合胆红素和总胆红素升高，胆红素的持续升高是预后不良的重要指标；②血清白蛋白是评估肝合成功能最重要的指标，在肝功能明显减退时，白蛋白合成减少；③血清球蛋白主要是γ-球蛋白，可间接反映肝窦网状内皮细胞移除和处理肠源性抗原的功能；④凝血酶原时间（PT）可作为肝脏合成功能的有价值指标，超过正常对照3秒为异常；⑤血清丙氨酸氨基转移酶（ALT，即GPT）与血清天门冬氨酸氨基转移酶（AST，即GOT）肝细胞受损时，ALT升高，肝细胞坏死时，AST升高；⑥凝血酶原活动度（PTA）。凝血酶原是血液凝固因子之一，凝血酶原是由肝脏合成的维生素K依赖因子之一，凝血酶原活动度（简称PTA）是判断肝细胞坏死的严重程度及预后的敏感指标，凝血酶原（PT）是反映肝损害程度最有价值的指标之一，随着肝细胞严重损害和坏死，PTA下降，PTA≤40%是急性肝衰竭诊断依据之一，PTA≤20%可发生自发性出血。

3. 法医学鉴定要点

（1）各种致伤因素致肝功能损害并遗留肝功能障碍，须根据临床表现和实验室检查，并根据标准"附录B.27肝衰竭分期"对伤者肝功能障碍进行分期。在此基础上分别依据"5.2.4.1）肝衰竭晚期""5.4.4.2）肝衰竭中期""5.6.4.2）肝衰竭早期"确定相应的致残等级。

（2）要认真评估各种致伤因素造成本次肝损害之前肝功能状态，必要时须分析外界致伤因素与肝功能衰竭之间的因果关系。

（四）胆囊及胆道损伤

1. 胆囊损伤

外伤性胆囊损伤一般可分为胆下挫伤、撕脱伤、胆囊破裂和出血。胆囊挫伤可无症状，但如挫伤严重可发展成延迟性坏死，甚至穿孔；撕脱伤指胆囊自胆囊肝床离断。可继发内出血或胆囊扭转，其完整性不一定破坏；胆囊破裂多在胆囊底部，颈部和体部较少见。外伤性胆囊一般较少出现，常常与腹内其他损伤同时发生，如肝、脾破裂等。胆囊破裂通常行胆囊切除术进行处理。

2. 胆道损伤[1]

胆道分为肝内胆管系统和肝外胆道系统。肝外胆道损伤分为胆囊损伤和胆管损伤。通常而言，胆道损伤主要指肝外胆道的损伤。胆道损伤的原因主要包括创伤性损伤与医源性损伤两大类。

胆道损伤的治疗原则主要包括：①对于单纯的锐器致胆管裂伤或穿破，若受伤时间短，临床创伤对创口无污染且胆道伤口局部血运良好，缺损不多、炎症不明显，胆道壁无水肿，可予间断缝合、修补，再在其近端或远端置一"T"字形引流管以外引流；②胆管壁损伤部分超过其周径的50%或完全横断或有部分胆管组织缺损时，则宜行胆肠吻合术，此手术是胆道损伤常用的手术治疗方法，术中同样需要行胆管外引流术以减少感染机会。

胆肠吻合术后可因吻合口狭窄、胆汁瘀滞、肠襻中有细菌过度繁殖等造成胆道逆行感染。临床表现为：①腹痛，常表现为绞痛或钝痛，在右上腹；②寒颤、高热；③常有轻度黄疸；④反复逆行感染，可发生肝内多发性小脓肿；⑤反复逆行感染可合并不同程度的肝硬化，晚期可有门静脉高压；⑥体检可有体温升高、脉率增快、重症患者血压降低、呼吸浅快，剑突下区压痛与腹肌紧张、肝区叩痛，有时可扪及肝肿大；⑦病情严重者可出现为感染性休克、神志改变。诊断依据：①反复发作的胆管炎表现；②B超、MRCP、PTC显示肝内胆管扩张；③实验室检查示外周血白细胞计数及中性粒细胞比例异常增高，肝功能检验示血清转氨酶、ALP、胆红素升高，碱性磷酸酶升高。

3. 法医学鉴定要点[2]

本标准胆囊及胆道损伤相关条款均涉及手术治疗，鉴定此类损

---

[1]（集体作者）司法部司法鉴定管理局编：《〈人体损伤致残程度分级〉适用指南》，法律出版社2016年版，第228~229页。

[2]（集体作者）司法部司法鉴定管理局编：《〈人体损伤致残程度分级〉适用指南》，法律出版社2016年版，第228~229页。

伤的致残程度等级时需全面分析伤后病史，尤其须关注手术记录，注意把握有无手术适应证。

　　胆道损伤后常需行"T"字形管外引流术，待数周后拔除"T"字形管。此类手术可属于本标准 5.10.4.3) 所称"胆道修补术"的范畴。

　　胆道损伤、胆肠吻合术后反复发作逆行性胆道感染的条款规定，因感染发生与发作时间均有相当的不确定性，应注意鉴定时须同时符合以下要点：①确系胆道损伤且已行胆肠吻合术；②确证发作胆道感染 3 次以上；③胆道感染的病因与损伤或者损伤后实施的相关治疗有关；④排除系由胆道结石或胆管蛔虫症引起。

　　（五）胰腺损伤

　　1. 胰腺部分切除与功能障碍

　　腹部创伤可以引起急性胰腺炎，而急性胰腺炎的治疗通常有手术治疗及非手术治疗。手术治疗包括壶腹成形术、奥狄氏括约肌成形术、胆肠内引流术、胆结石去除术、全胰腺切除术；而非手术治疗也就是内科治疗则包括：止痛、纠正营养不良、戒酒、调节饮食、限制脂肪摄入、胰腺外分泌酶和内分泌的补给等。

　　胰腺损伤术后发生的胰腺功能不全并不多见，是由于胰腺组织损伤、坏死和切除的范围过大所致（超过 80%）。通常认为超过 85% 的胰腺组织切除，会遗留明显胰腺功能障碍。据报道胰腺切除部分占全胰的 80%～95% 时，糖尿病发生率为 74%～90%，胰腺完全切除后糖尿病发生率为 100%[1]。

　　据报道[2]，胰十二指肠切除术一般切除 30%～50% 的胰腺实质；胰体尾切除术需要切除 60%～90% 富含胰岛细胞的胰腺实质；

〔1〕（集体作者）司法部司法鉴定管理局编：《〈人体损伤致残程度分级〉适用指南》，法律出版社 2016 年版，第 232 页。
〔2〕 http://wenku.baidu.com/link? url＝oas2XlPjcl4jRplRkjzESEC7-ePFBwfP8SKqTDajtR1TdIORmNf7mXIJZx-MC056fm1BtpTXpctt0voGpK——krar6VJ3xzD_ eDAdOBef69G

胰十二指肠切除后术后糖尿病发病率为 10%~15%，当伴有慢性胰腺炎则高达 40%；胰体尾切除术伴有慢性胰腺患者术后糖尿病发病率为 25%~90%；至于外分泌功能不足方面，胰十二指肠切除术较胰体尾切除术常见，为 25%~50%。由此可见，胰腺部分切除术后患者也可发生糖尿病并需要依赖胰岛素治疗。

胰腺切除可能会引起不同程度的胰腺内、外分泌功能的减退或缺失，不但可造成胰腺各种内分泌激素和胰酶量的减少，还会同时出现激素和（或）胰酶活性的降低，出现不同的临床症候群。因此将胰腺手术后出现的胰腺内、外分泌功能减退症候群分为胰腺内分泌功能不全症候群和胰腺外分泌功能不全症候群。前者最典型的临床表现即胰岛素分泌减少所造成的糖尿病，可用外源胰岛素治疗；后者则以腹胀、食欲缺乏、消化不良、脂肪痢为特征，可用胰酶治疗因消化不良引起的营养障碍。

2. 外伤性胰腺假性囊肿

胰腺因创伤造成出血、渗出并包裹形成囊肿，胰腺假性囊肿形成往往是由于手术探查时未能发现主胰管的损伤，胰液渗入受损伤的胰腺实质组织中形成，也可由于胰液聚集于胰腺裂伤缝合后胰腺组织间的潜在腔隙中而形成，囊肿形成早期因囊壁较薄，可暂不手术。亦可在超声内镜引导下经胃行支架置入治疗创伤性胰腺假性囊肿。胰腺假性囊肿外科治疗的适应证包括：①出现出血、感染、破裂、压迫等并发症；②囊肿直径>6 cm；③非手术治疗时囊肿无缩小反而有增大趋势；④多发性囊肿；⑤囊肿壁厚；⑥合并慢性胰腺炎及胰管狭窄。

3. 法医学鉴定要点

（1）对于胰腺切除多少可以通过病史调查加以查证，一般情况下手术记录中会有胰腺切除部分与全部胰腺组织的占比，也可通过上述介绍的手术方式加以判断。当确认为胰腺全部切除时，则适用标准"5.3.4.1）全胰缺失"之规定，鉴定致残等级为三级。

（2）当查证结果确认胰腺部分切除时，应进一步查证伤者是否发生糖尿病，并存在胰岛素依赖，如果答案是肯定的则应适用标准"5.4.4.3）胰腺大部分切除，胰岛素依赖"鉴定致残等级为四级。

（3）如果答案是否定的，但存在外分泌功能障碍症候群，并需依赖胰酶治疗因消化不良引起的营养障碍，则适用标准"5.6.4.3）胰腺部分切除术后伴功能障碍，需药物治疗"鉴定致残等级为六级。

（4）如果胰腺部分切除术后伤者未出现明显胰腺内外分泌功能障碍的症状和体征，则适用于标准"5.8.4.3）胰腺部分切除术后"鉴定为八级伤残。

（5）对于外伤后胰假性囊肿形成并经手术治疗则适用标准"5.9.4.3）外伤性胰腺假性囊肿术后"之规定，鉴定为9级伤残。

（六）脾脏损伤

1. 脾破裂修补与脾切除

脾脏位于左下侧胸廓内季肋部的深处，富含血窦，质地脆弱，是腹腔器官中最易受损的器官之一。脾脏是人体最大的免疫器官，还有造血、储血、滤血等功能。脾脏损伤可由直接或间接外力作用造成。

当前临床医学界对脾脏损伤的治疗主张采用个体化治疗方案的原则，轻度损伤可行非手术治疗，而较重的损伤则需及时实施手术。

脾破裂修补的手术治疗方法多种多样。当条件具备且具有手术适应证，探查发现脾脏裂口小而浅、深度不超过 1.5 cm 时（即多数 I 级脾损伤和部分 II 级脾损伤），可首先采用脾破裂缝合修补术。脾破裂黏合凝固止血术适合于脾包膜撕脱和轻度表浅裂伤、广泛的单处撕裂伤以及单纯而未伤及大血管的裂伤者。

部分脾切除包括脾段、半脾和脾次全切除，其适应证为：①部分脾脏损伤或破裂严重，但无危及生命的多脏器损伤，无严重的胸腹联合伤和脑外伤，且无法缝合修补保留，或经缝合后止血不可靠或反而出血加剧，或缝合后部分脾脏出现血液循环障碍；②局限性脾内血肿;③脾门处的某一叶(段)血管损伤无法修补,脾脏已出现界线明显的部分脾脏供血障碍;④部分脾脏损伤,年龄在60岁以下而且重要生命器官功能基本平稳。

全脾切除术适应证为:①全脾破裂或广泛性脾脏破裂,脾脏血供完全中断,无法修补或保留部分脾组织;②脾门撕裂,脾蒂血管破裂;③脾血管损伤,伴血流动力学不稳定;④脾脏缝合修补术不能有效止血;⑤有威胁生命的合并伤;⑥延迟性脾破裂或病理性脾破裂。

2. 法医学鉴定要点

(1) 通过病史调查明确是否因外伤导致脾破裂,并实施脾破裂修补或者切除术。

(2) 如果实施了脾切除手术则应明确是脾全切除术还是脾部分切除术。

(3) 查验身份证明材料以明确伤者是成年人还是未成年人(本标准规定未满18周岁)。

在明确上述问题的基础上,依据标准专门性条款鉴定致残等级多不会发生困难。

注:对于延迟性脾破裂、病理性脾破裂,应分析损伤与后果之间的因果关系。

第三节 肾损伤

本节要点

1. 肾切除术后致残等级鉴定

2. 肾功能障碍致残等级鉴定

3. 肾功能障碍实验室检查

4. 肾性高血压特点与检查

一、条款比较

《道标》		《新残标》	
肾损伤			
4.1.6.b)	双侧肾切除或完全丧失功能，日常生活完全不能自理。	5.1.3.2)	双肾切除术后或者孤肾切除术后，需透析维持治疗；肾移植术后肾衰竭。
4.2.6)	一侧肾切除或完全丧失功能，另一侧肾功能重度障碍。	5.3.4.2)	一侧肾切除术后，另一侧肾功能重度下降。
4.3.6.b)	一侧肾切除或完全丧失功能，另一侧肾功能中度障碍；或双侧肾功能重度障碍。	5.5.4.2)	一侧肾切除术后，另一侧肾功能中度下降。
4.5.6.b)	一侧肾切除或完全丧失功能，另一侧肾功能轻度障碍。	5.7.4.2)	一侧肾切除术后。
4.8.6.c)	一侧肾切除或肾功能重度障碍。	5.9.4.4)	一侧肾部分切除术后。
4.9.6.d)	一侧肾部分切除或肾功能中度障碍。		
4.4.6.)	一侧肾功能重度障碍，另一侧肾功能中度障碍。	5.2.4.2)	肾衰竭。
4.6.5)	一侧肾功能重度障碍，另一侧肾功能轻度障碍。	5.4.4.4)	肾功能重度下降。

《道标》		《新残标》	
		5.6.4.4)	肾功能中度下降。
		5.5.4.3)	肾移植术后，肾功能基本正常。
		5.8.4.7)	损伤致肾性高血压。
4.10.6.e)	肾破裂修补或肾功能轻度障碍。	5.10.5.1)	肾、输尿管或者膀胱修补术后。
肾上腺损伤			
		5.4.4.5)	双侧肾上腺缺失。
		5.5.4.4)	肾上腺皮质功能明显减退。
		5.8.4.9)	一侧肾上腺缺失。
		5.8.4.10)	肾上腺皮质功能减退（轻度）。

二、编制说明

与《道标》相比，《新残标》关于肾损伤致肾功能障碍致残等级的规定有如下不同：

1. 对于"双侧肾切除"不仅仅根据切除与否评定一级伤残，而是要看切除术后是否依赖透析维持治疗，如果不需要则不构成一级伤残。更确切地说，是指双肾切除并行肾移植术后需要依赖透析维持治疗的规定为一级残。

2. 对于"一侧肾切除"，由《道标》的八级残降低为九级残。

3. 弃用"一侧肾功能重度障碍，另一侧肾功能中度或轻度障碍"的组合式条款，而以"肾衰竭、肾功能重度下降或轻度下降"

替之。主要原因在于分肾功能检查的条件要求较高，且有时很难准确评估，而对于双肾功能的整体评价则简单得多。

4. 增加了肾移植术后的致残等级的专门性条款。

5. 增加了"损伤导致肾性高血压"的致残等级专门性条款。

6. 增加了肾上腺缺失和肾上腺皮质功能减退致残等级的专门性条款。

三、应用指南

（一）肾损伤与肾功能障碍

1. 肾损伤与肾切除

肾损伤按其程度可分为：①轻度损伤，包括肾挫伤，1 cm 以下的肾裂伤；②严重损伤，包括 1 cm 以上的肾裂伤、贯通集合系统的损伤、粉碎性损伤及血管相关性损伤。也可分为：Ⅰ级：为肾挫伤；Ⅱ级：为无肾实质裂伤的局限性包膜下血肿或局限性肾周围血肿；Ⅲ级：为肾皮质裂伤深度<1 cm、无尿外渗的情形；Ⅳ级：为肾皮质裂伤>1 cm 而无集合系统裂伤或尿外渗以及贯通肾皮质、髓质、集合系统的裂伤；Ⅴ级为肾动、静脉主干损伤出血、肾粉碎性损伤或肾蒂断裂。

肾损伤的治疗原则包括：①闭合性肾损伤，轻者可采用卧床休息等非手术治疗，确诊为肾蒂损伤、肾粉碎性损伤、完全性肾断裂的应采取手术治疗，大的腹膜后血肿及尿外渗亦可采用手术引流。②对于开放性肾损伤，尤其血流动力学不稳定者，应立即手术探查，根据情况做出相应处理。③术中应以保留肾脏为主要目的。

2. 肾损伤与肾功能不全

肾功能不全是由多种原因引起的，肾小球严重破坏，使身体在排泄代谢废物和调节水电解质、酸碱平衡等方面出现紊乱的临床综合症后群。肾功能不全分急性肾功能不全（ARF）和慢性肾功能不全（CRF）。ARF 的病因分为肾前性、肾性和肾后性。肾前性氮质血症约占 ARF 病因的 50%~80%；肾灌注不足的原因是由于细胞外液丢失或心血管疾病；肾性急性肾小球血管性和小管间质性肾病的肾性病因，如恶性高血压、肾小球肾炎、血管炎、细菌感染、药物反应及代谢疾患（如高钙血症，高尿酸血症）；肾后性氮质血症约占 5%~10%；泌尿系统排尿和集合部分的各种梗阻是其原因。很多ARF 病人可发现有不止一个病因，引发 ARF 与维持 ARF 的因素可能不同。急性肾功能衰竭90%以上能恢复。慢性肾衰竭（CRF）是指各种原因造成慢性进行性肾实质损害，致使肾脏明显萎缩，不能维持基本功能，临床出现以代谢产物潴留，水、电解质、酸碱平衡失调，全身各系统受累为主要表现的临床综合征。

3. 肾功能损害分期

肾功能损害是指：①肾脏损伤（肾脏结构或功能异常）≥3 个月，可以有或无肾小球滤过率（GFR）下降，临床上表现为病理学检查异常或者肾损伤（包括血、尿成分异常或影像学检查异常）；②GFR<60 mL/（min·1.73 m^2）达 3 个月，有或无肾脏损伤证据。

本标准附录 B.28 采用当前临床医学常用规范标准，即慢性肾脏病（CKD）肾功能损害分期标准。肾功能损害分期见表 8-3-1。

表 8-3-1　肾功能损害分期

CKD 分期	名称	诊断标准
1 期	肾功能正常	GFR≥90 mL/（min·1.73 m^2）
2 期	肾功能轻度下降	GFR 60 mL~89 mL/（min·1.73 m^2）≥3 个月，有或无肾脏损伤证据
3 期	肾功能中度下降	GFR 30 mL~59 mL/（min·1.73 m^2）
4 期	肾功能重度下降	GFR 15 mL~29 mL/（min·1.73 m^2）
5 期	肾衰竭	GFR<15 mL/（min·1.73 m^2）

4. 肾功能特殊检查

肾小球滤过率（GFR）是评价肾功能的最好指标。其检测方法可以分为两大类，一类是外源性物质的清除率，另一类则为内源性物质的清除率。近年来，应用放射性核素方法检测 GFR 被认为同检测菊粉清除率一样，是一种准确反映肾小球滤过功能的方法，可作为测定 GFR 的"金标准"。

放射性核素方法是静脉内一次性注射放射性核素标记物，运用单光子发射计算机断层仪（SPECT），通过应用数字成像技术测定肾脏中指示剂放射性活性的减少，可以不用抽取血标本即可测定肾的血浆清除率，从而反映 GFR，方法简便、可靠、无创伤。

数字成像的优点在于它不仅可以测定肾清除率，还可以了解肾脏的结构，将肾脏功能变化与其结构变化相联系，特别是它能测定分肾功能，并了解每一侧肾脏在总的 GFR 中所起的作用，尤其是当肾功能减退的情况下，应用放射性核素测定的 GFR 仍能很好地反映实际的 GFR。

采用核素检查的方法可测得 GFR 估计值（eGFR），但该方法对检测技术与设备的要求较高，检测手段本身存在一定的放射危害而容易引起受试者的顾虑，故现在临床上常采用测定肌酐水平（SCr）的方法，通过 MDRD 公式计算 GFR。

适合中国人的 MDRD 改良公式如下：

GFR（mL/min · 1.73 m^2）= 175×SCr（mg/dL）－1.154×年龄－0.203×（0.79 女性）。

临床肾病专科多采用计算机软件法进行 GFR 的计算，通过输入受试者的年龄、性别、肌酐值等数据或信息后，即可获取 GFR 结果。

5. 法医学鉴定要点

（1）双肾切除术后或者孤肾切除术后无法行肾移植手术需依赖透析维持治疗的，或者虽行移植术，无论是单肾移植还是双肾移植，术后仍然依赖透析维持治疗的，均符合本标准"5.1.3.2）双肾切除术后或孤肾切除术后，需透析维持治疗"之规定，鉴定为一级伤残。

（2）肾移植术后，无论是单肾移植还是双肾移植，均根据肾移植术后有无肾功能障碍以及障碍的程度，依据专门性的条款进行致残等级鉴定。

（3）一侧肾切除术，包括部分切除术后，均根据肾移植术后有无肾功能障碍以及障碍的程度，依据专门性的条款进行致残等级鉴定。

（二）肾损伤与肾性高血压

1. 肾性高血压的病理机制

无论单侧或双侧肾实质疾患，几乎每一种肾脏病都可引起高血压。通常肾小球肾炎、狼疮性肾炎、多囊肾、先天性肾发育不全等疾病，如果病变较广泛并伴有血管病变或肾缺血较广泛者，常伴发高血压。肾实质性高血压的发生率与肾小球的功能状态关系密切。肾小球功能减退时，血压趋向升高，终末期肾衰高血压的发生率可达83%。

肾性高血压是继发性高血压的一种，分为肾实质性和肾血管性高血压。肾实质性高血压以慢性肾小球肾炎最为常见，肾血管性高血压主要是由于单侧或双侧肾动脉主支狭窄，导致肾脏血流灌注降低而引起高血压。肾损伤后高血压主要应为肾血管性高血压。

2. 肾性高血压的诊断

目前国内高血压的诊断采用2010年《中国高血压防治指南》建议的标准，即高血压为收缩压≥140 mmHg，舒张压≥90 mmHg。

肾性高血压鉴别诊断：①内分泌性高血压：内分泌疾患中皮质醇增多症、嗜铬细胞瘤、原发性醛固酮增多症、甲状腺功能亢进症和绝经期等均有高血压发生的可能。但一般可根据内分泌的病史、特殊临床表现及内分泌实验室检查作出相应诊断。②血管病：先天性主动脉缩窄、多发性大动脉炎等可引起高血压。可根据上、下肢血压不平行以及无脉症等加以鉴别。③颅内病：某些脑炎或肿瘤、颅内高压等常有高血压出现。这些患者神经系统症状常较突出，通过神经系统的详细检查可明确诊断。④其他继发性高血压：如妊娠中毒症以及一些少见的疾病可以出现高血压，如肾素分泌瘤等。⑤原发性高血压：发病年龄较迟，可有家族病史，在排除继发性高血压后可作出诊断。

3. 肾性高血压的实验室检查

由于肾性高血压缺乏明确的临床特点，故要进一步诊断，须行实验室检查和放射线检查。目前临床上常做的检查包括：①排泄性尿路造影以观察肾脏大小、显影情况、肾盏、肾盂加输尿管的解剖形象及功能状况；②分肾功能试验，直接检测各侧肾脏的具体功能；③放射性同位素检查，也是了解每侧肾脏功能的一种良好的筛选手段；④肾素活性测定，则不仅有助于诊断，也是决定手术适应证和预测疗效的重要依据；⑤腹主动脉—肾动脉造影术。通过造影可以观察腹主动脉、肾动脉及其分支和肾实质的显影形象，从而明确肾动脉狭窄或闭塞的范围和程度。

4. 法医学鉴定要点

（1）通过病史调查明确肾损伤的直接证据。

（2）通过影像学检查明确肾脏损伤的影像学证据。

（3）通过肾功能检测明确肾功能障碍及障碍的程度。

（4）注意与原发性等其他原因引起的高血压相鉴别。

第四节　腹部其他损伤

本节提要

1. 腹壁缺损与量化方法

2. 腹壁疝难以手术修复

3. 膈肌麻痹与功能障碍

一、条款比较

《道标》		《新残标》	
4.10.6.c)	肠系膜损伤修补。	5.8.4.1)	腹壁缺损 ≥ 腹壁的 1/4。
4.10.6.f)	膈肌破裂修补。	5.10.4.1)	腹壁疝，难以手术修补。
		5.9.4.10)	膈肌修补术后遗留功能障碍（如膈肌麻痹或者膈疝）。
		5.10.4.4)	膈肌修补术后。

二、编制说明

与《道标》相比，《新残标》删除了"肠系膜损伤修补术"评残条款，而是增加了腹壁缺损与腹壁疝及膈肌修补术后的评残条款。

三、应用指南

（一）腹壁缺损

1. 腹壁范围及分区

腹壁范围：由皮肤、肌肉、筋膜等组织组成。其上界为剑突、肋弓及第11、12游离肋端，下界为耻骨联合、腹股沟韧带、髂嵴，向上、下和后面分别附着于肋骨、骨盆和脊柱，由外向内依次为皮肤、浅筋膜、肌肉-腱膜层、腹横筋膜、腹膜前脂肪层及壁层腹膜。腹壁两侧以腋后线为界，分为腹前外侧壁和腹后壁，腹前壁的轮廓为一个六边形的区域。腹部分区通常采用腹前壁划线的方法，一般有两种分区方法：①九分法，指以两条水平线和两条垂直线将腹部分为 9 个区；②四分法，是以通过脐的水平与垂直线将腹部分为左、右腹上部和左、右腹下部。

2. 腹壁缺损分型

本标准所称"腹壁缺损"主要是指在腹前壁及外侧腹壁存在缺损区域。其原因可以是原发性损伤致皮肤、皮下组织、肌层或筋膜的缺失，或者因损伤后继发、合并感染、组织坏死引起的腹壁缺失，或者因腹部手术切口愈合不良继发腹壁缺损。腹壁缺损可分为三型：①Ⅰ型，仅有皮肤及部分皮下组织的缺失；②Ⅱ型，以腹壁肌筋膜组织为主的缺失，腹壁皮肤的完整性尚保存；③Ⅲ型，全层腹壁的缺失。

3. 法医学鉴定要点

腹壁缺损的认定[1]：

（1）腹部曾有创伤史、手术史、外伤或手术后感染史等。

（2）腹部严重软组织损伤或手术明确记载腹壁损伤，如系腹部穿透伤或开放性损伤，常同时合并腹腔内组织器官的损伤。

（3）腹部检查见腹壁上遗留瘢痕、创面等损伤痕迹，损伤及切口瘢痕区可扪及缺损区域，站立时包块突出，平卧时基本甚至完全消失，可通过望诊、触诊大致判断缺损范围、程度，也可通过超声、CT、MRI 等医学影像学检查加以确诊。

（4）因腹壁由多层组织组成，如果腹壁的皮肤虽基本存留，或者经植皮术后得以部分修复，仅有部分腹壁层次缺如，仍应视为腹壁缺损；

（二）腹壁疝

1. 腹壁疝的分类

腹壁疝是由腹腔内的组织或器官连同相邻壁层腹膜，经腹壁薄

---

[1]（集体作者）司法部司法鉴定管理局编：《〈人体损伤致残程度分级〉适用指南》，法律出版社 2016 年版，第 213 页。

弱处或者孔隙等结构，向体表突出所形成的病理状况。创伤性腹壁疝是腹腔器官及网膜经腹部创伤后或手术切口形成薄弱处，凸向体表形成疝的病理改变。

（1）创伤性腹壁疝：腹部创伤后可在早期或早中期形成腹壁疝，如可发生于腹直肌断裂伴腹膜撕裂，也可发生于腹壁创伤、手术切口的继发感染坏死而形成。创伤性腹壁疝根据疝内容的位置可分为皮下型、肌间隙型、腹膜前（后）型。肌间隙型和腹膜前（后）型，易发生嵌顿绞窄。上腹部创伤性腹壁疝常伴有腹腔器官的复合型损伤，下腹部创伤性腹壁疝以单纯性较多。

创伤性腹壁疝按形成机制可分为：①创伤致腹壁闭合性损伤，重者腹壁血肿、腹直肌出血及断裂，日后可形成创伤性腹壁疝，此间因皮肤韧性较强，腹壁受伤部位出现质软包块，局部可触及腹壁缺损。②腹壁切口疝是指腹内脏器自腹部手术切口或外伤创口及感染坏死后形成薄弱处凸出形成的疝。此类疝的症状与其他的腹壁疝类似。检查时可见一肿块，在直立、咳嗽或用力时增大而平卧时则缩小或消失，能扪及疝囊口部的缺损者更可确诊。切口疝一旦发生，常有继续增大的趋势，难以自愈，均需手术治疗。③造口旁疝是以小肠为主的腹腔内容物从造口旁疝出，多发生在术后两年。

（2）创伤后腹壁疝：腹部或腰腹部遭较强外伤作用后，在腹壁自身解剖相对薄弱区域如腹白线区、半环线、腹直肌及腰上三角等处形成的疝，成为创伤后腹壁疝。此类患者既往通常局部并无疝病史，甚至疝直接形成于创伤暴力作用区域，如在脐或腹股沟区。此类疝与创伤性腹壁疝的重要区别在于，创伤后腹壁疝的形成与腹壁自身特殊解剖薄弱的特点或者腹壁自身某些病变造成的薄弱可能存在相当的关系。

X线斜位摄片显示含气肠襻或口服造影剂呈现于腹腔之外，甚至位于皮下。B超可确定腹壁缺损的部位及范围和疝出肠管节段。CT检查可证实腹壁缺损大小、部位及疝出物情况。

腹壁疝的手术禁忌证包括：①患有严重的心、肺或其他全身疾病，难以耐受手术；②过度肥胖，估计手术效果差，可为相对禁忌证等。

2. 法医学鉴定要点

（1）手术修复是腹壁疝的唯一有效治疗方法。凡经手术修复后仍未取得治愈效果的而又复发的；

（2）部分患者虽有手术指征，但因存在手术禁忌证难以手术的，均符合本标准"5.10.4.1）腹壁疝，难以手术修补"之规定，应鉴定为十级残；

（3）腹壁缺损与腹壁疝多同时存在，若已经以"5.10.4.1）腹壁疝，难以手术修补"鉴定致残等级的，则不能再以"5.8.4.1）腹壁缺损≥腹壁的1/4"条之规定重复评定伤残；

（4）腹壁疝因手术禁忌证而不能行手术治疗的，可适用本标准"5.10.4.1）腹壁疝，难以手术修补"之规定，应鉴定为十级残。

（三）膈肌损伤

1. 膈肌破裂

根据外伤暴力不同，膈肌损伤分穿透性膈肌损伤和钝性膈肌损伤。下胸部或上腹部穿透性损伤都可累及膈肌，造成穿透性膈肌损伤。膈肌损伤常表现为膈肌破裂。鉴于上、下胸腹腔存在压力差，膈肌破裂后多不能自行愈合，最终常形成膈疝。

创伤性膈肌破裂的症状和体征视膈肌损伤程度及有无膈疝形成、疝入胸腔器官的种类和多少、有无嵌顿和绞窄等情况而不同。通常根据病情发展变化，可分为以下病程期：①急性期。伤后感觉胸闷、心悸、呼吸困难，听诊伤侧呼吸音减弱、消失，常有胸痛并向肩部放射。②潜伏期。部分伤者伤后可持续数周、数月甚至数年但无明显症状或仅有类似消化性溃疡或胆囊炎的症状。③疝入梗阻期。腹腔器官通过膈肌裂口疝入胸腔，可压迫心脏、压迫伤侧肺，从而引起程度不一的呼吸困难和血循环障碍。

膈肌破裂或者膈疝形成，一般均宜尽早实施手术修补治疗。

2. 膈肌功能障碍

（1）膈疝形成。膈肌由胸腔底部的肌肉和筋膜组成，其肌肉属扁薄阔肌并向上膨隆呈穹隆形，位于胸、腹腔之间，成为胸腔的底和腹腔的顶，为主要的呼吸肌，收缩时，膈穹窿下降，胸腔容积扩大，以助吸气；松弛时膈穹窿上升恢复原位，胸腔容积减少，以助呼气。胸腹部损伤可造成正常膈肌的损伤，亦可在膈肌损伤的基础上致膈肌裂孔扩大，由于胸、腹腔之间存在压力差，随呼吸周期膈肌持续舒缩，终使腹腔器官、组织通过其薄弱处缓慢或骤然疝入胸腔，并形成膈疝。

常见疝入胸腔的腹腔内器官依次为胃、脾、结肠、小肠和肝。当疝入胸腔的腹内器官发生嵌顿或绞窄，可出现腹痛、呕吐、腹胀和腹膜刺激征等消化道梗阻或腹膜炎表现。膈疝的症状和体征受膈疝的大小、疝入器官种类及是否梗阻、缺血等影响。

胸部 X 线可见胸腔内含气或液平的软组织块影，CT 扫描表现为膈肌的连续性中断，胸腔内出现腹腔的器官或组织。

（2）膈肌麻痹。是由于膈神经受损所致，进而造成一侧或两侧的膈肌上升，长期运动障碍的麻痹膈肌可发生膈肌萎缩并退化为一层薄膜。膈神经损伤所致膈肌麻痹可以是单侧或双侧，也可以是完全性或不完全性的。

单侧完全性膈肌麻痹使膈肌升高和矛盾运动，即吸气时患侧膈肌上升而健侧下降，但由于健侧膈肌的代偿，肺活量仅减少约30%。由于人体的肺通气功能有较大的储备能力，对平静状态或轻、中度运动时的通气量可不产生明显影响。

部分膈肌破裂同时伤及膈神经，或膈肌修补手术时伤及膈神经。因两侧膈肌有单独支配的神经，由一侧膈神经损伤引起的一半膈肌麻痹并不会影响对侧半膈肌。其临床表现视膈神经损伤情况不同而不同，部分患者主诉剧烈运动时有呼吸困难。症状轻者仅表现为呼吸稍促，卧位时由于健侧膈肌活动受到限制，呼吸困难加重；左侧膈肌麻痹因胃底升高可能有嗳气、腹胀、腹痛等消化道症状。双侧完全性膈肌麻痹时，膈肌完全松弛，患者表现为严重的呼吸困难，腹部反常呼吸，呼吸费力，有发绀等呼吸困难表现。

影像检查时可根据不正常的运动方式确定膈肌是否麻痹。胸部X线透视是检查膈肌功能的最准确、简单的方法，可见单侧膈肌麻痹升高、活动减弱或消失，吸气时麻痹侧的膈穹不下降，腹腔器官反而推向上方，正常侧的膈肌麻痹则压迫腹腔器官。吸气时健侧膈肌下降而患侧膈肌上升的矛盾运动现象在用鼻吸气时可更为明显。呼吸时可有纵隔摆动，吸气时心脏、纵隔移向健侧，呼气时移向患侧。

3. 法医学鉴定要点

（1）凡确诊为创伤性膈肌破裂临床行膈肌修补术，术后检查证实仍遗留膈肌麻痹或者膈疝的，应按本标准"5.9.4.10）膈肌修补术后遗留功能障碍（如膈肌麻痹或者膈疝）"之规定，鉴定为九级残。

（2）凡确诊为创伤性膈肌破裂临床行膈肌修补术而治愈的，适用本标准"5.10.4.4"膈肌损伤修补术后"之规定，应鉴定为十级残。

（3）确因外伤引起膈肌破裂或者膈疝形成，具有手术适应证，因存在手术禁忌证难以接受手术治疗的，或者虽经手术修补但未取得治愈效果或者术后仍遗留功能障碍者，仍应参照上述条款进行鉴定。

第九章

盆部损伤

本章主要包括膀胱、输尿管损伤致残程度鉴定，女性卵巢及输卵管损伤致残程度鉴定。

第一节 膀胱输尿管损伤

本节提要

1. 膀胱切除后致残鉴定
2. 输尿管损伤及其检查
3. 尿瘘难以修补的认定

一、条款比较

《道标》	《新残标》	
膀胱损伤		
4.5.7.b)　膀胱切除。	5.4.5.1)	膀胱完全缺失或者切除术后，行永久性输尿管腹壁造瘘或者肠代膀胱并永久性造口。
	5.7.5.3)	原位肠代膀胱术后。
4.9.7.d)　膀胱部分切除。	5.7.5.2)	膀胱部分切除术后合并轻度排尿障碍。

续表

《道标》		《新残标》	
		5.8.5.2)	膀胱大部分切除术后。
		5.9.5.1)	膀胱部分切除术后。
4.10.7.g)	膀胱破裂修补。	5.10.5.1)	肾、输尿管或者膀胱修补术后。
		5.5.5.2)	尿瘘难以修复。
		5.7.5.1)	永久性膀胱造口。
输尿管损伤			
4.5.7.a)	双侧输尿管缺失或闭锁。	5.5.5.1)	永久性输尿管腹壁造口。
4.7.7.c)	一侧输尿管缺失或闭锁，另一侧输尿管严重狭窄。	5.8.5.1)	输尿管损伤行代替术或者改道术后。
4.8.7.b)	双侧输尿管严重狭窄；或一侧输尿管缺失（或闭锁），另一侧输尿管狭窄。	5.9.5.2)	输尿管狭窄成形术后。
4.9.7.e)	一侧输尿管缺失或闭锁。	5.9.5.3)	输尿管狭窄行腔内扩张术或者腔内支架置入术后。
4.10.7.f)	一侧输尿管严重狭窄。	5.10.5.1)	肾、输尿管或者膀胱修补术后。

二、编制说明

（一）关于膀胱损伤

《道标》对于膀胱的损伤致残等级是以膀胱切除或是否经修补

术治疗来划分等级的,《新残标》除考虑到膀胱切除或修补术治疗外,还增加了是否需要造瘘或造口等功能障碍的残情,使得评残的范围扩大。

此外,《新残标》对有些损伤的致残等级做了适当调整。例如,膀胱完全缺失或者切除术后,行永久性输尿管腹壁造瘘则由《道标》的五级提高到四级,但膀胱完全缺失或者切除术后,行原位肠代膀胱术后,伤残等级则降到七级。

(二)关于输尿管损伤

《道标》强调的是损伤本身所遗留的后果,而《新残标》强调的是最终的治疗后果。例如,对于双侧输尿管的缺失或者闭锁,临床需行输尿管造瘘或者代替术;对于输尿管狭窄,临床需行输尿管狭窄腔内扩张术或者腔内支架置入术。这种变化更符合临床实际情况,与强调医疗终结的原则精神相一致。

三、应用指南

(一)膀胱损伤

1. 临床手术方式

膀胱损伤临床一般以尽可能保留膀胱功能作为膀胱损伤后实施手术治疗的主要目的,对于有可能保留膀胱的外伤,临床上在条件允许的情况下多会尽可能选择实施保留膀胱全部或部分功能的手术,如膀胱破裂修补术、膀胱部分切除术等。若膀胱损伤伤情较重,无法保留膀胱,需行永久性输尿管腹壁造口或者行肠代膀胱术,并同时实施永久性腹壁造口。

本标准所称的"膀胱大部分切术术后"是指膀胱损伤致切除膀胱 1/2 以上。同时,实践中应注意,应结合损伤后病历资料及各种辅助检查结果,关注手术记录,综合判定具体手术方式,据此作出致残程度等级的鉴定。若病历资料记录不清晰或者存有疑义的,可通过超声、放射医学影像检查测定尿容量等方法,加以核查。

2. 法医学鉴定要点

（1）凡膀胱损伤严重无法保留，临床行膀胱全部切除术，并行永久性输尿管胶片壁造口或者行肠代膀胱术的，即符合本标准"5.4.5.1）膀胱完全缺失或者切除术后，行永久性输尿管腹壁造瘘或者肠代膀胱并永久性造口"之规定，鉴定为四级伤残。

（2）凡膀胱损伤后行手术治疗，并留置膀胱造瘘管无法去除的，即符合本标准"5.7.5.1）永久性膀胱造口"之规定，鉴定为七级伤残。

（3）凡对于膀胱部分切除量化出现争议时，应通过膀胱造影或超声检查评估切除部分的多少。

（4）其他情形可根据手术治疗的具体方式，依据标准条款专门性规定，鉴定致残等级。

（二）输尿管损伤

1. 输尿管手术方式

尽可能保留输尿管功能是输尿管损伤后手术治疗的主要目的。对于有可能保留输尿管的外伤，临床上在条件允许的情况下一般尽可能选择实施输尿管置管术或者输尿管-肾盂吻合术、输尿管-输尿管吻合术、输尿管-膀胱吻合术等方法。若输尿管损伤伤情较重，无法保留完整的输尿管，则可行永久性输尿管腹壁造口。

输尿管损伤致尿瘘形成，是否属"难以修复"的认定系指经再次手术等积极治疗手段后仍难以恢复的情形。手术过程中若因输尿管缺损过多，需在两输尿管断端间置入一段回肠，行回肠代输尿管术，本标准所称"输尿管损伤行代替术"就是针对该种情况。

输尿管损伤后行输尿管-肾盂吻合术、输尿管-膀胱吻合术，即本标准中所称"输尿管损伤行改道术后"的情形。

输尿管损伤后有可能形成管腔狭窄，根据不同的情况临床可能采取狭窄部分成形术、腔内扩张术或者腔内支架置入术等治疗。对此，本标准设置了专门性的条款并规定了具体的致残等级。

2. 法医学鉴定要点

（1）通过病史调查，明确输尿管损伤的性质和程度以及临床手术治疗的具体方法。

（2）必要时，通过输尿管造影明确输尿管是否存在狭窄、瘘道等情形。

（3）凡输尿管狭窄行输尿管扩张术，无论输尿管狭窄的程度或临床表现是否好转，或者输尿管狭窄行腔内支架置入术后支架是否取出，均符合本标准"5.9.5.3）输尿管狭窄行腔内扩张术或者腔内支架置入术后"之规定，鉴定为九级伤残。

（4）凡输尿管损伤较重，无法保留完整的输尿管，临床行永久性输尿管腹壁造口的，即符合本标准"5.5.5.1）永久性输尿管腹壁造口"之规定，鉴定为五级伤残。

（5）其他情形可根据手术治疗的具体方式，依据标准条款专门性规定，鉴定致残等级。

（三）尿瘘形成

1. 尿瘘的形式

尿瘘是指泌尿系统损伤后与周围组织或外界形成异常通道，致使尿液流出泌尿道外。贯通性损伤可有体表伤口、直肠或阴道漏尿。闭合性损伤在尿外渗感染后破溃，也可形成尿漏，常见的有膀胱阴道瘘、尿道阴道瘘、输尿管阴道瘘。

2. 尿瘘的辅助检查

（1）美蓝试验：目的在于检查肉眼难以辨认的膀胱阴道小瘘孔、多发性小瘘孔，或疤痕中瘘孔等；或鉴别膀胱阴道瘘与输尿管阴道瘘。方法：病人取膝胸卧位，通过尿道插入导尿管，将美蓝稀释液（2 mL 美蓝加入 100 mL~200 mL 生理盐水中。如无美蓝可用稀释龙胆紫溶液或灭菌牛奶）注入膀胱内，夹住导尿管。注入过程中，提拉阴道后壁，观察阴道前壁、前穹窿及宫颈口有无蓝色液体流出。自阴道壁有蓝色液流出者为膀胱阴道瘘。同时可知瘘孔数目及部位。自宫颈口或其裂伤中流出者，可为膀胱宫颈瘘或膀胱子宫瘘。如无蓝色液体流出，则应怀疑为输尿管瘘。此时可拔除导尿管，如蓝色液体迅速从尿道口溢出，进一步检测，排除输尿管阴道瘘，考虑可能为压力性尿失禁。

（2）靛胭脂试验：目的在于诊断输尿管瘘。凡经美蓝试验阴道无蓝色液体流出者，可静脉注入靛胭脂 5 ml，5 分钟后观察阴道有无蓝色液体流出，有则可诊断输尿管阴道瘘。此法也可诊断先天性输尿管口异位于阴道者。

（3）膀胱镜检查：一般经上述检查可以查明瘘孔部位、大小、膀胱容量、黏膜情况等。高位者可借助于膀胱镜检查定位，并明确瘘孔与输尿管口的关系，作为修补时的参考。膀胱镜检查的目的：①可查明瘘的性质，有报道数例阴道瘘检查时只发现一个瘘孔，而通过膀胱镜检查发现有多个瘘；且有一些瘘的位置过高，不宜采用经阴道途径处理；②能发现膀胱内异常情况，如膀胱黏膜有无炎症（有炎症可致手术失败），膀胱内有无结石（有结石的亦可致手术失败）；③可以明确瘘孔与输尿管的关系。应仔细在瘘孔边缘寻找输尿管口（观察到阵发性喷尿），也可行输尿管导管插管，明确其关系，以免在尿瘘修补时缝闭输尿管口。尿瘘修补术伤及输尿管者，时有发生，宜加警惕。

输尿管阴道瘘者，可在膀胱镜检查下逆行插入输尿管导管检查。顺利插入者，一般为健侧。而患侧则插入受阻，其受阻部位即瘘孔位置及与膀胱之距离。如为膀胱阴道瘘与输尿管阴道瘘并存时，通过膀胱镜检查及输尿管插管检查也多可明确诊断。膀胱镜检查找不到输尿管开口时（宫颈癌根治术后往往不易找到），可做静脉肾盂造影。

（4）静脉肾盂造影：有助于明确输尿管损伤侧别、部位及肾功能情况，以及损伤侧输尿管有无狭窄、扩张或梗阻等状况。方法是静脉内注入泛影酸钠，行肾、输尿管、膀胱 X 摄片，据显影情况做出诊断。

3. 尿瘘的临床治疗

尿瘘治疗的主要手段是手术，由于致瘘原因不同、情况各异，在个别情况下可先试行非手术疗法，如治疗失败再行手术，此外，对不宜手术者则应改用尿收集器进行治疗。

（1）非手术治疗适用于下列情况：①分娩或手术1周后出现的膀胱阴道瘘：可经尿道安放直径较大的保留导尿管，开放引流，并给予抗生素预防感染，4~6周后小的瘘孔有可能愈合，较大者亦可减小其孔径。②手术1周后出现的输尿管阴道瘘：如能在膀胱镜检下将输尿管导管插入患侧输尿管损伤以上部位（非插入假道），并予保留，2周后瘘孔有自愈可能。③对针头大小瘘孔：可试用硝酸银烧灼使出现新创面，以后瘘孔可因组织增生粘连而闭合。④直径2 mm~3 mm的膀胱阴道瘘：可采用电凝或Nd：Y激光烧灼破坏已经上皮化的瘘管，经2~3周的保留导尿管，开放引流，有望愈合。⑤结核性膀胱阴道瘘：一般不考虑手术，均应先行抗结核治疗。治疗半年至1年后瘘孔有可能痊愈。只有经充分治疗后未愈合者方可考虑手术。⑥年老体弱，不能耐受手术或经有经验的医师反复修补失败的复杂膀胱阴道瘘，可使用尿收集器，以避免尿液外溢。

（2）除适用于非手术治疗的尿瘘，原则上均应争取手术修补治疗。

4. 法医学鉴定要点

（1）凡损伤后出现尿漏的且具有手术指征的，须经手术修补治疗，修补治疗后仍不能愈合的，符合本标准"5.5.5.2）尿瘘难以修复"之规定，鉴定为五级伤残。

（2）对于年老体弱，不能耐受手术修补治疗的，经非手术治疗后不能痊愈的，可参照本标准条款进行伤残等级鉴定。

第二节　卵巢输卵管损伤

本节提要

1. 卵巢功能检测与输卵管造影检查
2. 未成年人卵巢与输卵管致残鉴定

一、条款比较

《道标》		《新残标》	
4.6.6.b)	子宫全切。	5.7.5.4)	子宫大部分切除术后。
4.9.7.f)	子宫部分切除。	5.9.5.6)	子宫部分切除术后。
4.10.7.e)	子宫破裂修补。	5.10.5.2)	子宫或者卵巢修补术后。
		5.3.5.1)	未成年人双侧卵巢缺失或者萎缩，完全丧失功能。
		5.6.5.2)	未成年人双侧卵巢萎缩，部分丧失功能。
4.3.7.a)	女性双侧卵巢缺失或者完全萎缩。	5.6.5.1)	双侧卵巢切除。
4.10.7.c)	一侧卵巢缺失或完全萎缩。	5.9.5.4)	一侧卵巢缺失或者丧失功能。
4.6.6.a)	双侧输卵管缺失或闭锁。	5.8.5.3)	一侧输卵管和卵巢缺失。
4.10.7.d)	一侧输卵管缺失或闭锁。	5.9.5.5)	一侧输卵管缺失或者丧失功能。

二、编制说明

（一）关于子宫切除术后

与《道标》相比，《新残标》调整了子宫部分切除术后的致残等级，删除了"子宫全切术"的致残等级评定的条款。因为在实践中，盆部损伤导致子宫全切的并不多见，而更多的则是子宫大部分切除，故增加了"5.7.5.4）子宫大部分切除术后"专门性条款，同时，调高了致残等级。子宫大部分切除致使育龄妇女失去生育能力，但依据《道标》只能评定为九级残，明显偏低。而在《新残标》规定为七级，提高了两个等级。

（二）关于卵巢缺失或者萎缩

与《道标》比较，《新残标》对女性卵巢缺失或者萎缩的致残等级做了较大的调整，如成年女性双侧卵巢缺失或者萎缩，由三级调整至六级。主要原因是与男性双侧睾丸缺失保持基本平衡，男性双侧睾丸缺失或者萎缩在《新残标》中规定为五级伤残。但对一侧卵巢缺失或者萎缩由十级上调至九级。

此外，《新残标》增加了未成年人卵巢缺失或者萎缩致残等级鉴定的专门性条款，且致残等级明显高于成年人。例如，未成年人双侧卵巢缺失或者萎缩，完全丧失功能的鉴定为三级伤残，而部分丧失功能的为六级伤残。主要是考虑未成年人性生理及性心理尚未发育成熟，卵巢损伤后由于雌性激素分泌缺乏会出现一系列性生理和性心理的功能障碍。

（三）关于输卵管损伤

《新残标》没有规定双侧输卵管缺失或者闭锁的致残等级，这并不是疏忽，而是输卵管的缺失或者闭锁最高只能鉴定为九级，即"5.9.5.5）一侧输卵管缺失或者丧失功能"之规定。为什么不按双侧卵巢切除规定相当致残等级，主要是考虑到即使双侧输卵管缺失或者闭锁，仍可能通过辅助生殖技术实现生育功能。

三、应用指南

（一）子宫损伤

1. 子宫切除与破裂修补

子宫损伤往往与骨盆骨折合并存在，子宫破裂可分为完全性和不完全性两种。子宫破裂一旦确立，不管是完全性还是不完全性破裂，都要行剖腹探查术。手术方式应根据伤者的年龄、是否生育、是否妊娠、胎次以及子宫破裂的部位、程度、发生时间及全身情况等综合决定，具体分为：子宫破裂缝合修补术、子宫次全切除术、全子宫切除术等。

2. 法医学鉴定要点

（1）子宫全部切除或者子宫次全切除，均符合"5.7.5.4）子宫大部分切除术后"之规定，鉴定致残等级为七级。

（2）除子宫全部切除和次全切除外，其他部分切除术后均应依据"5.9.5.6）子宫部分切除术后"鉴定为九级伤残。

（3）子宫破裂修补术后，依据"5.10.5.2）子宫或者卵巢修补术后"之规定，鉴定为十级伤残。

（二）卵巢损伤

1. 卵巢缺失或者萎缩

卵巢的主要功能是产生和排出卵细胞，以及分泌甾体激素。女性一生中不同时期，生殖内分泌功能不同，按其变化可分为胎儿期、新生儿期、儿童期、青春期、成人期（生育期）、围绝经期和老年期。胎儿期下丘脑-垂体-卵巢功能轴已具备功能。青春期为性和生殖功能发育成熟的阶段，此时期的一个重要变化是下丘脑-垂体-卵巢功能轴的成熟。约经过 1~5 年，卵巢周期性地排出成熟卵泡，月经周期性来潮，具有生殖能力。

女性若在未成年期因损伤而导致双侧卵巢缺失或者萎缩，完全丧失功能，不仅影响其成年后的生殖功能，同时会影响其女性第二性征的发育，属于组织器官有严重功能障碍。女性在成年后因损伤而致双侧卵巢切除，将会导致不能产生和排出卵细胞，同时亦影响甾体激素的分泌。

2. 法医学鉴定要点

（1）对于未成年人或者成年人双侧卵巢缺失或手术切除，直接依据"5.3.5.1）未成年人双侧卵巢缺失或者萎缩，完全丧失功能"和"5.6.5.1）双侧卵巢切除"之规定，分别鉴定为三级和六级伤残。

（2）对于卵巢萎缩，则需要对卵巢功能进行评估，若"未成年人双侧卵巢萎缩，部分丧失功能"则符合5.6.5.2）条之规定，鉴定为六级伤残。若成年人一侧卵巢萎缩并丧失功能的则符合"5.9.5.4）一侧卵巢缺失或者丧失功能"之规定，鉴定为九级伤残。（附1：卵巢功能测定方法）

（3）对于卵巢萎缩存在争议时，可通过CT扫描或者MRI等放射学检查予以评估。

附1：卵巢功能测定方法

1. 阴道涂片

阴道的上皮细胞也受卵巢周期的影响而呈周期性的改变。阴道涂片观察细胞可以反映体内雌激素的水平，从而了解内分泌状况，粗略地了解月经失调者的卵巢功能状况，但不能测知是否排卵。

2. 子宫内膜活检

子宫内膜是受精卵着床的部位。采取子宫内膜做活组织检查，可了解卵巢功能、有无排卵及分泌期的情况，同时还可了解内膜有无炎症、息肉及癌变等器质性病变。

3. 测量基础体温

卵巢在排卵后形成黄体，分泌孕激素，孕激素有升高体温的作用，利用这一特点，在每天睡醒后立即测量舌下体温，并列出体温变化，从中可以看出有无黄体形成，同时可间接地了解有无排卵。正常妇女在月经期后，一般体温在 36.5℃ 上下，排卵日可达到最低点，继而上升 0.3℃~0.5℃，维持 12~16 天，然后在月经期前一天或第一天下降至低水平，这种前半段低、后半段基础体温升高提示有排卵。若后半段体温不升高，则表明无排卵。

4. 观察宫颈黏液

子宫颈腺体的分泌受卵巢周期的影响，也有周期性的变化。月经后黏液量少而黏稠，排卵期黏液稀薄、透明、拉丝力强，放在玻片上干燥后，于显微镜下可见羊齿状结晶

5. 妇科超声

月经来潮第三天左右在 B 超下检查，可以看到卵巢里有很多的小卵泡，这些小卵泡就是卵子住的"小房子"，医学上称之为"窦卵泡"。窦卵泡的多少能很好地反映出"库存"的量。但由于超声有一定的主观性及经验性，再加上不同医生的技术可能会存在一定的差异，因此，有时评估的结果也会存在一些差异。

6. 基础性激素

月经第 2~5 天最好检测促卵泡激素（FSH）、黄体生成素（LH）和雌激素（E2）等反映卵巢年龄的指标。当 FSH>40 IU/L，提示卵巢功能已衰竭，即已经几乎没有库存量了；当 FSH>10 IU/L 或 FSH/LH>2~3.6，往往提示卵巢储备功能减退；或者这两项正常，而 E2> 80 pg/mL，则提示卵巢已开始进入早期衰退阶段。

7. 抗苗勒氏管激素（AMH）

任何时候均可检查，不同年龄阶段参考值有所不同。一般来说，18~29 岁 AMH 的参考值为 2.0 ng/mL~2.5 ng/mL，29~37 岁约为 2.0 ng/mL 左右，大于 37 岁会更低，绝经后将检测不到 AMH。目前，国内外研究表明，AMH<0.5~1.1 ng/mL，往往预示卵巢功能减退，而 AMH>11.8 ng/mL，则可能与多囊卵巢有关。

附件 2：输卵管造影

输卵管闭锁可采取子宫输卵管造影，并根据造影结果进行判断。判断方法：①输卵管畅通（图 9-1-1）：可见子宫、输卵管充盈显影，24 小时后盆腔内有弥散碘油阴影。②输卵管不通（图 9-1-2）：可见子宫腔充盈显影，而输卵管不显影；24 小时后盆腔内无碘油弥散。

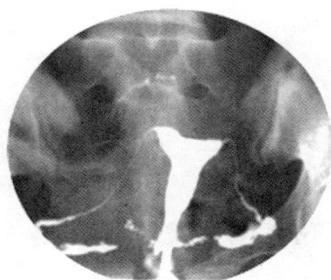

图 9-1-1 示：正常输卵管显影

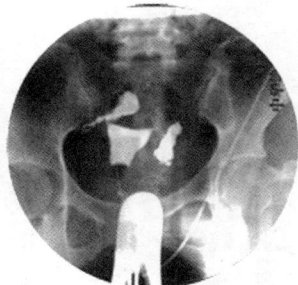

图 9-1-2 示：双侧输卵管不通

第十章

会阴部损伤

会阴部损伤主要包括男性生殖器损伤，女性外阴部损伤，直肠、肛门及尿道损伤等致残等级鉴定。

第一节　男性生殖器损伤

本节提要

1. 睾丸损伤与生殖功能
2. 睾丸损伤与睾酮降低
3. 输精管损伤检查方法
4. 阴茎残存长度测量方法
5. 阴茎弯曲畸形测量方法

一、条款比较

《道标》		《新残标》	
睾丸或附睾损伤			
4.3.8	双侧睾丸缺失或完全萎缩。	5.5.5.5)	双侧睾丸缺失或者完全萎缩，丧失生殖功能。
		5.6.5.3)	未成年人双侧睾丸萎缩，部分丧失功能。

续表

《道标》		《新残标》	
4.10.8.d)	一侧睾丸缺失或完全萎缩。	5.7.5.6)	未成年人一侧睾丸缺失或者严重萎缩。
		5.8.5.5)	一侧睾丸缺失。
		5.6.5.5)	睾丸或者附睾损伤，生殖功能重度损害。
		5.7.5.5)	睾丸损伤，血睾酮降低，需药物替代治疗。
		5.8.5.6)	睾丸或者附睾损伤，生殖功能轻度损害。
		5.10.5.4)	睾丸破裂修补术后。
		5.9.5.7)	一侧附睾缺失。
输精管损伤			
4.6.7	会阴部损伤致双侧输精管缺失或闭锁。	5.6.5.6)	双侧输精管损伤难以修复。
4.10.8.c)	一侧输精管缺失（或闭锁）。	5.9.5.8)	一侧输精管损伤难以修复。
		5.10.5.5)	一侧输精管破裂修复术后。
阴茎损伤）			
4.4.7	会阴部损伤致阴茎体完全缺失或严重畸形。	5.3.5.3)	阴茎接近完全缺失（残留长度≤1.0 cm）。
4.5.8	会阴部损伤致阴茎体大部分缺失（或畸形）。	5.5.5.6)	阴茎大部分缺失（残留长度≤3.0 cm）。

《道标》		《新残标》	
4.7.8. a)	阴茎体部分缺失（或畸形）。	5.8.5.7)	阴茎冠状沟以上缺失。
4.8.8. a)	阴茎龟头缺失（或畸形）。	5.10.5.8)	阴茎头部分缺失。
4.9.8. a)	阴茎龟头缺失（或畸形）50%以上。	5.6.5.7)	阴茎严重畸形，不能实施性交行为。
4.10.8. a)	阴茎龟头缺失（或畸形）25%以上。	5.7.5.7)	阴茎畸形，难以实施性交行为。
阴茎包皮损伤			
4.7.8. b)	阴茎包皮损伤，瘢痕形成，功能障碍。	5.8.5.8)	阴茎皮肤瘢痕形成，严重影响性交行为。
4.8.8. b)	阴茎包皮损伤，瘢痕形成，严重影响功能。		
4.10.8. b)	阴茎包皮损伤，瘢痕形成，影响功能。		
阴囊损伤			
4.9.8. b)	阴囊损伤，瘢痕形成75%以上。		
4.10.8. e)	阴囊瘢痕形成，功能严重障碍。		

二、编制说明

（一）关于睾丸损伤

关于睾丸损伤，《道标》强调的是睾丸的完全缺失或者萎缩，而对于不完全性缺失或者萎缩如何评定伤残等级没有设置专门性的条款。《新残标》则不完全依据睾丸缺失或者萎缩的程度，更多的是考虑睾丸损伤后睾丸的功能障碍情况。而功能既考虑到睾丸的生精功能，也考虑到睾丸的内分泌功能。例如，条款"5.5.5.5）双侧睾丸缺失或者完全萎缩，丧失生殖功能""5.7.5.5）睾丸损伤，血睾酮降低，需药物替代治疗"等。此外，还考虑到年龄因素，因为睾酮对于未成年人的生长发育至关重要，特别是性生理和性心理的发育。故对于未成年人睾丸损伤致残等级规定了专门的条款，如"5.8.5.5）一侧睾丸缺失"和"5.7.5.6）未成年人一侧睾丸缺失或者严重萎缩"。

（二）关于附睾损伤

关于附睾损伤的伤残评定在《道标》中并没有专门性的条款，而《新残标》增加了附睾损伤的专门性条款，即"5.6.5.5）睾丸或者附睾损伤，生殖功能重度损害"和"5.9.5.7）一侧附睾缺失"两个条款。

（三）关于输精管损伤

《道标》对输精管的伤残评定强调的是输精管的缺失或者闭锁，而《新残标》强调的是缺失或者闭锁经治疗的最终结局。例如，"5.6.5.6）双侧输精管损伤难以修复"和"5.9.5.8）一侧输精管难以修复"等。

（四）关于阴茎、阴囊损伤

关于阴茎损伤，《道标》和《新残标》划分致残等级的方法基本一致，都是强调阴茎的缺失或者畸形、阴茎皮肤瘢痕的形成及其对性交功能的影响。不同的是，《新残标》对于阴茎缺失进行了量化规定，如"5.5.5.6）阴茎大部分缺失（残留长度≤3.0 cm）"，而对于阴茎畸形来说，则根据能否进行性交活动来划分致残等级，如"5.6.5.7）阴茎严重畸形，不能实施性交行为"和"5.7.5.7）阴茎畸形，难以实施性交行为"等。

关于阴囊损伤，《新残标》则没有规定专门性条款。

三、应用指南

（一）睾丸或附睾损伤

1. 睾丸或附睾损伤及其后果

（1）睾丸缺失：是指睾丸严重挫裂伤无法修补而临床行睾丸切除术。

（2）睾丸破裂：睾丸包膜破裂后可通过手术修补，或者部分睾丸组织破碎切除后实施包膜修补可保留部分健康睾丸组织。睾丸破裂，血睾屏障遭到破坏，精子进入血液会刺激机体产生抗精子抗体。抗精子抗体与精子结合会杀死精子而导致男性不育，故睾丸严重破裂伤会导致抗精子抗体大量产生而引发不育症。

（3）睾丸萎缩[1]：是指睾丸严重挫裂伤致血供破坏而睾丸组织逐渐出现萎缩。据国外报道健康的欧洲男子其睾丸平均体积为18 mL，正常范围为12 mL~30 mL。国内学者对542例正常男性测量结果表明，睾丸容积为12 mL~27 mL，平均为19.8 mL。目前常采用国际通用的睾丸体积测量器测量睾丸体积，临床上常以小于12号者诊断为"睾丸萎缩"。此外，对于睾丸萎缩的病例，应进行彩超检测，进一步观察血流情况。睾丸萎缩分为：①睾丸完全萎缩：指睾丸基本难以通过触诊触及，B超仅可显示残留轮廓，但彩色多普勒超声（CDFI）不能显示明显血流信号。②睾丸萎缩：指睾丸容积缩小（小于12 mL），睾丸质地变软，B超显示CDFI血流信号减少。未成年人睾丸萎缩，不仅影响生殖能力，而且影响男性激素分泌及第二性征发育，因此较成年人更为严重。未成年人睾丸萎缩，应与同年龄段正常发育的男孩进行比较，并结合超声检测综合判断。

---

[1]　（集体作者）司法部司法鉴定管理局编：《〈人体损伤致残程度分级〉适用指南》，法律出版社2016年版，第252页。

睾丸体积测量除了使用模具外，也可以通过测量睾丸的纵、横、厚三径，按 V=1/6 πabc 公式计算出睾丸体积，结果相对可靠[1]。

（4）附睾损伤：附睾是一个由多数曲折、细小的管子构成的器官，一面连接着输精管，一面连接着睾丸的曲细精管。当精子离开睾丸时，就跑到附睾里，继续生长成熟。附睾缺失或者萎缩，不但可以引起精子发育障碍，而且还会阻碍精子由睾丸向输精管的运送。

（5）精子生成障碍：睾丸的重要功能之一在于生成精子，睾丸的损伤将直接影响伤者的生育功能。生育功能障碍常与精子的数量及活力密切相关，主要包括无精子症、少精子症、弱精子症与畸形精子症。①无精子症是指连续 3 次以上精液检查，均有精浆但未检见精子。按照病因不同，本病又可以分为梗阻性和非梗阻性两大类。②少精子症是指精子密度 $<15\times10^6/mL$。③弱精子症是指精子密度 $\geq15\times10^6/mL$，而前向运动精子占精子总数的比例 $<32\%$。④畸形精子症是指精子密度 $\geq15\times10^6/mL$，前向运动精子占精子总数的比例 $\geq32\%$，而精子形态正常率 $<4\%$。无精子症即生殖功能重度损害，相当于本标准所称的生育功能完全丧失。少精子症或弱精子症或畸形精子症相当于本标准所称的生育功能轻度损害，相当于部分丧失生育能力。

（6）睾酮分泌不足：睾丸损伤后，睾酮（雄激素）分泌不足，会影响男性性功能。目前血液中睾酮的正常参考值各个实验室均不同，凡低于正常下限者，考虑血睾酮降低，需补充雄激素（药物替代治疗）。

2. 法医学鉴定要点

（1）凡双侧睾丸缺失或者完全萎缩，精液检查示无精子，即符合本标准"5.5.5.5）双侧睾丸缺失或者完全萎缩，丧失生殖功能"之规定，鉴定为五级伤残。

---

[1] 朱惠斌等，"上海市 990 例婚龄男子阴茎、睾丸测量结果分析"，载《中国男性科学杂志》1990 年第 1 期。

（2）凡睾丸部分切除或者不完全性萎缩，附睾挫伤或者血肿形成，精液检查结果显示无精子症，均符合本标准"5.6.5.5）睾丸或者附睾损伤，生殖功能重度损害。"

（3）凡睾丸损伤致不孕不育，精液中精子数＜500万/mL，或者异常精子＞30％，或者死精子与运动能力很弱的精子＞30％，均符合本标准"5.8.5.6）睾丸或者附睾损伤，生殖功能轻度损害"之规定，鉴定为八级伤残。

（4）凡未满18周岁者双侧睾丸部分切除或者萎缩，精液检查精子数量低于同年龄组正常值或者睾酮分泌不足需药物替代治疗的，均符合本标准"5.6.5.3）未成年人双侧睾丸萎缩，部分丧失功能"之规定，鉴定为六级伤残。

（5）未成年人一侧睾丸缺失或者严重萎缩，不论其精液检查或血液睾酮测定结果如何，均符合本标准"5.7.5.6）未成年人一侧睾丸缺失或者严重萎缩"之规定，鉴定为七级伤残。

（6）凡睾丸缺失或者萎缩，导致血睾酮水平低于正常值下限，且需要外源性睾酮替代治疗的，即符合本标准"5.7.5.5）睾丸损伤，血睾酮降低，需药物替代治疗"之规定，鉴定为七级伤残。

（二）输精管损伤

1. 输精管损伤后果

输精管主要是输送精子，外伤可以造成输精管的严重挫裂伤，或因损伤严重不能修复而切除，或因损伤修复而致输精管堵塞。输精管堵塞的直接后果是引起精子运送受阻而导致男性不育。其间接后果是睾丸精子输送受阻，内压增加，久而久之导致睾丸萎缩，继发无精症或是少精子症。

输精管断裂或者破裂，临床均应实施输精管吻合术或修补术进行治疗。

2. 输精管堵塞检查

（1）精液检查：可以通过精液中有无精子及精子的数量和质量

判断输精管的通畅情况。

（2）输精管造影：可通过阴囊切开或经皮穿刺将造影剂注入输精管显示近端输精管精囊和射精管情况。

（3）阴囊内手术探查：这是明确输精管是否通畅的关键手段。

3. 法医学鉴定要点

（1）凡双侧输精管断裂或者破裂，经行输精管断端吻合术或破裂修补术均不能再通的，即符合本标准"5.6.5.6）双侧输精管损伤难以修复"之规定，鉴定为六级伤残。

（2）凡一侧输精管断裂或者破裂，经行输精管断端吻合术或破裂修补术均不能再通的，即符合本标准"5.9.5.8）一侧输精管损伤难以修复"之规定，鉴定为九级伤残。

（3）凡一侧输精管断裂或者破裂，经行输精管断端吻合术或者破裂修补术再通的，符合本标准"5.10.5.5）一侧输精管破裂修复术后"之规定，鉴定为十级伤残。

（三）阴茎损伤

1. 阴茎损伤后果

本节阴茎损伤主要是指阴茎离断、海绵体挫裂伤、皮肤撕脱伤等。阴茎离断可直接遗留阴茎缺如，如再植成活可遗留阴茎畸形，海绵体严重挫裂伤及皮肤撕脱伤等都可因纤维化或瘢痕形成导致阴茎畸形。

2. 阴茎畸形分度

阴茎畸形分为原发性和继发性畸形，本节阴茎畸形是指阴茎外伤而引发的阴茎畸形，常因海绵体或皮肤瘢痕形成所致，表现为阴茎松软或者勃起状态下呈弯曲状态（图10-1-1）。一般认为，阴茎勃起后向上弯曲角度小于40°，向下或向左右两侧弯曲小于30°，而性生活又满意者不必治疗[1]。但也有学者认为，阴茎弯曲角度≥

---

[1] 陈福鼎等："单纯性阴茎弯曲畸形手术治疗的选择体会"，载《山东大学学报（医学版）》，2014年第10期。

30°或因弯曲导致性交困难或不能性交者均应手术[1]。

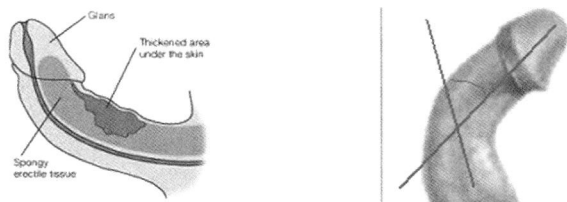

图 10-1-1 示：阴茎弯曲及弯曲度测量

3. 阴茎长度的测量

据报道，我国上海地区[2]男性阴茎常态下最大长度为 11 cm，最小 3 cm，平均 6.9 cm。不同地区稍有差异。

目前阴茎测量常规采用 Feldman 介绍的方法，具体是将阴茎置于伸展状态，沿阴茎背面测量从耻骨联合到阴茎头尖端所得的长度（不包括包皮长度），也称为阴茎伸展长度。阴茎长度测量方法见图 10-1-2。

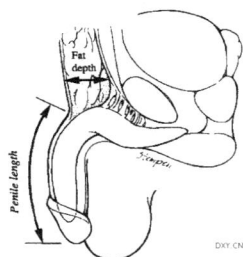

图 10-1-2 示：阴茎长度测量方法

---

〔1〕　朱选文等："阴茎弯曲的诊断及治疗"，载《中国男性科学杂志》2008 年第 3 期。

〔2〕　朱惠斌等："上海市 990 例婚龄男子阴茎、睾丸测量结果分析"，载《中国男性科学杂志》1990 年第 1 期。

4. 法医学鉴定要点

（1）凡阴茎体缺失均应测量其疲软状态下的残存长度，并根据残存长度依据专门性的条款规定，鉴定致残等级。

（2）凡阴茎海绵体硬节形成或者皮肤瘢痕挛缩致阴茎严重畸形，不能实施性交行为的，依据"5.6.5.7）阴茎严重畸形，不能实施性交行为"之规定，鉴定为六级伤残。

（3）凡阴茎海绵体硬节形成或者皮肤瘢痕挛缩致阴茎严重畸形或者阴茎弯曲大于35°的，应依据"5.7.5.7）阴茎畸形，难以实施性交行为"之规定，鉴定为七级伤残。

（4）凡阴茎皮肤瘢痕形成，或者阴茎弯曲达15°以上的，可依据"5.8.5.8）阴茎皮肤瘢痕形成，严重影响性交行为"之规定，鉴定为八级伤残。

第二节　女性外阴部损伤

本节要点

1. 阴道损伤致残等级划分依据
2. 阴道严重狭窄的法医学检验

一、条款比较

	《道标》		《新残标》
4.4.8	阴道闭锁。	5.5.5.4）	阴道严重狭窄（仅可容纳一中指）。
4.5.9	阴道严重狭窄，功能严重障碍。	5.8.5.4）	阴道狭窄。
4.6.8	阴道狭窄，功能障碍。	5.10.5.3）	外阴或者阴道修补术后。

《道标》		《新残标》
4.8.9	阴道狭窄，严重影响功能。	
4.10.9	阴道狭窄，影响功能。	

二、编制说明

《道标》根据阴道损伤致阴道狭窄对性交功能的影响程度将致残等级分为五个不同的级别，考虑到实际鉴定中很难对性交功能的影响进行可靠的差别化分析，《新残标》不再以功能障碍的程度来作为分级的依据，而是直接以损伤所造成的器质性改变作为划分的依据，提高了标准的可操作性。

三、应用指南

（一）女性外阴部范围

女性外阴由大小阴唇、阴蒂、阴阜、会阴、阴道外口、前庭、尿道外口等部位组成。女性的阴道，是由黏膜、肌层和外膜组成的肌性管道，富伸展性，连接子宫和外生殖器。它是女性的性交器官，也是排出月经和娩出胎儿的管道。阴道的下部较窄，下端以阴道口开口于阴道前庭。在处女阶段，阴道口的周围有处女膜附着，可呈环形、半月形、伞状或筛状。处女膜破裂后，阴道口周围留有处女膜痕。平时女性的阴道深度有 7 cm～12 cm，前壁短后壁长，宽度可容纳两个手指，阴道壁有许多横行的皱襞，有较大的伸缩性和弹性。兴奋时阴道深度增加三分之一，宽度也会增加。

（二）女性外阴部损伤

女性外阴部的损伤常见于骑跨伤、幼女遭强暴时形成的外阴部撕裂伤、产时形成的阴道撕裂伤，也有硬物捅入阴道致阴道撕裂伤。其他常见的损伤是局部遭受暴力作用形成的外阴部挫裂伤、血肿等。

阴道撕裂伤一般须经手术缝合，一般情况下不会留有明显后遗症。但损伤严重时，创口愈合后可因瘢痕形成、瘢痕挛缩致阴道遗留不同程度的狭窄，进而影响性交活动，或因产道狭窄影响自然分娩。

（三）法医学鉴定要点

1. 凡阴道损伤遗留阴道狭窄者，嘱伤者以中指进入阴道，如不能进入者则符合本标准"5.5.5.4）阴道严重狭窄（仅可容纳一中指）"之规定，致残等级为五级。

2. 凡阴道损伤遗留阴道狭窄者，嘱伤者以中指和食指并列进入阴道，如不能进入者则符合本标准"5.8.5.4）阴道狭窄"之规定，致残等级为八级。

3. 凡外阴部损伤，临床行修补术治疗的，均符合本标准"5.10.5.3）外阴或者阴道修补术后"之规定，致残等级为十级。

第三节　直肠、肛门及尿道损伤

本节提要

1. 排便功能障碍特殊检查
2. 排便功能障碍程度分级
3. 肛门闭锁与肛管狭窄
4. 尿道狭窄与程度分级

一、条款比较

《道标》		《新残标》	
肛门、直肠损伤			
4.9.7.g)	直肠、肛门损伤，遗留永久性乙状结肠造口。	5.5.5.3)	直肠阴道瘘难以修复。
4.10.7.i)	直肠、肛门损伤，瘢痕形成，排便功能障碍。	5.7.5.9)	肛管或者直肠损伤，排便功能重度障碍或者肛门失禁（重度）。
4.3.7.b)	大便和小便失禁，难以恢复。	5.7.5.10)	会阴部瘢痕挛缩致肛门闭锁，结肠造口术后。
4.5.7.d)	大便或小便失禁难以恢复。	5.9.5.10)	肛管或者直肠损伤，排便功能轻度障碍或者肛门失禁（轻度）。
		5.10.5.7)	会阴部瘢痕挛缩，肛管狭窄。
尿道损伤			
4.5.7.c)	尿道闭锁。	5.7.5.8)	尿道狭窄（重度）或者成形术后。
4.8.7.c)	尿道严重狭窄。	5.9.5.9)	尿道狭窄（轻度）。
4.9.7.c)	尿道狭窄。	5.10.5.6)	尿道修补术后。
4.10.7.h)	尿道轻度狭窄。		

二、编制说明

与《道标》相比，《新残标》的变化有：①增加了直肠阴道瘘、会阴部瘢痕挛缩致肛管狭窄及尿道修补术后致残等级的专门性规定。②将肛管与直肠损伤所致的排便功能障碍分为重度和轻度，并在附录中规定了判定细则。③将尿道狭窄分为重度和轻度，并在附录中规定了具体的判定细则。④弃用"大便和（或）小便失禁，难以恢复"的条款，避免与颅脑、脊髓及周围神经损伤所致的大、小便失禁相混淆。

但不足的是：《新残标》对排便功能障碍仍未给出量化分析的方法，即虽然标准规定了排便功能重度和轻度障碍的致残等级，但仍然没能在附录 B 中规定排便功能重度和轻度障碍的判定细则。

三、应用指南

（一）直肠阴道损伤

1. 直肠阴道瘘

直肠阴道瘘多发生在自然分娩时，因会阴撕裂、直肠撕裂、侧切、缝合不当等原因所致。腹盆部严重创伤时也可以并发会阴部及直肠的撕裂。直肠阴道瘘主要临床表现为阴道排气排便，严重时大便不能自控。一般无法自愈，大部分患者需要手术干预。由于病变部位局部解剖的特殊性和复杂性，导致手术难度大，若处理不当会导致反复感染且复发率高。

低位直肠阴道瘘修补术适用于近外阴及肛门位置较低的瘘孔。此类瘘孔通常较大，有时合并有肛门括约肌功能不全，需将瘘孔以下的会阴部及肛门括约肌自正中切开，再行修补。高位直肠阴道瘘修补术修补方式基本上与膀胱阴道瘘修补术相同。在阴道壁与直肠壁间，分离瘘孔周围组织使阴道后壁与直肠壁分开，分离的范围距瘘孔 1 cm~1.5 cm，分两层缝合直肠壁，再缝合阴道黏膜，术毕检查直肠缝合口情况，阴道内塞入碘仿纱布。如瘘孔仅位于阴道穹窿，且子宫已切除者，与高位膀胱阴道瘘的修补相似，可行高位阴道闭合术。瘘孔较大者，为保证修补成功，在行修补术前约 2~3 周，应行暂时性的乙状结扎造口术，使粪便改道，在瘘修补术后

6~8 周再将结肠造口闭合。

2. 法医学鉴定鉴定要点

（1）凡直肠阴道瘘经直肠阴道瘘修补术后仍不能痊愈的，符合本标准"5.5.5.3）直肠阴道瘘难以修复"之规定，应鉴定为五级伤残。

（2）因瘘道复杂或病人体质不能耐受手术的，也应依据本条规定鉴定为五级伤残。

（二）排便功能障碍

1. 排便的生理机制

排便反射（图10-3-1）：排粪动作部分是随意的，部分是不随意的。通常，人的直肠内没有粪便，只有由于集团蠕动将粪便推进入直肠，给直肠壁以刺激，才有排便的感觉。此种冲动沿盆神经和下腹神经传至脊髓腰骶部的初级排粪中枢，又上传至大脑皮层，引起便意；当条件允许时，即进行复杂的排便动作。结肠兴奋性增高亦可引起便意。排粪动作包括乙状结肠蠕动，结肠远端和直肠纵行肌收缩使直肠变短，直肠内压力升高，肛门内、外括约肌舒张，此种运动可将粪便排出。此时隔肌下降、声门关闭，胸内压、腹内压均升高，便于粪便排出。高级神经活动可抑制或易化排便。当抑制时，盆腔的横纹肌及肛门外括约肌都强烈收缩，结肠运动受到抑制。

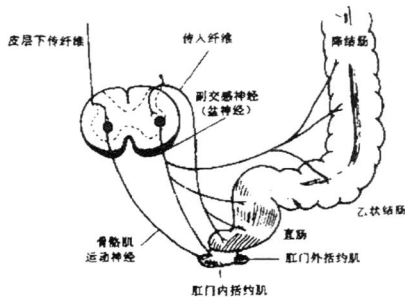

图 10-3-1 示：排便反射

排便是一个由多系统参与，受多因素影响的复杂生理过程。其中结肠的结构、功能、肠壁神经丛、肠腔容积等，都可以直接影响结肠蠕动。任何造成结肠蠕动变慢的因素，均会导致排便困难症状的产生，即为慢传输型排便困难。进入直肠的粪便达到一定容量后，通过排便感受器引发排便反射，使内括约肌张力下降，耻骨直肠肌松弛，盆底肌和外括约肌放松，盆底下降呈漏斗状，同时腹压增加使粪便顺利排出。其中任何一个排便反射环节发生障碍，都可引起出口梗阻型排便困难。

本节排便功能障碍主要是指：①肛管损伤遗留肛门狭窄所致的排便困难。②直肠损伤致肠管狭窄、直肠壁内的感受器功能障碍，由神经介导的便意和排便反射功能减弱等因素造成的排便困难。但大脑、脊髓及自主神经损伤引起的排便困难也可参照本节条款规定进行致残等级鉴定。

2. 排便功能障碍诊断标准（罗马Ⅲ诊断标准）[1]

（1）功能性排便障碍：①患者必须满足功能性便秘的诊断标准。②在反复尝试排便的过程中，至少满足以下2条：（a）球囊逼出实验或影像学检查存在排出障碍的证据。（b）测压法、影像学检查或肌电图显示盆底肌肉不协调收缩（如肛门括约肌或耻骨直肠肌），或基础静息状态下括约肌压力松弛小于20%。（c）测压法或影像学检查发现推进力不足。③不协调性排便在反复尝试排便时，盆底肌肉不协调收缩，或基础静息状态下括约肌压力松弛小于20%，但有足够的推进力。④排便推进力不足在反复尝试排便时，推进力不足，伴或不伴有盆底不协调收缩或基础静息状态下括约肌压力松弛小于20%。

（2）功能性便秘：①必须满足以下2条或多条：（a）排便费力（至少每4次排便中有1次）。（b）排便为块状或硬便（至少每4

---

〔1〕 "排便功能障碍"，豆丁网，http://www.docin.com/p-528188375.html.

次排便中有 1 次）。（c）有排便不尽感（至少每 4 次排便中有 1 次）。（d）有肛门直肠梗阻和（或）阻塞感（至少每 4 次排便中有 1 次）。（e）需要用手操作，如手指辅助排便、盆底支撑排便（至少每 4 次排便中有 1 次）。排便少于每周 3 次。②不用缓泻药几乎没有松散大便。③诊断肠易激综合征的条件不充分。诊断前症状出现至少 6 个月，近 3 个月满足以上标准。

3. 排便功能障碍的临床分类

排便障碍类较为复杂，临床上有各种各样的分类。

（1）根据病因分类：①器质性排便障碍。大肠及肛管本身的解剖异常和器质性病变，或肠外脏器病变使肠道受压，造成粪便运行缓慢或排出受阻。病因包括：（a）先天性肠道疾病：如先天性巨结肠。（b）大肠肿瘤、狭窄；肠粘连、肠扭转；巨结肠。（c）肠道外疾病：代谢性疾病，如低血钾症、糖尿病的神经病变、尿毒症、卟啉病、癌原性神经病变等；内分泌性疾病，如甲状腺功能低下、甲状旁腺功能亢进、垂体功能低下等；神经肌肉性疾病，如帕金森氏病、脑血管意外、多发性硬化、肌强直性肌营养不良、脊髓肿瘤和损伤、多发性神经纤维瘤、硬皮病、皮肌炎、系统性红斑狼疮等；肠道外肿瘤压迫肛管。②功能性排便障碍。功能性排便障碍患者临床表现主要为排便障碍缺乏其它特征性表现，经过各种检查仍不能查出器质性疾病。主要包括：（a）精神性便秘：是指由于心理上的因素而引起的便秘，如惧怕排便而主观地抑制排便、情绪波动或主观上忽视便意等。（b）泻药性便秘：由于长期应用缓泻药而使肠道产生依赖性而引起的便秘。（c）药物性便秘：运用某些药物而引起的便秘，如碳酸钙、氢氧化铝、阿托品等。（d）单纯性便秘：由于饮食的质量和数量的变化、生活规律的改变等引起的便秘。（e）肠易激综合征：以肠功能紊乱为主要表现的一种神经官能症，便秘是其主要症状。（f）出口梗阻便秘：这类病人的结肠转运功能大多正常，但粪便积在直肠排出困难，表现为便意频繁、排空不全。(g) 结肠慢传输型便秘：是一种结肠传导功能减弱的顽固性便秘，多因肠壁神经丛损伤或肠壁肌肉收缩异常造成。

（2）根据部位分类：①结肠型排便障碍。是结肠运动功能的改变所引起的排便障碍，又分为弛缓性便秘和痉挛性便秘，前者表现为结肠张力降低，运动功能减弱；后者表现为结肠张力增高，运动功能失调。②直肠型排便障碍。粪便进入直肠后，排出困难或滞留。③混合型排便障碍。既有结肠型排便障碍又有直肠型排便障碍。

（3）根据疾病缓急分类：①急性排便障碍由肠梗阻、急性腹膜炎、中毒性肠麻痹、脑血管意外等疾病引起，起病急骤，伴有明显的较为严重的全身症状。②慢性排便障碍。排便障碍慢性或亚急性过程，主要症状有排便困难、排便间隔时间延长、下腹坠胀疼痛、排便不适等，可伴有消化系统及全身症状。

（4）根据症状及药物依赖分度：①轻度：症状较轻，不影响工作生活，经一般处理能好转，无需药物治疗或很少用药。②中度：经一般处理收效甚微，排便不畅或费时，需经常服用通便药物。③重度：排便障碍持续时间较长，严重影响工作生活，依赖药物排便，甚或服药物也无效。临床上常见的是中、重度排便障碍。

4. 排便障碍检查

（1）胃肠通过试验。受试者自检查前3天起禁服泻剂及其他影响肠功能的药物，检查当天早餐时口服不透X线标志物20粒。分别于24h、48h、72h拍摄腹部平片，观察标志物分布，如多数标志物已经抵达直肠或已经排出，则为正常。若多数标志物尚未到达乙状结肠、直肠，则需在96h再拍摄1张腹部平片。如此时多数标志物仍未抵达乙状结肠和直肠，则支持结肠传输功能障碍型便秘；若已经抵达乙状结肠和直肠但未能排出，则支持功能性出口处梗阻型便秘。

（2）肛管直肠测压。通过生理压力测试仪检测肛管、直肠内压力和肛管-直肠间的生理反射，获得有关肌肉活动的资料，了解肛管、直肠的功能状态。测定的项目有：①直肠静息压；②肛管静息压；③肛管收缩压；④括约肌功能曲线长度；⑤直肠肛管抑制反射；⑥直肠顺应性。

（3）排粪造影。是对排粪异常者进行病因诊断的一种动静状态结合的检查方法，是诊断功能性出口处梗阻的重要手段。检查前2h～3h 灌肠 2 次。清除乙状结肠、直肠内积便，用黏稠的钡剂加适量羟甲维素钠在 300 ml～400 ml 以充盈至降结肠为准，拍摄静坐、提肛、力排、正侧位共 3～4 张（拍摄范围应包括耻骨联合、骶尾骨和肛门），然后测量肛直角、肛上距、乙耻距、骶前间距的大小，正常的情况如下：①肛直角力排较静坐时增大，提肛时最小；②肛上距力排>静坐，肛上距必须<30 mm（经产妇<33 mm）；③乙耻距：最小距均为负值；④骶前间距<10 mm；⑤钡剂排出顺利，未发现其他异常。

出口梗阻是只有在排便过程中才表现出来的盆底、直肠和肛管的暂时性解剖梗阻，包括直肠前膨出、直肠内套叠、直肠黏膜内脱垂、内括约肌失弛缓、耻骨直肠肌肥厚、盆底痉挛、肠疝及会阴下降等。

（4）盆底肌电图。评估耻骨直肠肌、外括约肌，记录静息状态、轻度收缩、用力收缩及做模拟排便动作时的肌电活动，分析其位相、时程、频率及波幅等。

（5）球囊逼出试验。该试验可了解直肠肛管内的功能和便秘原因等。首先将球囊置于受试者直肠壶腹内，注入 39 ℃左右温水50 mL，然后让受试者取习惯排便姿势（坐或蹲），嘱其尽快将球囊排出，5 min 内排出为正常。

5. 出口梗阻型排便障碍的诊断

（1）直肠前突。女性直肠前壁由直肠阴道隔支撑，该肌主要由骨盆内筋膜构成，内有提肛肌的中线交叉纤维组织及会阴体，常由于肛门直肠疾病、产伤可使直肠阴道隔松弛，则直肠前壁易向前突出（类似疝突出），男性直肠前壁与尿道、前列腺等毗邻，其支撑较女性坚强得多，故很少发生直肠前突。

排便时粪块在压力作用下进入直肠前突内而不能从肛门排出，停止用力后粪块又"弹回"直肠内，由于排便不全感迫使患者做更大力量的排便动作，致使前突逐渐加深，形成恶性循环，排便障碍越重。临床表现：排粪困难、费力、肛门阻塞感，因不能排净大便，而有排空不全感，少数病人有便血或肛门直肠疼痛，部分患者需在肛门周围加压才能排出大便或将手指伸入阴道以阻挡直肠前壁突出，甚至用手指伸入直肠内抠出大便。诊断：直肠指诊可确诊，在肛管上方的直肠下段前壁触及凹陷的薄弱区，作摒便动作，可使薄弱区向前方突出更明显，排粪造影能显示直肠前突的深度及密度。直肠前突分度：正常<0.5 cm，轻度0.6 cm～1.5 cm，中度1.6 cm～3 cm，重度>3 cm，水囊逼出试验>5 min以上。

（2）直肠内套叠。临床表现：直肠排空困难，排粪不尽及肛门阻塞感，但用力越大阻塞感越重。患者常将手指或栓剂插入肛门协助排便，排便时有下腹部或骶部疼痛。诊断：患者自述直肠内有阻塞感，排便不全，大便次数多，每次粪量少时应考虑本病可能。

诊断依靠下列检查：①直肠指诊（特别在摒便时）可发现直肠下段膜松弛。②乙状结肠镜检查虽不能发现内套叠，但在内套叠处常可见溃疡、糜烂、黏膜红斑或水肿。③排粪造影是有价值的检查方法，可明确本病诊断（典型发现是直肠侧位片可见黏膜脱垂呈漏斗状，部分病人有骶骨直肠分离现象）。

（3）耻骨直肠肌综合征：这是一种因耻骨直肠肌痉挛性肥大致使盆底出口处梗阻为特征的排粪障碍性疾病，可能与肛管长期慢性炎症、滥用泻药及盆底痉挛等因素有关。临床表现：病史缓慢，以进行性排粪困难为主要特征，排便过度用力，粪条细小，便次频繁。排便时间明显延长，甚至可达1h～2h。排便时肛门或骶部疼痛，精神较紧张。

诊断依靠下列检查：①直肠指诊见肛管紧张度增高，肛管明显延长，耻骨直肠肌明显肥大，有疼痛。②肛管直肠测压：静止压及最大收缩压均增高，括约肌功能长度增加，可达 5 cm~6 cm。③水囊逼出试验：水囊排出时间延长或不能排出。④盆底肌电图检查：耻骨直肠肌有不同程度的异常肌电活动。⑤结肠运输功能测定：部分患者有明显的直肠滞留现象。⑥排粪造影：各测量均正常，但静止摒便及排粪相均存在"搁架征"。

6. 法医学鉴定要点

（1）凡肛门、直肠损伤后出现排便困难，符合上述出口型排便障碍诊断条件，排便障碍持续时间较长，严重影响工作生活，依赖药物排便，甚或服药物也无效者，符合本标准"5.7.5.9）肛管或者直肠损伤，排便功能重度障碍或者肛门失禁（重度）"之规定，致残等级为七级。

（2）凡肛门、直肠损伤后出现排便困难，符合上述出口型排便障碍诊断条件，症状较轻，不影响工作生活，经一般处理即能好转，无需药物治疗或很少用药者，符合本标准"5.9.5.10）肛管或者直肠损伤，排便功能轻度障碍或者肛门失禁（轻度）"之规定，致残等级为九级。

（3）神经损伤导致的排便功能障碍可参照本节相关条款进行致残等级鉴定。

（三）肛门失禁

1. 肛门失禁常见原因

大便失禁即肛门失禁是指粪便及气体不能随意控制，不自主地流出肛门外，为排便功能紊乱的一种症状。常见原因如下：

（1）神经源性损伤：胸、腰、骶椎骨折压迫损伤脊髓或脊神经，可造成截瘫，而引起肛门失禁；直肠靠近肛门处黏膜切除后、直肠壁内感觉神经缺损等均可造成肛门失禁。

（2）肌源性损伤：肛门的松缩和排便功能是受神经支配内外括

约肌和肛提肌来维持的。这些肌肉松弛，张力降低，或被切断、切除，或形成大面积瘢痕，都会引起肛门失禁。

（3）医源性损伤：由于手术损伤和分娩时外阴撕裂引起的括约肌局部缺陷。

（4）先天性疾病：发育不全婴儿会因先天性肛门括约肌不全而引起肛门失禁。

2. 大便失禁常用检查

（1）直肠指诊：检查者感觉到肛门无紧迫感呈松弛状态，嘱患者收缩肛门时，肛管括约肌收缩不明显或完全无收缩力；如肛门有损伤史者，可扪及瘢痕，有的患者可触及肛管的一侧有收缩感，而另一侧则无收缩感，并注意肛管直肠内是否有肿块、压痛等，手指退出肛门后观察指套是否带黏液及血。

（2）内镜检查：观察肛门直肠或结肠有无畸形、瘢痕，肛管皮肤及直肠黏膜有无糜烂、溃疡，直肠黏膜有无充血、水肿、直肠息肉等。

（3）排粪造影检查：通过对用力排粪、提肛、静息等动态观察，了解肛门括约肌的功能，如灌入直肠的钡剂通过提肛可以保留，说明肛门括约肌有一定功能；如灌入直肠的钡剂不由自主地流出，说明肛门失禁。

（4）肛管直肠压力测定：大便失禁患者表现出肛管直肠内的压力降低，频率减慢或消失；肛管收缩压下降；直肠肛管抑制反射消失，如溃疡性结肠炎致大便失禁患者直肠顺应性明显下降。

（5）直肠感觉测定：是将 4 cm×6 cm 大的带有导管的球囊置入直肠，然后向球囊内注入水或空气，正常直肠的感觉阈值是 45 ml±5 ml，如为神经性的大便失禁患者，其直肠感觉阈值消失。

（6）球囊逼出试验：如直肠感觉迟钝，正常容量不能引起排便反射，不能将球囊排出，此检查既可用来判断直肠的感觉是否正常，又可判断肛门括约肌的功能，如肛门括约肌受损无括约功能，而球囊可自行滑出肛门，或轻微的增加腹压后即可将球囊排出。

（7）盆底肌电图检查：该检查可以了解括约肌缺损的部位及范围。

（8）肛管直肠内超声检查：通过肛管直肠内超声可以清楚地显示肛管直肠的各个层次、内括约肌及其周围的组织结构，可以协助肛门失禁的诊断，如观察内括约肌是否完整，外括约肌是否有缺损，以及缺损的部位及范围，该检查不但可以协助诊断，而且为手术切口的选择提供一定的依据。

3. 肛门失禁分度

按本标准附录 B.10 规定，大便失禁分为：①重度：大便不能控制，肛门括约肌收缩力很弱或者丧失，肛门括约肌收缩反射很弱或者消失，肛门注水法测定直肠内压<20 cmH$_2$O；②轻度：稀便不能控制，肛门括约肌收缩力较弱，肛门括约肌收缩反射较弱，肛门注水法测定直肠内压 20 cmH$_2$O～30 cmH$_2$O。

4. 法医学鉴定要点

（1）凡肛门、肛管损伤后出现，大便不能控制，肛门括约肌收缩力很弱或者丧失，肛门括约肌收缩反射很弱或者消失，肛门注水法测定直肠内压<20 cmH$_2$O，即符合本标准"5.7.5.9）肛管或者直肠损伤，排便功能重度障碍或者肛门失禁（重度）"之规定，致残等级为七级。

（2）凡肛门、肛管损伤后出现大便失禁，稀便不能控制，肛门括约肌收缩力较弱，肛门括约肌收缩反射较弱，肛门注水法测定直肠内压 20 cmH$_2$O～30 cmH$_2$O，即符合本标准"5.9.5.10）肛管或者直肠损伤，排便功能轻度障碍或者肛门失禁（轻度）"之规定，致残等级为九级。

（四）肛管狭窄

1. 肛管狭窄的原因

肛管：上自齿线，下至肛缘，长约 3 cm～4 cm，为解剖性肛管。有人将肛管上界扩展至齿线以上 1.5 cm，即肛管直肠环平面，称外科性肛管（图 10-3-2）。

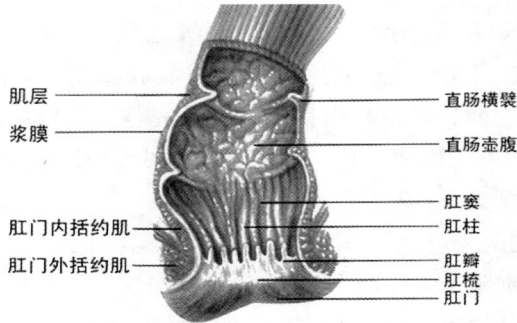

肌层 —————   ————— 直肠横襞
浆膜 —————   ————— 直肠壶腹

                                 ————— 肛窦
肛门内括约肌 ———   ————— 肛柱
肛门外括约肌 ———   ————— 肛瓣
                                 ————— 肛梳
                                 ————— 肛门

图 10-3-2 示：肛管解剖示意图

肛管狭窄是指由于各种原因导致肛管变得狭窄，从而引起排便困难，大便变细，便时或便后肛门疼痛等一系列临床症状的疾病。根据发病的时间，可分为先天性肛管狭窄和后天性肛管狭窄。后天性肛管狭窄：常见于痔或肛瘘切除手术后，系由操作技术不当，黏膜切除过多，以致瘢痕挛缩而形成狭窄。肛管部位炎症、溃疡、创伤、烧伤、肿瘤等均可造成狭窄。

2. 肛管狭窄的治疗

对手术后或损伤后轻度狭窄，多可用扩张法治疗，用手指或扩张器进行扩张，每日 1 次或每周 1~2 次，渐渐加大扩张器直径，并延长扩张间隔时间。对严重狭窄以及时间较久有坚硬疤痕的狭窄，扩张法有时亦可暂时见效，但易复发，手术方法按病变情况、狭窄程度或狭窄部位不同而异。常用方法有切除疤痕或切开括约肌等，如肛管后方的线状切开、直肠后部切开、直肠内切开，还有各种成形术，如肛门成形术、肛管成形术。对高位直肠狭窄还可考虑做经腹会阴联合切除直肠保留肛门和括约肌手术。

3. 法医学鉴定要点

（1）凡会阴部损伤瘢痕挛缩致肛门完全闭锁，临床行结肠造口术治疗的，符合本标准"5.7.5.10）会阴部瘢痕挛缩致肛门闭锁，结肠造口术后"之规定，致残等级为七级。

（2）凡会阴部瘢痕挛缩，致肛管变得狭窄，从而引起排便困难、大便变细、便时或便后肛门疼痛等一系列临床症状的疾病的，即符合本标准"5.10.5.7）会阴部瘢痕挛缩，肛管狭窄"之规定，致残等级为九级。

（五）尿道狭窄

1. 尿道狭窄的原因

尿道狭窄是指尿道任何部位的机械性管腔异常狭小，使尿道内阻力增加而产生的排尿障碍性疾病，多见于男性。按病因可将尿道狭窄分为先天性尿道狭窄、炎症性尿道狭窄、外伤性尿道狭窄3大类。由于增生的纤维组织代替了正常的尿道海绵体而形成瘢痕，使尿道及其周围组织挛缩，从而造成尿道狭窄。

2. 尿道狭窄的检查

（1）尿道触诊：前尿道狭窄可触及狭窄部位，注意其长度、有无压痛、尿道口分泌物及其性状。

（2）直肠指检：注意前列腺及后尿道情况。如有耻骨上膀胱造瘘，则可借助尿道探子经造瘘口插入膀胱颈至后尿道内，以协助确定尿道狭窄的近侧端位置。

（3）尿道探子检查可确定狭窄的部位、长度和程度。

（4）尿道造影（图10-3-3）是诊断尿道疾病的常用方法。它分为排泄性尿道造影和逆行性尿道造影两种。

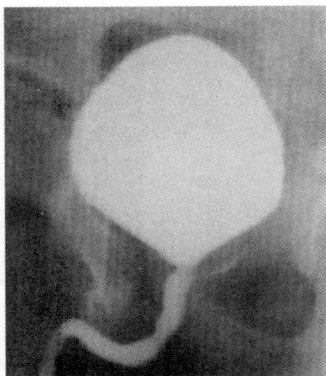

图 10-3-3 示：尿道造影　　图 10-3-4 示：尿道膜部严重狭窄

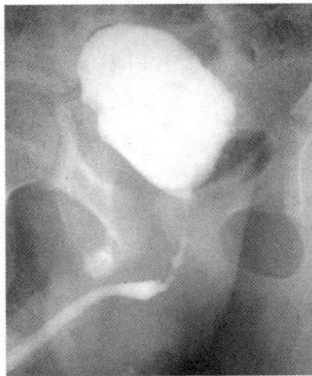

3. 尿道狭窄的治疗

尿道狭窄治疗的选择取决于病人的全身情况、狭窄病因、狭窄部位、长度和瘢痕致密度、既往治疗史等。

（1）尿道扩张术：尿道扩张在治疗狭窄中有一定作用，对于仅侵及上皮或浅表海绵体的纤维化有治疗作用。经扩张后使狭窄部位起到舒展和按摩作用，改善局部血运，促进瘢痕组织软化，有利于狭窄的缓解。常以18F探子开始扩张，逐渐增大号码，直到有阻力为止。每周1次，每次增加1~2个号，直到24F，然后延长扩尿道间隔时间至6~12个月1次，可认为治疗成功，狭窄可由于扩张而变软。

（2）腔内手术：适用于各型尿道狭窄，尤其适于后尿道狭窄或曾经开放手术而再次开放手术有困难者。单纯的尿道内切开，瘢痕处呈放射状切开后，尿道通道虽打通，但局部的瘢痕面易有参差不齐，有些组织有活瓣样作用，影响排尿。用电切襻切除这些瘢痕组织可使术后排尿效果更满意，是临床常用的手术方法。

（3）开放性尿道成形术：与腔内手术相比，开放性后尿道成形术复发率低。开放性尿道成形术包括端-端吻合和替代成形术。前者根据手术途径不同，分为经会阴、经腹-会阴/耻骨吻合术，是公认的开放性手术中效果最好的。替代成形术是利用自体阴茎、阴囊、包皮或大腿内侧的皮肤修复狭窄缺损尿道的方法，分为带蒂皮瓣及游离皮瓣。适用于伴有前尿道病变、狭窄或缺损段长，合并感染、瘘管及多次吻合成形或尿道内切开失败者。

4. 尿道狭窄分度

按本标准附录 B.31 将尿道狭窄分为：

（1）尿道重度狭窄：①临床表现为尿不成线、滴沥，伴有尿急、尿不尽或者遗尿等症状；②尿道造影检查显示尿道明显狭窄，狭窄部位尿道内径小于正常管径的 1/3；③超声检查显示膀胱残余尿阳性；④尿流动力学检查显示严重排尿功能障碍；⑤经常行尿道扩张效果不佳，有尿道成形术适应证。

（2）尿道轻度狭窄：①临床表现为尿流变细、尿不尽等；②尿道造影检查示尿道狭窄，狭窄部位尿道内径小于正常管径的 2/3；③超声检查示膀胱残余尿阳性；④尿流动力学检查示排尿功能障碍；⑤有尿道扩张治疗适应证。

5. 法医学鉴定要点

（1）凡尿道损伤后遗留尿道严重狭窄临床行尿道成形术的，或者出现严重排尿困难，尿道造影和尿流动力学检查示尿道重度狭窄的，均符合本标准"5.7.5.8）尿道狭窄（重度）或者成形术后"之规定，致残等级为七级。

（2）凡尿道损伤后出现尿流变细、尿不尽，尿道造影或尿流动力学检查等示尿道轻度狭窄的，即符合本标准"5.9.5.9）尿道狭窄（轻度）"之规定，致残等级为九级。

第十一章

脊柱与骨盆骨折

本章主要包括脊柱骨折和骨盆骨折的致残等级鉴定。主要包括脊柱侧弯和脊柱后凸畸形的测量方法，骨盆畸形愈合与骨产道破坏等致残等级的鉴定。

第一节　脊柱骨折

本节提要

1. 不同形式椎体压性骨折的测量
2. 椎体骨折与椎管骨性占位判定
3. 脊柱侧弯与后凸畸形测量方法

一、条款比较

《道标》		《新残标》
脊柱损伤影响呼吸功能		
4.1.3)	脊柱胸段损伤致严重畸形愈合，呼吸功能严重障碍。	
4.2.3)	脊柱胸段损伤致严重畸形愈合，呼吸功能障碍。	

《道标》		《新残标》
4.3.3)	脊柱胸段损伤致严重畸形愈合，严重影响呼吸功能。	
4.4.3)	脊柱胸段损伤致严重畸形愈合，影响呼吸功能。	
4.5.3)	脊柱胸段损伤致畸形愈合，影响呼吸功能。	
4.10.3.b)	胸柱畸形愈合，轻度影响呼吸功能。	

脊柱损伤影响活动度

4.6.3)	脊柱损伤致颈椎或腰椎严重畸形愈合，颈部或腰部活动度完全丧失。	
4.7.3)	脊柱损伤致颈椎或腰椎畸形愈合，颈部或腰部活动度丧失75%以上。	
4.8.3.a)	颈椎或腰椎畸形愈合，颈部或腰部活动度丧失50%以上。	
4.9.3.a)	颈椎或腰椎畸形愈合，颈部或腰部活动度丧失25%以上。	
4.10.3.a)	颈柱或腰椎畸形愈合，颈部或腰部活动度丧失10%以上。	

续表

《道标》		《新残标》	
椎体骨折			
		5.6.6.1)	脊柱骨折后遗留30°以上侧弯或者后凸畸形。
4.8.3.b)	胸椎或腰椎二椎体以上压缩性骨折。	5.8.6.2)	三个以上椎体骨折，经手术治疗后。
4.9.3.b)	胸椎或腰椎一椎体粉碎性骨折。	5.8.6.1)	二椎体压缩性骨折（压缩程度均达1/3）。
4.10.3.c)	胸椎或腰椎一椎体1/3以上压缩性骨折。	5.9.6.1)	一椎体粉碎性骨折，椎管内骨性占位。
		5.9.6.2)	一椎体并相应附件骨折，经手术治疗后；二椎体压缩性骨折。
		5.10.6.2)	一椎体压缩性骨折（压缩程度达1/3）或者粉碎性骨折；一椎体骨折经手术治疗后。
		5.10.6.1)	枢椎齿状突骨折，影响功能。
		5.10.6.3)	四处以上横突、棘突或者椎弓根骨折，影响功能。

二、编制说明

（一）关于颈部或者腰部活动障碍

考虑到颈部或者腰部活动度测量过程中受到鉴定人或者被鉴定

人等主观因素的影响较大，其检查结果往往带有相当程度的不确定性，《新残标》摒弃了颈部或者腰部活动度作为划分致残等级的方法，而是直接根据脊柱骨折的性质和程度等作为确定致残等级的方法。其目的是尽量排除主观因素的影响，而增加检查结果的确定性和鉴定结果的可靠性。

（二）关于脊柱胸段骨折遗留呼吸困难

考虑到此类损伤在实际鉴定中较为少见，《新残标》规定了"呼吸困难"的通用性条款（见第七章第三节），不再单列脊柱胸段骨折畸形愈合致使呼吸困难的专门性条款。

（三）关于椎体压缩性骨折

《道标》将椎体压缩性骨折分为两种情形，第一种情形是"胸椎或腰椎一椎体 1/3 以上压缩性骨折"。评定为十级残，第二种情形是"胸椎或腰椎二椎体以上压缩性骨折"评定为八级伤残。特别是对于第二种情形，因为没有规定椎体压缩的具体程度，在实际鉴定中即使两个椎体压缩的程度非常轻微，其对人体功能的影响甚至还不如一椎体压缩 1/3 以上，按标准规定须评定为八级残，这显然不合理。《新残标》对此进行了调整，规定"二椎体压缩性骨折（压缩程度均达 1/3）"才能鉴定为八级残；将原《道标》的"二椎体压缩性骨折"由八级残降为九级残；仍保留《道标》"一椎体压缩性骨折（压缩程度达 1/3）"评定为十级残。

（四）关于椎体粉碎性骨折

《道标》将"胸椎或腰椎一椎体以上粉碎性骨折"规定为九级伤残，但在实践中无论是临床医学还是临床法医学对椎体粉碎性骨折的定义或者认定都存在很大的争议。此外，椎体粉碎性骨折的程度不同对人体的影响也有很大差别，故只设定一个伤残等级也不尽合理。《新残标》将椎体粉碎性骨折分为两种不同的情形，即将"一椎体粉碎性骨折，椎管内骨性占位"规定为九级伤残；将"一椎体粉碎性骨折"规定为十级伤残。以椎管内是否占位作为分级依据也易于操作。

（五）关于脊柱其他损伤

脊柱其他损伤包括脊柱骨折后遗侧弯或者后凸畸形、椎体合并附件骨折、枢椎齿状突骨折、横突、棘突或者椎弓根骨折，影响功能等。《新残标》摒弃了颈椎或者腰椎骨折畸形愈合致使颈部或者腰部活动度障碍的评残条款，但对于上述损伤可能遗留的功能障碍规定了专门的致残等级，使得这些损伤仍然可以构成致残等级的可能，以最大限度地维护当事人的合法权益。

三、应用指南

（一）脊柱"三柱理论"

前柱是指椎体、纤维环和椎间盘的前 2/3；后柱是指椎体、纤维环和椎间盘的后 1/3；后柱是指椎弓、关节突和附属韧带（图 11-1-1）。

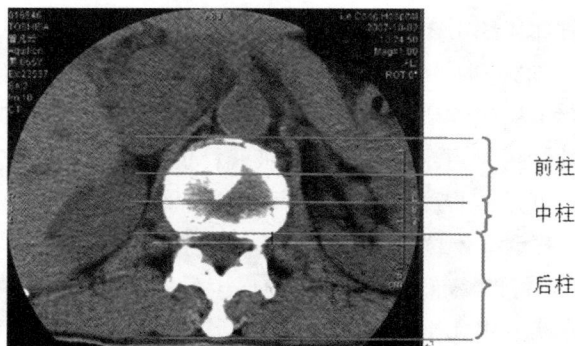

图 11-1-1 示：示脊柱"三柱"划分方法

（二）椎体压缩性骨折测量方法

正常国人各胸、腰椎体的高度为参考值，通过测量椎体前缘高度（AH），中间高度（MH）与后缘高度（PH），若 AH/PH、MH/

PH 或椎体后缘高度与邻近椎体后缘高度比值低于正常值的 3 个标准差，即诊断为胸腰椎压缩性骨折。

脊柱压缩性骨折测量方法（图 11-1-2）：

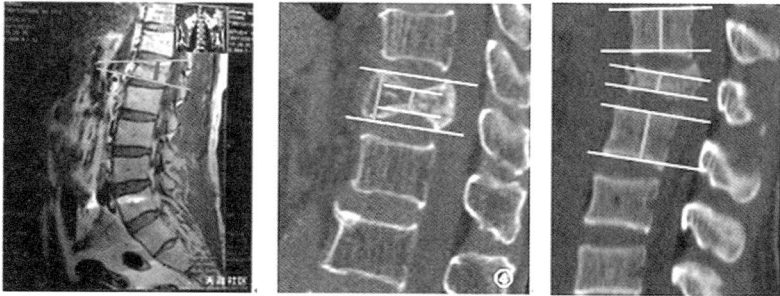

图 11-1-2 示：左图为前缘压缩性骨折；中图为椎体凹陷性压缩性骨折；右图椎体完全性压缩性骨折

压缩性骨折大致可分为以下三种不同的情形：①仅存在椎体前缘压缩（图 11-1-2 左），此时可沿被压缩的椎体的上缘和下缘各画一条直线，然后分别测量被压缩椎体的前缘和后缘高度，并计算前缘压缩程度。②椎体凹陷性压缩性骨折（图 11-1-2 中），此时可沿椎体上下缘画两条平行线，再经椎体上下凹陷最明显处画两条平行线，然后测量并计算椎体压缩程度。③椎体完全性或整体性压缩性骨折（图 11-1-2 右），此时可沿被压缩椎体上下缘画两条平行线，并测量该椎体的高度，再用同样的方法测量其上方和下方椎体的高度，并以其上方和下方椎体的平均值高度作为参考值计算被压缩椎体的压缩程度。

（三）椎体粉碎性骨折分型

粉碎性骨折属于完全性骨折，指骨质碎裂成三块以上，又称为 T 或 Y 型骨折。椎体粉碎性骨折可分为以下几种情况：①椎体骨折累及中柱（如骨折线累及椎体后缘），但椎管仍完整，未见椎管前壁受损破坏及椎管骨性占位的影像学证据；②椎体骨折累及中柱达椎体后缘，椎管前壁完整性遭到破坏，有碎骨块（片）突入椎管内对硬膜囊造成压迫，可能造成相应脊髓的损伤或者存在潜在的脊髓损伤风险；③椎体损伤表现以中柱为主，累及后柱，此类情形相对少见；④骨折仅发生于椎体前柱（累及中柱的影像学证据不足），但有两条以上骨折线（如形成 T 型或 Y 型），并造成椎体（前柱）碎裂成 3 块以上，可视为椎体粉碎性骨折的一种特殊情形。

《新残标》将椎体粉碎性骨折分为两种情形：

1. 椎体粉碎性骨折，但椎管完整（图 11-1-3）。左图示椎体前柱粉碎性骨折，但骨折线未累及后柱，椎体后缘完整；右图示椎体前、中柱粉碎性骨折，但骨折线未累及后柱，椎管完整。

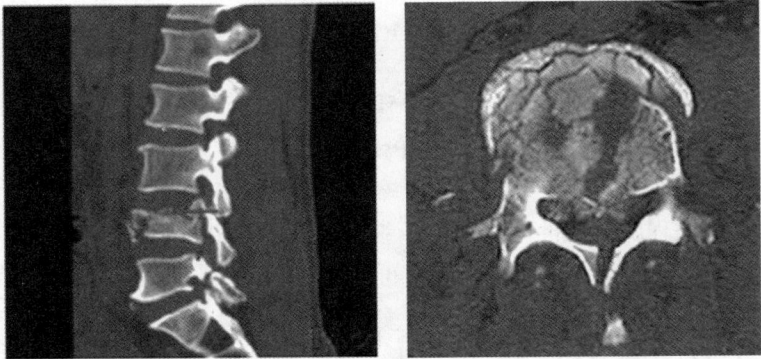

图 11-1-3 示：左图示椎体前柱粉碎性骨折；右图示椎体前、中柱粉碎性骨折，椎管完整

2. 椎体粉碎性骨折，有碎骨块或碎骨片突入椎管内对硬膜囊造成压迫，伴有脊髓损伤或潜在脊髓损伤的风险（图 11-1-4）。左图示椎体粉碎性骨折，骨折块突入椎管压迫马尾神经；右图示椎体粉碎性骨折，骨折线累及后柱致骨折块突入椎管。

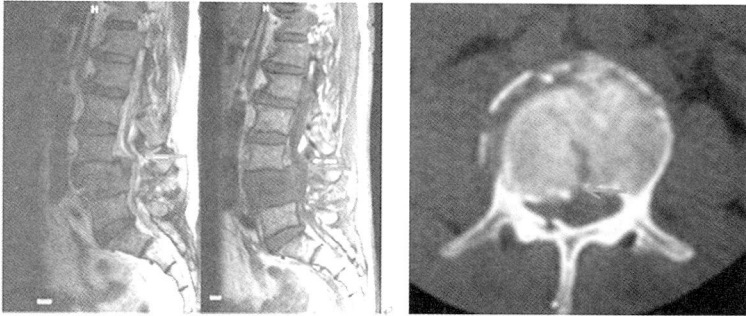

图 11-1-4 示：左图示椎体粉碎性骨折，骨块突入椎管致脊骨性占位；右图示椎体粉碎性骨折，骨折线系及后柱双骨折块突入椎管

（四）脊柱侧弯畸形的测量

脊柱正面观椎骨棘突连贯成纵嵴，位于背部正中线。颈椎棘突短而分叉，近水平位。胸椎棘突细长，斜向后下方，呈叠瓦状排列；腰椎棘突呈板状水平向后（图 11-1-5 左），如果 X 光片上的弯曲角度（Cobb 角，见图 11-1-5 右）大于 10°时，称之为脊柱侧弯；如果弯曲角度小于 10°而没有任何功能性问题，则称之为脊柱不对称。

脊柱损伤后一般经过治疗，多数可完全或大部分恢复原有的生理弯曲，但是对于部分损伤严重、椎体高度丢失严重者，或者存在手术适应证但因种种原因未能及时采取手术治疗者，也有可能遗留一定的外观畸形，主要包括后凸和（或）侧弯畸形。

脊柱侧弯的测量方法（Cobb 角测量法，见图 11-1-5 右）：①拍摄脊柱标准全长的正位相（X 线片或 CT 扫描并图像重组片）。②确定侧弯的端椎。上、下端椎是指侧弯中向脊柱侧弯凹侧倾斜度最大的椎体。脊柱侧弯凸侧的椎间隙较宽，而在凹侧椎间隙开始变宽的第一个椎体被认为不属于该弯曲的一部分，因此其相邻的一个椎体被认为是该弯曲的端椎。③在上端椎的椎体上缘划一切线，同样在下端椎椎体的下缘划一切线。对此两切线各做一垂直线。④上述二垂直线的交角就是 Cobb 角，脊柱侧弯角度由此角而得（对于侧弯较明显者，上述两切线的直接交角可等同于 Cobb 角）。

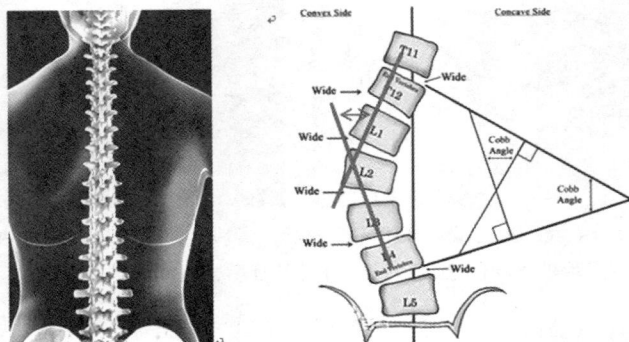

图 11-1-5 示：左图示正常脊柱后面观；右图示 Cobb 角测量法

一般说来，测量 Cobb 角能够准确地反映脊柱侧弯的度数，但对于一些脊柱损伤或退行性病变导致椎体明显变形时，测量 Cobb 角也可能存在一定的困难，此时可以采用下列简易测量法测量脊柱侧弯程度，具体方法：拍摄标准脊柱全长 X 线正位片，经过侧凸顶点分别向脊柱上、下沿椎体纵轴各画一条直线，两直线所夹之锐角，此夹角相当于 Cobb 角（如图 11-1-6 左）。

特殊情况下，如被鉴定人由于某种原因不能接受脊柱全长 X 线摄片时也可通过体表测量法（如图 11-1-6 右）测量脊柱侧弯程度，具体方法：首先通过目测确定侧弯顶点，然后经过侧弯顶点，沿两侧弯臂轴线方向各画一条直线，两直线所夹之锐角即为脊柱侧弯的度数（如图 11-1-6 右）。此锐角也相当于 Cobb 角。

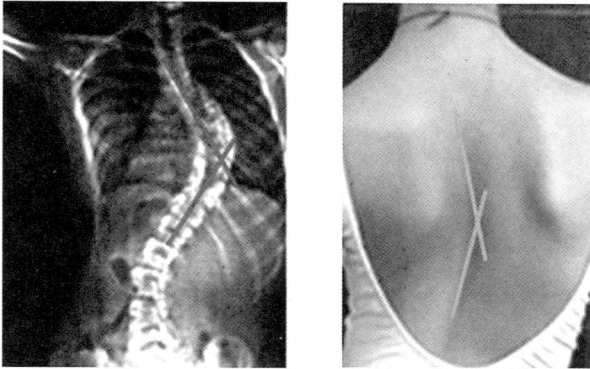

图 11-1-6 示：左示简易测量法；右图体表测量法

（五）脊柱后凸测量方法

脊柱侧面观可见颈、胸、腰、骶四个生理性弯曲，颈和腰曲凸向前，胸和骶曲凸向后。在正常情况下，脊柱有 4 个弯曲，从侧面看呈 S 形，即颈椎前凸、胸椎后凸、腰椎前凸和骶椎后凸（如图11-1-7 左）。正常人胸椎生理性后凸小于 50°，后凸顶点在 T6~8 处，与腰前凸形成平衡的生理弧度，此时矢状面重力垂线经过 C1、T1、T12 和 S1，维持最佳生理曲线和身体平衡，保证人体能正常前视。

脊柱后凸的测量方法也可分为 Cobb 角测量法（如图 11-1-7 中）和简易法（如图 11-1-7 右）。Cobb 角测法如下：拍摄脊柱正、侧位片，以确定疾病性质，从侧位片上确定后凸与正常移行部椎体，上方在移行椎体上缘连线划垂线，下方在移行椎体下缘连线划垂线，两垂线夹角即为脊柱后凸角度（Cobb 角）。简易测量法如图 11-1-7 右所示，以后凸顶点将脊柱分为上、下两段，并分别沿上、下两段脊柱中轴线作两条直线，两直线相交之锐角即为脊柱后凸角度，此角度相当于 Cobb 角。

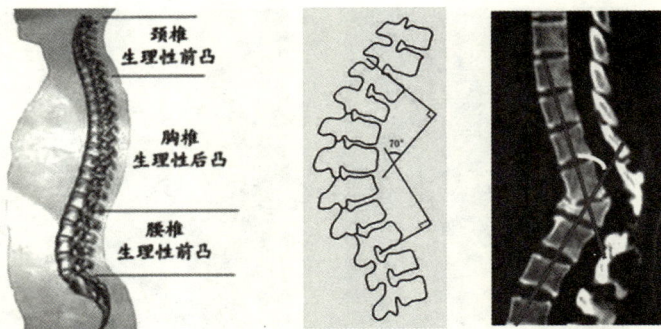

11-1-7 示：左图正常脊柱侧面观；中图示脊柱后凸的
Cobb 角测量法；右图示简易法

（六）法医学鉴定要点

1. 当脊柱损伤遗留脊柱侧弯时，应按照上述方法测量脊柱侧弯的角度（Cobb 角）。

2. 当脊柱侧弯大于或等于 30°时则符合本标准"5.6.6.1）脊柱骨折后遗留 30°以上侧弯或者后凸畸形"之规定，评定为六级残。而当脊柱侧弯小于 30°时，可根据椎体骨折的性质和程度并依据其他专门性条款进行致残程度鉴定；

3. 本标准对脊柱侧弯规定了具体度数，而对于脊柱后凸则没有相应的要求，如果在实际鉴定中遇到脊柱后凸的情形，也可参照脊柱侧弯的具体规定，即当后凸畸形超过 30°时方可评定为六级残。而当脊柱后凸小于 30°时可根据椎体粉碎性的不同类型或者压缩性骨折的不同程度直接评定致残等级。

4. 严重的脊柱侧弯或者后凸畸形可能压迫并限制胸腔及腹腔某些脏器生理活动，如胸壁畸形致肺不能自由舒缩，导致肺活量减少。在严重脊柱后凸畸形患者，胸腔和腹腔变短和受压，使膈肌运动受限，肺功能明显减低并出现呼吸功能障碍。此时，应遵循"就高不就低"的原则，取较高等级。

第二节　骨盆骨折

本节提要

1. 骨盆骨折畸形愈合判定
2. 育龄妇女与骨产道破坏
3. 双下肢不等长测量方法

一、条款比较

	《道标》		《新残标》
4.7.7.a)	骨盆倾斜，双下肢长度相差 8 cm 以上。	5.7.6.1)	双下肢长度相差 8.0 cm 以上。
4.8.7.a)	骨盆倾斜，双下肢长度相差 6 cm 以上。	5.8.6.6)	双下肢长度相差 6.0 cm 以上。
4.9.7.a)	骨盆倾斜，双下肢长度相差 4 cm 以上。	5.9.6.8)	双下肢长度相差 4.0 cm 以上。
4.10.7.a)	骨盆倾斜，双下肢长度相差 2 cm 以上。	5.10.6.10)	双下肢长度相差 2.0 cm 以上。
4.7.7.b)	女性骨盆严重畸形，产道破坏。	5.8.6.3)	女性骨盆骨折致骨产道变形，不能自然分娩。
4.9.7.b)	骨盆严重畸形愈合。	5.9.6.3)	骨盆两处以上骨折或者粉碎性骨折，严重畸形愈合。
4.10.7.b)	骨盆畸形愈合。	5.10.6.4)	骨盆两处以上骨折或者粉碎性骨折，畸形愈合。

二、编写说明

（一）骨盆骨折畸形愈合

与《道标》相比，《新残标》有关骨盆骨折畸形愈合致残等级做了如下调整：①将骨盆骨折由《道标》规定的七级伤残调整为八级，降低了一个等级，主要是与其他残情相比，原来的级别偏高。②考虑到《道标》对骨盆畸形愈合和严重畸形愈合并未规定明确的判定细则，实践中也很难量化分析，故《新残标》对于骨盆畸形愈合强调了损伤的基础，即须是两处以上骨折或者粉碎性骨折。③《新残标》考量了性别和年龄因素，即对于育龄女性骨盆骨折严重畸形愈合导致骨产道破坏的规定为七级伤残。

需要指出的是，《新残标》并未规定骨盆畸形愈合的判定方法，一是因为临床分类较多，难以取得一致，二是因为 SF/Z JD0103006—2014《法医临床影像学检验实施规范》对骨盆骨折畸形愈合和严重畸形愈合已经有了原则上的规定，故《新残标》不再做出另外的规定。

（二）骨盆畸形致双侧下肢不等长

考虑到骨盆骨折会遗留骨盆环的严重倾斜，继而导致双侧下肢相对不等长，而下肢骨折短缩畸形会导致双侧下肢绝对不等长，两种不同情形所致的下肢不等长在《道标》中是以专门的条款加以规定的，《新残标》则不再区分下肢不等长是由于骨盆骨折，还是下肢骨折所致，而是规定了"双下肢不等长"的通用性条款，使得标准显得更简洁。

三、应用指南

（一）骨盆骨折畸形愈合及法医学鉴定

1. 骨盆骨折畸形愈合

为了统一判定标准，SF/Z JD0103006—2014《法医临床影像学检验实施规范》对骨盆骨折畸形愈合和严重畸形愈合做出了如下规定：

（1）骨盆畸形愈合（符合下列条件之一即可）：①两侧闭孔形态不对称；②耻骨联合分离（包括内固定术后）；③骶髂关节分离（包括内固定术后）；④髋臼骨折术后；⑤其他各种类型骨折后的骨盆环明显偏斜或形态破坏，双侧坐骨结节、髂嵴或者髋臼不等高，但需排除体位因素所致。符合上述条件之一，即可认定为符合骨盆畸形愈合。

（2）骨盆严重畸形愈合（须同时满足）：①遗留骨盆环状结构的完整性和对称性破坏；②伴有骨盆倾斜、髋关节运动受限，或者坐、立、行走不适等功能影响。

2. 法医学鉴定

下列情形符合《新残标》"5.10.6.4）骨盆两处以上骨折或者粉碎性骨折，畸形愈合"之规定，致残等级为十级：①骨盆骨折愈合后，无论是否经过手术治疗，凡遗留两侧闭孔形态不对称的；②耻骨联合分离保守治疗未愈的，或者经内固定手术治疗的；③骶髂关节分离保守治疗未愈的，或者经内固定手术治疗的；④髋臼骨折经手术的；⑤各型骨折治疗终结后遗留骨盆环状结构破坏或者不对称；⑥各型骨折治疗终结后遗留坐骨结节、髂嵴或者髋臼不等高。

下列情形符合《新残标》"5.9.6.3）骨盆两处以上骨折或者粉碎性骨折，严重畸形愈合"之规定，致残等级鉴定为九级：骨盆骨折治疗终结后遗留骨盆环状结构的完整性和对称性破坏，同时伴有骨盆倾斜、髋关节运动受限或者坐、立、行走不适等功能影响。

（二）女性骨产道破坏

1. 骨产道及其测量

骨盆由左、右髋骨和骶、尾骨以及其间的骨连接围绕而成。后方自骶骨岬起始，分左、右两侧经髂骨弓状线、髂耻隆起、耻骨梳、耻骨结节，耻骨嵴到耻骨联合上缘会师的略呈倾斜状的连线将骨盆分为上、下两部分，上方为参与腹腔组成的大骨盆（也称假骨盆），下方为小骨盆（也称真骨盆），其内腔即为盆腔。

女性骨盆是胎儿自然分娩的产道，所以男、女骨盆有着显著的差异。大骨盆与产道并无直接关联，小骨盆与女性自然分娩密切相关。小骨盆上方与下方分别有入口、出口，出口略呈菱形，其周界由后向前为尾骨尖、骶结节韧带、坐骨结节、坐骨下支、耻骨下支、耻骨联合下缘。两侧耻骨下支在耻骨联合下缘所形成的夹角为耻骨角，在男性该夹角约为 $70° \sim 75°$，女性约为 $90° \sim 100°$。女性骨产道及其测量方法见图 11-2-1。

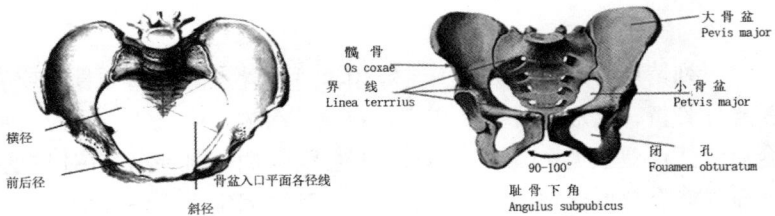

图 11-2-1 示：女性骨产道及其测量方法

2. 骨产道破坏判定标准

据 SF/Z JD0103006—2014《法医临床影像学检验实施规范》的规定，女性骨产道破坏致不能自然分娩的影像学判定标准为：

（1）一般应为骨盆环多处骨折。

（2）骨盆环正常结构破坏，形状明显不规则，前后径或左右径有显著短缩。

（3）骨盆环内缘不光滑，有骨痂向小骨盆腔内突出生长，影响胎头入盆。

（4）尾骨、坐骨、耻骨下支等处骨折畸形愈合，骨痂向骨盆出口突出生长致女性骨产道出口狭窄。

必要时，可通过拍摄盆部 X 线片以明确骨产道是否破坏。

3. 法医学鉴定要点

凡骨盆骨折畸形愈合，并具有下列情形的，即符合本标准"5.8.6.3）女性骨盆骨折致骨产道变形，不能自然分娩"之规定，鉴定为八级伤残：①年龄 15~49 周岁的女性，包括未婚、已婚和丧偶女性；②骨盆骨折畸形愈合，符合上述骨产道破坏判定标准或骨产道测量结果显示骨产道畸形、胎儿娩出困难。

（三）骨盆倾斜致双下肢不等长

1. 骨盆骨折与骨盆倾斜

骨盆骨折致使骨盆环状结构严重破坏时会遗留骨盆倾斜，臀部、腰椎和骨盆周围肌肉拉力不平衡，使得一边骨盆被拉高或是脊椎侧弯，身体重心失衡，一侧的腰大肌紧缩，将使那一侧骨盆倾斜，进而脊椎侧弯，骨盆一边高一边低，这时候会出现"长短脚"，即外观上表现为双下肢不等长（如图 11-2-2）。

骨盆倾斜致双下肢不等长，下肢测量方法：患者平卧，骨盆摆正，两下肢对称位置。测量自脐到胫骨内踝下缘的距离，此谓相对长度（如图 11-2-3 上）；或测量髂前上棘到胫骨内踝下缘的距离，此谓真性长度（如图 11-2-3 下）。

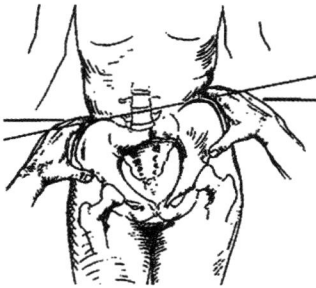

图 11-2-2 示：骨盆倾斜测量

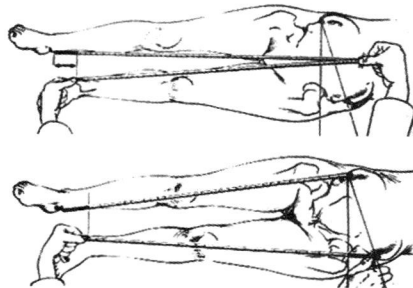

图 11-2-3 示：上图为下肢相对长度测量；下图为下肢真性长度测量

2. 法医学鉴定要点

对于骨盆骨折畸形愈合，遗留骨盆倾斜者须测量双下肢长度，并根据双下肢长度之差值和标准专门性条款之规定，进行致残等级鉴定。

第十二章

四肢损伤

本章主要包括肢体损伤遗留肢体缺失、关节功能障碍，手、足损伤遗留手、足缺失和功能障碍，足弓破坏等。

第一节　肢体缺失与关节功能障碍

本节提要

1. 关节运动活动度计算方法
2. 关节功能计测法与查表法
3. 肢体离断或者缺失的界定
4. 移植再植再造组织的处理
5. 关节强直固定与功能位界定
6. 关节功能丧失评价应注意问题
7. 关节功能查表法应注意的情形

一、条款比较

《道标》		《新残标》	
三肢缺失			
4.1.7.a)	三肢以上缺失（上肢在腕关节以上，下肢在踝关节以上）。	5.1.4.1)	三肢缺失（上肢肘关节以上，下肢膝关节以上）。

《道标》		《新残标》	
二肢缺失伴其他肢体功能障碍			
4.1.7. b)	二肢缺失（上肢在肘关节以上，下肢在膝关节以上），另一肢丧失功能50%以上。	5.1.4.2)	二肢缺失（上肢肘关节以上，下肢膝关节以上），第三肢各大关节功能丧失均达75%。
4.1.7. c)	二肢缺失（上肢在腕关节以上，下肢在踝关节以上），第三肢完全丧失功能。	5.1.4.3)	二肢缺失（上肢肘关节以上，下肢膝关节以上），第三肢任二大关节均强直固定或者功能丧失均达90%。
4.2.7. a)	二肢缺失（上肢在肘关节以上，下肢在膝关节以上）。	5.2.5.1)	双上肢肘关节以上缺失，或者一上肢肘关节以上缺失伴一下肢膝关节以上缺失。
4.3.9. a)	二肢缺失（上肢在腕关节以上，下肢在踝关节以上）。	5.3.6.1)	二肢缺失（上肢腕关节以上，下肢膝关节以上）。
一肢部分缺失伴其他肢体功能障碍			
4.1.7. d)	一肢缺失（上肢在肘关节以上，下肢在膝关节以上），第二肢完全丧失功能，第三肢丧失功能50%以上。		
4.1.7. e)	一肢缺失（上肢在腕关节以上，下肢在踝关节以上），另二肢完全丧失功能。		

《道标》		《新残标》	
4.2.7.b)	一肢缺失（上肢在肘关节以上，下肢在膝关节以上），另一肢完全丧失功能。	5.2.5.2)	一肢缺失（上肢肘关节以上，下肢膝关节以上），其余任二肢体各有二大关节功能丧失均达75%。
		5.2.5.3)	双上肢各大关节均强直固定或者功能丧失均达90%。
4.3.9.b)	一肢缺失（上肢在肘关节以上，下肢在膝关节以上），另一肢丧失功能50%以上。	5.3.6.2)	一肢缺失（上肢腕关节以上，下肢膝关节以上），另一肢各大关节均强直固定或者功能丧失均达90%。
4.3.9.c)	一肢缺失（上肢在腕关节以上，下肢在踝关节以上），另一肢完全丧失功能。	5.3.6.3)	双上肢各大关节功能丧失均达75%；双下肢各大关节均强直固定或者功能丧失均达90%；一上肢与一下肢各大关节均强直固定或者功能丧失均达90%。
4.5.10.b)	一肢缺失（上肢在肘关节以上，下肢在膝关节以上）。	5.4.6.2)	双下肢各大关节功能丧失均达75%；一上肢与一下肢各大关节功能丧失均达75%。

续表

《道标》		《新残标》	
		5.4.6.1)	一上肢腕关节以上缺失伴一下肢踝关节以上缺失，或者双下肢踝关节以上缺失。
4.5.10.c)	一肢缺失（上肢在腕关节以上，下肢在踝关节以上），另一肢丧失功能50%以上。	5.5.6.1)	一上肢肘关节以上缺失。
4.6.9.c)	一肢缺失（上肢在腕关节以上，下肢在踝关节以上）。	5.5.6.2)	一肢缺失（上肢腕关节以上，下肢膝关节以上），另一肢各大关节功能丧失均达50%或者其余肢体任二大关节功能丧失均达75%。
		5.6.6.2)	一肢缺失（上肢腕关节以上，下肢膝关节以上）。
		5.7.6.2)	一下肢踝关节以上缺失。

肢体丧失功能

4.1.7.d)	三肢完全丧失功能。		
4.2.7.c)	二肢以上完全丧失功能。		
4.3.9.d)	一肢完全丧失功能，另一肢丧失功能50%以上。		

续表

《道标》		《新残标》	
4.5.10.d)	一肢完全丧失功能。		
4.7.9.f)	一肢丧失功能75%以上。	5.7.6.3)	四肢任一大关节（踝关节除外）强直固定于非功能位。
4.8.10.f)	一肢丧失功能50%以上。	5.7.6.4)	四肢任二大关节（踝关节除外）功能丧失均达75%。
4.9.9.i)	一肢丧失功能25%以上。	5.8.6.8) 5.8.6.9)	四肢任一大关节（踝关节除外）功能丧失75%以上。 一踝关节强直固定于非功能位。
4.10.10.i)	一肢功能丧失10%以上。	5.9.6.10)	一踝关节功能丧失75%以上。
		5.8.6.10)	一肢体各大关节功能丧失均达50%。
		5.9.6.11)	一肢体各大关节功能丧失均达25%。
		5.10.6.12)	一踝关节功能丧失50%以上。
		5.10.6.11)	四肢任一大关节（踝关节除外）功能丧失25%以上。

续表

《道标》		《新残标》	
		5.9.6.9)	四肢任一大关节（踝关节除外）功能丧失50%以上。
前臂旋转功能障碍			
4.9.9.c)	双上肢前臂旋转功能完全丧失。	5.9.6.6)	双上肢前臂旋转功能丧失均达75%。
4.10.10.c)	双上肢前臂旋转功能丧失50%以上。	5.10.6.8)	一上肢前臂旋转功能丧失75%以上。

二、编写说明

（一）关于"关节功能丧失"

《道标》对于四肢关节功能障碍是以"肢体功能丧失"划分致残等级的，但除了规定四肢大关节在整个肢体功能中的"权重指数"外，并未规定大关节功能的计算方法。此外，按照《道标》规定的上肢肘关节和下肢踝关节在上肢和下肢中的权重指数，肘关节和踝关节损伤遗留严重功能障碍大部分情形下都达不到规定的伤残等级，与其他情形的伤残等级相比，既不平衡也不合理。所以，《新残标》恢复使用1992年发布的《道路交通事故受伤人员伤残评定》（GA35-1992）所采用的以肢体"关节功能丧失"作为划分致残等级的方法。

（二）关于"关节功能丧失"的计算

考虑到《新残标》与现行《人体损伤程度鉴定标准》的关联性，《新残标》对于关节功能的计算方法基本上沿袭了《人体损伤程度鉴定标准》所规定的方法。但考虑到长期鉴定实践中大家都习惯于关节运动活动度丧失程度的计算，并以此替代关节功能丧失程度，《新残标》对关节功能的计算方法进行了适当的调整。具体方法：①单纯骨关节损伤，即关节活动受限但不伴有周围神经损伤所引起的关节运动肌群肌力下降时，仍然通过计算关节运动活动度丧失程度，并以此代表关节功能丧失程度。（具体测量方法见附件1）。②骨关节损伤伴有周围神经损伤，即既有关节活动受限又有关节运动肌群肌力下降时，采用《人体损伤程度鉴定标准》规定的查表法（具体查表方法见附件2）。

需要指出的是，《新残标》与《人体损伤程度鉴定标准》在关节功能计算方面存在的这种差异可能会出现被鉴定人在鉴定损伤程度和致残等级时，关节功能丧失程度计算的结果不一致。需要强调的是，不同的标准有不同的规定，应严格执行各自标准本身所规定的方法。损伤程度鉴定是为了追究加害人的刑事责任，而伤残评定追究的是加害人的民事责任，这种差异的存在有其合理性。

（三）关于肢体多处伤及协同功能障碍的处理

《新残标》起草的过程中曾考虑采用《劳动能力鉴定职工工伤与职业病致残等级》中的"晋级原则"，但后来在征求专家意见时多数专家认为"晋级原则"本身也不尽合理，且涉及赔偿问题也不是技术鉴定的范畴，故最终放弃了"晋级原则"。考虑到肢体多处损伤对双侧肢体功能的协同性及人体整体功能的特殊影响，故在肢体损伤致残分级中增加了一些复合性条款。

（四）关于肢体"非功能位"强直的规定

考虑到关节强直于功能位和非功能位对人体功能影响有明显的不同，《新残标》对于关节功能位与非功能位强直作出了专门性规定，如5.7.6.3）规定"四肢任一大关节（踝关节除外）强直固定于非功能位"评定为七级伤残；5.8.6.9）规定"一踝关节强直固定于非功能位"评定为八级伤残。

（五）关于肢体缺失的规定

《道标》实施过程中，当遇有损伤当时肢体离断经再植后成活的多主张仍按肢体缺失进行评残，此次《新残标》附则 6.5 规定，"移植、再植或者再造成活组织器官的损伤应根据实际后遗功能障碍程度参照相应分级条款进行致残程度等级鉴定"。因此，对于损伤当时离断组织经再植后成活的不再按照肢体缺失进行评残，而是根据实际治疗效果或者结局，这也进一步强调了致残程度鉴定的原则精神。

三、应用指南

（一）肢体缺失平面的界定

因严重创伤致使损伤当时肢体已经离断且无法再植（再造）成活，或者在诊疗过程中确因肢体创伤严重缺血坏死且无法保留，或者因采取与救治生命直接相关的医疗行为而必须截除肢体，均属本标准所称的肢体缺失。

肢体缺失的水平应以医学影像学检查所显示的骨性标志作为判断依据。图 12-1-1 示腕关节以上缺失标志线，由于腕关节是由桡腕关节、腕骨间关节和下尺桡关节及腕掌关节组成，所以腕关节缺失的标志线位于桡腕关节和腕掌关节之间，在此之间离断均符合本标准所规定的腕关节以上缺失。

图 12-1-2 示肘关节以上缺失标志线，由于肘关节是由肱骨下端和尺骨、桡骨上端构成，包括三个关节，即肱尺关节、肱桡关节和桡尺近侧关节，且这些关节面均不在一个平面。本标准所说的肘关节以上缺失是指肱桡关节以上缺失。

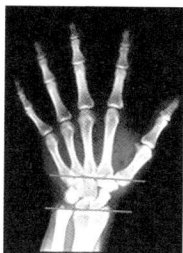

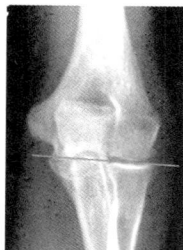

图 12-1-1 示：腕关节以上缺失标志线　图 12-1-2 示：肘关节以上缺失标志线

　　踝关节是由胫、腓骨下端的关节面与距骨滑车构成，故又名距骨小腿关节，且胫距关节面与腓距关节面不在一个平面，所以踝关节以上缺失应以胫距关节作为测量标志线（如图 12-1-3）。

　　膝关节是由股骨内、外侧髁和胫骨内、外侧髁以及髌骨构成，为人体最大且构造最复杂、损伤机会亦较多的关节，其关节面虽有凹凸但基本在一平面，因此膝关节以上缺失的标志线相对容易确定（如图 12-1-4）。

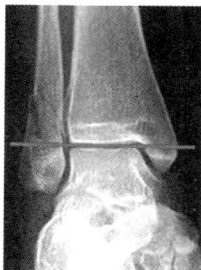

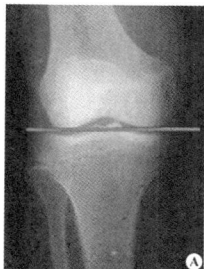

图 12-1-3 示：踝关节以上缺失标志线　图 12-1-4 示：膝关节以上缺失标志线

　　（二）关节运动活动度计算方法

　　关节运动活动度丧失的计算方法主要有两种，一种是先分别计算关节各方向运动活动度丧失程度，再求出各方向运动活动度丧失程度均值，以此代表关节功能丧失程度。另一种是先分别计算出伤侧和健侧关节各方向运动活动度之总和，然后再求出伤侧与健侧运动活动度总和之比值，再乘以100%即可。两种方法结果会有一定的差异，当影响鉴定结果时就会出现争议，故《新残标》在查表法计算关节功能丧失程度时采用的是第一种方法。现举例说明如下：

例如，某伤者因交通事故致右前臂尺骨鹰嘴骨折、腕舟骨骨折，经治疗后遗留右肘关节和右腕关节功能障碍，现已医疗终结，要求进行伤残程度鉴定。法医学检验结果：右肘关节屈曲90度（左150度），伸直0度（左过伸10度）。右侧腕关节背伸20度（左60度），掌屈30度（左60度），桡屈10度（左30度），尺屈10度（左40度）。

肘关节运动活动度丧失程度：

$[(150-90)/150+(10-0)/10]/2×100\%$

$=(0.4+1.0)/2×100\%$

$=0.70×100\%$

$=70\%$（九级）

腕关节运动活动度丧失程度：

$[(60-20)/60+(60-30)/60+(30-10)/30+(40-10)/40]/4×100\%$

$=(0.67+0.50+0.67+0.75)/4×100\%$

$=0.65×100\%$

$=65\%$（九级）

（三）关节功能计算方法

《新残标》规定，骨关节及周围神经损伤遗留关节功能活动受限同时伴有关节运动肌群肌力下降仍然使用《人体损伤程度鉴定标准》规定的查表法，先求出各个运动方向关节功能丧失值，再求得各个运动方向功能丧失值的均值，即该关节功能丧失值。如伤者肩关节损伤同时伴有臂丛神经不完全性损伤，遗留肩关节活动受限，活动无力。检验结果：前屈100度，肌力5级；后伸20度，肌力5

级；外展 100 度，肌力 3 级；内收 25 度，肌力 5 级；内旋 50 度，肌力 4 级；外旋 50 度，肌力 4 级。查表求得相应功能丧失值分别为：40%、60%、70%、40%、55%、55%，各向功能丧失均值为（40%+60%+70%+40%+55%+55%）/6 = 53.33%。（九级）

注：在利用查表法计算关节功能丧失值时有几个特殊情况须加以注意。（见附件 2）

（四）关节强直及其影像学特征

本标准所谓的关节强直是创伤性关节强直，是由各种外伤、劳损及手术造成的关节活动丧失并固定于某一特定位置，可分为纤维性强直和骨性强直两种。早期 X 线片上表现为关节间隙狭窄，关节面正常或略不规则，称之为纤维性强直。晚期关节间隙全部或部分消失并有骨小梁贯穿其间，称之为骨性强直。

本标准所指的肢体大关节强直是因骨与关节损伤累及关节面，致使关节面软骨破坏、纤维组织增生、关节间隙狭窄，最终纤维化、关节融合或接近融合，从而丧失肢体大关节活动功能，或者损伤后因治疗需要所实施的关节融合手术致使关节活动功能丧失，均属本标准所称的肢体大关节强直固定。

肢体大关节强直固定大致分为以下两种情形：①肢体大关节虽处于功能位范围，但运动活动度完全丧失（即该关节不能向任何活动方向进行有效活动）；②肢体大关节虽遗留部分活动功能，但运动活动度范围小于正常参考值（或者健侧对照值）的 10% 且在某些方位活动不能达到功能位范围，关节基本不能实现任何生理功能。

关节强直须与关节僵硬相鉴别。关节僵硬是指受伤肢体经长期外固定而不注意功能锻炼时，静脉血和淋巴液回流不畅，伤肢组织间隙中浆液纤维性渗出物和纤维蛋白沉积，可使关节内外组织发生纤维性粘连，加之关节周围组织挛缩，关节活动发生不同程度障碍。关节僵硬通过一定的康复锻炼是可以恢复关节功能的，而关节强直则不能。

（五）肢体大关节的功能位与非功能位

1. 肢体大关节的功能位范围[1]

关于肢体大关节功能位的表述，在不同专著、文献中均有所不同。为统一本标准的执行，《人体损伤致残程度分级适用指南》规定：

（1）肩关节：在前屈、后伸轴向上的功能位为前屈 20°~ 40°，在外展、内收轴向上的功能位为外展 20°~ 50°，在内旋、外旋轴向上的功能位为外旋 30°~ 50°。

（2）肘关节：在屈曲、伸展轴向上的功能位为屈曲 70°~90°。

（3）腕关节：在掌屈、背屈轴向上的功能位为掌屈 10°~ 背屈 10°，在尺偏、桡偏轴向上的功能位为尺偏 10°~ 桡偏 5°。

（4）髋关节：在前屈、后伸轴向上的功能位为屈曲 25°~ 40°，在外展、内收轴向的功能位为外展 5°~ 内收 5°，在外旋、内旋轴向上的功能位为外旋 10°~ 内旋 5°。

（5）膝关节：在屈曲、伸展轴向上的功能位为伸直 0°~ 屈曲 30°。

（6）踝关节：在背屈、跖屈轴向上的功能位为背屈 0°~ 跖屈 20°。

2. 肢体大关节非功能位强直固定

当肢体大关节在任一轴向上活动但不能到达上述功能位范围时，该关节即属限制于非功能位。本标准中"肢体大关节强直固定于非功能位"是指关节在任一轴向上限制于非功能位，且该关节运动活动度严重受限达 90%以上。如腕关节在掌屈、背屈轴向限制于掌屈 30°~ 35°的非功能位，在桡偏、尺偏轴向上处于尺偏 5°位固定、活动不能，则可以认定该腕关节强直固定于非功能位。

---

〔1〕（集体作者）司法部司法鉴定管理局编：《〈人体损伤致残程度分级〉适用指南》，法律出版社 2016 年版，第 270 页。

（六）测量关节运动活动度应注意的问题

1.《新残标》已将关节运动活动度及关节肌群肌力的大小作为关节功能评价的两个独立指标，所以对关节运动活动度的检查应以被动活动度为准。这样做的最大好处就是从方法上杜绝了伤者或鉴定人主观因素对检查结果的影响，确保检查结果的可靠性。而肌群肌力大小的检查结果虽然在一定程度上也会受到伤者或鉴定人主观因素的影响，但结合损伤基础、临床表现和神经肌电图检查结果可以最大限度地确保检查结果的准确性和可靠性。

2.《道标》规定肩关节功能的评价要测量 8 个方向的运动活动度，由于临床骨科学和康复医学在研究人体肩关节功能时多不考虑肩关节水平屈曲和水平伸展活动功能，人体损伤程度鉴定时也从未考虑肩关节水平屈曲和水平伸展功能，故《新残标》采用与《人体损伤程度鉴定标准》相一致的原则，在肩关节功能评价时也不再涉及肩关节水平屈曲和水平伸展。

3. 肢体大关节功能的评价，包括关节运动活动度和肌群肌力，原则上均应以相应健侧（对侧）作为参照。若对侧相应肢体大关节同时损伤或者原有病理性（损伤性）功能障碍的，可对照相应正常参考值，原则上取上限数值；对于有证据显示损伤肢体大关节伤前很可能难以达到参考值上限数值的（如因病变或者高龄退变，致骨关节病变涉及伤侧关节，或者全身存在广泛骨关节病变等情形），可根据情形选择下限或中间值。

4. 肩关节损伤时往往会出现前臂外展功能受限，因而影响到肩关节外旋或内旋活动度的检查，此时可以测量前臂贴壁内旋和外旋而代之。

注：单纯因中枢神经或者周围神经根性损伤（如臂丛神经等）后遗肢体大关节功能障碍的，多以肢体肌力下降为主，可参照本标准"颅脑、脊髓及周围神经损伤"中的相应条款进行致残程度等级的鉴定。

（七）法医学鉴定

1. 凡肢体缺失，包括肢体离断、因医疗需要而切除或截除，根据残肢情形判定其缺失水平（必要时通过拍摄 X 线平面以确定缺失水平），依据标准相关条款规定，鉴定致残等级。

2. 单纯性骨关节损伤，关节运动活动度受限时，应按上述方法测量并计算关节运动活动丧失程度，并依据标准相关条款规定，鉴定致残等级。

3. 骨关节损伤伴周围神经损伤，既有关节活动受限又有关节运动时肌力下降，应按上述方法测量并计算关节功能丧失程度，并依据标准相关条款规定，鉴定致残等级。

4. 肢体大关节损伤致关节强直或者肢体大关节强直固定其残留运动活动度小于正常参考值（或者健侧对照值）10%时，均符合本标准相关条款关节强直的规定，应依据标准相关条款进行致残等级鉴定。

附件1：肢体大关节运动活动度测量方法

肢体		
肩关节		**前屈上举：150°~170°** 测量方法：量角器轴心位于关节侧方肩峰下方，固定臂平行于躯干腋中线，活动臂平行于肱骨中线。
		后伸：40°~45° 测量方法：量角器轴心位于关节侧方肩峰下方，固定臂平行于躯干腋中线，活动臂平行于肱骨中线。
		外展上举：160°~180° 测量方法：量角器轴心位于肩关节前面，并与肩峰成一直线，固定臂平行于躯干腋前线，活动臂平行于肱骨中线。

肩关节		**内收：20°～40°** 测量方法：量角器轴心位于肩关节前面，并与肩峰成一直线，固定臂平行于躯干腋前线，活动臂平行于肱骨中线。
		水平位内旋：70°～90° 测量方法：量角器轴心通过肱骨纵轴，固定臂垂直于地面，活动臂平行于前臂中线。
		水平位外旋：60°～80° 测量方法：量角器轴心通过肱骨纵轴，固定臂垂直于地面，活动臂平行于前臂中线。
		贴臂位内旋：45°～70° **贴臂位外旋：45°～ 60°** 测量方法：固定臂通过肩峰的冠状轴，活动臂平行于前臂中线。
肘关节		**屈曲：135°～150°** 测量方法：量角器轴心位于肘关节侧方并通过肱骨上髁，固定臂平行于肱骨中线，活动臂平行于前臂中线。
		伸展：0°～10° 测量方法：量角器轴心位于肘关节侧方并通过肱骨上髁，固定臂平行于肱骨中线，活动臂平行于前臂中线。

肘关节		**旋前：80°~90°** 测量方法：量角器轴心通过前臂纵轴，固定臂平行于肱骨中线，活动臂平行于所握铅笔（拇指侧）。
		旋后：80°~90° 测量方法：量角器轴心通过前臂纵轴，固定臂平行于肱骨中线，活动臂平行于所握铅笔（拇指侧）。
腕关节		**掌屈：50°~60°** 测量方法：量角器轴心位于腕关节背侧（与第三掌骨成一线），固定臂紧贴前臂背侧中线，活动臂紧贴手背正中。
		背伸：50°~60° 测量方法：量角器轴心位于腕关节掌侧（与第三掌骨成一线），固定臂紧贴前臂掌侧中线，活动臂紧贴手掌正中。
		桡偏：25°~30° 测量方法：量角器轴心位于腕关节背侧腕骨的中点，固定臂平行于前臂中线，活动臂平行于第三掌骨。
		尺偏：30°~40° 测量方法：量角器轴心位于腕关节背侧腕骨的中点，固定臂平行于前臂中线，活动臂平行于第三掌骨。

髋关节		**伸展：10°～15°** 测量方法：矢状面画一条髂前上棘与髂后上棘的连线（B-A），画一条垂线至股骨大转子（C-D）。量角器轴心位于股骨大转子（D），固定臂位于垂线（C-D），活动臂平行于股骨中线。
		前屈：130°～140° 测量方法：矢状面画一条髂前上棘与髂后上棘的连线（B-A），画一条垂线至股骨大转子（C-D）。量角器轴心位于股骨大转子（D），固定臂位于垂线（C-D），活动臂平行于股骨中线。
		外展：30°～45° 测量方法：前面画一条双侧髂前上棘的连线。量角器轴心位于髋关节上，固定臂平行于双侧髂前上棘的连线，活动臂平行于股骨中线。
		内收：20°～30° 测量方法：前面画一条双侧髂前上棘的连线。量角器轴心位于髋关节上，固定臂平行于双侧髂前上棘的连线，活动臂平行于股骨中线。
		内旋：40°～50° 测量方法：量角器轴心通过股骨纵轴，固定臂平行于台面，活动臂平行于小腿中线。

膝关节		**外旋：30°~40°** 测量方法：量角器轴心通过股骨纵轴，固定臂平行于台面，活动臂平行于小腿中线。
		屈曲：120°~150° 测量方法：量角器轴心通过膝关节，固定臂平行于股骨中线，活动臂平行于腓骨中线。
踝关节		**背屈：20°~30°** 测量方法：量角器轴心紧靠足跟部，固定臂平行于腓骨，活动臂平行于第五跖骨。
		跖屈：40°~50° 测量方法：量角器轴心紧靠足跟部，固定臂平行于腓骨，活动臂平行于第五跖骨。

附件2：查表法计算关节功能几种特殊情况的处理

一、规定了肘关节功能的特殊检查方法

为了保持肘关节功能丧失程度表格的设计与其他多轴位关节功丧失程度表格设计在形式上的一致性，并且最大限度地使其在使用方面具有可操作性和便捷性，对于肘关节运动活动度测量方法做了特殊规定（见下表）。即规定了肘关节以屈曲90°作为中立位，测量关节活动度时应以正常肘关节屈曲90°作为量角器的固定臂，而活动臂随前臂伸屈活动而移动。

肘关节功能丧失程度（%）

关节运动活动度	肌 力				
	≤M1	M2	M3	M4	M5
≥41°	100	75	50	25	0
36°~40°	100	77	55	32	10
31°~35°	100	80	60	40	20
26°~30°	100	82	65	47	30
屈 曲 21°~25°	100	85	70	55	40
16°~20°	100	87	75	62	50
11°~15°	100	90	80	70	60
6°~10°	100	92	85	77	70
≤5°	100	95	90	85	80
81°~90°	100	75	50	25	0
71°~80°	100	77	55	32	10
61°~70°	100	80	60	40	20
51°~60°	100	82	65	47	30
伸 展 41°~50°	100	85	70	55	40
31°~40°	100	87	75	62	50
21°~30°	100	90	80	70	60
11°~20°	100	92	85	77	70
≤10°	100	95	90	85	80

注：为方便肘关节功能计算，此处规定肘关节以屈曲90°为中立位0°。

二、关节活动限制致某一方位功能完全丧失的处理方法

当关节活动受限于某一方位时，其同一轴位的另一方位功能丧失值以 100% 计。例如，前臂尺桡骨下端骨折并累及腕关节，同时伴有正中神经和尺神经部分性损伤，遗留腕关节功能障碍。法医学检验结果：腕关节不能伸直，肌力 5 级；掌屈 40 度，肌力 4 级；桡屈 10 度，肌力 4 级；尺屈 15 度，肌力 4 级。查表（见下表）求得各方向功能丧失值分别为：47%、70%、70%，背屈不能以 100% 计。求得各向功能丧失值之均值：（47% + 70% + 70% + 100%）／4 = 71.75%（即腕关节功能丧失值）。

腕关节功能丧失程度（%）

关节运动活动度	肌　力				
	≤M1	M2	M3	M4	M5
掌屈 ≥61	100	75	50	25	0
51~60	100	77	55	32	10
41~50	100	80	60	40	20
31~40	100	82	65	47	30
26~30	100	85	70	55	40
21~25	100	87	75	62	50
16~20	100	90	80	70	60
11~15	100	92	85	77	70
≤10	100	95	90	85	80
背屈 ≥61	100	75	50	25	0
51~60	100	77	55	32	10
41~50	100	80	60	40	20

关节运动活动度	肌 力				
	≤M1	M2	M3	M4	M5
31~40	100	82	65	47	30
26~30	100	85	70	55	40
21~25	100	87	75	62	50
16~20	100	90	80	70	60
11~15	100	92	85	77	70
≤10	100	95	90	85	80
桡屈 ≥21	100	75	50	25	0
16~20	100	80	60	40	20
11~15	100	85	70	55	40
6~10	100	90	80	70	60
≤5	100	95	90	85	80
尺屈 ≥41	100	75	50	25	0
31~40	100	80	60	40	20
21~30	100	85	70	55	40
11~20	100	90	80	70	60
≤10	100	95	90	85	80

三、膝关节功能丧失的计算方法

膝关节规定以直立位作为中立位，膝关节伸展不能达到正常位（与健侧对比或过伸位正常参考值）记为负值，如下表所示。

膝关节功能丧失程度（%）

关节运动活动度	肌　力				
	≤M1	M2	M3	M4	M5
屈曲 ≥130	100	75	50	25	0
116~129	100	77	55	32	10
101~115	100	80	60	40	20
86~100	100	82	65	47	30
71~85	100	85	70	55	40
61~70	100	87	75	62	50
46~60	100	90	80	70	60
31~45	100	92	85	77	70
≤30	100	95	90	85	80
伸展 ≥-5	100	75	50	25	0
-6~-10	100	77	55	32	10
-11~-20	100	80	60	40	20
-21~-25	100	82	65	47	30
-26~-30	100	85	70	55	40
-31~-35	100	87	75	62	50
-36~-40	100	90	80	70	60
-41~-45	100	92	85	77	70
≤-46	100	95	90	85	80

注：表中负值表示膝关节伸展时到达功能位（直立位）所差的度数。

考虑到膝关节同一轴位屈伸活动相互重叠，膝关节功能丧失程度的计算方法与其他关节略有不同，即根据膝关节屈曲与伸展运动活动度查表分别得出相应功能丧失程度，再求和即为膝关节功能丧失程度。当二者之和大于100%时，以100%计算。

例如，膝关节损伤伴有周围神经部分性损伤，遗留膝关节功能障碍。法医学检验结果：屈曲30°，肌力4级；伸展－15°，肌力4级。查表求得相应功能丧失值分别为：85%和40%，则膝关节功能丧失值为（85%＋40%）＝125%（以100%计，即膝关节功能丧失100%）。

第二节　手足缺失和功能障碍

节本提要：

1. 手功能丧失量化分析方法
2. 足功能丧失量化分析方法
3. 手指功能位与非功能位
4. 拇趾功能障碍量化分析

一、条款比较

《道标》		《新残标》	
手缺失或丧失功能			
4.4.9)	双手完全缺失或丧失功能。	5.7.6.5)	一手除拇指外，余四指完全缺失。
4.5.10.a)	双手缺失（或丧失功能）90%以上。	5.8.6.11)	一手拇指缺失达近节指骨1/2以上并相应掌指关节强直固定。
4.6.9.a)	双手缺失（或丧失功能）70%以上。	5.10.6.15)	一手小指完全缺失并第5掌骨部分缺损。

《道标》		《新残标》	
4.7.9.a)	双手缺失（或丧失功能）50%以上。	5.4.6.3)	手功能丧失分值达150分。
4.8.10.a)	双手缺失（或丧失功能）30%以上。	5.5.6.3)	手功能丧失分值≥120分。
4.9.9.a)	双手缺失（或丧失功能）10%以上。	5.6.6.4)	手或者足功能丧失分值≥90分。
4.10.10.a)	双手缺失（或丧失功能）5%以上。	5.7.6.7)	手或者足功能丧失分值≥60分。
		5.8.6.13)	手或者足功能丧失分值≥40分。
		5.9.6.15)	手或者足功能丧失分值≥25分。
		5.10.6.19)	手或者足功能丧失分值≥10分。

手感觉缺失

《道标》		《新残标》	
4.7.9.b)	双手感觉完全缺失。		
4.8.10.b)	双手感觉缺失75%以上。		
4.9.9.b)	双手感觉缺失50%以上。		
4.10.10.b)	双手感觉缺失25%以上。		

足趾缺失或功能障碍

《道标》		《新残标》	
4.6.9.b)	双足跗跖关节以上缺失。	5.6.6.3)	双足距跗关节以上缺失。

续表

《道标》		《新残标》	
4.7.9.d)	一足跗跖关节以上缺失。	5.9.6.12)	双足拇趾功能丧失均达75%； 一足5趾功能均完全丧失。
4.8.10.d)	双足十趾完全缺失或丧失功能。	5.10.6.16)	一足拇趾功能丧失75%以上； 一足5趾功能丧失均达50%； 双足拇趾功能丧失均达50%； 双足除拇趾外任何4趾功能均完全丧失。
4.9.9.d)	双足十趾缺失（或丧失功能）50%以上。		
4.10.10.e)	双足十趾缺失（或丧失功能）20%以上。		
足骨骨折			
4.7.9.c)	双足足弓结构完全破坏。	5.9.6.13)	双足跟骨粉碎性骨折畸形愈合。
		5.10.6.17)	一足跟骨粉碎性骨折畸形愈合。
		5.7.6.6)	双足足弓结构完全破坏
		5.8.6.12)	一足足弓结构完全破坏，伴另一足足弓结构部分破坏。

《道标》		《新残标》	
4. 8. 10. c)	一足足弓结构完全破坏，另一足足弓结构破坏 1/3 以上。	5. 9. 6. 14)	双足足弓结构部分破坏；一足足弓结构完全破坏。
4. 9. 9. e)	一足足弓结构破坏。	5. 10. 6. 18)	一足足弓结构部分破坏。
4. 10. 10. d)	一足足弓结构破坏 1/3 以上。		

二、编写说明

（一）关于手功能丧失的评定

《道标》对于手损伤致残等级是依据手缺失（或者功能丧失）来划分的，并且在标准附录中规定了手指功能缺失的计算方法，但对于手指关节活动障碍如何计算其功能丧失程度并未作出具体规定。

鉴于《道标》存在的问题，《新残标》对于手损伤仅对三种具体残情规定了专门性条款，即"5.7.6.5) 一手除拇指外，余四指完全缺失；5.8.6.11) 一手拇指缺失达近节指骨 1/2 以上并相应掌指关节强直固定；5.10.6.15) 一手小指完全缺失并第 5 掌骨部分缺损"。而对于其他残情则借鉴了新版《劳动能力鉴定职工工伤与职业病致残等级》（以下简称"工伤致残标准"）中的手功能丧失评分法（如图 12-2-1，手功能缺失量化示意图），综合计算手功能丧失分值（表 12-2-1 手功能缺失量化评分表），并根据手功能丧失分值的高低规定了专门性的条款。

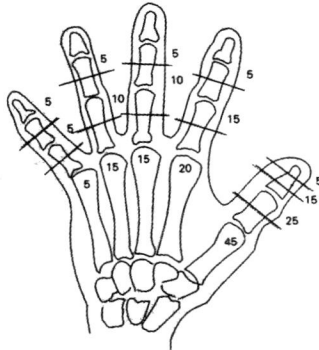

图 12-2-1 示：手功能缺失量化示意图

手功能缺失量化示意图，将每一手指划分为远、中、近三个区域，依据各部位功能重要性不同赋予不同分值。手部分缺失离断的各种情形可按图 12-2-1 查询不同区域分值，具体使用方法见下述案例分析。单手功能丧失可按不同区域分值累计相加，而双手功能丧失累计分值还需要进行加权处理，具体处理方法见下述案例介绍。

表 12-2-1　手指关节功能障碍相当于手功能丧失分值的评定

		功能障碍程度及手功能丧失分值		
		非功能位强直	功能位强值或关节活动度<1/2 参考值	关节活动度>1/2、但≤3/4参考值
拇指	第一掌腕/掌指/指间关节均受累	40	25	15
	掌指、指间关节均受累	30	20	10
	掌指、指间单一关节受累	20	15	5

续表

		功能障碍程度及手功能丧失分值		
		非功能位强直	功能位强值或关节活动度<1/2参考值	关节活动度>1/2、但≤3/4参考值
食指	掌指、指间关节均受累	20	15	5
	掌指或近侧指间关节受累	15	10	0
	远侧指间关节均受累	5	5	0
中指	掌指、指间关节均受累	15	5	5
	掌指或近侧指间关节受累	10	5	0
	远侧指间关节均受累	5	0	0
环指	掌指、指间关节均受累	10	5	5
	掌指或近侧指间关节受累	5	5	0
	远侧指间关节均受累	5	0	0
小指	掌指、指间关节均受累	5	5	0
	掌指或近侧指间关节受累	5	5	0
	远侧指间关节均受累	0	0	0
腕关节	手功能大部分丧失时的腕关节受累	10	5	0
	单纯腕关节受累	40	30	20

注：表中关节非功能位、功能位、关节活动度等见下文。

（二）关于足功能丧失的评定

与手功能丧失评定一样，《新残标》对于足趾损伤仅对六种残情规定了专门性条款，即"5.9.6.12）双足拇趾功能丧失均达

75%；一足 5 趾功能均完全丧失。5.10.6.16）一足拇趾功能丧失
75%以上；一足 5 趾功能丧失均达 50%；双足拇趾功能丧失均达
50%；双足除拇趾外任何 4 趾功能均完全丧失"。而对于其他残情
则借鉴了新版《工伤致残标准》中的足功能丧失评分法（图 12-2-
2，足功能缺失量化示意图）。但对跖趾关节和指间关节活动受限如
何评分并未做具体规定，详见后续说明。

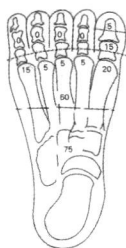

图 12-2-2 示：足功能缺失量化示意图

足功能缺失量化示意图，将一足按拇趾远节趾骨、近节趾骨与
其余四趾近节趾骨中间连线、第一至五跖骨中间之连线将足部划分
为四个不同的区域，依据各部位功能的重要性赋予不同分值。

（三）关于足弓结构破坏

关于足弓结构破坏，在《新残标》的九级中增加两个条款，即
"双足足弓结构部分破坏"和"一足足弓结构完全破坏"。同时，
应用"足弓完全破坏"和"足弓部分破坏"替代"足弓破坏"和
"足弓破坏 1/3 以上"，使标准更易于理解和把握。

（四）关于跟骨骨折

考虑到跟骨损伤的特点，一般不会影响到踝关节功能，但跟骨
粉碎性骨折会严重影响足的负重功能。故《新残标》单列了两个有
关跟骨粉碎性骨折的专门性条款，即"5.9.6.13）双足跟骨粉碎性
骨折畸形愈合"和"5.10.6.17）一足跟骨粉碎性骨折畸形愈合"，

前者规定为九级伤残，后者规定为十级伤残。

三、应用指南

（一）单手部分缺失手功能丧失评定

应用手功能丧失分值计算方法时，对一手单个或者多个手指损伤，既造成缺失，又造成功能障碍的，首先应分别依据上述手功能缺失或者手功能障碍的评分方法，分别评定分值，再行简单相加以获得该手的功能丧失分值。

案例 1：如图 12-2-3 所示，伤者单手食指末节缺失（丧失分值 5 分）、环指末节缺失（丧失分值 5 分）、中指中远节缺失（丧失分值 10 分），累计功能丧失分值为 20 分。依据《新残标》之规定"5.10.6.19）手或者足功能丧失分值≥10 分"，致残等级为十级。

案例 2：如图 12-2-4 所示，伤者食指末节离断（丧失分值 5 分）、中节近节远 1/3 以远离断（丧失分值 10 分）、环指中远节离断（丧失分值 10 分）、小指中远节离断（丧失分值 5 分），累计手功能丧失分值 30 分。依据《新残标》之规定"5.9.6.15）手或者足功能丧失分值≥10 分"，致残等级为九级。

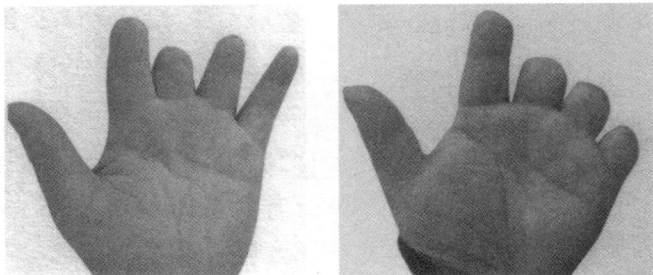

图 12-2-3 示：案例 1 手损伤情形　图 12-2-4 示：案例 2 手损伤情形

注：单手部分缺失及功能障碍量化图表不能代替标准具体残级条款，标准正文条款中有列举的具体伤情应优先依据相应条

款确定残级，只有在现有残级条款未能列举具体致残程度等级的情况下，才可以参照手功能丧失量化图表评分定级。

（二）双手部分缺失手功能丧失评定

双手多个手指损伤造成功能障碍的，应首先分别评定各手功能障碍所对应的分值，再按双手分值加权累计定级。设一手功能为100分，双手总分为200分。设一手分值为A，另一手分值为B，最终双手计分为：A＋B×（200－A）/200。根据加权结果并依据《新残标》相关条款规定评定致残等级。（见案例3）

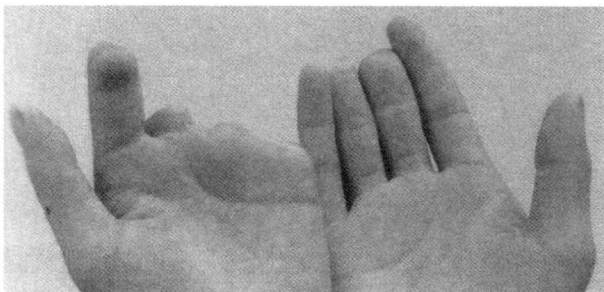

图12-2-5示：案例3手损伤情形

案例3（如图12-2-5）：伤者左手食指中节远1/3处离断（丧失分值5分）、中指近节近1/3处离断（丧失分值15分）、环指近节基底部离断（丧失分值15分）、小指完全离断（丧失分值分5），左手累计分值为40分；右手中指末节离断（丧失分值5分）、环指末节大部分离断（丧失分值5），右手累计丧失分值为10分。

按规定的积分加权累计定级，左手分值40＋右手分值10×（200－40）/200，总计为48分。依据《新残标》之规定"5.8.6.13）手或者足功能丧失分值≥40分"，其致残等级为八级。

（三）手缺失伴关节功能障碍致手功能丧失值计算

当手部分缺失伴残留部分功能障碍时，应根据"手功能缺失量化示意图"和"手指关节功能障碍相当于手功能丧失分值的评定"分别求得缺失部分手功能丧失分值和关节功能障碍手功能丧失分值。如果是单手，直接累加求得手功能丧失值；如果是双手，则按公式（A+B×（200-A）/200）计算手功能丧失值（如案例4）。

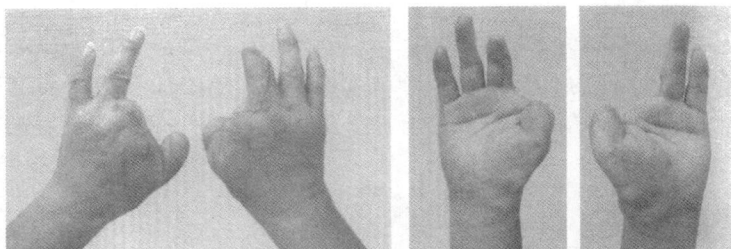

图12-2-6示：案例4手损伤情形

案例4（如图12-2-6）：伤者左手拇指末节截肢（丧失分值25分）、食指及第二掌骨头以远离断（丧失分值20分）、中指近节指骨基底以远离断（丧失分值15分），累计60分；右手拇指末节截肢（丧失分值25分）、食指近节指骨基底以远离断（丧失分值20分）、中指末节离断（丧失分值5分），累计50分。

按照加权累计定级，左手分值60+右手分值50×（200-60）/200，总计95分，依据《新残标》之规定"5.6.6.4）手或者足功能丧失分值≥90分"，其致残等级为六级。

注：各种手功能障碍的情形或合并手部缺失的致残程度情形均可按对应分值累计相加。

（四）掌指关节及指间关节功能位参考值

1. 第1掌指关节的功能位是指关节屈曲10°~30°；

2. 第2至第5掌指关节的功能位是指关节屈曲0°~15°；

3. 拇指指间关节的功能位是指关节屈曲0°~15°；

4. 示、中、环、小指近侧指间关节的功能位是指关节屈曲10°

~30°，相应远侧指间关节的功能位是指关节屈曲 0°~15°。

表 12-2-1 "非功能位强直"是指上述各指关节功能障碍，不能活动至上述功能位范围的，无论是否存在活动度，均符合非功能位强直。

（五）掌指关节与指间关节运动活动度正常范围参考值

1. 第 1 掌指关节过伸 5°~15°，伸展 0°，屈曲 70°~80°；

2. 第 2 至第 5 掌指关节伸展 0°，屈曲 70°~85°；

3. 拇指指间关节伸展 0°，屈曲 70°~85°，内收 0°（可内收至示指近节桡侧缘）；

4. 示、中、环、小指近侧指间关节伸展 0°，屈曲 90°~100°，相应远侧指间关节伸展 0°，屈曲 70°~85°。实际鉴定中，应尽可能参照对侧（健侧）运动活动度。

（六）单足部分缺失致足功能丧失值计算

单足缺失及功能障碍量化图不能代替标准具体残级条款，条款中有列举的伤情应优先依据相应条款确定残级，只有在现有残级条款未能列举具体致残程度等级的情况下，才可以参照上述足功能量化图量化评估定级（如案例 5、案例 6）。

图 12-2-7 示：案例 5 损伤情形　　**图 12-2-8 示：案例 6 损伤情形**

案例 5（如图 12-2-7）：根据上述足部缺失功能量化图，伤者右足第 3 趾完全离断（丧失分值 5 分），第 4、5 趾跖骨中段处离断（计丧失分值 20 分），累计 25 分。依据《新残标》之规定"5.9.6.15 手或者足功能丧失分值≥25 分"，其致残等级为九级。

案例 6（如图 12-2-8）：根据上述足部缺失功能量化图，伤者左足拇趾完全缺失（丧失分值 20 分）。依据《新残标》之规定"5.10.6.19 手或者足功能丧失分值≥10 分"，其致残等级为十级。

（七）双足部分缺失致足功能丧失值计算

双足缺失按双足分值加权累计定级。设一足功能为 75 分，双足总分为 150 分。设一足分值为 A，另一足分值为 B，最终双足计分为：A+B×（150-A）/150。详见案例 7。

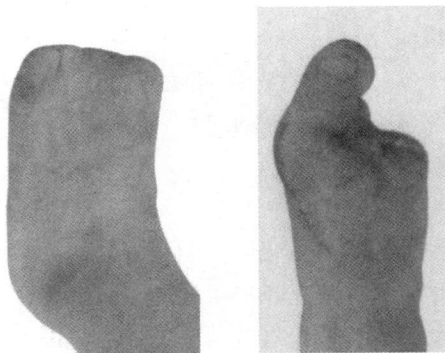

图 12-2-9 示：案例 7 双足损伤情形

案例 7（如图 12-2-9）：根据伤者足部缺失功能量化图，伤者左足部第 2、3、4、5 趾在跖骨远端离断，累计丧失分值 30 分；右足拇趾远端处离断（丧失分值 20 分），2、3、4 完全离断（丧失分值计 15 分），小趾近节趾骨远端离断（丧失分值 0 分），累计丧失分值 35 分。按照加权累计定级，右足分值 35+左足分值 30×（150-35）/150，总计 67 分，依据《新残标》之规定"5.7.6.7）手或者足功能丧失分值≥60 分"，其致残等级为七级。

注：《新残标》对于足部分缺失的功能丧失分值计算直接引用了《工伤致残标准》的功能丧失量化图计算丧失功能分值，但对于跖趾关节、指间关节等功能障碍如何计算其功能丧失值

并未做明确规定，原则上应依据关于足趾功能障碍的条款进行鉴定，具体关节活动度标准起草者及专家组建议见下文。

（八）足趾功能障碍（丧失）的计算[1]

如上所述，《新残标》对足功能丧失的六种情形规定了专门性条款，在实际操作中只需要解决拇趾功能丧失的计算问题，其余四指都是强调完全丧失功能。这样做的目的也是最大限度地减少关节运动活动度测量结果的不确定性。但标准本身并未规定拇趾功能丧失程度的计算方法。

在实践测量中，建议足趾关节活动功能仅考虑拇趾的趾间关节屈曲、跖趾关节背伸以及其余第2至第5趾的跖趾关节背伸，即拇趾功能是指趾间关节屈曲和跖趾关节背伸，其余各趾功能是指各趾的跖趾关节背伸。并且规定，拇趾的趾间关节屈曲占一拇趾功能40%，拇趾的跖趾关节背伸占一拇趾功能60%。

在测量拇趾趾间关节屈曲、跖趾关节背伸及其余各趾跖趾关节背伸时需以对侧（健侧）为参照，若双侧均存在功能障碍时则以正常值为参照。拇趾趾间关节屈曲的正常值范围为0~20°，拇趾跖趾关节背伸的正常值范围为0~30°，其余各趾跖趾关节背伸的正常值范围为0~10°。

例如，经测量伤侧拇趾趾间关节屈曲0~5°，跖趾关节背伸0~10°；而测量对侧（健侧）拇趾趾间关节屈曲0~30°，跖趾关节背伸0~40°。则伤侧拇趾功能丧失百分比的计算为［（30-5）/30］×40%+［（40-10）/40］×60%=78.3%，参照本标准第5.10.6.16)条，应评定为十级伤残。

（九）足弓破坏

足弓是由跗骨、跖骨的拱形砌合，以及足底的韧带、肌腱等具

---

[1] （集体作者）司法部司法鉴定管理局编：《〈人体损伤致残程度分级〉适用指南》，法律出版社2016年版，第287页。

有弹性和收缩力的组织共同构成的凸向上方的弓，可分为纵弓（内侧纵弓、外侧纵弓）及横弓。足弓的主要功能是使重力从踝关节经距骨向前分散到距骨小头，向后传向跟骨，以保证直立时足底支撑的稳固性。

内侧纵弓：由跟骨、距骨、足舟骨及内侧第1~3跖骨构成。内弓角测量方法（如图12-2-10）：取距骨头最低点为原点，分别向跟骨及第1跖骨远端与水平面接触最低点各作一直线，测量两直线形成的夹角（内弓角），正常参考值：113°~130°。

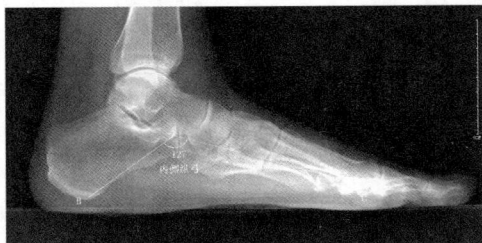

图12-2-10示：内侧纵弓构成及内弓角测量方法

外侧纵弓：由跟骨、骰骨及外侧第4、5跖骨构成。外弓角测量方法（如图12-2-11）：取跟骰关节最低点为原点，分别向跟骨及第5跖骨远端与水平面接触最低点各作一直线，测量两条直线形成的夹角（外弓角），正常参考值：130°~150°。

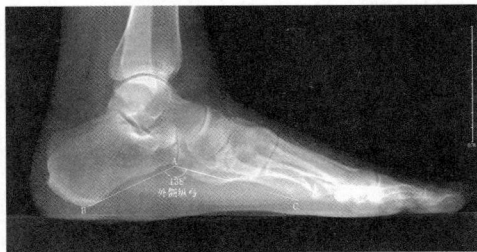

图12-2-11示：外侧纵弓构成及外弓角测量方法

横弓：位于第 1~5 跖骨头下，由内侧、中间、外侧楔骨等共同组成（足底形成一个宽面）。一般以前弓角代替横弓，前弓角测量方法（如图 12-2-12）：取第 1 跖骨远端与水平面接触最低点为原点，分别向第 1 跗跖关节最低点、跟骨与水平面接触最低点各作一直线，测量两条直线形成的夹角（前弓角），正常参考值：13°以上。

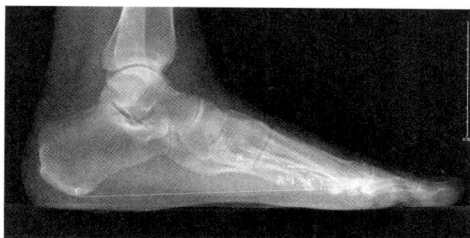

图 12-2-12 示：横弓构成及前弓角测量方法

内侧纵弓角、外侧纵弓角和前弓角中任一角度背离足弓临床医学正常参考值，均视为足弓相应结构部分破坏；内侧纵弓角、外侧纵弓角和前弓角均背离正常参考值，则视为足弓结构完全破坏。事实上，鉴于纵弓和横弓的解剖结构特点，当内侧纵弓、外侧纵弓均破坏时，横弓结构也必然破坏，故理论上当内侧纵弓角与外侧纵弓角均背离正常参考值时，前弓角也会背离正常参考值。

需要指出的是，在司法鉴定实践中足弓破坏不仅限于组成足弓的骨性结构破坏，构成足弓的肌肉、韧带损伤同样会导致足弓的破坏。

（十）跟骨粉碎性骨折畸形愈合

跟骨粉碎性骨折属于完全性骨折，指骨质碎裂成三块以上，又称为 T 或 Y 型骨折（如图 10-2-13）。

跟骨畸形愈合是指跟骨粉碎性骨折愈合后不能恢复正常形态或与邻骨之间的相互关系。跟骨骨折畸形愈合的合并症包括：①距下关节和跟骰关节炎；②后足力线异常，内翻畸形，足跟变宽，高度丧失，腓肠肌杠杆臂变短，推进力变弱；③距骨正常倾斜角丧失后造成踝关节前方撞击；④胫神经或腓肠神经损伤造成痛性神经瘤或压迫综合征；⑤跟骨结节骨块向外侧移位，造成腓骨肌腱受压，甚至嵌压、脱位。

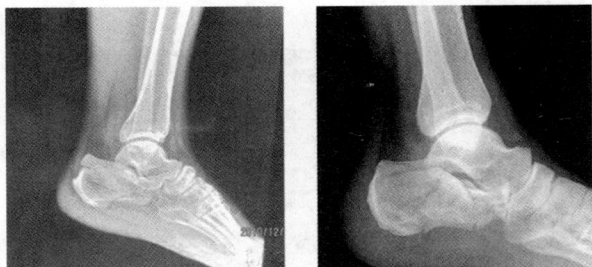

图 10-2-13 示：跟骨粉碎性骨折

（十一）法医学鉴定

1. 对于手指缺失或掌骨缺失，均以 X 线片显示的骨性结构作为判断的依据。

2. 单手部分缺失及功能障碍优先适用专门性条款，只有在现有残级条款未能列举具体致残程度等级的情况下，才可以参照手功能丧失量化图表评分定级。

3. 足缺失优先适用专门性条款，只有在现有残级条款未能列举具体致残程度等级的情况下，才可以参照足功能丧失量化图表评分定级。

4. 内侧纵弓角、外侧纵弓角和前弓角中任一角度背离足弓临床医学正常参考值，均视为足弓相应结构部分破坏；内侧纵弓角、外侧纵弓角和前弓角均背离正常参考值，则视为足弓结构完全破坏。

注：本节手足损伤案例均引自《劳动能力鉴定职工工伤与职业病致残等级》。

附：掌指关节活动度测量方法

第 1 掌指关节屈曲测量方法：
量角器轴心位于第一掌指关节侧方，固定臂平行于第一掌骨中线，活动臂平行于近节指骨中线。

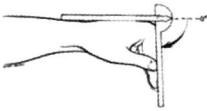

第 2、3、4、5 掌指关节屈曲测量方法：量角器轴心位于对应掌指关节背侧的中点，固定臂紧贴对应掌骨背侧中线，活动臂紧贴对应近节指骨背侧中线。

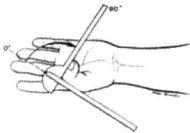

第 1 指间关节屈曲测量方法：量角器轴心位于指间关节的侧方，固定臂平行于近节指骨中线，活动臂平行于远节指骨中线。

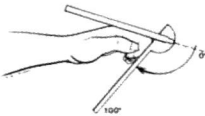

第 2、3、4、5 指间关节屈曲测量方法：量角器轴心位于对应指间关节背面，固定臂紧贴对应近节（或中节）指骨背侧中线，活动臂紧贴对应中节（或远节）指骨背侧中线。

第十三章

体表瘢痕及其他损伤

本章内容主要包括体表瘢痕、再生障碍性贫血及放射性皮肤癌等。

第一节　体表瘢痕形成

本章提要

1. 体表瘢痕面积计算
2. 医源性瘢痕的处理
3. 皮肤创面长期不愈
4. 面部手部瘢痕处理

一、条款比较

《道标》		《新残标》	
4.1.8)	瘢痕形成达体表面积76%以上。	5.2.6.1)	皮肤瘢痕形成达体表面积90%。
4.2.8)	瘢痕形成达体表面积68%以下。	5.4.7.1)	皮肤瘢痕形成达体表面积70%。
4.3.10)	瘢痕形成达体表面积60%以上。	5.6.7.1)	皮肤瘢痕形成达体表面积50%。

《道标》		《新残标》	
4.4.10）	瘢痕形成达体表面积52%以上。	5.8.7.1）	皮肤瘢痕形成达体表面积30%。
4.5.11）	瘢痕形成达体表面积44%以上。	5.9.7.1）	皮肤瘢痕形成达体表面积10%。
4.6.10）	瘢痕形成达体表面积36%以上。	5.10.7.2）	皮肤瘢痕形成达体表面积4%。
4.7.10）	瘢痕形成达体表面积28%以上。		
4.8.11）	瘢痕形成达体表面积20%以上。		
4.9.10）	瘢痕形成达体表面积12%以上。		
4.10.11）	瘢痕形成达体表面积4%以上。		
		5.10.7.3）	皮肤创面长期不愈超过 1 年，达体表面积1%。
		5.10.7.1）	手部皮肤瘢痕形成或者植皮术后，达一手掌面积50%。

二、编制说明

与《道标》相比，《新残标》将体表瘢痕的致残等级由原来的十个等级减少至六个等级。高等级评残条件更严格了，在《道标》中，"瘢痕形成达体表面积76%以上"即构成一级伤残，《新残标》

则规定，"皮肤瘢痕形成达体表面积90%"构成二级伤残。主要原因有：（1）《道标》对体表瘢痕形成的高级别等级伤残评定条件较为宽松；（2）《道标》划分的级别太多，级差较小，加之体表面积计算本身带有一定的不确定性，所以更容易出现争议。《新残标》扩大了每个级别之间体表瘢痕的面积，一定程度上可减少争议。

此外，《新残标》增加了两个专门性的条款，即"5.10.7.3）皮肤创面长期不愈超过1年，达体表面积1%。""5.10.7.1）手部皮肤瘢痕形成或者植皮术后，达一手掌面积50%"。

三、应用指南[1]

（一）皮肤瘢痕以及瘢痕类型

1. 概述

皮肤瘢痕是指皮肤组织的完整性因各种创伤因素作用而被破坏，在愈合过程中皮肤损伤处肉芽组织增生经改建成熟形成的纤维结缔组织。皮肤瘢痕形成不但在皮肤外观形态上引起特殊性改变，而且因面积和所在部位不同还可以导致功能障碍，给患者带来不同程度的肉体痛苦和精神痛苦。皮肤瘢痕类型可以根据法医学鉴定实践和病理形态学加以划分。

2. 皮肤瘢痕的类型

法医学实践之中，皮肤瘢痕组织可以划分为两大类：①各种损伤因素所形成的创伤性瘢痕组织；②治疗创伤所形成的医源性瘢痕组织。例如手术瘢痕、植皮术后供皮区所形成的瘢痕等。

病理形态学表现上，皮肤瘢痕可以划分为以下几类：①浅表性瘢痕；②增殖性瘢痕；③萎缩性瘢痕；④凹陷性瘢痕；⑤瘢痕疙瘩。

---

〔1〕（集体作者）司法部司法鉴定管理局编：《〈人体损伤致残程度分级〉适用指南》，法律出版社2016年版，第289~293页。

各种病理类型瘢痕的具体特点如下所述：

（1）浅表性瘢痕：浅表性瘢痕指各种创伤因素破坏皮肤的表皮层或真皮浅层，在未合并感染的情形下愈合形成的瘢痕组织。因此，浅表性瘢痕具有皮肤组织结构浅表损伤、局部形成瘢痕平坦、柔软，或仅有皮肤表面粗糙和（或）色素沉积变化，一般不至于发生功能障碍，且随着时间推移瘢痕将越来越不明显的特点。

（2）增殖性瘢痕：增殖性瘢痕也称增生性瘢痕、肥厚性瘢痕、肥大性瘢痕或隆起性瘢痕，是指各种创伤因素损伤累及皮肤真皮深层，在皮肤损伤愈合之后瘢痕仍继续增生所导致的病理性瘢痕。临床上通常将这种局限于损伤区域范围之内呈增生性病变的病理性瘢痕称为增生性瘢痕。增生性瘢痕最大的特点为符合瘢痕增生期的病理性质，瘢痕深部组织中胶原蛋白的合成代谢持续超常进行，超过分解代谢的速度，在相当长的时间内形成大量胶原纤维，表现为瘢痕组织持续形成，外观不断增大，隆起、高于周围皮肤。

瘢痕增生期的时间一般在3~6个月，6个月后开始消退，进入瘢痕的稳定期，但有的伤者在1~2年后瘢痕的增生性反应仍不停止。临床研究结果提示儿童和青壮年增生期较长，而50岁以上中老年人增生期较短；发生于血供比较丰富如颜面部的瘢痕增生期较长，而发生于血供较差如四肢末端、胫前区等部位的瘢痕增生期较短。因此，从临床医学和法医损伤学上说明瘢痕增生期的长短与损伤类型、创伤范围、机体的体质等因素有关。

处于增生期的瘢痕因毛细血管充血，瘢痕表面呈现肉红色或紫红色，可具有痒、痛等症状，尤其在环境温度增高、摄取辛辣食物时症状更为明显。此外，增殖期瘢痕一般明显高出皮肤表面、质地较硬，与皮下组织粘连不紧。瘢痕增生期停止之后，进入瘢痕稳定期阶段。稳定期的瘢痕组织渐渐发生退行性变化，充血减少，表面颜色变浅，瘢痕逐渐变软、平坦，痒、痛等症状减轻并逐渐消失。

增生性瘢痕的收缩性较挛缩性瘢痕为小。因此，发生于非功能部位的增生性瘢痕一般不至于引起明显的功能障碍；而关节部位大面积增生性瘢痕，由于其厚硬的夹板作用，妨碍了关节运动，可引致活动受限。位于关节屈面的增生性瘢痕，在晚期可发生较明显的收缩，从而产生类似颏颈粘连的功能障碍。

临床上增生性瘢痕在增生期，具有继续治疗的适应证，且目前临床上对增生性瘢痕的治疗方法已较为丰富。例如非手术方法有激光法、硅胶法、压迫治疗法、冷冻法、放射法、药物法、康复等；手术方法有瘢痕切除法、分次分层切除法、切除后皮片和（或）皮瓣移植修复法、激光或手术磨削法、组织扩张器法等。若伤者要求获得皮肤瘢痕的后续治疗费用并提出鉴定申请时，原则上不宜同时进行皮肤瘢痕致残程度等级的鉴定，因致残程度鉴定应在治疗终结后方可实施。

（3）萎缩性瘢痕：萎缩性瘢痕是以其引起的功能障碍特征命名的瘢痕，且属于一种最不稳定的瘢痕组织，故又称为不稳定瘢痕。当皮肤组织大面积损伤、累及皮肤全层及皮下脂肪组织的创面，在未经植皮而仅靠周边上皮细胞生长而使创面愈合的情形下，常形成萎缩性瘢痕。萎缩性瘢痕常见于大面积烧伤（深度达Ⅲ度）、撕脱伤、头皮及颅骨的严重电击伤、肢体长期慢性溃疡等。

从组织学上来说，萎缩性瘢痕表皮极薄，无明显的组织增生。瘢痕质地坚硬，表面平坦或略高于周围皮肤，与深部组织如肌肉、肌腱、神经等紧密粘连。因瘢痕局部血液循环极差，常呈淡红色或白色，表皮极薄，不能耐受外力摩擦和负重，容易破溃而形成经久不愈的慢性溃疡。如长期时愈时溃，晚期有发生恶变的可能。由于此类瘢痕与下方肌肉组织、神经和血管形成致密粘连，可牵拉邻近的组织、器官而造成明显的功能障碍。

（4）凹陷性瘢痕：凹陷性瘢痕是皮肤真皮层及皮下组织缺损而形成的瘢痕。临床上痤疮、手术、感染、水痘及天花等是形成凹陷性瘢痕的常见原因。法医学鉴定实践中，伴有皮下组织、肌肉、骨骼等深部组织缺损的严重创伤，可形成凹陷性瘢痕。凹陷性瘢痕外观上略低于周围正常皮肤组织，质地较硬。瘢痕基底部常与周围肌肉、神经、骨膜粘连，引起疼痛或局部功能障碍。

（5）瘢痕疙瘩：瘢痕疙瘩是皮肤创口愈合或不明原因所致皮肤损伤愈合后所形成的过度生长的异常瘢痕组织。目前学术界认为各种原因导致的瘢痕如具有以下特点，可诊断为瘢痕疙瘩：①病变超过原始皮肤损伤范围；②呈持续性生长；③高起周围皮肤表面、质硬韧、颜色发红的结节状、条索状或块状肿块。增殖性瘢痕和瘢痕疙瘩最重要的区别在于：增殖性瘢痕不向邻近健康皮肤组织内生长，而瘢痕疙瘩常呈条索状向邻近健康皮肤组织内伸入，形同蟹爪，故又称为蟹足肿。

瘢痕疙瘩大体可分为原发型和继发型两大类。原发型者多见于胸前或肩后，初起为小红点伴瘙痒感，逐渐由小到大，由软变硬，色红或暗红，有索条状、蝴蝶状、圆形、不规则形等。继发型者多因烧烫伤、创伤、痤疮、感染化脓或因采用手术、激光、冷冻、植皮、激素药物封闭等治疗，引起受损皮肤组织过度增生和皮下组织破坏变性，凸出皮肤，色红或暗红伴痒或刺痛，部分有明显向外延伸的毛细血管。目前临床医学研究表明瘢痕疙瘩的形成与个体体质的特异性密切相关，此类人群常被称为瘢痕疙瘩体质。具有此种特异体质的个体在身体任何部位皮肤受伤之后，无论损伤程度的轻重，在创口愈合时均较易发生瘢痕疙瘩。

瘢痕疙瘩的形态一般表现为高出周围正常皮肤的、超出原损伤部位的持续性生长的肿块，触之较硬，弹性差，局部瘙痒或微痛；早期表面呈粉红色或紫红色，晚期多呈苍白色，有时有过度色素沉着，与周围正常皮肤有较明显的界限。瘢痕疙瘩的病变范围大小不一，从 2 mm~3 mm 丘疹样到大如手掌的块状，其形态往往具有多样性，例如可为平坦的、有规则边缘的对称性突起，也可以是不平坦的、具有不规则突起的高低不平的团块，有时像蟹足样向周围组织浸润生长。

瘢痕疙瘩在损伤后几周或几个月内迅速形成，可以持续性生长，也可以在相当长一段时期内处于稳定状态。瘢痕疙瘩一般不发生挛缩，除少数关节部位引起轻度活动受限外，一般不至于引起明显的功能障碍。

（二）法医学鉴定要点

1. 皮肤瘢痕面积的测量

因体表瘢痕通常面积大小不一、形状各异，可采用如下测量方法。

（1）条状瘢痕：使用符合精确度要求的测量工具，于瘢痕的两侧末端测量长度数据；宽度测量宜取瘢痕最宽处与最窄处数据的平均值（不应将瘢痕两端点的宽度作为瘢痕最窄处的数据）。

（2）弧形瘢痕：采用分段测量累加方法测量长度，或使用无弹性细线比对瘢痕测量长度；宽度测量宜取瘢痕最宽处与最窄处数据的平均值。

（3）不规则块状形瘢痕：可采用几何图形法或坐标纸法测量并计算瘢痕的实际面积；具有计算机图形处理系统软件条件的，可以采用该技术方法计算瘢痕面积。

（4）瘢痕占体表面积比例的计算：原则上按照中国新九分法、手掌法进行测量与计算。在接近标准条款规定的临界值时，应进行更为精确的计算，可以参考部编专业教材推荐的方法。

儿童体表面积计算公式：30Kg 以下儿童的体表面积（m^2）=体重（Kg）× 0.035+0.1；30Kg 以上儿童的体表面积（m^2）=（体重 Kg-30）× 0.02+1.05；

成人体表面积计算公式：体表面积（m^2）= 0.0061×身高（cm）+0.0128×体重（Kg）-0.1529。

2. 关于医源性瘢痕组织

确因治疗需要（例如清创、外科手术、植皮术等）所形成的皮肤瘢痕，应当计入瘢痕的总长度或面积。瘢痕面积达到致残程度等级评定标准的，应当予以认定。

3. 关于瘢痕疙瘩

在致残程度鉴定时，应严格界定由创伤因素所致的瘢痕疙瘩组织；若自身同时存在非本次创伤所致的瘢痕疙瘩，应予以鉴别并排除。遇到此类鉴定案例，有必要说明被鉴定人存在自身特异体质的情况。

4. 关于鉴定时机

原则上应当在临床治疗终结后方可予以鉴定。涉及瘢痕形成致残程度的鉴定，若同时具有今后继续治疗问题的委托事项时，建议在治疗终结后再行鉴定；若不涉及今后继续治疗委托项目，可以直接就致残程度进行鉴定。

5. 关于体表瘢痕与面部瘢痕

在高等级的致残程度鉴定时，体表瘢痕面积与面部瘢痕的致残程度鉴定具有重合情形，例如二级残疾、四级残疾。若体表瘢痕面积已经包含面部瘢痕面积，致残程度鉴定时只能依据体表瘢痕的相应条款进行鉴定，不能同时再采用面部瘢痕的相应条款。若体表瘢痕面积不包含面部瘢痕面积，则可以分别依据体表与面部瘢痕的相应条款进行致残程度评定。取舍的原则应当是致残程度等级"就高不就低"。

同样，手部瘢痕已有专门性条款，应依据"就高不就低"的原则优先适用相应条款，不能同时适用两个不同的条款重复鉴定致残等级。

6. 关于体表创面长期不愈的判断

体表创面长期不愈是指创面在各种内外因素作用下，不能通过正常的愈合进程达到解剖和功能上的完整，从而进入病理性炎症反应而呈现经久难愈的状态。致使创面经久不愈的因素有原始损伤严重、自身病理性因素（如糖尿病控制欠佳）等。鉴定判断的依据有：①发生在原始损伤创面范围；②经过临床正规治疗效果不佳，医学诊疗资料完整、系统；③病情持续一年或一年以上；④排除原始创面愈合后再次遭受创伤所致的情形。

第二节   其他损伤

本节提要

1. 再生障碍性贫血诊断标准
2. 放射性皮肤癌致病因素

一、条款比较

《道标》	《新残标》	
	5.2.6.2)	重型再生障碍性贫血。
	5.4.7.2)	放射性皮肤癌。
	5.6.7.2)	非重型再生障碍性贫血。

二、编写说明

《道标》中并没有再生障碍性贫血和放射性皮肤癌的致残情形，《新残标》中这三个条款主要来自《工伤标准》，是针对职业性损害致残情形所设置的专门性条款。

三、应用指南

（一）再生障碍性贫血

1. 概述

再生障碍性贫血简称"再障"，是一种可能由不同病因和机制引起的骨髓造血功能衰竭症。主要表现为骨髓造血功能低下，全血细胞减少和贫血、出血、感染综合征，免疫抑制治疗具有一定疗效。根据患者的病情、血象、骨髓以及预后，通常将该病分为重型和非重型。从病因上，再生障碍性贫血可分为先天性（遗传性）和后天性（获得性）。获得性再生障碍性贫血根据是否具有明确的诱因，分为原发性和继发性两大类：原发性即无明确的诱发因素，继发性则具有明确的诱发因素。

根据中华医学会血液学分会颁布的 2010 年版《再生障碍性贫血诊断治疗专家共识》，造成继发性骨髓衰竭的再生障碍性贫血相关因素较多，主要包括：①骨髓低增生性造血系统肿瘤，如毛细胞白血病、大颗粒淋巴细胞白血病、多发性骨髓瘤以及非造血系统肿瘤浸润等；②放射、化疗继发引起的骨髓衰竭；③骨髓纤维化；④严重的营养性贫血；⑤物理、化学、生物因素导致的急性造血功能停滞。临床实践中，生物因素如病毒感染，特别是肝炎病毒、微小病毒 B19 等可继发再生障碍性贫血；化学药物如氯霉素等抗生素、磺胺类药物以及杀虫剂、苯类溶剂等可引起骨髓功能衰竭继发再生障碍性贫血。其中抗肿瘤药物以及苯类溶剂对骨髓的抑制作用与剂量相关；抗生素、磺胺类药物以及杀虫剂引起的再生障碍性贫血与剂量关系不大，而主要与个体敏感性有关。

因此从法医临床学立场上来看，与人体损伤致残程度鉴定相关的再生障碍性贫血类型为继发性获得性者，相关病因或诱发因素主要有抗生素（例如氯霉素）、磺胺类药物、抗肿瘤药物、放射性物质、苯类化学溶剂、杀虫剂等。

2. 诊断标准

根据中华医学会血液学分会颁布的 2010 年版《再生障碍性贫血诊断治疗专家共识》以及相关部编专业教材，重型和非重型再生障碍性贫血的临床表现和诊断标准主要包括如下内容。

重型再生障碍性贫血的临床表现具有起病急、进展快、病情重的特点。患者贫血多呈进行性加重，多数具有高热症状且较难控制，出血倾向明显或严重，易出现深部组织器官出血。患者预后不良，以往病死率高达90%，目前治疗方法有所改进，治疗效果有所提高，预后明显改善，但仍有1/3患者死于感染和出血。

重型再生障碍性贫血的诊断标准为：①骨髓细胞增生程度<正常的25%；如≥正常的25%但<50%，则残存的造血细胞应<30%。②血常规检查具备以下三项之中的两项，即ANC<0.5×10⁹/L；校正的网织红细胞<1%；BPC<20×10⁹/L。若ANC<0.2×10⁹/L，则为极重型再生障碍性贫血。

非重型再生障碍性贫血的诊断标准：未达到重型诊断标准的再生障碍性贫血，即为非重型。该类型临床表现为起病或进展较为缓慢，病情较重型轻。患者贫血呈慢性过程，高热较为少见，相对易控制，出血倾向较轻且内脏组织出血较少。经治疗得当，多数患者可以缓解甚至治愈，仅少数转化为重型再生障碍性贫血。

本标准采用上述诊断标准。

3. 治疗及效果评价

再生障碍性贫血的治疗有支持治疗（例如预防和控制感染、防止和控制出血、纠正贫血、保护肝功能等）与针对发病机制的治疗（例如免疫抑制药物治疗、促造血治疗、造血干细胞移植）两类。

治疗效果评价上的临床标准有：①基本治愈（随访一年以上未复发）；②缓解（随访3个月病情稳定或继续进步）；③明显进步（3个月内不输血）；④无效（经充分治疗，症状和血常规均未达到明显进步）。

4. 法医学鉴定要点

（1）明确致病因素或诱发因素：鉴定时应掌握完整的临床诊疗病历资料，并经临床检查明确为继发性获得性再生障碍性贫血，除外先天性再生障碍性贫血、原发性获得性再生障碍性贫血等情形。

认定损伤因素与再生障碍性贫血相关的，需具有可以认定的致病因素或诱发因素，例如相关的药物、化学试剂、长期放射性物质接触史等。

对于临床上病因或分类不能明确的再生障碍性贫血患者，建议进一步查明后方可进行致残程度等级的鉴定，或者在鉴定时依据所拥有的病历材料提出致残程度等级的鉴定意见，但同时说明其再生障碍性贫血的病因不明。

（2）鉴定时机：再生障碍性贫血经临床治疗达病情稳定状态，即可进行致残程度等级的鉴定，鉴定时机一般可在接受规范性治疗3~6个月后。

（3）注意事项：对再生障碍性贫血进行致残程度等级的鉴定，不是单纯依据本病的治疗结果，而主要是依据起病时的病情类型，即重型和非重型的分类。重型再生障碍性贫血的结局难以达到治愈，而非重型再生障碍性贫血可以达到治愈效果。故此类致残程度等级的鉴定原则上根据起病和病情类型进行判断。但在残疾评定时，患者病情已经达到治愈结果的，不宜再予鉴定致残程度等级。

（二）放射性皮肤癌

1. 诊断原则与方法

GB/Z 219-2009《放射性皮肤癌诊断标准》中明确规定，放射性皮肤癌是指在电离辐射所致皮肤损害的基础上发生的皮肤癌。

放射性皮肤损伤可以分为急性和慢性两大类。急性放射性皮肤损伤是指身体局部受到过一次短时间（数日）内大剂量（X射线、γ射线或β射线及中子等）外照射所引起的急性放射性皮炎及放射性皮肤溃疡。慢性放射性皮肤损伤是指由急性放射性皮肤损害迁延而来或由小剂量射线长期照射（职业性或医源性）所引起的慢性放射性皮炎及慢性放射性皮肤溃疡。

放射性皮肤癌的诊断原则为：应根据放射性职业史、皮肤受照射史、受照射剂量及患者的临床表现、病理学检查所见进行综合分析，并在排除其他原因造成皮肤癌的前提下方能做出诊断。

放射性皮肤癌的诊断可依照上述 GB/Z 219-2009《放射性皮肤

疾病诊断标准》。具体要求和依据包括：①具有电离辐射接触史或皮肤受照射史；②具有急性或慢性放射性皮肤损害的医学诊疗资料；③皮肤癌发生在受电离辐射损害部位皮肤，并排除转移性皮肤癌的可能性；④具有潜伏期，时间长短不一（目前临床文献报道职业性放射性皮肤癌潜伏期多数在 10 年以上，最长可达 30 年，放射性治疗相关的医源性放射性皮肤癌潜伏期多在 19～267 个月）；⑤具有癌前皮肤表现，如放射性损伤所致的慢性皮炎、角化增生或长期不愈的溃疡；⑥具有病理组织学的诊断依据。

慢性放射性皮肤损害发展至皮肤癌具有一个潜伏期和病理演变过程。根据《〈放射性皮肤癌诊断标准〉解读》的相关说明，临床上可以将上述过程分为四个阶段：①第 1 期即坏死退变期，首先是皮肤组织坏死退行性病变，继之是修复、萎缩和营养性障碍等；②第 2 期即良性增生期，表皮增生，假上皮瘤形成，纤维组织细胞增生等，临床上部分病例可能不经过第 2 期，或第 2 期病程很短就进入第 3 期；③第 3 期即不典型增生期，病变部位出现组织结构和细胞排列异常与异型细胞；④第 4 期即恶变期，恶性肿瘤细胞形成。临床病理学检查多数为鳞状细胞癌，并且在癌病灶的周围可以观察到皮肤表皮增生、不典型增生以及原位癌等的发展过程。

2. 法医学鉴定要点

鉴定时需掌握充分满足鉴定需要的案情与病历材料，例如电离辐射或皮肤照射的医疗病史材料、职业性资料，以及急性或慢性皮肤放射性损害就诊资料以及病理学诊断资料。所有送鉴病历资料均应经质证确定为鉴定依据。

放射性皮肤癌的发生主要见于慢性放射性皮肤损害病例，慢性刺激学说是目前较为公认的一种学术理论。即慢性放射性皮炎或溃疡受到炎性刺激，既是一种致癌因素，又是一种促癌因素。长期接触射线所引起的职业性慢性放射性皮肤损害，多发生在双手等功能部位。在这些病例之中，若依据放射性皮肤癌导致的双手功能障碍作为鉴定依据，可以按照双手功能丧失程度对应相应致残程度等级条款，但不能同时又依据"放射性皮肤癌"条款提出鉴定意见。在条款竞合时，可把握"就高不就低"的原则。

　　注：本节除编制说明外，均引自《〈人体损伤致残程度分级〉适用指南》。

人体损伤致残程度分级

1 范围

本标准规定了人体损伤致残程度分级的原则、方法、内容和等级划分。

本标准适用于人身损害致残程度等级鉴定。

2 规范性引用文件

下列文件对本标准的应用是必不可少的。凡是注日期的引用文件，仅注日期的版本适用于本标准；凡是不注日期的引用文件，其最新版本（包括所有的修改单）适用于本标准。

最高人民法院、最高人民检察院、公安部、国家安全部、司法部发布 人体损伤程度鉴定标准

GB/T 16180-2014 劳动能力鉴定 职工工伤与职业病致残等级

GB/T 31147 人身损害护理依赖程度评定

3 术语和定义

3.1 损伤

各种因素造成的人体组织器官结构破坏和/或功能障碍。

3.2 残疾

人体组织器官结构破坏或者功能障碍，以及个体在现代临床医

疗条件下难以恢复的生活、工作、社会活动能力不同程度的降低或者丧失。

4　总则

4.1　鉴定原则

应以损伤治疗后果或者结局为依据，客观评价组织器官缺失和（或）功能障碍程度，科学分析损伤与残疾之间的因果关系，实事求是地进行鉴定。

受伤人员符合两处以上致残程度等级者，鉴定意见中应该分别写明各处的致残程度等级。

4.2　鉴定时机

应在原发性损伤及其与之确有关联的并发症治疗终结或者临床治疗效果稳定后进行鉴定。

4.3　伤病关系处理

当损伤与原有伤、病共存时，应分析损伤与残疾后果之间的因果关系。根据损伤在残疾后果中的作用力大小确定因果关系的不同形式，可依次分别表述为：完全作用、主要作用、同等作用、次要作用、轻微作用、没有作用。

除损伤"没有作用"以外，均应按照实际残情鉴定致残程度等级，同时说明损伤与残疾后果之间的因果关系；判定损伤"没有作用"的，不应进行致残程度鉴定。

4.4　致残等级划分

本标准将人体损伤致残程度划分为 10 个等级，从一级（人体致残率 100%）到十级（人体致残率 10%），每级致残率相差 10%。致残程度等级划分依据见附录 A。

4.5　判断依据

依据人体组织器官结构破坏、功能障碍及其对医疗、护理的依赖程度，适当考虑由于残疾引起的社会交往和心理因素影响，综合判定致残程度等级。

5 致残程度分级

5.1 一级

5.1.1 颅脑、脊髓及周围神经损伤

1）持续性植物生存状态；

2）精神障碍或者极重度智能减退，日常生活完全不能自理；

3）四肢瘫（肌力3级以下）或者三肢瘫（肌力2级以下）；

4）截瘫（肌力2级以下）伴重度排便功能障碍与重度排尿功能障碍。

5.1.2 颈部及胸部损伤

1）心功能不全，心功能Ⅳ级；

2）严重器质性心律失常，心功能Ⅲ级；

3）心脏移植术后，心功能Ⅲ级；

4）心肺联合移植术后；

5）肺移植术后呼吸困难（极重度）。

5.1.3 腹部损伤

1）原位肝移植术后肝衰竭晚期；

2）双肾切除术后或者孤肾切除术后，需透析治疗维持生命；肾移植术后肾衰竭。

5.1.4 脊柱、骨盆及四肢损伤

1）三肢缺失（上肢肘关节以上，下肢膝关节以上）；

2）二肢缺失（上肢肘关节以上，下肢膝关节以上），第三肢各大关节功能丧失均达75%；

3）二肢缺失（上肢肘关节以上，下肢膝关节以上），第三肢任二大关节均强直固定或者功能丧失均达90%。

5.2 二级

5.2.1 颅脑、脊髓及周围神经损伤

1）精神障碍或者重度智能减退，日常生活随时需有人帮助；

2）三肢瘫（肌力3级以下）；

3）偏瘫（肌力2级以下）；

4）截瘫（肌力2级以下）；

5）非肢体瘫运动障碍（重度）。

5.2.2 头面部损伤

1）容貌毁损（重度）；

2）上颌骨或者下颌骨完全缺损；

3）双眼球缺失或者萎缩；

4）双眼盲目5级；

5）双侧眼睑严重畸形（或者眼睑重度下垂，遮盖全部瞳孔），伴双眼盲目3级以上。

5.2.3 颈部及胸部损伤

1）呼吸困难（极重度）；

2）心脏移植术后；

3）肺移植术后。

5.2.4 腹部损伤

1）肝衰竭晚期；

2）肾衰竭；

3）小肠大部分切除术后，消化吸收功能丧失，完全依赖肠外营养。

5.2.5 脊柱、骨盆及四肢损伤

1）双上肢肘关节以上缺失，或者一上肢肘关节以上缺失伴一下肢膝关节以上缺失；

2）一肢缺失（上肢肘关节以上，下肢膝关节以上），其余任二肢体各有二大关节功能丧失均达75%；

3）双上肢各大关节均强直固定或者功能丧失均达90%。

5.2.6　体表及其他损伤

1）皮肤瘢痕形成达体表面积90%；

2）重型再生障碍性贫血。

5.3　三级

5.3.1　颅脑、脊髓及周围神经损伤

1）精神障碍或者重度智能减退，不能完全独立生活，需经常有人监护；

2）完全感觉性失语或者混合性失语；

3）截瘫（肌力3级以下）伴排便或者排尿功能障碍；

4）双手全肌瘫（肌力2级以下），伴双腕关节功能丧失均达75%；

5）重度排便功能障碍伴重度排尿功能障碍。

5.3.2　头面部损伤

1）一眼球缺失、萎缩或者盲目5级，另一眼盲目3级；

2）双眼盲目4级；

3）双眼视野接近完全缺损，视野有效值≤4%（直径≤5°）；

4）吞咽功能障碍，完全依赖胃管进食。

5.3.3　颈部及胸部损伤

1）食管闭锁或者切除术后，摄食依赖胃造口或者空肠造口；

2）心功能不全，心功能Ⅲ级。

5.3.4　腹部损伤

1）全胰缺失；

2）一侧肾切除术后，另一侧肾功能重度下降；

3）小肠大部分切除术后，消化吸收功能严重障碍，大部分依赖肠外营养。

5.3.5　盆部及会阴部损伤

1）未成年人双侧卵巢缺失或者萎缩，完全丧失功能；

2）未成年人双侧睾丸缺失或者萎缩，完全丧失功能；

3）阴茎接近完全缺失（残留长度≤1.0 cm）。

5.3.6　脊柱、骨盆及四肢损伤

1）二肢缺失（上肢腕关节以上，下肢膝关节以上）；

2）一肢缺失（上肢腕关节以上，下肢膝关节以上），另一肢各大关节均强直固定或者功能丧失均达90%；

3）双上肢各大关节功能丧失均达75%；双下肢各大关节均强直固定或者功能丧失均达90%；一上肢与一下肢各大关节均强直固定或者功能丧失均达90%。

5.4　四级

5.4.1　颅脑、脊髓及周围神经损伤

1）精神障碍或者中度智能减退，日常生活能力严重受限，间或需要帮助；

2）外伤性癫痫（重度）；

3）偏瘫（肌力3级以下）；

4）截瘫（肌力3级以下）；

5）阴茎器质性勃起障碍（重度）。

5.4.2　头面部损伤

1）符合容貌毁损（重度）标准之三项者；

2）上颌骨或者下颌骨缺损达1/2；

3）一眼球缺失、萎缩或者盲目5级，另一眼重度视力损害；

4）双眼盲目3级；

5）双眼视野极度缺损，视野有效值≤8%（直径≤10°）；

6）双耳听力障碍≥91 dB HL。

5.4.3　颈部及胸部损伤

1）严重器质性心律失常，心功能Ⅱ级；

2）一侧全肺切除术后；

3）呼吸困难（重度）。

5.4.4　腹部损伤

1）肝切除 2/3 以上；

2）肝衰竭中期；

3）胰腺大部分切除，胰岛素依赖；

4）肾功能重度下降；

5）双侧肾上腺缺失；

6）永久性回肠造口。

5.4.5　盆部及会阴部损伤

1）膀胱完全缺失或者切除术后，行永久性输尿管腹壁造瘘或者肠代膀胱并永久性造口。

5.4.6　脊柱、骨盆及四肢损伤

1）一上肢腕关节以上缺失伴一下肢踝关节以上缺失，或者双下肢踝关节以上缺失；

2）双下肢各大关节功能丧失均达 75%；一上肢与一下肢各大关节功能丧失均达 75%；

3）手功能丧失分值达 150 分。

5.4.7　体表及其他损伤

1）皮肤瘢痕形成达体表面积 70%；

2）放射性皮肤癌。

5.5　五级

5.5.1　颅脑、脊髓及周围神经损伤

1）精神障碍或者中度智能减退，日常生活能力明显受限，需要指导；

2）完全运动性失语；

3）完全性失用、失写、失读或者失认等；

4）双侧完全性面瘫；

5）四肢瘫（肌力 4 级以下）；

6）单肢瘫（肌力 2 级以下）；

7）非肢体瘫运动障碍（中度）；

8）双手大部分肌瘫（肌力2级以下）；

9）双足全肌瘫（肌力2级以下）；

10）排便伴排尿功能障碍，其中一项达重度。

5.5.2 头面部损伤

1）符合容貌毁损（重度）标准之二项者；

2）一眼球缺失、萎缩或者盲目5级，另一眼中度视力损害；

3）双眼重度视力损害；

4）双眼视野重度缺损，视野有效值≤16%（直径≤20°）；

5）一侧眼睑严重畸形（或者眼睑重度下垂，遮盖全部瞳孔），伴另一眼盲目3级以上；

6）双耳听力障碍≥81 dB HL；

7）一耳听力障碍≥91 dB HL，另一耳听力障碍≥61 dB HL；

8）舌根大部分缺损；

9）咽或者咽后区损伤遗留吞咽功能障碍，只能吞咽流质食物。

5.5.3 颈部及胸部损伤

1）未成年人甲状腺损伤致功能减退，药物依赖；

2）甲状旁腺功能损害（重度）；

3）食管狭窄，仅能进流质食物；

4）食管损伤，肠代食管术后。

5.5.4 腹部损伤

1）胰头合并十二指肠切除术后；

2）一侧肾切除术后，另一侧肾功能中度下降；

3）肾移植术后，肾功能基本正常；

4）肾上腺皮质功能明显减退；

5）全胃切除术后；

6）小肠部分切除术后，消化吸收功能障碍，部分依赖肠外营养；

7）全结肠缺失。

5.5.5 盆部及会阴部损伤

1）永久性输尿管腹壁造口；

2）尿瘘难以修复；

3）直肠阴道瘘难以修复；

4）阴道严重狭窄（仅可容纳一中指）；

5）双侧睾丸缺失或者完全萎缩，丧失生殖功能；

6）阴茎大部分缺失（残留长度≤3.0 cm）。

5.5.6 脊柱、骨盆及四肢损伤

1）一上肢肘关节以上缺失；

2）一肢缺失（上肢腕关节以上，下肢膝关节以上），另一肢各大关节功能丧失均达50%或者其余肢体任二大关节功能丧失均达75%；

3）手功能丧失分值≥120分。

5.6 六级

5.6.1 颅脑、脊髓及周围神经损伤

1）精神障碍或者中度智能减退，日常生活能力部分受限，但能部分代偿，部分日常生活需要帮助；

2）外伤性癫痫（中度）；

3）尿崩症（重度）；

4）一侧完全性面瘫；

5）三肢瘫（肌力4级以下）；

6）截瘫（肌力4级以下）伴排便或者排尿功能障碍；

7）双手部分肌瘫（肌力3级以下）；

8）一手全肌瘫（肌力2级以下），伴相应腕关节功能丧失75%以上；

9）双足全肌瘫（肌力3级以下）；

10）阴茎器质性勃起障碍（中度）。

5.6.2　头面部损伤

1）符合容貌毁损（中度）标准之四项者；

2）面部中心区条状瘢痕形成（宽度达 0.3 cm），累计长度达 20.0 cm；

3）面部片状细小瘢痕形成或者色素显著异常，累计达面部面积的 80%；

4）双侧眼睑严重畸形；

5）一眼球缺失、萎缩或者盲目 5 级，另一眼视力≤0.5；

6）一眼重度视力损害，另一眼中度视力损害；

7）双眼视野中度缺损，视野有效值≤48%（直径≤60°）；

8）双侧前庭平衡功能丧失，睁眼行走困难，不能并足站立；

9）唇缺损或者畸形，累计相当于上唇 2/3 以上。

5.6.3　颈部及胸部损伤

1）双侧喉返神经损伤，影响功能；

2）一侧胸廓成形术后，切除 6 根以上肋骨；

3）女性双侧乳房完全缺失；

4）心脏瓣膜置换术后，心功能不全；

5）心功能不全，心功能Ⅱ级；

6）器质性心律失常安装永久性起搏器后；

7）严重器质性心律失常；

8）两肺叶切除术后。

5.6.4　腹部损伤

1）肝切除 1/2 以上；

2）肝衰竭早期；

3）胰腺部分切除术后伴功能障碍，需药物治疗；

4）肾功能中度下降；

5）小肠部分切除术后，影响消化吸收功能，完全依赖肠内营养。

5.6.5　盆部及会阴部损伤

1）双侧卵巢缺失或者萎缩，完全丧失功能；

2）未成年人双侧卵巢萎缩，部分丧失功能；

3）未成年人双侧睾丸萎缩，部分丧失功能；

4）会阴部瘢痕挛缩伴阴道狭窄；

5）睾丸或者附睾损伤，生殖功能重度损害；

6）双侧输精管损伤难以修复；

7）阴茎严重畸形，不能实施性交行为。

5.6.6　脊柱、骨盆及四肢损伤

1）脊柱骨折后遗留 30°以上侧弯或者后凸畸形；

2）一肢缺失（上肢腕关节以上，下肢膝关节以上）；

3）双足跖跗关节以上缺失；

4）手或者足功能丧失分值≥90 分。

5.6.7　体表及其他损伤

1）皮肤瘢痕形成达体表面积 50%；

2）非重型再生障碍性贫血。

5.7　七级

5.7.1　颅脑、脊髓及周围神经损伤

1）精神障碍或者轻度智能减退，日常生活有关的活动能力极重度受限；

2）不完全感觉性失语；

3）双侧大部分面瘫；

4）偏瘫（肌力 4 级以下）；

5）截瘫（肌力 4 级以下）；

6）单肢瘫（肌力 3 级以下）；

7）一手大部分肌瘫（肌力 2 级以下）；

8）一足全肌瘫（肌力 2 级以下）；

9）重度排便功能障碍或者重度排尿功能障碍。

5.7.2　头面部损伤

1）面部中心区条状瘢痕形成（宽度达 0.3 cm），累计长度达15.0 cm；

2）面部片状细小瘢痕形成或者色素显著异常，累计达面部面积的 50%；

3）双侧眼睑重度下垂，遮盖全部瞳孔；

4）一眼球缺失或者萎缩；

5）双眼中度视力损害；

6）一眼盲目 3 级，另一眼视力≤0.5；

7）双眼偏盲；

8）一侧眼睑严重畸形（或者眼睑重度下垂，遮盖全部瞳孔）合并该眼盲目 3 级以上；

9）一耳听力障碍≥81 dB HL，另一耳听力障碍≥61 dB HL；

10）咽或者咽后区损伤遗留吞咽功能障碍，只能吞咽半流质食物；

11）上颌骨或者下颌骨缺损达 1/4；

12）上颌骨或者下颌骨部分缺损伴牙齿缺失 14 枚以上；

13）颌面部软组织缺损，伴发涎漏。

5.7.3　颈部及胸部损伤

1）甲状腺功能损害（重度）；

2）甲状旁腺功能损害（中度）；

3）食管狭窄，仅能进半流质食物；食管重建术后并发反流性食管炎；

4）颏颈粘连（中度）；

5）女性双侧乳房大部分缺失或者严重畸形；

6）未成年或者育龄女性双侧乳头完全缺失；

7）胸廓畸形，胸式呼吸受限；

8）一肺叶切除，并肺段或者肺组织楔形切除术后。

5.7.4 腹部损伤

1）肝切除 1/3 以上；

2）一侧肾切除术后；

3）胆道损伤胆肠吻合术后，反复发作逆行性胆道感染；

4）未成年人脾切除术后；

5）小肠部分（包括回盲部）切除术后；

6）永久性结肠造口；

7）肠瘘长期不愈（1 年以上）。

5.7.5 盆部及会阴部损伤

1）永久性膀胱造口；

2）膀胱部分切除术后合并轻度排尿功能障碍；

3）原位肠代膀胱术后；

4）子宫大部分切除术后；

5）睾丸损伤，血睾酮降低，需药物替代治疗；

6）未成年人一侧睾丸缺失或者严重萎缩；

7）阴茎畸形，难以实施性交行为；

8）尿道狭窄（重度）或者成形术后；

9）肛管或者直肠损伤，排便功能重度障碍或者肛门失禁（重度）；

10）会阴部瘢痕挛缩致肛门闭锁，结肠造口术后。

5.7.6 脊柱、骨盆及四肢损伤

1）双下肢长度相差 8.0 cm 以上；

2）一下肢踝关节以上缺失；

3）四肢任一大关节（踝关节除外）强直固定于非功能位；

4）四肢任二大关节（踝关节除外）功能丧失均达 75%；

5）一手除拇指外，余四指完全缺失；

6）双足足弓结构完全破坏；

7）手或者足功能丧失分值≥60分。

5.8　八级

5.8.1　颅脑、脊髓及周围神经损伤

1）精神障碍或者轻度智能减退，日常生活有关的活动能力重度受限；

2）不完全运动性失语；不完全性失用、失写、失读或者失认；

3）尿崩症（中度）；

4）一侧大部分面瘫，遗留眼睑闭合不全和口角歪斜；

5）单肢瘫（肌力4级以下）；

6）非肢体瘫运动障碍（轻度）；

7）一手大部分肌瘫（肌力3级以下）；

8）一足全肌瘫（肌力3级以下）；

9）阴茎器质性勃起障碍（轻度）。

5.8.2　头面部损伤

1）容貌毁损（中度）；

2）符合容貌毁损（重度）标准之一项者；

3）头皮完全缺损，难以修复；

4）面部条状瘢痕形成，累计长度达30.0 cm；面部中心区条状瘢痕形成（宽度达0.2 cm），累计长度达15.0 cm；

5）面部块状增生性瘢痕形成，累计面积达15.0 cm²；面部中心区块状增生性瘢痕形成，单块面积达7.0 cm²或者多块累计面积达9.0 cm²；

6）面部片状细小瘢痕形成或者色素异常，累计面积达100.0 cm²；

7）一眼盲目4级；

8）一眼视野接近完全缺损，视野有效值≤4%（直径≤5°）；

9）双眼外伤性青光眼，经手术治疗；

10）一侧眼睑严重畸形（或者眼睑重度下垂，遮盖全部瞳孔）

合并该眼重度视力损害；

11）一耳听力障碍≥91 dB HL；

12）双耳听力障碍≥61 dB HL；

13）双侧鼻翼大部分缺损，或者鼻尖大部分缺损合并一侧鼻翼大部分缺损；

14）舌体缺损达舌系带；

15）唇缺损或者畸形，累计相当于上唇1/2以上；

16）脑脊液漏经手术治疗后持续不愈；

17）张口受限Ⅲ度；

18）发声功能或者构音功能障碍（重度）；

19）咽成形术后咽下运动异常。

5.8.3　颈部及胸部损伤

1）甲状腺功能损害（中度）；

2）颈总动脉或者颈内动脉严重狭窄支架置入或者血管移植术后；

3）食管部分切除术后，并后遗胸腔胃；

4）女性一侧乳房完全缺失；女性双侧乳房缺失或者毁损，累计范围相当于一侧乳房3/4以上；

5）女性双侧乳头完全缺失；

6）肋骨骨折12根以上并后遗6处畸形愈合；

7）心脏或者大血管修补术后；

8）一肺叶切除术后；

9）胸廓成形术后，影响呼吸功能；

10）呼吸困难（中度）。

5.8.4　腹部损伤

1）腹壁缺损≥腹壁的1/4；

2）成年人脾切除术后；

3）胰腺部分切除术后；

4）胃大部分切除术后；

5）肠部分切除术后，影响消化吸收功能；

6）胆道损伤，胆肠吻合术后；

7）损伤致肾性高血压；

8）肾功能轻度下降；

9）一侧肾上腺缺失；

10）肾上腺皮质功能轻度减退。

5.8.5 盆部及会阴部损伤

1）输尿管损伤行代替术或者改道术后；

2）膀胱大部分切除术后；

3）一侧输卵管和卵巢缺失；

4）阴道狭窄；

5）一侧睾丸缺失；

6）睾丸或者附睾损伤，生殖功能轻度损害；

7）阴茎冠状沟以上缺失；

8）阴茎皮肤瘢痕形成，严重影响性交行为。

5.8.6 脊柱、骨盆及四肢损伤

1）二椎体压缩性骨折（压缩程度均达 1/3）；

2）三个以上椎体骨折，经手术治疗后；

3）女性骨盆骨折致骨产道变形，不能自然分娩；

4）股骨头缺血性坏死，难以行关节假体置换术；

5）四肢长骨开放性骨折并发慢性骨髓炎、大块死骨形成，长期不愈（1 年以上）；

6）双上肢长度相差 8.0 cm 以上；

7）双下肢长度相差 6.0 cm 以上；

8）四肢任一大关节（踝关节除外）功能丧失 75% 以上；

9）一踝关节强直固定于非功能位；

10）一肢体各大关节功能丧失均达 50%；

11）一手拇指缺失达近节指骨 1/2 以上并相应掌指关节强直固定；

12）一足足弓结构完全破坏，另一足足弓结构部分破坏；

13）手或者足功能丧失分值≥40 分。

5.8.7 体表及其他损伤

1）皮肤瘢痕形成达体表面积 30%。

5.9 九级

5.9.1 颅脑、脊髓及周围神经损伤

1）精神障碍或者轻度智能减退，日常生活有关的活动能力中度受限；

2）外伤性癫痫（轻度）；

3）脑叶部分切除术后；

4）一侧部分面瘫，遗留眼睑闭合不全或者口角歪斜；

5）一手部分肌瘫（肌力 3 级以下）；

6）一足大部分肌瘫（肌力 3 级以下）；

7）四肢重要神经损伤（上肢肘关节以上，下肢膝关节以上），遗留相应肌群肌力 3 级以下；

8）严重影响阴茎勃起功能；

9）轻度排便或者排尿功能障碍。

5.9.2 头面部损伤

1）头皮瘢痕形成或者无毛发，达头皮面积 50%；

2）颅骨缺损 25.0 cm^2 以上，不宜或者无法手术修补；

3）容貌毁损（轻度）；

4）面部条状瘢痕形成，累计长度达 20.0 cm；面部条状瘢痕形成（宽度达 0.2 cm），累计长度达 10.0 cm，其中至少 5.0 cm 以上位于面部中心区；

5）面部块状瘢痕形成，单块面积达 7.0 cm^2，或者多块累计面积达 9.0 cm^2；

6）面部片状细小瘢痕形成或者色素异常，累计面积达 30.0 cm²；

7）一侧眼睑严重畸形；一侧眼睑重度下垂，遮盖全部瞳孔；双侧眼睑轻度畸形；双侧眼睑下垂，遮盖部分瞳孔；

8）双眼泪器损伤均后遗溢泪；

9）双眼角膜斑翳或者血管翳，累及瞳孔区；双眼角膜移植术后；

10）双眼外伤性白内障；儿童人工晶体植入术后；

11）一眼盲目 3 级；

12）一眼重度视力损害，另一眼视力≤0.5；

13）一眼视野极度缺损，视野有效值≤8%（直径≤10°）；

14）双眼象限性视野缺损；

15）一侧眼睑轻度畸形（或者眼睑下垂，遮盖部分瞳孔）合并该眼中度视力损害；

16）一眼眶骨折后遗眼球内陷 5 mm 以上；

17）耳廓缺损或者畸形，累计相当于一侧耳廓；

18）一耳听力障碍≥81 dB HL；

19）一耳听力障碍≥61 dB HL，另一耳听力障碍≥41 dB HL；

20）一侧鼻翼或者鼻尖大部分缺损或者严重畸形；

21）唇缺损或者畸形，露齿 3 枚以上（其中 1 枚露齿达 1/2）；

22）颌骨骨折，经牵引或者固定治疗后遗留功能障碍；

23）上颌骨或者下颌骨部分缺损伴牙齿缺失或者折断 7 枚以上；

24）张口受限Ⅱ度；

25）发声功能或者构音功能障碍（轻度）。

5.9.3　颈部及胸部损伤

1）颈前三角区瘢痕形成，累计面积达 50.0 cm²；

2）甲状腺功能损害（轻度）；

3）甲状旁腺功能损害（轻度）；

4）气管或者支气管成形术后；

5）食管吻合术后；

6）食管腔内支架置入术后；

7）食管损伤，影响吞咽功能；

8）女性双侧乳房缺失或者毁损，累计范围相当于一侧乳房1/2以上；

9）女性一侧乳房大部分缺失或者严重畸形；

10）女性一侧乳头完全缺失或者双侧乳头部分缺失（或者畸形）；

11）肋骨骨折12根以上，或者肋骨部分缺失4根以上；肋骨骨折8根以上并后遗4处畸形愈合；

12）心功能不全，心功能 I 级；

13）冠状动脉移植术后；

14）心脏室壁瘤；

15）心脏异物存留或者取出术后；

16）缩窄性心包炎；

17）胸导管损伤；

18）肺段或者肺组织楔形切除术后；

19）肺脏异物存留或者取出术后。

5.9.4 腹部损伤

1）肝部分切除术后；

2）脾部分切除术后；

3）外伤性胰腺假性囊肿术后；

4）一侧肾部分切除术后；

5）胃部分切除术后；

6）肠部分切除术后；

7）胆道损伤胆管外引流术后；

8）胆囊切除术后；

9）肠梗阻反复发作；

10）膈肌修补术后遗留功能障碍（如膈肌麻痹或者膈疝）。

5.9.5　盆部及会阴部损伤

1）膀胱部分切除术后；

2）输尿管狭窄成形术后；

3）输尿管狭窄行腔内扩张术或者腔内支架置入术后；

4）一侧卵巢缺失或者丧失功能；

5）一侧输卵管缺失或者丧失功能；

6）子宫部分切除术后；

7）一侧附睾缺失；

8）一侧输精管损伤难以修复；

9）尿道狭窄（轻度）；

10）肛管或者直肠损伤，排便功能轻度障碍或者肛门失禁（轻度）。

5.9.6　脊柱、骨盆及四肢损伤

1）一椎体粉碎性骨折，椎管内骨性占位；

2）一椎体并相应附件骨折，经手术治疗后；二椎体压缩性骨折；

3）骨盆两处以上骨折或者粉碎性骨折，严重畸形愈合；

4）青少年四肢长骨骨骺粉碎性或者压缩性骨折；

5）四肢任一大关节行关节假体置换术后；

6）双上肢前臂旋转功能丧失均达75%；

7）双上肢长度相差6.0 cm以上；

8）双下肢长度相差4.0 cm以上；

9）四肢任一大关节（踝关节除外）功能丧失50%以上；

10）一踝关节功能丧失75%以上；

11）一肢体各大关节功能丧失均达25%；

12）双足拇趾功能丧失均达 75%；一足 5 趾功能均完全丧失；

13）双足跟骨粉碎性骨折畸形愈合；

14）双足足弓结构部分破坏；一足足弓结构完全破坏；

15）手或者足功能丧失分值≥25 分。

5.9.7　体表及其他损伤

1）皮肤瘢痕形成达体表面积 10%。

5.10　十级

5.10.1　颅脑、脊髓及周围神经损伤

1）精神障碍或者轻度智能减退，日常生活有关的活动能力轻度受限；

2）颅脑损伤后遗脑软化灶形成，伴有神经系统症状或者体征；

3）一侧部分面瘫；

4）嗅觉功能完全丧失；

5）尿崩症（轻度）；

6）四肢重要神经损伤，遗留相应肌群肌力 4 级以下；

7）影响阴茎勃起功能；

8）开颅术后。

5.10.2　头面部损伤

1）面颅骨部分缺损或者畸形，影响面容；

2）头皮瘢痕形成或者无毛发，面积达 40.0 cm²；

3）面部条状瘢痕形成（宽度达 0.2 cm），累计长度达 6.0 cm，其中至少 3.0 cm 位于面部中心区；

4）面部条状瘢痕形成，累计长度达 10.0 cm；

5）面部块状瘢痕形成，单块面积达 3.0 cm²，或者多块累计面积达 5.0 cm²；

6）面部片状细小瘢痕形成或者色素异常，累计面积达 10.0 cm²；

7）一侧眼睑下垂，遮盖部分瞳孔；一侧眼睑轻度畸形；一侧睑球粘连影响眼球运动；

8）一眼泪器损伤后遗溢泪；

9）一眼眶骨折后遗眼球内陷 2 mm 以上；

10）复视或者斜视；

11）一眼角膜斑翳或者血管翳，累及瞳孔区；一眼角膜移植术后；

12）一眼外伤性青光眼，经手术治疗；一眼外伤性低眼压；

13）一眼外伤后无虹膜；

14）一眼外伤性白内障；一眼无晶体或者人工晶体植入术后；

15）一眼中度视力损害；

16）双眼视力≤0.5；

17）一眼视野中度缺损，视野有效值≤48%（直径≤60°）；

18）一耳听力障碍≥61 dB HL；

19）双耳听力障碍≥41 dB HL；

20）一侧前庭平衡功能丧失，伴听力减退；

21）耳廓缺损或者畸形，累计相当于一侧耳廓的30%；

22）鼻尖或者鼻翼部分缺损深达软骨；

23）唇外翻或者小口畸形；

24）唇缺损或者畸形，致露齿；

25）舌部分缺损；

26）牙齿缺失或者折断7枚以上；牙槽骨部分缺损，合并牙齿缺失或者折断4枚以上；

27）张口受限Ⅰ度；

28）咽或者咽后区损伤影响吞咽功能。

5.10.3　颈部及胸部损伤

1）颏颈粘连畸形松解术后；

2）颈前三角区瘢痕形成，累计面积达25.0 cm²；

3）一侧喉返神经损伤，影响功能；

4）器质性声音嘶哑；

5）食管修补术后；

6）女性一侧乳房部分缺失或者畸形；

7）肋骨骨折 6 根以上，或者肋骨部分缺失 2 根以上；肋骨骨折 4 根以上并后遗 2 处畸形愈合；

8）肺修补术后；

9）呼吸困难（轻度）。

5.10.4　腹部损伤

1）腹壁疝，难以手术修补；

2）肝、脾或者胰腺修补术后；

3）胃、肠或者胆道修补术后；

4）膈肌修补术后。

5.10.5　盆部及会阴部损伤

1）肾、输尿管或者膀胱修补术后；

2）子宫或者卵巢修补术后；

3）外阴或者阴道修补术后；

4）睾丸破裂修补术后；

5）一侧输精管破裂修复术后；

6）尿道修补术后；

7）会阴部瘢痕挛缩，肛管狭窄；

8）阴茎头部分缺失。

5.10.6　脊柱、骨盆及四肢损伤

1）枢椎齿状突骨折，影响功能；

2）一椎体压缩性骨折（压缩程度达 1/3）或者粉碎性骨折；一椎体骨折经手术治疗后；

3）四处以上横突、棘突或者椎弓根骨折，影响功能；

4）骨盆两处以上骨折或者粉碎性骨折，畸形愈合；

5）一侧髌骨切除；

6）一侧膝关节交叉韧带、半月板伴侧副韧带撕裂伤经手术治疗后，影响功能；

7）青少年四肢长骨骨折累及骨骺；

8）一上肢前臂旋转功能丧失 75％以上；

9）双上肢长度相差 4.0 cm 以上；

10）双下肢长度相差 2.0 cm 以上；

11）四肢任一大关节（踝关节除外）功能丧失 25％以上；

12）一踝关节功能丧失 50％以上；

13）下肢任一大关节骨折后遗创伤性关节炎；

14）肢体重要血管循环障碍，影响功能；

15）一手小指完全缺失并第 5 掌骨部分缺损；

16）一足拇趾功能丧失 75％以上；一足 5 趾功能丧失均达 50％；双足拇趾功能丧失均达 50％；双足除拇趾外任何 4 趾功能均完全丧失；

17）一足跟骨粉碎性骨折畸形愈合；

18）一足足弓结构部分破坏；

19）手或者足功能丧失分值≥10 分。

5.10.7　体表及其他损伤

1）手部皮肤瘢痕形成或者植皮术后，范围达一手掌面积 50％；

2）皮肤瘢痕形成达体表面积 4％；

3）皮肤创面长期不愈超过 1 年，范围达体表面积 1％。

6　附则

6.1　遇有本标准致残程度分级系列中未列入的致残情形，可根据残疾的实际情况，依据本标准附录 A 的规定，并比照最相似等级的条款，确定其致残程度等级。

6.2　同一部位和性质的残疾，不应采用本标准条款两条以上或者同一条款两次以上进行鉴定。

6.3　本标准中四肢大关节是指肩、肘、腕、髋、膝、踝等六大关节。

6.4 本标准中牙齿折断是指冠折 1/2 以上，或者牙齿部分缺失致牙髓腔暴露。

6.5 移植、再植或者再造成活组织器官的损伤应根据实际后遗功能障碍程度参照相应分级条款进行致残程度等级鉴定。

6.6 永久性植入式假体（如颅骨修补材料、种植牙、人工支架等）损坏引起的功能障碍可参照相应分级条款进行致残程度等级鉴定。

6.7 本标准中四肢重要神经是指臂丛及其分支神经（包括正中神经、尺神经、桡神经和肌皮神经等）和腰骶丛及其分支神经（包括坐骨神经、腓总神经和胫神经等）。

6.8 本标准中四肢重要血管是指与四肢重要神经伴行的同名动、静脉。

6.9 精神分裂症或者心境障碍等内源性疾病不是外界致伤因素直接作用所致，不宜作为致残程度等级鉴定的依据，但应对外界致伤因素与疾病之间的因果关系进行说明。

6.10 本标准所指未成年人是指年龄未满 18 周岁者。

6.11 本标准中涉及面部瘢痕致残程度需测量长度或者面积的数值时，0~6 周岁者按标准规定值 50% 计，7~14 周岁者按 80% 计。

6.12 本标准中凡涉及数量、部位规定时，注明"以上"、"以下"者，均包含本数（有特别说明的除外）。

附　录 A

（规范性附录）

致残程度等级划分依据

A.1　一级残疾的划分依据

a）组织器官缺失或者功能完全丧失，其他器官不能代偿；

b）存在特殊医疗依赖；

c）意识丧失；

d）日常生活完全不能自理；

e）社会交往完全丧失。

A.2　二级残疾的划分依据

a）组织器官严重缺损或者畸形，有严重功能障碍，其他器官难以代偿；

b）存在特殊医疗依赖；

c）日常生活大部分不能自理；

d）各种活动严重受限，仅限于床上或者椅子上的活动；

e）社会交往基本丧失。

A.3　三级残疾的划分依据

a）组织器官严重缺损或者畸形，有严重功能障碍；

b）存在特殊医疗依赖；

c）日常生活大部分或者部分不能自理；

d）各种活动严重受限，仅限于室内的活动；

e）社会交往极度困难。

A.4　四级残疾的划分依据

a）组织器官严重缺损或者畸形，有重度功能障碍；

b）存在特殊医疗依赖或者一般医疗依赖；

c）日常生活能力严重受限，间或需要帮助；

d）各种活动严重受限，仅限于居住范围内的活动；

e）社会交往困难。

A.5　五级残疾的划分依据

a）组织器官大部分缺损或者明显畸形，有中度（偏重）功能障碍；

b）存在一般医疗依赖；

c）日常生活能力部分受限，偶尔需要帮助；

d）各种活动中度受限，仅限于就近的活动；

e）社会交往严重受限。

A.6　六级残疾的划分依据

a）组织器官大部分缺损或者明显畸形，有中度功能障碍；

b）存在一般医疗依赖；

c）日常生活能力部分受限，但能部分代偿，条件性需要帮助；

d）各种活动中度受限，活动能力降低；

e）社会交往贫乏或者狭窄。

A.7　七级残疾的划分依据

a）组织器官大部分缺损或者明显畸形，有中度（偏轻）功能障碍；

b）存在一般医疗依赖，无护理依赖；

c）日常生活有关的活动能力极重度受限；

d）各种活动中度受限，短暂活动不受限，长时间活动受限；

e）社会交往能力降低。

A.8　八级残疾的划分依据

a）组织器官部分缺损或者畸形，有轻度功能障碍，并造成明显影响；

　　b）存在一般医疗依赖，无护理依赖；

　　c）日常生活有关的活动能力重度受限；

　　d）各种活动轻度受限，远距离活动受限；

　　e）社会交往受约束。

A.9　九级残疾的划分依据

　　a）组织器官部分缺损或者畸形，有轻度功能障碍，并造成较明显影响；

　　b）无医疗依赖或者存在一般医疗依赖，无护理依赖；

　　c）日常生活有关的活动能力中度受限；

　　d）工作与学习能力下降；

　　e）社会交往能力部分受限。

A.10　十级残疾的划分依据

　　a）组织器官部分缺损或者畸形，有轻度功能障碍，并造成一定影响；

　　b）无医疗依赖或者存在一般医疗依赖，无护理依赖；

　　c）日常生活有关的活动能力轻度受限；

　　d）工作与学习能力受到一定影响；

　　e）社会交往能力轻度受限。

附 录 B

（资料性附录）

器官功能分级判定基准及使用说明

B.1 持续性植物生存状态

植物生存状态可以是暂时的，也可以呈持续性。持续性植物生存状态是指严重颅脑损伤经治疗及必要的康复后仍缺乏意识活动，丧失语言，而仅保留无意识的姿态调整和运动功能的状态。机体虽能维持基本生命体征，但无意识和思维，缺乏对自身和周围环境的感知能力的生存状态。伤者有睡眠-觉醒周期，部分或全部保存下丘脑和脑干功能，但是缺乏任何适应性反应，缺乏任何接受和反映信息的功能性思维。

植物生存状态诊断标准：①认知功能丧失，无意识活动，不能执行指令；②保持自主呼吸和血压；③有睡眠-觉醒周期；④不能理解或表达语言；⑤自动睁眼或刺激下睁眼；⑥可有无目的性眼球跟踪运动；⑦丘脑下部及脑干功能基本保存。

持续性植物生存状态指脑损伤后上述表现至少持续6个月以上，且难以恢复。

注：反复发作性意识障碍，作为癫痫的一组症状或癫痫发作的一种形式时，不单独鉴定其致残程度。

B.2 精神障碍

B.2.1 症状标准

有下列表现之一者：

a）智能损害综合征；

b）遗忘综合征；

c）人格改变；

d）意识障碍；

e）精神病性症状（如幻觉、妄想、紧张综合征等）；

f）情感障碍综合征（如躁狂综合征、抑郁综合征等）；

g）解离（转换）综合征；

h）神经症样综合征（如焦虑综合征、情感脆弱综合征等）。

B.2.2　精神障碍的认定

a）精神障碍的发病基础需有颅脑损伤的存在；

b）精神障碍的起病时间需与颅脑损伤的发生相吻合；

c）精神障碍应随着颅脑损伤的改善而缓解；

d）无证据提示精神障碍的发病存在其他原因（如强阳性家族史）。

精神分裂症和躁郁症均为内源性疾病，发病主要决定于病人自身的生物学素质，不属于人身损害所致的精神障碍。

B.3　智能损害

B.3.1　智能损害的症状

a）记忆减退，最明显的是学习新事物的能力受损；

b）以思维和信息处理过程减退为特征的智能损害，如抽象概括能力减退，难以解释成语、谚语，掌握词汇量减少，不能理解抽象意义的语汇，难以概括同类事物的共同特征，或判断力减退；

c）情感障碍，如抑郁、淡漠，或敌意增加等；

d）意志减退，如懒散、主动性降低；

e）其他高级皮层功能受损，如失语、失认、失用或者人格改变等；

f）无意识障碍。

注：符合上述症状标准至少满 6 个月方可诊断。

B.3.2　智能损害分级

a）极重度智能减退　智商（IQ）<20；语言功能丧失；生活完全不能自理。

b）重度智能减退　IQ 20～34；语言功能严重受损，不能进行有效的交流；生活大部分不能自理。

c）中度智能减退　IQ 35～49；能掌握日常生活用语，但词汇贫乏，对周围环境辨别能力差，只能以简单的方式与人交往；生活部分不能自理，能做简单劳动。

d）轻度智能减退　IQ 50～69；无明显语言障碍，对周围环境有较好的辨别能力，能比较恰当地与人交往；生活能自理，能做一般非技术性工作。

e）边缘智能状态　IQ 70～84；抽象思维能力或者思维广度、深度及机敏性显示不良；不能完成高级或者复杂的脑力劳动。

B.4　生活自理能力

具体评价方法参考《人身损害护理依赖程度评定》（GB/T 31147）。

B.5　失语症

失语症是指由于中枢神经损伤导致抽象信号思维障碍而丧失口语、文字的表达和理解能力的临床症候群。失语症不包括由于意识障碍和普通的智力减退造成的语言症状，也不包括听觉、视觉、书写、发音等感觉和运动器官损害引起的语言、阅读和书写障碍。

失语症又可分为：完全运动性失语，不完全运动性失语；完全感觉性失语，不完全感觉性失语；混合性失语；完全性失用，不完全性失用；完全性失写，不完全性失写；完全性失读，不完全性失读；完全性失认，不完全性失认等。

注：脑外伤后失语的认定应该符合以下几个方面的要求：（1）脑损伤的部位应该与语言功能有关；（2）病史材料应该有

就诊记录并且有关于失语的描述；（3）有明确的临床诊断或者专家咨询意见。

B.6　外伤性癫痫分度

外伤性癫痫通常是指颅脑损伤 3 个月后发生的癫痫，可分为以下三度：

a）轻度　各种类型的癫痫发作，经系统服药治疗 1 年后能控制的；

b）中度　各种类型的癫痫发作，经系统服药治疗 1 年后，全身性强直—阵挛发作、单纯或复杂部分发作，伴自动症或精神症状（相当于大发作、精神运动性发作）平均每月 1 次或 1 次以下，失神发作和其他类型发作平均每周 1 次以下；

c）重度　各种类型的癫痫发作，经系统服药治疗 1 年后，全身性强直—阵挛发作、单纯或复杂部分发作，伴自动症或精神症状（相当于大发作、精神运动性发作）平均每月 2 次以上，失神发作和其他类型发作平均每周 2 次以上。

注：外伤性癫痫致残程度鉴定时应根据以下信息综合判断：（1）应有脑器质性损伤或中毒性脑病的病史；（2）应有 1 年来系统治疗的临床病史资料；（3）可能时，应提供其他有效资料，如脑电图检查、血药浓度测定结果等。其中，前两项是癫痫致残程度鉴定的必要条件。

B.7　肌力分级

肌力是指肌肉收缩时的力量，在临床上分为以下六级：

a）0 级　肌肉完全瘫痪，毫无收缩；

b）1 级　可看到或者触及肌肉轻微收缩，但不能产生动作；

c）2 级　肌肉在不受重力影响下，可进行运动，即肢体能在床面上移动，但不能抬高；

d）3 级　在和地心引力相反的方向中尚能完成其动作，但不能对抗外加阻力；

　　e）4 级　能对抗一定的阻力，但较正常人降低；

　　f）5 级　正常肌力。

　　注： 肌力检查时应注意以下几点综合判断：（1）肌力减退多见于神经源性和肌源性，如神经系统损伤所致肌力减退，则应有相应的损伤基础；（2）肌力检查结果是否可靠依赖于检查者正确的检查方法和受检者的理解与配合，肌力检查结果的可靠性要结合伤者的配合程度而定；（3）必要时，应进行神经电生理等客观检查。

B.8　非肢体瘫运动障碍分度

　　非肢体瘫的运动障碍，包括肌张力增高、深感觉障碍和（或）小脑性共济失调、不自主运动或者震颤等。根据其对生活自理的影响程度划分为轻、中、重三度：

　　a）重度　不能自行进食、大小便、洗漱、翻身和穿衣，需要他人护理；

　　b）中度　完成上述动作困难，但在他人帮助下可以完成；

　　c）轻度　完成上述动作虽有一定困难，但基本可以自理。

　　注： 非肢体运动障碍程度的评定应注意以下几点综合判断：（1）有引起非肢体瘫运动障碍的损伤基础；（2）病史材料中有非肢体瘫运动障碍的诊疗记录和症状描述；（3）有相关生活自理能力受限的检查记录；（4）家属或者近亲属的代诉仅作为参考。

B.9　尿崩症分度

　　a）重度　每日尿量在 10000 mL 以上；

　　b）中度　每日尿量在 5001 mL～9999 mL；

　　c）轻度　每日尿量在 2500 mL～5000 mL。

B.10　排便功能障碍（大便失禁）分度

a）重度　大便不能控制，肛门括约肌收缩力很弱或者丧失，肛门括约肌收缩反射很弱或者消失，肛门注水法测定直肠内压<20 cmH$_2$O；

b）轻度　稀便不能控制，肛门括约肌收缩力较弱，肛门括约肌收缩反射较弱，肛门注水法测定直肠内压 20 cmH$_2$O~30 cmH$_2$O。

注： 此处排便功能障碍是指脑、脊髓或者自主神经损伤致肛门括约肌功能障碍所引起的大便失禁。而肛门或者直肠损伤既可以遗留大便失禁，也可以遗留排便困难，应依据相应条款评定致残程度等级。

B.11　排尿功能障碍分度

a）重度　出现真性重度尿失禁或者排尿困难且尿潴留残余尿≥50 mL 者；

b）轻度　出现真性轻度尿失禁或者排尿困难且尿潴留残余尿≥10 mL 但<50 mL 者。

注： 此处排尿功能障碍是指脑、脊髓或者自主神经损伤致膀胱括约肌功能障碍所引起的小便失禁或者尿潴留。当膀胱括约肌损伤遗留尿失禁或者尿潴留时，也可依据排尿功能障碍程度评定致残程度等级。

B.12　器质性阴茎勃起障碍分度

a）重度　阴茎无勃起反应，阴茎硬度及周径均无改变；

b）中度　阴茎勃起时最大硬度>0%，<40%；

c）轻度　阴茎勃起时最大硬度≥40%，<60%，或者阴茎勃起时最大硬度虽达 60%，但持续时间<10 分钟。

注1： 阴茎勃起正常值范围：最大硬度≥60%，持续时间≥10 分钟。

注2： 器质性阴茎勃起障碍是指脑、脊髓或者周围神经（躯体神经或者自主神经）损伤所引起的。其他致伤因素所致的血

管性、内分泌性或者药物性阴茎勃起障碍也可依此分度评定致残程度等级。

B. 13　阴茎勃起功能影响程度分级

a）严重影响阴茎勃起功能　连续监测三晚，阴茎夜间勃起平均每晚≤1 次；

b）影响阴茎勃起功能　连续监测三晚，阴茎夜间勃起平均每晚≤3 次。

B. 14　面部瘢痕分类

本标准规定的面部包括前额发际之下，两耳根前与下颌下缘之间的区域，包括额部、眶部、鼻部、口唇部、颏部、颧部、颊部和腮腺咬肌部，不包括耳廓。以眉弓水平线为上横线，以下唇唇红缘中点处作水平线为下横线，以双侧外眦处作两条垂直线，上述四条线围绕的中央部分为面部中心区。

本标准将面部瘢痕分为以下几类：

a）面部块状瘢痕是指增生性瘢痕、瘢痕疙瘩、蹼状瘢痕等，不包括浅表瘢痕（外观多平坦，与四周皮肤表面平齐或者稍低，平滑光亮，色素减退，一般不引起功能障碍）；

b）面部细小瘢痕（或者色素明显改变）是指面部较密集散在瘢痕或者色素沉着（或者脱失），瘢痕呈网状或者斑片状，其间可见正常皮肤。

B. 15　容貌毁损分度

B. 15. 1　重度

面部瘢痕畸形，并有以下六项中四项者：

a）双侧眉毛完全缺失；

b）双睑外翻或者完全缺失；

c）双侧耳廓完全缺失；

d）外鼻完全缺失；

e）上、下唇外翻或者小口畸形；

f）颏颈粘连（中度以上）。

B.15.2　中度

面部瘢痕畸形，并有以下六项中三项者：

a）眉毛部分缺失（累计达一侧眉毛 1/2）；

b）眼睑外翻或者部分缺失；

c）耳廓部分缺损（累计达一侧耳廓 15%）；

d）鼻部分缺损（鼻尖或者鼻翼缺损深达软骨）；

e）唇外翻或者小口畸形；

f）颏颈粘连（轻度）。

B.15.3　轻度

含中度畸形六项中二项者。

B.16　眼睑畸形分度

B.16.1　眼睑轻度畸形

a）轻度眼睑外翻　睑结膜与眼球分离，泪点脱离泪阜；

b）眼睑闭合不全　自然闭合及用力闭合时均不能使睑裂完全消失；

c）轻度眼睑缺损　上睑和/或下睑软组织缺损，范围<一侧上睑的 1/2。

B.16.2　眼睑严重畸形

a）重度眼睑外翻　睑结膜严重外翻，穹隆部消失；

b）重度眼睑缺损　上睑和/或下睑软组织缺损，范围≥一侧上睑的 1/2。

B.17　张口受限分度

a）张口受限Ⅰ度　尽力张口时，上、下切牙间仅可勉强置入垂直并列之示指和中指；

b）张口受限Ⅱ度　尽力张口时，上、下切牙间仅可置入垂直之示指；

c）张口受限Ⅲ度 尽力张口时，上、下切牙间距小于示指之横径。

B.18 面瘫（面神经麻痹）分级

a）完全性面瘫 是指面神经5个分支（颞支、颧支、颊支、下颌缘支和颈支）支配的全部肌肉（包括颈部的颈阔肌）瘫痪；

b）大部分面瘫 是指面神经5个分支中有3个分支支配的肌肉瘫痪；

c）部分面瘫 是指面神经5个分支中有1个分支支配的肌肉瘫痪。

B.19 视力损害分级

盲及视力损害分级标准见表B-1。

表 B-1 盲及视力损害分级标准

分类	远视力低于	远视力等于或优于
轻度或无视力损害		0.3
中度视力损害（视力损害1级）	0.3	0.1
重度视力损害（视力损害2级）	0.1	0.05
盲（盲目3级）	0.05	0.02
盲（盲目4级）	0.02	光感
盲（盲目5级）	无光感	

B.20 颏颈粘连分度

a）轻度 单纯的颈部瘢痕或者颈胸瘢痕。瘢痕位于颏颈角平面以下的颈胸部，颈部活动基本不受限制，饮食、吞咽等均无影响；

b）中度 颏颈瘢痕粘连或者颏颈胸瘢痕粘连。颈部后仰及旋转受到限制，饮食、吞咽有所影响，不流涎，下唇前庭沟并不消失，能闭口；

c）重度 唇颏颈瘢痕粘连。自下唇至颈前均为挛缩瘢痕，下唇、颏部和颈前区均粘连在一起，颈部处于强迫低头姿势。

B.21 甲状腺功能低下分度

a）重度 临床症状严重，T3、T4 或者 FT3、FT4 低于正常值，TSH>50 μU/L；

b）中度 临床症状较重，T3、T4 或者 FT3、FT4 正常，TSH>50 μU/L；

c）轻度 临床症状较轻，T3、T4 或者 FT3、FT4 正常，TSH轻度增高但<50 μU/L。

B.22 甲状旁腺功能低下分度

a）重度 空腹血钙质量浓度<6 mg/dL；

b）中度 空腹血钙质量浓度 6 mg/dL~7 mg/dL；

c）轻度 空腹血钙质量浓度 7.1 mg/dL~8 mg/dL。

注：以上分级均需结合临床症状，必要时参考甲状旁腺激素水平综合判定。

B.23 发声功能障碍分度

a）重度 声哑、不能出声；

b）轻度 发音过弱、声嘶、低调、粗糙、带鼻音。

B.24 构音功能障碍分度

a）重度 音不分明，语不成句，难以听懂，甚至完全不能说话；

b）轻度 发音不准，吐字不清，语调速度、节律等异常，以及鼻音过重等。

B.25 呼吸困难分度（见表 B-2）

表 B-2　呼吸困难分度

程度	临床表现	阻塞性通气功能减退：一秒钟用力呼气量占预计值百分比	限制性通气功能减退：肺活量	血氧分压（mmHg）
极重度	稍活动（如穿衣、谈话）即气短。	<30%	<50%	<60
重 度	平地步行 100 米即有气短。	30%~49%	50%~59%	60~87
中 度	平地步行 1000 米无气短，但不能与同龄健康者保持相同速度，快步行走出现气短，登山或上楼时气短明显。	50%~79%	60%~69%	—
轻 度	与同龄健康者在平地一同步行无气短，但登山或上楼时呈现气短。	≥80%	70%	—

注：动脉血氧分压在 60 mmHg~87 mmHg 时，需参考其他肺功能检验结果。

B.26 心功能分级

a）Ⅰ级　体力活动无明显受限，日常活动不易引起过度乏力、呼吸困难或者心悸等不适。亦称心功能代偿期；

b）Ⅱ级　体力活动轻度受限，休息时无明显不适症状，但日常活动即可引起乏力、心悸、呼吸困难或者心绞痛。亦称Ⅰ度或者轻度心衰；

c）Ⅲ级 体力活动明显受限，休息时无症状，轻于日常的活动即可引起上述症状。亦称Ⅱ度或者中度心衰；

d）Ⅳ级 不能从事任何体力活动，休息时亦有充血性心衰或心绞痛症状，任何体力活动后加重。亦称Ⅲ度或者重度心衰。

注：心功能评残时机应以损伤后心功能稳定 6 个月以上为宜，结合心功能客观检查结果，如 EF 值等进行评定。

B.27 肝衰竭分期

a）早期 ①极度疲乏，并有厌食、呕吐和腹胀等严重消化道症状；②黄疸进行性加重（血清总胆红素≥171 μmol/L 或每日上升17.1 μmol/L；③有出血倾向，30%＜凝血酶原活动度（PTA）≤40%；未出现肝性脑病或明显腹水。

b）中期 在肝衰竭早期表现的基础上，病情进一步进展，并出现以下情况之一者：①出现Ⅱ度以上肝性脑病和（或）明显腹水；②出血倾向明显（出血点或瘀斑），且 20%＜凝血酶原活动度（PTA）≤30%。

c）晚期 在肝衰竭中期表现的基础上，病情进一步进展，并出现以下情况之一者：①有难治性并发症，例如肝肾综合征、上消化道出血、严重感染和难以纠正的电解质紊乱；②出现Ⅲ度以上肝性脑病；③有严重出血倾向（注射部位瘀斑等），凝血酶原活动度（PTA）≤20%。

B.28 肾功能损害分期

肾功能损害是指：①肾脏损伤（肾脏结构或功能异常）≥3 个月，可以有或无肾小球滤过率（GFR）下降，临床上表现为病理学检查异常或者肾损伤（包括血、尿成分异常或影像学检查异常）；②GFR＜60 mL/（min·1.73 m²）达 3 个月，有或无肾脏损伤证据。

慢性肾脏病（CKD）肾功能损害分期见表 B-3。

表 B-3　肾功能损害分期

CKD 分期	名称	诊断标准
1 期	肾功能正常	GFR≥90 mL/（min·1.73 m²）
2 期	肾功能轻度下降	GFR60~89 mL/（min·1.73 m²）≥3 个月，有或无肾脏损伤证据
3 期	肾功能中度下降	GFR30~59 mL/（min·1.73 m²）
4 期	肾功能重度下降	GFR15~29 mL/（min·1.73 m²）
5 期	肾衰竭	GFR<15 mL/（min·1.73 m²）

B.29　肾上腺皮质功能减退分度

B.29.1　功能明显减退

a）乏力，消瘦，皮肤、黏膜色素沉着，白癜，血压降低，食欲不振；

b）24h 尿中 17-羟类固醇<4 mg，17-酮类固醇<10 mg；

c）血浆皮质醇含量：早上 8 时，<9 mg/100 mL；下午 4 时，<3 mg/100 mL；

d）尿中皮质醇<5 mg/24h。

B.29.2　功能轻度减退

a）具有功能明显减退之 b）、c）两项者；

b）无典型临床症状。

B.30　生殖功能损害分度

a）重度　精液中精子缺如；

b）轻度　精液中精子数<500 万/mL，或者异常精子>30%，或者死精子与运动能力很弱的精子>30%。

B.31　尿道狭窄分度

B.31.1　尿道重度狭窄

a）临床表现为尿不成线、滴沥，伴有尿急、尿不尽或者遗尿等症状；

b）尿道造影检查显示尿道明显狭窄，狭窄部位尿道内径小于正常管径的1/3；

c）超声检查示膀胱残余尿阳性；

d）尿流动力学检查示严重排尿功能障碍；

e）经常行尿道扩张效果不佳，有尿道成形术适应证。

B.31.2　尿道轻度狭窄

a）临床表现为尿流变细、尿不尽等；

b）尿道造影检查示尿道狭窄，狭窄部位尿道内径小于正常管径的2/3；

c）超声检查示膀胱残余尿阳性；

d）尿流动力学检查示排尿功能障碍；

e）有尿道扩张治疗适应证。

注：尿道狭窄应以尿道造影等客观检查为主，结合临床表现综合评判。

B.32　股骨头坏死分期

a）股骨头坏死1期（超微结构变异期）　X线片显示股骨头承载系统中的骨小梁结构排列紊乱、断裂，出现股骨头边缘毛糙。临床上伴有或不伴有局限性轻微疼痛；

b）股骨头坏死2期（有感期）　X线片显示股骨头内部出现小的囊变影，囊变区周围的环区密度不均，骨小梁结构紊乱、稀疏或模糊，也可出现细小的塌陷，塌陷面积可达10%～30%。临床伴有疼痛明显、活动轻微受限等；

c）股骨头坏死3期（坏死期）　X线片显示股骨头形态改变，可出现边缘不完整、虫蚀状或扁平等形状，部分骨小梁结构消失，骨密度很不均匀，髋臼与股骨头间隙增宽或变窄，也可有骨赘形成。临床表现为疼痛、间歇性跛行、关节活动受限以及患肢出现不同程度的缩短等；

d）股骨头坏死4期（致残期）　股骨头的形态、结构明显改变，出现大面积不规则塌陷或变平，骨小梁结构变异，髋臼与股骨头间隙消失等。临床表现为疼痛、功能障碍、僵直不能行走，出现髋关节脱位或半脱位，可致相应膝关节活动部分受限。

注：本标准股骨头坏死是指股骨头坏死 3 期或者 4 期。若股骨头坏死影像学表现尚未达股骨头坏死 3 期，但临床已行股骨头置换手术，则按四肢大关节人工关节置换术后鉴定致残程度等级。

B.33　再生障碍性贫血

B.33.1　再生障碍性贫血诊断标准

a）血常规检查全血细胞减少，校正后的网织红细胞比例<1%，淋巴细胞比例增高。至少符合以下三项中的两项：Hb<100 g/L；BPC<50×10^9/L；中性粒细胞绝对值（ANC）<1.5×10^9/L。

b）骨髓穿刺多部位（不同平面）骨髓增生减低或重度减低；小粒空虚，非造血细胞（淋巴细胞、网状细胞、浆细胞、肥大细胞等）比例增高；巨核细胞明显减少或缺如；红系、粒系细胞均明显减少。

c）骨髓活检（髂骨）全切片增生减低，造血组织减少，脂肪组织和（或）非造血细胞增多，网硬蛋白不增加，无异常细胞。

d）除外检查　必须除外先天性和其他获得性、继发性骨髓衰竭性疾病。

B.33.2　重型再生障碍性贫血

骨髓细胞增生程度<25%正常值；若≥25%但<50%，则残存造血细胞应<30%。

血常规需具备下列三项中的两项：ANC<0.5×10^9/L；校正的网织红细胞<1%或绝对值<20×10^9/L；BPC<20×10^9/L。

注：若 ANC<0.2×10^9/L 为极重型再生障碍性贫血。

B.33.3　非重型再生障碍性贫血

未达到重型标准的再生障碍性贫血。

附　录 C

（资料性附录）

常用鉴定技术和方法

C.1　视力障碍检查

本标准所指的视力均指"矫正视力"。视力记录可采用小数记录或者 5 分记录两种方式。正常视力是指远距视力经矫正（包括接触镜、针孔镜等）达到 0.8 以上。

中心视力好而视野缩小，以注视点为中心，如视野半径小于 10 度而大于 5 度者相当于盲目 3 级，半径小于 5 度者相当于盲目 4 级。

周边视野检查要求：直径 5 mm 的白色视标，检查距离 330 mm，视野背景亮度为 31.5 asb。

视力障碍检查具体方法参考《视觉功能障碍法医鉴定指南》（SF/Z JD 0103004）。

C.2　视野有效值计算

视野有效值计算公式：

$$实测视野有效值（\%）= \frac{8\ 条子午线实测视野值的总和}{500}$$

视野有效值换算见表 C-1。

表 C-1　视野有效值与视野半径的换算

视野有效值（%）	视野度数（半径）
8	5°
16	10°
24	15°
32	20°
40	25°
48	30°
56	35°
64	40°
72	45°

C.3　听力评估方法

听力障碍检查应符合《听力障碍的法医学评定》（GA/T 914）。听力损失计算应按照世界卫生组织推荐的听力减退分级的频率范围，取 0.5 kHz、1 kHz、2 kHz、4 kHz 四个频率气导听阈级的平均值。如所得均值不是整数，则小数点后之尾数采用四舍五入法修为整数。

纯音听阈级测试时，如某一频率纯音气导最大声输出仍无反应时，以最大声输出值作为该频率听阈级。

听觉诱发电位测试时，若最大输出声强仍引不出反应波形的，以最大输出声强为反应阈值。在听阈评估时，听力学单位一律使用听力级（dB HL）。一般情况下，受试者听觉诱发电位反应阈要比其行为听阈高 10 dB~20 dB（该差值又称"校正值"），即受试者的行为听阈等于其听觉诱发电位反应阈减去"校正值"。实施听觉诱发电位检测的机构应建立本实验室的"校正值"，若尚未建立，建议取参考平均值（15 dB）作为"校正值"。

纯音气导听阈级应考虑年龄因素，按照《声学听阈与年龄关系的统计分布》（GB/T 7582）听阈级偏差的中值（50%）进行修正（见表 C-2）。

表 C-2 耳科正常人随年龄增长超过的听阈偏差中值（GB/T 7582）

年龄	男				女			
	500	1000	2000	4000	500	1000	2000	4000
30~39	1	1	1	2	1	1	1	1
40~49	2	2	3	8	2	2	3	4
50~59	4	4	7	16	4	4	6	9
60~69	6	7	12	28	6	7	11	16
70~	9	11	19	43	9	11	16	24

C.4 前庭功能检查

本标准所指的前庭功能丧失及减退，是指外力作用于颅脑或者耳部，造成前庭系统的损伤，伤后出现前庭平衡功能障碍的临床表现，自发性前庭体征检查法和诱发性前庭功能检查法等有阳性发现（如眼震电图/眼震视图，静、动态平衡仪，前庭诱发电位等检查）。应结合听力检查与神经系统检查，以及影像学检查综合判定前庭功能障碍程度。

C.5 阴茎勃起功能评定

阴茎勃起功能应符合 GA/T 1188《男性性功能障碍法医学鉴定》的要求。

C.6 体表面积计算

九分估算法：成人体表面积视为 100%，将总体表面积划分为 11 个 9% 等面积区域。即：头（面）部与颈部共占 1 个 9%，双上肢共占 2 个 9%，躯干前后及会阴部共占 3 个 9%，臀部及双下肢共占 5 个 9%+1%（见表 C-3）。

表 C-3　体表面积的九分估算法

部位	面积（%）	按九分法面积（%）
头	6	（1×9）= 9
颈	3	
前躯	13	（3×9）= 27
后躯	13	
会阴	1	
双上臂	7	（2×9）= 18
双前臂	6	
双手	5	
臀	5	（5×9+1）= 46
双大腿	21	
双小腿	13	
双足	7	
全身合计	100	（11×9+1）= 100

手掌法：受检者五指并拢，一掌面约相当其自身体表面积的 1%。

公式计算法：体表总面积 S（m^2）= 0.0061×身长（cm）+ 0.0128×体重（kg）−0.1529。

注：12 岁以下儿童体表面积：头颈部% = ［9 +（12 - 年龄）］%，双下肢% = ［46 -（12 - 年龄）］%。

C.7　肢体关节功能评定

先根据受损关节活动度大小及关节肌群肌力等级直接查表（见表 C-4～表 C-9）得出受损关节各方位功能丧失值，再将受损关节各方位功能丧失值累计求和后除以该关节活动方位数（如肩关节活动方位为 6）即可得出受损关节功能丧失值。

注：（1）表 C-4～表 C-9 仅适用于四肢大关节骨关节损伤后

遗关节运动活动度受限合并周围神经损伤后遗相关肌群肌力下降所致关节功能障碍的情形。单纯中枢神经或者周围神经损伤所致关节功能障碍的情形应适用专门性条款。（2）当关节活动受限于某一方位时，其同一轴位的另一方位功能丧失值以100%计。如腕关节掌屈和背屈，轴位相同，但方位不同。当腕关节活动限制在掌屈10度与50度之间，则掌屈以40度计（查表求得功能丧失值为30%），而背屈功能丧失值以100%计。（3）伤侧关节功能丧失值应与对（健）侧进行比较，即同时用查表法分别求出伤侧和对侧关节功能丧失值，并用伤侧关节功能丧失值减去对侧关节功能丧失值，其差值即为伤侧关节功能实际丧失值。（4）由于本方法对于关节功能的评定已经考虑到肌力减退对于关节功能的影响，故在测量关节运动活动度时，应以关节被动活动度为准。

C.7.1 肩关节功能丧失程度评定（见表C-4）

表C-4　肩关节功能丧失程度（%）

关节运动活动度		肌力				
		≤M1	M2	M3	M4	M5
前屈	≥171	100	75	50	25	0
	151~170	100	77	55	32	10
	131~150	100	80	60	40	20
	111~130	100	82	65	47	30
	91~110	100	85	70	55	40
	71~90	100	87	75	62	50
	51~70	100	90	80	70	60
	31~50	100	92	85	77	70
	≤30	100	95	90	85	80

关节运动活动度		肌　力				
		≤M1	M2	M3	M4	M5
后伸	≥41	100	75	50	25	0
	31~40	100	80	60	40	20
	21~30	100	85	70	55	40
	11~20	100	90	80	70	60
	≤10	100	95	90	85	80
外展	≥171	100	75	50	25	0
	151~170	100	77	55	32	10
	131~150	100	80	60	40	20
	111~130	100	82	65	47	30
	91~110	100	85	70	55	40
	71~90	100	87	75	62	50
	51~70	100	90	80	70	60
	31~50	100	92	85	77	70
	≤30	100	95	90	85	80
内收	≥41	100	75	50	25	0
	31~40	100	80	60	40	20
	21~30	100	85	70	55	40
	11~20	100	90	80	70	60
	≤10	100	95	90	85	80
内旋	≥81	100	75	50	25	0
	71~80	100	77	55	32	10
	61~70	100	80	60	40	20

关节运动活动度	肌 力				
	≤M1	M2	M3	M4	M5
51~60	100	82	65	47	30
41~50	100	85	70	55	40
31~40	100	87	75	62	50
21~30	100	90	80	70	60
11~20	100	92	85	77	70
≤10	100	95	90	85	80
外 ≥81	100	75	50	25	0
71~80	100	77	55	32	10
61~70	100	80	60	40	20
51~60	100	82	65	47	30
41~50	100	85	70	55	40
旋 31~40	100	87	75	62	50
21~30	100	90	80	.70	60
11~20	100	92	85	77	70
≤10	100	95	90	85	80

C.7.2 肘关节功能丧失程度评定（见表 C-5）

表 C-5 肘关节功能丧失程度（%）

关节运动活动度	肌 力				
	≤M1	M2	M3	M4	M5
屈 ≥41	100	75	50	25	0
曲 36~40	100	77	55	32	10

续表

关节运动活动度	肌 力				
	≤M1	M2	M3	M4	M5
31~35	100	80	60	40	20
26~30	100	82	65	47	30
21~25	100	85	70	55	40
16~20	100	87	75	62	50
11~15	100	90	80	70	60
6~10	100	92	85	77	70
≤5	100	95	90	85	80
81~90	100	75	50	25	0
71~80	100	77	55	32	10
61~70	100	80	60	40	20
51~60	100	82	65	47	30
41~50	100	85	70	55	40
伸 展 31~40	100	87	75	62	50
21~30	100	90	80	70	60
11~20	100	92	85	77	70
≤10	100	95	90	85	80

注： 为方便肘关节功能计算，此处规定肘关节以屈曲90°为中立位0°。

C.7.3 腕关节功能丧失程度评定（见表 C-6）

表 C-6　腕关节功能丧失程度（%）

关节运动活动度		肌　力				
		≤M1	M2	M3	M4	M5
掌屈	≥61	100	75	50	25	0
	51~60	100	77	55	32	10
	41~50	100	80	60	40	20
	31~40	100	82	65	47	30
	26~30	100	85	70	55	40
	21~25	100	87	75	62	50
	16~20	100	90	80	70	60
	11~15	100	92	85	77	70
	≤10	100	95	90	85	80
背屈	≥61	100	75	50	25	0
	51~60	100	77	55	32	10
	41~50	100	80	60	40	20
	31~40	100	82	65	47	30
	26~30	100	85	70	55	40
	21~25	100	87	75	62	50
	16~20	100	90	80	70	60
	11~15	100	92	85	77	70
	≤10	100	95	90	85	80
桡屈	≥21	100	75	50	25	0
	16~20	100	80	60	40	20

续表

关节运动活动度	肌 力				
	≤M1	M2	M3	M4	M5
11~15	100	85	70	55	40
6~10	100	90	80	70	60
≤5	100	95	90	85	80
尺 屈 ≥41	100	75	50	25	0
31~40	100	80	60	40	20
21~30	100	85	70	55	40
11~20	100	90	80	70	60
≤10	100	95	90	85	80

C.7.4 髋关节功能丧失程度评定（见表C-7）

表 C-7 髋关节功能丧失程度（%）

关节运动活动度	肌 力				
	≤M1	M2	M3	M4	M5
≥121	100	75	50	25	0
106~120	100	77	55	32	10
91~105	100	80	60	40	20
76~90	100	82	65	47	30
前 屈 61~75	100	85	70	55	40
46~60	100	87	75	62	50
31~45	100	90	80	70	60
16~30	100	92	85	77	70
≤15	100	95	90	85	80

关节运动活动度		≤M1	M2	M3	M4	M5
		肌　力				
后伸	≥11	100	75	50	25	0
	6~10	100	85	70	55	20
	1~5	100	90	80	70	50
	0	100	95	90	85	80
外展	≥41	100	75	50	25	0
	31~40	100	80	60	40	20
	21~30	100	85	70	55	40
	11~20	100	90	80	70	60
	≤10	100	95	90	85	80
内收	≥16	100	75	50	25	0
	11~15	100	80	60	40	20
	6~10	100	85	70	55	40
	1~5	100	90	80	70	60
	0	100	95	90	85	80
外旋	≥41	100	75	50	25	0
	31~40	100	80	60	40	20
	21~30	100	85	70	55	40
	11~20	100	90	80	70	60
	≤10	100	95	90	85	80
内旋	≥41	100	75	50	25	0
	31~40	100	80	60	40	20
	21~30	100	85	70	55	40

续表

关节运动活动度	肌 力				
	≤M1	M2	M3	M4	M5
11～20	100	90	80	70	60
≤10	100	95	90	85	80

注： 表中前屈指屈膝位前屈。

C.7.5 膝关节功能丧失程度评定（见表 C-8）

表 C-8　膝关节功能丧失程度（%）

	关节运动活动度	肌 力				
		≤M1	M2	M3	M4	M5
屈曲	≥130	100	75	50	25	0
	116～129	100	77	55	32	10
	101～115	100	80	60	40	20
	86～100	100	82	65	47	30
	71～85	100	85	70	55	40
	61～70	100	87	75	62	50
	46～60	100	90	80	70	60
	31～45	100	92	85	77	70
	≤30	100	95	90	85	80
伸展	≥-5	100	75	50	25	0
	-6～-10	100	77	55	32	10
	-11～-20	100	80	60	40	20
	-21～-25	100	82	65	47	30
	-26～-30	100	85	70	55	40

关节运动活动度		肌 力				
		≤M1	M2	M3	M4	M5
伸	−31~−35	100	87	75	62	50
	−36~−40	100	90	80	70	60
展	−41~−45	100	92	85	77	70
	≤−46	100	95	90	85	80

注：表中负值表示膝关节伸展时到达功能位（直立位）所差的度数。考虑到膝关节同一轴位屈伸活动相互重叠，膝关节功能丧失程度的计算方法与其他关节略有不同，即根据关节屈曲与伸展运动活动度查表得出相应功能丧失程度，再求和即为膝关节功能丧失程度。当二者之和大于100%时，以100%计算。

C.7.6 踝关节功能丧失程度评定（见表C-9）

表C-9 踝关节功能丧失程度（%）

关节运动活动度		肌 力				
		≤M1	M2	M3	M4	M5
背	≥16	100	75	50	25	0
	11~15	100	80	60	40	20
	6~10	100	85	70	55	40
屈	1~5	100	90	80	70	60
	0	100	95	90	85	80
跖	≥41	100	75	50	25	0
	31~40	100	80	60	40	20
屈	21~30	100	85	70	55	40

关节运动活动度	肌 力				
	≤M1	M2	M3	M4	M5
11~20	100	90	80	70	60
≤10	100	95	90	85	80

C.8 手、足功能丧失程度评定

C.8.1 手、足缺失评分（见图 C-1 和图 C-2）

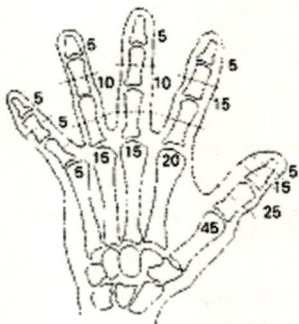

图 C-1 手缺失评分示意图
图中数字示手指缺失平面相
当于手功能丧失的分值

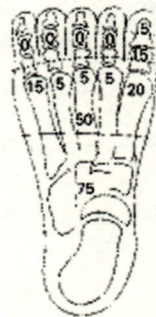

图 C-2 足缺失评分示意图
图中数字示足缺失平面相当
于足功能丧失的分值

C.8.2 手指关节功能障碍评分（见表 C-10）

表 C-10　手指关节功能障碍相当于手功能丧失分值的评定

		功能障碍程度及手功能丧失分值		
		非功能位强直	功能位强值或关节活动度<1/2参考值	关节活动度>1/2、但≤3/4参考值
拇指	第一掌腕/掌指/指间关节均受累	40	25	15
	掌指、指间关节均受累	30	20	10
	掌指、指间单一关节受累	20	15	5
食指	掌指、指间关节均受累	20	15	5
	掌指或近侧指间关节受累	15	10	0
	远侧指间关节均受累	5	5	0
中指	掌指、指间关节均受累	15	5	5
	掌指或近侧指间关节受累	10	5	0
	远侧指间关节均受累	5	0	0
环指	掌指、指间关节均受累	10	5	5
	掌指或近侧指间关节受累	5	5	0
	远侧指间关节均受累	5	0	0
小指	掌指、指间关节均受累	5	5	0
	掌指或近侧指间关节受累	5	5	0
	远侧指间关节均受累	0	0	0
腕关节	手功能大部分丧失时的腕关节受累	10	5	0

注1：单手、单足部分缺失及功能障碍定级说明：（1）手、足缺失及功能障碍量化图表不能代替标准具体残级条款，条款中有列举的伤情应优先依据相应条款确定残级，只有在现有残级条款未能列举具体致残程度等级的情况下，可以参照本图表量化评估定级；（2）图C-1中将每一手指划分为远、中、近三个区域，依据各部位功能重要性赋予不同分值。手部分缺失离断的各种情形可按不同区域分值累计相加，参考定级。图C-2使用方法同图C-1；（3）表C-10按手指各关节及腕关节功能障碍的不同程度分别赋予不同分值，各种手功能障碍的情形或合并手部分缺失的致残程度情形均可按对应分值累计相加。

注2：双手部分缺失及功能障碍定级说明：双手功能损伤，按双手分值加权累计定级。设一手功能为100分，双手总分为200分。设分值较高一手分值为A，分值较低一手分值为B，最终双手计分为：A+B×（200-A）/200。

注3：双足部分缺失定级说明：双足功能损伤，按双足分值加权累计定级。设一足功能为75分，双足总分为150分。设分值较高一足分值为A，分值较低一足分值为B，最终双足计分为：A+B×（150-A）/150。

法医临床检验规范

前　言

本标准按照 GB/T1.1-2009 给出的规则起草。

本标准由国家认证认可监督委员会提出并归口。

本标准主要起草单位：司法部司法鉴定科学技术研究，中国合格评定国家认可委员会。

技术规范主要起草人：朱广友、范利华、夏文涛、程亦斌、刘瑞珏、杨小萍、唐丹舟、王彦斌、白庆华。

法医临床检验规范

1　范围

本标准规定了法医临床检验的基本要求、检验内容和检验方法。

本标准适用于法医临床鉴定中的活体检验。

2　规范性引用文件

下列文件对于本文件的应用是必不可少的。凡是注日期的引用文件，仅注日期的版本适用于本文件。凡是不注日期的引用文件，其最新版本（包括所有的修改单）适用于本文件。

GA/T 914《听力障碍的法医学评定》

GA/T 1188《男性性功能障碍法医学鉴定》

SF/Z JD 0103004《视觉功能障碍法医学鉴定指南》

SF/Z JD 0103006《法医临床影像学检验实施规范》

SF/Z JD 0103007《外伤性癫痫鉴定实施规范》

3 术语

下列术语和定义适用于本文件

3.1

体格检查 Physical examination

检查者运用自己的感官或者借助于简便的检查工具，以客观了解和评估被鉴定人身体状况的一系列基本的检查方法。

注：检查工具包括体温表、血压计、听诊锤、检眼镜等。

3.2

法医临床鉴定 clinical forensic identification

运用法医临床学理论和技术，对涉及与法律有关的医学问题进行鉴定和评定。

3.3

法医临床鉴定人 appraiser of clinical forensic

从事法医临床鉴定并取得法医临床执业资格的人员。

3.4

被鉴定人 appraisee

接受鉴定的人员。

3.5

法医临床检验 clinical forensic examination

　　法医临床鉴定人通过病史调查、体格检查、影像学以及其他特殊辅助检查以了解和评估被鉴定人的身体状况，并对被鉴定人是否存在特定的人体损害进行检查和验证。

4　基本内容

4.1 检验内容
　　应根据损伤的部位和性质，有针对性地确定检查的内容。

4.2 检验方法
　　应符合临床学和法医学的基本要求。

4.3 检验要求
　　法医临床鉴定人应当独立、客观、公正地完成检验，并实时、真实、客观、准确、完整、清晰地记录检验结果。

4.4 检验时机
　　根据鉴定事项及被鉴定人的损伤情况和临床愈合情况，确定法医临床检验的时机。以原发性损伤为鉴定依据的应尽可能在损伤早期进行检验；以损伤后果为鉴定依据的，应在与致伤因素有直接关联的原发性损伤、并发症等治疗终结后方可进行。

5　检验内容和方法

5.1 颅脑、脊髓及周围神经损伤

5.1.1 颅骨骨折
　　应进行以下检验：

　　a）通过影像学检查（X线平片、CT扫描等）明确骨折的部位、性质、程度；

　　b）通过病史调查（如手术记录），结合影像学检查明确是否伴有硬脑膜、脑实质或脑神经损伤。

5.1.2 脑损伤

应进行以下检验：

a）通过影像学检查（CT 扫描、MRI 等），明确是否存在颅内出血、弥散性轴索损伤、脑挫裂伤和脑干损伤等；

b）对于颅内出血，应明确出血的部位、性质（急性、亚急性或慢性等）和范围（或者出血量）；

c）通过病史调查和法医学临床检验明确在损伤发展的过程中是否伴有神经系统症状和体征。

d）神经系统症状：突发剧烈头痛，持续不能缓解或进行性加重，多伴有恶心、呕吐；可出现意识障碍及烦躁、谵妄等精神症状，少数出现癫痫发作。

e）神经系统体征：最常见的体征是单瘫、偏瘫、失语等。生命体征变化随着脑受压、颅内压升高，可出现脉搏变慢，呼吸变慢，血压增高（两慢一高）等代偿现象。

f）脑受压症状：意识障碍、头痛、呕吐等。

g）脑受压体征：瞳孔变化（一侧瞳孔散大），对光反射迟钝或者消失，出现单侧或双侧瘫痪，腱反射亢进，病理反射阳性或者出现脑膜刺激征、肌痉挛、四肢肌张力改变等。

5.1.3 弥散性轴索损伤

应进行以下检验：

a）通过影像学检查（CT 扫描、MRI 等），明确大脑皮质与髓质交界处、胼胝体、脑干、内囊区域或第三脑室周围有无出血灶，有无出现弥漫性脑肿胀、蛛网膜下腔出血等；

b）通过病史调查和法医临床检验，明确有无弥散性轴索损伤的临床表现。

5.1.4 脑挫裂伤

应进行以下检验：

a）通过影像学检查（CT 扫描、MRI 等），明确脑挫裂伤的部位、性质和程度；

b）通过病史调查或者法医临床检验，明确伤后是否出现脑实质损伤的神经系统症状和定位体征。

5.1.5 脑干损伤

应进行以下检验：

a）通过影像学检查（CT 扫描、MRI 等），明确脑干损伤的部位、性质和程度；

b）通过适当病史调查和法医临床检验，明确有无脑干损伤的神经系统症状和体征。体格检查时应关注：伤后是否出现昏迷及昏迷持续时间，瞳孔是否有改变，眼球运动是否障碍，肌张力是否增高，有无去大脑强直表现，呼吸、循环功能是否出现紊乱。

5.1.6 意识障碍

应进行以下检验：

a）通过病史调查和法医临床检验，明确受检者思维、反应、情感、计算及定向力等各种意识活动的能力；

b）必要时，按照临床意识障碍分级方法对意识状态进行分级。

5.1.7 植物生存状态

应进行以下检验：

a）通过影像学检查（CT 扫描、MRI 等），明确有无严重颅脑损伤；

b）通过病史调查或者法医临床检验，明确是否具备植物生存状态的临床表现。

5.1.8 语言功能障碍

应进行以下检验：

a）应通过影像学检查（CT 扫描、MRI 等）检查，明确脑损伤有无涉及语言中枢；

b）应通过语言功能检查，明确语言功能障碍的临床表现；

c）必要时，按照临床有关标准对语言功能障碍进行分型、分级。

5.1.9 外伤性癫痫

见 SF/Z JD 0103007。

5.1.10 脑神经损伤

5.1.10.1 一般检查

应进行如下检验：

a) 应通过影像学检查（CT 扫描、MRI 等），尽可能地寻找脑神经损伤的影像学证据；

b) 可能时，应通过神经电生理学检查，明确脑神经损伤的电生理学表现。

5.1.10.2 嗅神经

应进行以下检验：

a) 应用嗅剂（酒精、氯仿、氨水、水等）检查受检者的嗅觉功能。检查时，嘱受检者闭目，先压闭一侧鼻孔，用不同气味（酒精、氨水、无气味水等）置于另一鼻孔下，让受检者辨别嗅到的各种气味。然后换另一侧鼻孔同法进行测试，注意双侧比较。

b) 有条件时，通过嗅觉神经诱发电位检测技术评价嗅神经结构与功能。

5.1.10.3 视神经

见 SF/Z JD 0103004。应重点进行如下检验：

a) 瞳孔对光反射，包括直接对光反射与间接对光反射；

b) 观察眼底有无视神经损伤；

c) 视觉功能有无受损。

5.1.10.4 动眼、滑车、外展神经

见 SF/Z JD 0103004。应重点进行如下检验：

a) 双侧眼睑有无下垂及其下垂的程度；

b) 眼位有无偏斜，是否存在眼球运动障碍；

c) 瞳孔形状、大小及对光反射等。

5.1.10.5　三叉神经

应进行以下检验：

a）面部皮肤、眼、鼻、口腔黏膜感觉功能，注意区分周围性与核性感觉障碍。检查面部感觉功能时，应嘱受检者闭眼，检查并对比双侧及内外侧痛觉、触觉和温度觉。

b）角膜反射，包括直接角膜反射和间接角膜反射。检查时，嘱受检者睁眼向内侧注视，以捻成细束的棉絮从受检者视野外接近并轻触外侧角膜，避免触及睫毛，观察被刺激侧是否迅速闭眼、对侧有无同时出现眼睑闭合反应，前者称为直接角膜反射，而后者称为间接角膜反射，直接和间接角膜反射均消失见于三叉神经受损（传入障碍）。

c）咀嚼肌、颞肌和翼状内外肌的运动功能。检查咀嚼肌功能时，嘱受检者作咀嚼动作，检查并对比双侧肌力强弱；再嘱其作张口运动或露齿，检查张口时下颌有无偏斜。若一侧咀嚼肌肌力减弱或出现萎缩，张口时下颌偏向一侧，则提示该侧三叉神经运动纤维受损。

5.1.10.6　面神经

应进行以下检验：

a）面部表情肌运动功能。先观察静态时双侧额纹、眼裂、鼻唇沟和口角是否对称，然后嘱受检者作皱额、闭眼、露齿、微笑、鼓腮或吹哨动作。若一侧额纹减少、眼裂增大、鼻唇沟变浅，不能皱额、闭眼，微笑或露齿时口角歪向对侧，鼓腮或吹哨时同侧漏气，提示该侧面神经周围性损害；若皱额、闭眼无明显影响，只出现一侧下半部面部表情肌的瘫痪，提示对侧面神经中枢性损害。

b）舌前2/3味觉功能。分别以糖、盐、醋、奎宁置于受检者伸出的舌前2/3的一侧，嘱受检者以不同手式表达不同的味觉，先检查伤侧，再查对侧。

5.1.10.7 听神经

见 GA/T 914。

5.1.10.8 舌咽、迷走神经

应进行以下检验：

a）舌咽运动功能。嘱受检者说话，观察其有无发音嘶哑、带鼻音或完全失音。令其饮水或进食，观察其有无呛咳、吞咽困难。嘱受检者张口发"啊"音，观察其悬雍垂是否居中，两侧软腭上抬是否一致。若一侧软腭上抬减弱，悬雍垂偏向对侧，提示该侧神经受损；若悬雍垂虽居中，但双侧软腭上抬受限，甚至完全不能上抬，则提示双侧神经麻痹；

b）咽反射。应用压舌板轻触左侧或右侧咽后壁，观察是否存在咽部肌肉收缩和舌后缩，是否伴有恶心反应。若一侧反射迟钝或消失，提示该侧神经受损；

c）舌咽感觉功能。用棉签轻触两侧软腭和咽后壁，观察感觉。舌后 1/3 为味觉检查部位，检查方法同面神经味觉功能检查。

5.1.10.9 副神经

应进行胸锁乳突肌及斜方肌运动功能的检验。嘱受检者作耸肩及转头运动，并加以一定的阻力，比较两侧肌力。注意胸锁乳突肌及斜方肌有无萎缩。若一侧耸肩及向对侧转头无力或不能，且该侧胸锁乳突肌及斜方肌萎缩，提示该侧副神经受损。

5.1.10.10 舌下神经

应进行舌肌及舌运动功能的检验。嘱受检者伸舌，注意观察有无伸舌偏斜、舌肌萎缩及肌束颤动。若伸舌时舌尖偏向一侧，提示该侧舌下神经麻痹；若不能伸舌，提示双侧舌下神经麻痹。

5.1.11 脊髓损伤

应进行以下检验：

a）应通过影像学检查（CT 扫描或者 MRI），明确脊髓损伤的部位、性质和程度；

b）应通过病史调查和法医临床检验，明确有无肢体运动功能、感觉功能、排尿功能、（男子）勃起功能、呼吸功能障碍等；

c）必要时，应行神经电生理学检查以评估脊髓神经传导功能障碍的程度。（男子）勃起功能的检验见 GA/T 1188。

5.1.12 周围神经损伤

5.1.12.1 一般检验

a）通过病史调查和法医临床检验明确周围神经损伤的临床表现，包括所支配区域感觉和运动功能；

b）通过神经电生理学检查评价神经传导功能。

5.1.12.2 臂丛神经损伤

针对不同损伤部位，进行如下检验：

a）上臂丛神经损伤，检查上臂外侧、前臂外侧及拇、示、中指的感觉功能，以及肩关节外展和肘关节屈曲功能。同时应检查上臂丛神经所支配肌肉是否存在肌肉萎缩和肌力大小；

b）下臂丛神经损伤，检查上臂内侧中、下部、前臂内侧及环、小指的感觉功能，检查是否存在手指不能伸屈和手内肌麻痹，同时应检查下臂丛神经所支配肌肉是否存在肌肉萎缩和肌力大小；

c）全臂丛神经损伤，检查是否存在上肢感觉功能障碍与关节活动受限，是否存在上肢肌肉萎缩，检查肌力大小。

5.1.12.3 正中神经损伤

应针对不同损伤部位，进行如下检验：

a）腕部损伤。检查掌侧拇指、示指、中指及环指桡侧半，示指背侧，中指远节感觉功能，是否存在手指屈曲、对指和对掌功能受限，以及对指对掌时肌力大小，是否存在大鱼际萎缩、扁平、拇指内收呈"猿掌"畸形；

b）肘部损伤。检查前臂旋前圆肌、旋前方肌、桡侧腕屈肌、指浅屈肌、指深屈肌桡侧半、拇长屈肌及掌长肌是否存在肌肉萎缩及肌力减退。手部检查同腕部损伤。

5.1.12.4 桡神经损伤

应针对不同损伤部位，进行如下检验：

a）肘下损伤（骨间神经损伤），检查手背桡侧半、桡侧两个半指、上臂及前臂后部有无感觉障碍。前臂伸肌是否存在肌肉萎缩和肌力减退；

b）肘上损伤（上臂桡神经损伤），检查上臂的感觉功能和运动功能，肱三头肌、肱桡肌、桡侧腕长短伸肌、旋后肌、伸指总肌、尺侧腕伸肌及示指、小指固有伸肌等是否存在肌肉萎缩和肌力减退，是否出现腕下垂，拇指及各手指下垂，不能伸掌指关节，前臂有旋前畸形，不能旋后，拇指内收畸形等。

5.1.12.5 尺神经损伤

应针对不同损伤部位，进行如下检验：

a）腕部损伤，检查伤侧手部尺侧半和尺侧一个半手指感觉障碍，特别是小指感觉消失。

骨间肌、蚓状肌、拇收肌是否出现瘫痪，是否出现环、小指爪形手畸形及手指内收、外展障碍；

b）肘上损伤，除以上表现外，检查是否出现环、小指末节屈曲功能障碍。

5.1.12.6 股神经损伤

应针对不同损伤部位，进行如下检验：

a）检查是否存在股前和小腿内侧感觉障碍；

b）测量大腿周径，明确有无股四头肌萎缩；

c）检查屈髋和伸膝时的肌力强弱；

4）检查膝反射是否减弱等。

5.1.12.7 坐骨神经损伤

应针对不同损伤部位，进行如下检验：

a）股神经高位损伤，检查小腿后外侧和足部感觉功能，股后部肌肉及小腿和足部所有肌肉是否出现瘫痪及肌力减退，是否出现膝关节屈曲、踝关节与足趾运动功能障碍，是否出现足下垂畸形及跨越步态等。

b）股后中、下部损伤，除上述外，检查腘绳肌功能。因腘绳肌功能正常，膝关节屈曲存在。

5.1.12.8 腓总神经损伤

小腿前外侧和足背前、内侧感觉功能，是否存在足背屈和外翻功能障碍、伸趾功能障碍、足内翻下垂畸形等，是否存在小腿前外侧肌肉萎缩，并测量小腿周径。

5.1.12.9 胫神经损伤

小腿后侧、足背外侧、足跟外侧和足底感觉障碍，是否存在足跖屈、内收、内翻功能障碍及足趾跖屈、外展、内收障碍，是否存在小腿后侧屈肌群及足底内在肌萎缩等。

5.1.13 感觉功能

5.1.13.1 检验内容

检验内容包括：

a）应检验有无感觉功能障碍，包括感觉功能障碍的性质（如浅感觉、深感觉和复合觉等）、程度（如减退、缺失等）和范围（如脊髓损伤时的平面或者周围神经损伤时的区域等）；

b）可能时，应行神经传导功能或者感觉神经诱发电位检测。

5.1.13.2 检验方法

具体检验方法如下：

a）浅感觉检查方法。用针尖均匀地轻刺皮肤，检查痛觉；用棉签轻触皮肤或黏膜，检查触觉；用盛有热水（40℃~50℃）或冷水（5℃~10℃）的玻璃试管接触皮肤，检查温度觉。检查时应注意交替进行，双侧比较；

b）深感觉检查方法。轻轻夹住受检者手指或足趾两侧，向上或向下移动，令其说出移动方向，检查运动觉；将受检者肢体置于某一姿势，嘱其描述该姿势或用对侧肢体模仿，检查位置觉；用震动着的音叉（128 Hz）柄置于受检者骨突起处，询问有无震动感觉，检查震动觉；

c）复合感觉检查方法：以手指或棉签轻触受检者皮肤某处，嘱其指出被触部位，检查皮肤定位觉；以钝脚分规轻轻刺激受检者皮肤上的两点，并逐渐缩小双脚间距，直到受检者感觉为一点时，测其实际间距，检查两点辨别觉；嘱受检者用单手触摸熟悉的物体，并说出物体名称，检查实体觉；在受检者皮肤上画简单的图形或写简单的字，令其识别，检查体表图形觉。

5.1.14 运动功能

5.1.14.1 检验内容

针对不同损伤部位，进行如下检验：

a）当受检者出现肢体运动障碍时，应检查肢体肌力及肌张力大小；

b）当受检者出现非肢体运动障碍时，应检查有无肌张力增高、共济运动失调、不自主运动和肌震颤等。

5.1.14.2 检验方法

具体检验方法如下：

a）肌力检查方法。令受检者作肢体伸屈动作，检查者从相反方向给予阻力，测试受检者对阻力的克服力量，并注意两侧比较。肌力的记录采用 0~5 级的六级分级法；

b）肌张力检查方法。令受检者肌肉放松，检查者根据触摸肌肉的硬度以及伸屈其肢体时感知肌肉对被动伸屈的阻力作判断，注意是否存在肌张力增高或肌张力降低。被动活动肌张力可采用下述分级方法（改良的 Ashworth 肌张力分级标准）进行分级；

c）不自主运动是指震颤、舞蹈样运动、手足徐动；

d）共济运动检查内容包括指鼻试验、跟-膝-胫试验、快速轮替动作、闭目难立征等。

5.1.15 神经反射

对于神经系统损伤应检查神经反射功能，包括浅反射、深反射、病理反射和脑膜刺激征等。

5.1.15.1 浅反射

针对不同情况，进行如下检验：

a）角膜反射。嘱受检者向内上方注视，检查者用细棉签由角膜外缘轻触病人的角膜，被检者眼睑迅速闭合的反射；

b）腹壁反射。嘱受检者仰卧，下肢稍屈曲，使腹壁松弛，然后用钝头竹签分别在肋缘下、脐平面及腹股沟上方，由外向内轻划两侧腹壁皮肤，观察上、中或下部腹肌会有收缩；

c）提睾反射。应用竹签由下而上轻划股内侧上方皮肤，正常者提睾肌收缩，睾丸上提；

d）跖反射。嘱受检者仰卧，下肢伸直，检查者手持受检者踝部，用钝头竹签划足底外侧，由足跟向前至近小跖趾关节处转向拇趾侧，正常者足跖应有屈曲；

c）肛门反射。用大头针轻划肛门周围皮肤，观察肛门括约肌应有收缩。

5.1.15.2 深反射

针对不同情况，进行如下检验：

a）肱二头肌反射。嘱受检者前臂屈曲，检查者以拇指置于受检者肘部肱二头肌腱上，然后另一手持叩诊锤叩击拇指，观察肱二头肌是否收缩，前臂是否快速屈曲；

b）肱三头肌反射。嘱受检者外展前臂，半屈肘关节，检查者以一手托住其前臂，另一手以叩诊锤直接叩击鹰嘴上方的肱三头肌腱，观察肱三头肌是否收缩，前臂是否伸展；

c）桡骨膜反射。嘱受检者前臂置于半屈半旋前位，检查者以一手托住其前臂，并使腕关节自然下垂，另一手以叩诊锤叩击桡骨茎突，观察肱桡肌是否收缩，是否发生屈肘和前臂旋前动作；

d）膝反射。嘱受检者仰卧，检查者以一手托起其膝关节使之屈曲约60°，另一手持叩诊锤叩击膝盖髌骨下方股四头肌腱，观察

小腿是否伸展;

e）跟腱反射。嘱受检者仰卧,髋及膝关节屈曲,下肢取外旋外展位,检查者一手将受检者足部背屈成角,另一手以叩诊锤叩击跟腱,观察腓肠肌是否收缩,足是否向跖面屈曲;

f）踝阵挛。常见的有踝阵挛和髌阵挛。检查踝阵挛时,嘱受检者仰卧,髋与膝关节稍屈,检查者一手托受检者小腿,另一手持受检者足底前端,突然用力使踝关节背屈并维持之,观察腓肠肌与比目鱼肌是否发生连续性节律性收缩,足部是否呈现交替性屈伸动作。

g）髌阵挛。嘱受检者仰卧,下肢伸直,检查者以拇指与示指控住其髌骨上缘,用力向远端快速连续推动数次后维持推力,观察股四头肌是否发生节律性收缩,髌骨是否上下移动。

5.1.15.3 病理反射

针对不同损伤部位,进行如下检验:

a）巴宾斯基（Babinski）征。嘱受检者仰卧,下肢伸直,手持受检者踝部,用钝头竹签划足底外侧缘,由后向前至小趾跟部并转向为内侧,正常反应为跖屈曲,阳性反应为拇趾背伸,余趾呈扇形展开;

b）查多克（Chaddock）征。竹签在受检者外踝下方由后向前划至趾跖关节处为止,阳性表现同巴宾斯基征;

c）奥本海姆（Openheim）征:用拇指及示指沿受检者胫骨前缘用力由上向下滑压,阳性表现同巴宾斯基征;

d）戈登（Gordon）征。用手以一定力量捏压受检者的腓肠肌,阳性表现同巴宾斯基征;

e）冈达（Corda）征。紧压受检者足外侧两趾向下数秒钟后突然放松,阳性表现同巴宾斯基征;

f）霍夫曼（Hoffmann）征。使受检者腕部稍为背伸,手指微屈曲,检查者以右手示指及中指轻夹受试者中指远侧指间关节,以拇指向下弹按其中指指甲，拇指屈曲内收，其它手指屈曲者为阳性反应。

g）夏菲（Schaffer）征。用拇、示指捏压受检者跟腱，出现拇趾背屈为阳性。

5.1.15.4 脑膜刺激征

针对不同损伤部位，进行如下检验：

a）颈强直。嘱受检者仰卧，检查者以一手托受检者枕部，另一手置于其胸前作屈颈动作，感受是否存在抵抗力增强；

b）克氏（Kernig）征检查方法：嘱受检者仰卧，一侧髋、膝关节屈曲成直角，检查者将受检者小腿抬高伸膝，观察是否伸膝受阻且伴疼痛及屈肌痉挛。正常可伸直达 135° 以上，如遇抵抗，小于 135° 并觉疼时为阳性；

c）布氏（Brudzinski）征检查方法：患者仰卧，被动向前屈颈时，两下肢自动屈曲为阳性，为小脑脑膜刺激征。

5.1.16 阴茎勃起功能

阴茎勃起功能检查应包括阴茎勃起的硬度和持续的时间，并应根据阴茎勃起的硬度和持续的时间对勃起障碍的程度进行分级。见 GA/T 1188。

5.1.17 排便功能

应进行如下检验：

a）应通过直肠指检了解肛门括约肌力有无减退，通过肛管直肠内压测定了解肛管直肠内压有无下降等；

b）若为肛管损伤，应通过肛管直肠内 B 超检查，了解肛管有无损伤及损伤的部位和范围；

c）若为神经损伤，应通过骶髓反射时测定以判断神经损伤的性质和程度等。

5.1.18 排尿功能

通过尿流动力检查明确尿道括约肌的长度及压力分布、膀胱储尿及排尿时膀胱内的压力变化、逼尿肌和括约肌的协调程度，及排尿时的尿流率等，必要时应用超声探查测定残余尿。

5.2 面部损伤

5.2.1 软组织损伤

应进行如下检查：

a）对于面部创口，应测量创口的长度、宽度，并应明确是否贯通创或盲管创；

b）对于面部瘢痕，应测量瘢痕的长度或者面积。必要时，应描述瘢痕的形状（条状、块状等）、质地（软、硬）、性质（隆起、凹陷等）、色泽等，并拍摄附有长度标尺、唯一性标识的照片；

c）对于面部色素沉着，应测量色素沉着的范围、面积等，拍摄附有长度标尺、唯一性标识的照片；

d）对于面部组织器官损伤，应检验眉毛是否缺失、眼睑是否外翻或缺失、外耳是否缺失或者畸形、鼻是否缺失或者畸形、口唇是否外翻或者畸形、是否存在颈颏粘连或者瘢痕畸形等，拍摄附有长度标尺、唯一性标识的照片。

5.2.2 眼损伤

针对不同的情况，应检验眼睑、眼眶、眼外肌、泪器等眼附属器以及眼球是否存在结构破坏和功能障碍。见 SF/Z JD0103004。

5.2.3 耳损伤

5.2.3.1 听力相关的损伤

针对不同情况，应检验耳廓、外耳道、鼓膜、内耳的结构及其功能。见 GA/T 914。

5.2.3.2 前庭损伤

应进行如下检验：

a）应检验受检者是否存在睁眼行走困难，能否并足站立，是否存在同侧听力减退；

b）必要时，应采用自发性前庭功能检查、诱发性前庭功能检查和眼震电图等检查以明确前庭功能。其中自发性前庭功能检查主要包括自发性眼球震颤、闭目直立试验和过指试验。

5.2.4 鼻损伤

5.2.4.1 鼻离断或者缺损

应测量和计算鼻离断、缺损的范围和面积，其中面积一般以占外鼻面积百分比值表示。

5.2.4.2 鼻骨骨折

应通过鼻部 X 线片或者薄层 CT 扫描，明确鼻骨骨折的部位、性质（粉碎性或线性，新鲜或陈旧等）、有无畸形愈合等。

5.2.5 口唇及口腔损伤

口唇及口腔损伤主要应包括口唇及口腔黏膜损伤、牙齿脱落或者折断、舌损伤和口腔唾液腺损伤等。

5.2.5.1 口唇和口腔黏膜损伤

应进行如下检查：

a）对于口唇裂创，应通过病史调查或者法医临床检验明确裂创的程度（全层裂伤或者非全层裂伤）；

b）对于口唇离断或者缺损，应测量离断创面或者瘢痕的长度，同时检查受检者口唇自然闭合时是否存在牙齿外露，并拍摄附有长度标尺、唯一性标识的照片；

c）口腔黏膜损伤，应明确挫裂伤的部位和范围。

5.2.5.2 牙齿损伤

应进行如下检查：

a）应明确是否存在牙齿松动、牙齿脱落或者折断。对于牙齿冠折时，应明确是否存在牙髓腔外露；

b）当涉及伤病关系分析时，应检查受检者是否患有牙龈萎缩、牙齿松动、龋齿等疾病；

c）必要时，应拍摄口腔全景 X 线片或者行 CT 扫描以协助诊断。

5.2.5.3 舌损伤

应明确是否存在舌缺损。当存在舌缺损时，则应明确舌离断或者缺损的部位和范围。

5.2.5.4 唾液腺损伤

应进行如下检查：

a）对于腮腺损伤，应明确区分腮腺导管损伤或者腮腺实质损伤；

b）对于颌下腺和舌下腺损伤，明确区分腺体包膜损伤或者腺体实质性损伤。

5.3 颈部损伤

颈部损伤主要包括皮肤创口或者瘢痕的损伤。

a）对于颈部皮肤创口或者瘢痕，应检查和测量创口或者瘢痕的长度等，并拍摄附有长度标尺、唯一性标识的照片；

b）当颈部瘢痕形成影响颈部运动活动度时，应检验和测量颈部运动活动度，并拍摄最大活动位时附有角度计的照片。

5.3.1 甲状腺损伤

应进行如下检查：

a）明确是否出现甲状腺功能障碍的临床表现；

b）测定血清三碘甲状腺原氨酸（T3）、血清甲状腺素（T4）、血清游离三碘甲状腺原氨酸（FT3）与血清游离甲状腺素（FT4）等。

5.3.2 甲状旁腺损伤

当病史调查显示受检者颈部损伤累及甲状腺并出现甲状旁腺功能障碍的临床症状和体征时，应测定血钙浓度，有条件的也可测定血中甲状旁腺素水平。

5.2.3 颈颌粘连

应进行如下检查：

a）应描述瘢痕的部位、性质、范围，颈部活动是否受限，当瘢痕累及到口唇时，检查语言、咀嚼和吞咽功能等是否受影响，并拍摄附有长度标尺、唯一性标识的照片。

b）必要时，测量颈部运动活动度，拍摄最大活动位时应附有角度计的照片。

5.3.4 喉与颈部气管损伤

应进行如下检查：

a）喉损伤时，应检验有无发音困难，有无咳嗽、咳痰、咯血、发绀、呼吸困难，有无皮下气肿，喉和气管是否移位或变形。必要时应行喉镜检查以明确有无声带运动异常、声门狭窄。当出现严重声音嘶哑、语言功能障碍时，应检查有无喉上神经或喉返神经损伤；

b）气管损伤时，应根据气管镜检查或 CT 扫描，明确有无气管狭窄以及狭窄的部位和程度；

c）气管损伤并出现呼吸困难时，应对呼吸困难程度进行分级；

d）当出现发声困难或构音障碍时，应对发声困难和构音障碍进行分级评定。

5.3.5 颈部食管损伤

应进行如下检查：

a）当病史调查显示受检者存在食管损伤时，应检验受检者有无吞咽困难、恶心、呕吐、呕血等；

b）必要时，应根据 X 线食管造影或食管镜检查明确食管损伤的部位、性质和程度等。

5.4 胸部损伤

5.4.1 女性乳房损伤

应进行如下检查：

a）乳房外观有无畸形、缺损，以及缺损的部位和范围；

b）乳腺导管有无损伤及其对哺乳功能是否有影响。

5.4.2 胸廓损伤

应进行如下检查：

a）应检查胸廓外观有无畸形，呼吸活动时胸廓运动两侧是否对称，胸壁有无压痛及压痛的部位，是否有骨擦感，胸廓挤压征是否阳性，听诊是否有异常呼吸音及胸膜摩擦音；

b）当疑有肋骨骨折时，应拍摄胸部正位、左前斜位、右前斜位 X 线片以明确胸廓有无骨折以及骨折的部位、性质和数量等。

5.4.3 血胸或气胸

a）应检验有无呼吸困难的临床症状和体征；

b）应通过影像学检查（X 线摄片或 CT 扫描等），明确有无胸腔积液（气）、纵隔或者气管有无偏移及有无肺压缩等；

c）必要时，对积液（气）量及肺压缩程度进行评估。

5.4.4 胸部气管或支气管损伤

应进行如下检查：

a）应检验是否存在呼吸困难的临床表现；

b）必要时，对呼吸困难程度进行分级。

5.4.5 胸部食管损伤

应进行如下检查：

a）应当明确有无呼吸困难的临床表现；

b）应当明确有无吞咽困难的临床表现；

c）必要时，通过食管镜等检查以明确狭窄的部位和程度。

5.4.6 心脏损伤

应进行如下检查：

a）应检验受检者有无心功能障碍的临床表现；

b）必要时，应进行心电图等检查明确是否存在心律失常；

c）必要时，应通过放射影像学和超声检查等明确心脏损伤的部位和性质；

d）必要时，应根据临床表现对心功能障碍程度进行分级。

5.5 腹部损伤

5.5.1 腹部闭合性损伤

应进行如下检查：

a）应检验受检者腹部是否存在肌紧张、压痛、反跳痛、移动性浊音等临床表现；

b）必要时，通过影像学检查（X 线片、CT 扫描及 MRI 等）、超声及内窥镜等特殊检查结果，明确受检者有无腹内脏器损伤。

5.5.2 腹部开放性损伤

应进行如下检查：

a）腹部创口的长度、宽度，创缘是否整齐，创壁是否光滑，创角是否尖锐等以判明钝器创或者锐器创；

b）通过临床病史（手术记录）调查，明确胃、肠、肝、脾、胰、肾以及胆道系统有无破裂、修补、切除等，腹腔有无积血及积血量多少。

5.5.3 消化吸收功能障碍

应进行如下检查：

a）受检者发育及营养状态，测量其身高和体重、血常规、血清白蛋白浓度、血清铁蛋白浓度、血清总胆固醇等，以帮助判断受检者是否存在营养不良；

b）通过病史调查，明确是否经胃、肠切除以及切除范围；

c）调查受检者的饮食情况，了解其主要营养途径，是否依赖肠外或者肠内营养等。

5.5.4 肝功能障碍

应进行如下检查：

a）应检验受检者有无肝功能损害的临床表现；

b）应检验血生化及肝功能检查；

c）必要时，结合临床表现对肝功能障碍程度进行分度。

5.5.5 肾功能障碍

应进行如下检查：

a）应检验有无肾功能损害的临床表现；

a）应进行血生化检查并测定内生肌酐清除率、血尿素氮和血肌酐浓度；

b）必要时，结合临床表现对肾功能障碍程度进行分期。

5.6 盆部损伤

5.6.1 骨盆骨折

应进行如下检查：

a）通过影像学检查（骨盆正位 X 线片），明确骨盆骨折及其愈合情况，见 SF/Z JD0103006；

b）当骨盆畸形愈合致骨盆倾斜时应测量双下肢相对长度，明确有无双下肢不等长。

5.6.2 膀胱损伤

应进行如下检验：

a）应明确有无腹痛、排尿困难、血尿等，是否存在膀胱直肠瘘或者膀胱阴道瘘；

b）必要时，进行尿流动力学检测。

5.6.3 直肠损伤

应进行如下检查：

a）明确是否存在腹膜炎及腹腔蜂窝组织炎等临床表现；

b）当合并膀胱、尿道损伤时，应检查是否存在膀胱直肠瘘或者膀胱阴道瘘。

5.6.4 输尿管损伤

应进行如下检查：

a）应明确是否存在腹腔积尿、阴道漏尿或尿液囊肿，有无因尿瘘或者尿外渗而继发感染，有无因输尿管完全断裂而出现无尿或者因输尿管挫裂伤而出现血尿等；

b）当出现输尿管梗阻时，应检查肾脏及输尿管近段是否积水，是否继发肾脏感染甚至肾功能损伤。

5.6.5 子宫与附件损伤

应进行如下检查：

a）应通过病史调查明确损伤的部位、性质和程度，是否经手术修补、部分切除、次全切除或者全部切除等；

b）卵巢损伤时，应通过血液雌性激素检测以明确卵巢内分泌功能障碍等；

c）输卵管损伤时，应明确输卵管是否通畅；

d）必要时，通过超声或者放射影像学检查以明确是否存在卵巢萎缩等。

5.6.6 输尿管损伤

应进行如下检查：

a）应通过病史调查，明确输尿管损伤的部位、性质和程度；

b）必要时，可行输尿管造影以明确输尿管狭窄的部位和程度。

5.7 会阴部损伤

5.7.1 阴茎损伤

应进行如下检查：

c）应检验阴茎是否缺损或者畸形；

d）若存在缺损，应描述缺损的部位、范围或者残留阴茎的长度等；

e）若存在畸形，则应描述畸形的部位和程度。

5.7.2 阴囊损伤

应进行如下检查：

a）应检验阴囊是否存在血肿，若存在阴囊血肿，则应描述阴囊血肿的范围、质地；

b）必要时，应行超声检查以确定血肿的大小及性质；

c）若阴囊损伤致瘢痕形成，则应检查瘢痕的范围或程度。

5.7.3 睾丸与附睾损伤

应进行如下检查：

a）应检验睾丸的大小、质量，明确是否存在肿大或者萎缩；

b）必要时，可通过超声检查或 CT 扫描或 MRI 成像检查明确有无睾丸挫伤或血肿；

c）睾丸严重损伤影响生育能力时，应进行精液分析。

注：正常睾丸体积：左侧睾丸略大，平均体积为 3.33 cm×2.37 cm×1.78 cm；而右侧睾丸略小，平均体积为 3.00 cm×2.27 cm×l.71 cm。

5.7.4 阴道损伤

阴道损伤时，应检验有无阴道闭锁、阴道狭窄。若存在阴道狭窄，应测量阴道宽度；当阴道及会阴撕裂伤时，应对阴道及会阴撕裂伤进行分度。

5.7.5 尿道损伤

应进行如下检查：

a）尿液常规检验，明确有无尿血；

b）当存在尿道狭窄时，应通过尿道造影检查以明确尿道狭窄的部位和程度。

5.7.6 肛管损伤

应进行如下检查：

a）应通过病史调查，明确受检者是否存在便意频繁，大便时有无肛门疼痛、习惯性便秘等。

b）应观察受检者有无大便形状的改变，如粪条变细或呈扁片状；

c）必要时，通过直肠指检以明确肛管是否狭窄以及狭窄的程度。

5.8 脊柱损伤

5.8.1 脊柱骨折

应进行如下检查：

a）应通过影像学检查（X 线片、CT 扫描或 MRI），明确脊柱骨折或脱位的部位、性质和程度；

b）应通过病史调查，明确是否伴有脊髓或脊神经根受压征象；

c）对于脊柱压缩性或爆裂性骨折，应测量脊柱压缩的程度，明确椎管有无占位等。

5.8.2 脊柱脱位

应进行如下检查：

a）疑有寰枢关节脱位时，应拍摄寰枢椎开口位 X 线片加以明确。寰枢关节脱位的判定见 SF/ZJD 0103006；

b）脊柱脱位时，应通过影像学检查（X 线片、CT 扫描或者 MRI），明确脊柱脱位的部位和程度；并明确有无脊髓受压等。

5.8.3 颈部活动度

应进行如下检查：

a）颈部活动受限时，应明确活动受限的原因，如皮肤软组织瘢痕形成或者颈椎骨折畸形愈合；

b）颈部活动受限时，应测量颈部前屈、后伸、左侧屈、右侧屈、左旋和右旋等 6 个方位的活动度，并拍摄最大活动位时附有角度计的照片；

c）必要时，应通过影像学检查（X 线片、CT 扫描或者 MRI），以明确有无椎间盘突出、椎管狭窄等退行性病变。

5.8.4 腰部活动度

应进行如下检查：

a）腰部活动受限时，应明确是否存在腰椎骨折畸形愈合；

b）腰部活动受限时，应测量腰部前屈、后伸、左侧屈、右侧屈、左旋和右旋等 6 个方位活动度，并拍摄最大活动位时附有角度计的照片；

c）必要时，应通过影像学检查（X 线片、CT 扫描或者 MRI），以明确有无椎间盘突出、椎管狭窄等退行性病变。

5.9 四肢损伤

5.9.1 四肢长骨骨折

应进行如下检查：

a）应检查伤肢有无局部疼痛、肿胀和功能障碍，有无畸形、异常活动、骨擦音或者骨擦感；

b）应通过影像学检查（X 线片、CT 扫描），明确骨折的部位、性质和程度；

c）当骨折畸形愈合时，应通过 X 线片检查明确是否伴有缩短或者成角畸形等，疑有关节活动受限的，应测量关节运动活动度，并拍摄最大活动位时附有角度计的照片。

5.9.2 关节脱位

检查关节有无疼痛、肿胀或者功能障碍，有无肢体旋转、内收、外展、缩短等畸形等，是否存在弹性固定和关节空虚等。

5.9.3 膝关节韧带损伤

应进行如下检查：

a）应通过 MRI 检查以明确膝关节韧带损伤的部位、性质和程度。

b）必要时，应进行膝关节稳定性检查。检查方法包括完全伸膝位内外侧不稳检查、屈膝 20°内外侧不稳检查、轴移试验和反向轴移试验等。

5.9.4 四肢短缩畸形

疑有肢体短缩畸形的，分别测量双上肢或双下肢长度。具体测量方法如下：

a）上肢长度测量方法：自肩峰至肱骨外上髁为上臂长度；自肱骨外上髁至桡骨茎突尖端为前臂长度；自肩峰至桡骨茎突尖端或

中指尖端为上肢长度；

　　b）下肢长度测量方法：受检者平卧，骨盆摆正，两下肢对称位置。自髂前上棘至胫骨内踝下缘为真性长度；自脐致胫骨内踝下缘为相对长度。当骨盆畸形愈合影响到双下肢不等长时，应测量脐至内踝下缘之距离，即下肢相对长度。

5.9.5 肌肉萎缩

　　当受检者因神经损伤遗留上、下肢肌肉萎缩时，分别测量双侧肢体相应部位的周径。具体测量方法如下：

　　a）上肢周径测量。上臂可在肩峰下 15 cm 平面测量；前臂可在尺骨鹰嘴下 10 cm 平面测量；

　　b）下肢周径测量。大腿可在髂前上棘下 20 cm 平面测量或者髌骨上缘上 10 cm~15 cm 处，小腿可在胫骨结节下 15 cm 平面，或者髌骨下缘下 10 cm~15 cm 处测量。

5.9.6 肢体离断

　　应进行如下检查：

　　a）应通过 X 线摄片明确肢体离断水平，并测量残肢长度。测量时可选择某一骨性标志，测量并记录此骨性标志至残端的距离（如小腿在髌骨下缘 15 cm 以远离断）；

　　b）对于肢体离断，应同时拍摄离断肢体（显示残端长度和形态）的数码照片，并附有特定标识和比例尺。

5.9.7 手损伤

　　针对不同情况，分别进行如下检验：

　　a）疑有手部骨折，应通过 X 线摄片或者 CT 检查等明确骨折的部位、性质和程度；

　　b）疑有手部关节韧带损伤，应通过 MRI 检查以明确韧带损伤的部位、性质和程度；

　　c）对于手或者手指的离断或者缺失，应通过 X 线摄片检验其骨性离断或者缺失平面；

　　d）对于掌指或者指间关节挛缩畸形或者功能障碍，应测量关节运动活动度，并拍摄最大活动位时附有角度计的照片；

　　e）必要时，应计算手功能丧失程度。

5.9.8 足损伤

针对不同情况，分别进行如下检验：

　　a）疑有足部骨折，应通过 X 线摄片或者 CT 检查等明确骨折的部位、性质和程度；

　　b）疑有足部关节韧带损伤，应通过 MRI 检查以明确韧带损伤的部位、性质和程度；

　　c）对于足、趾离断或者缺失，应通过 X 线摄片检验其骨性离断或者缺失平面；

　　d）对于足、趾关节挛缩畸形或者功能障碍应测量关节运动活动度，并拍摄最大活动位时附有角度计的照片；

　　e）必要时，应对足趾功能丧失程度进行评价；

　　f）疑有足弓破坏时，应通过足部负重侧位摄片以明确足弓是否破坏及其程度。见 SF/Z JD0103006。

5.10 体表损伤

5.10.1 针对不同情况，应分别进行如下检验：

　　a）皮肤擦伤或者挫伤，检查其部位、形态、大小、颜色等，是否伴有肿胀、压痛，有无出血或者渗出液等；

　　b）皮肤创口（包括盲管创或者贯通创），检验创口的位置、长度、深度、边缘是否整齐，有无组织间桥等；

　　c）线性皮肤瘢痕，检验瘢痕的位置、性状（扁平或者隆起）、长度、宽度、质地和颜色等。块状瘢痕，还应测量其面积。对于皮肤色素沉着，检验其所在位置、面积大小、色素深浅等。

5.10.2 检查以上损伤时，应拍摄附有长度标尺、唯一性标识的照片。

5.11 其他损伤

5.11.1 烧、烫伤

应进行如下检验：

a）烧、烫伤应检验其烧、烫伤的部位、范围，局部有无红、肿、热、痛，有无水泡、表皮剥脱，有无真皮外露，有无组织凝固、碳化等；

b）必要时，应对烧、烫伤进行分度。

5.11.2 电击伤

应进行如下检验：

a）电击部位是否出现点状或大片状严重烧伤，受伤肢体是否出现瘫痪，是否出现精神障碍、失明、耳聋；

b）电击局部是否存在电流斑。

5.11.3 挤压综合征

应进行如下检验：

a）四肢与躯干部位是否因长时间挤压或者其他原因造成局部循环障碍，并引起肌肉缺血性坏死，出现肢体明显肿胀；

b）通过测定尿液肌红蛋白、血液肌酸磷酸激酶、肌酐、尿素氮等对挤压综合征程度进行分级。

5.11.4 呼吸窘迫综合征

应进行如下检验：

a）有无呼吸困难、发绀，肺部听诊有无湿啰音；

b）通过血气分析，明确呼吸窘迫的程度。

5.11.5 脂肪栓塞综合征

应进行如下检验：

a）应检验有无呼吸急促，呼吸困难，口唇发绀，有无意识模糊、嗜睡、抽搐、昏迷，有无皮肤黏膜出血点，是否出现视网膜栓塞；

b）应检验心率是否大于 120 次/分；体温是否大于 39 ℃；

c）实验室检查，明确血小板计数是否小于 150×10^9/L，尿或痰中是否找到脂肪滴，是否存在难以解释的红细胞压积降低等；

d）血气分析，明确是否伴有 PaO_2 下降，PCO_2 上升；

e）必要时，对脂肪栓塞综合征进行分型。

5.11.6 失血性休克

应通过病史调查，明确受检者伤后的血压（收缩压）、脉搏及全身状况，并结合临床抗休克治疗措施的实施情况，如输液、输血、升压药物的应用，结合血红蛋白含量、血球压积等实验室辅助检验结果对失血性休克进行分度。